外交学院
2012年科学周论文集

主　编　赵进军
副主编　熊　炜

本书获中央高校基本科研业务费专项资金资助

本书为中央高校基本科研业务费专项资金资助

目 录

一、外交、国际关系

陈雪飞｜内外并举：中国在非洲的公共外交战略 / 1
李潜虞｜试论1954年中印、中缅两国总理互访 / 14
李树军｜外交人员核心价值观刍议 / 38
牛仲军｜论国际环保非政府组织与北京市环保事业的发展 / 47
唐　晓｜国际社会解决非洲萨赫勒地区问题
　　　　的努力及面临的挑战 / 62
王　立｜范睢之外交才能 / 86
杨　帆｜论西亚北非国家政治不稳定的原因及对我们的启示 / 94

二、语言、文化

张碧竹｜论确立翻译标准的多角度与相对性 / 105
崔长青｜
郭洁威｜论夏目漱石小说《心》中的"明治精神" / 113
雷红雨｜浅谈从中国传统文化的角度看个体的社会性发展 / 121
陆晓红｜中国哲学理念的理性意蕴 / 129
梅　琼｜美国摩门教和2012年美国总统大选中的
　　　　"摩门因素" / 142

| 王春晓 | 蒋士铨中年南归原因再探 / 157
| 向道华 | 四川平昌镇龙方言进行体助词 / 168
| 薛 丽 | 巴赫金对话主义理论与翻译研究
　　　　——试论翻译活动的对话本质 / 174
| 闫 丽 | 对钢铁公司网站设计的跨文化对比分析
　　　　——以中美八大钢铁公司网站为例 / 180
| 游 祎 | 国外文学作品中的图书馆员形象探析 / 214
| 张 蕾 | 大萧条中的"哀兵"：从讨要津贴游行
　　　　看20世纪30年代初的美国社会 / 222
| 张明霞 | 中国网络文化建设与管理现状浅析
　　　　——从十七届六中全会谈开来 / 243

三、教学、管理

| 陈佩蓓 | 联合国资料的数字网络化趋势 / 250
| 董 娟 | 瑜伽体位法应用于女排体能训练的探索性研究 / 263
| 胡 波 | 双校区办学模式下的高校图书馆典藏工作 / 272
| 黄文红 | 外交外事特色院校跨文化交际能力培养模式探析 / 279
| 姜 琳 | 把握先进文化的时代特征，培养传承先进文化的生力军
　　　　——谈新时期大学教育在先进文化传承中的
　　　　功能和定位 / 288
| 郦 莉 |
| 陈红娇 | 公私合作视角下的大学学术交流
| 范馨元 | ——以学术讲座为例 / 295
| 李艳丽 | 数字图书馆技术及其发展方向浅析 / 310
| 李 哲 | Web2.0环境下的图书馆服务 / 317

| 刘　丹 | 浅谈中小型高校图书馆知识管理新模式
 ——以外交学院为例 / 324
| 刘铁国 | 关于大学校园文化建设的构想与建议 / 329
| 石　毅 | 美国高等教育输出与国家战略 / 336
| 王　莉 | 推进我院校园体育文化发展的研究 / 354
| 王　雪 | 国际关系西文原著编目问题初探 / 364
| 徐　英 | 外语课堂中教师提问行为研究 / 371
| 闫玉英 | "采购人—供应人分离"公共服务提供模式的
　　　　 理论、实践及其意义 / 382
| 宗　敏 | 体验式教学在大班授课的大学心理课程中的应用 / 394
| 周彦喆 | 系级教学单位教学管理模式初探 / 403

内外并举：中国在非洲的公共外交战略

陈雪飞

改革开放30多年来，随着中国对非洲的政治经济升温，中非关系再次成为一大学术热点。西方学界对中国在非洲的活动多持负面评价，营造对中国非常不利的国际舆论环境，间接导致非洲人对中国的观感转向负面。为了避免非洲这一重要海外支持力量的流失，我国需要结合非洲的具体情况，构建内外并举的对非立体式公共外交战略。具体而言，一方面运用公共外交的"外推"模式，"做好事，说好话"，拓展公共外交的广度；另一方面，利用公共外交的"内引"模式，"带好头，领好路"，推进公共外交的深度，从而不断巩固中非的友好伙伴关系。

一、中国在非洲的形象困境

改革开放30多年来，中非关系日渐升温，经济领域的合作日益多样，政治领域的交往不断加深。中非贸易额自1990年开始每十年增长十倍，1990年不到10亿美元，2000年达到100亿美元，2010年飙升至1270亿美元，2011年则已超过1600亿美元。中国目前已经成为非洲最大的贸易伙伴，非洲也已经变成中国主要的投资市场，超过1700家中国公司在非洲投资。① 从2000年开始，每三年一届的中非合作论坛越来越成为世界政坛的焦点。2012年8月27日，首届中非地方政府合作论坛的召开又将中非合作向前推进了一大步。

与此同时，随着中国在非洲影响力的加强，中非关系日益受到西方国家的关注和"警惕"。西方政府及民间人士对中国对非战略发出诸多非议："新殖民主义论"、"掠夺资源论"、"破坏环境论"、"漠视人权论"不绝于耳，而中非合作关系越密切，这种论调重复出现的频率也就越高。现实中，中国人在当地国被绑架、敲诈和勒索现象频频发生，中国人在某些国家处理与非洲当地民众关系上也出现不当之处并成为口实。在这一背景下，中国在非洲的国家形象受到了不少挑战。

挑战主要来自西方学术界。大致而言，他们将中非关系归结为三种：② 一是伙伴关系，中非之间相互获益；二是竞争关系，中国与西方瓜分非洲资源，这种关系强调与参照系的直接关联；三是说中国是非洲的新殖民力量，是非洲新的征服者、压迫者、剥削者。

伙伴关系不是西方视角的主流，只有少数几位西方学者论及。后两种关系在西方附和者甚众，皆以批判中国在非角色为主线，颇受西方学者青睐。

比如掠夺资源说。罗伯特·罗特伯格（Robert Rotberg）③ 坚称中国对非洲的投入是"掠夺性"和"剥削性"的。亚历克斯·瓦因斯（Alex Vines）④ 认为中国在非洲的主要目标是攫取资源，附带目的是孤立台湾，种种具体行动都是服务于上述目的：包括为非洲

---

① "China, Africa Seek Common Development through Trade", *People's Daily Online*, 20 May 2011, http://english.peopledaily.com.cn/90001/90780/91345/7386775.html.

② Felix M. Edoho, "Globalization and Marginalization of Africa: Contextualization of China–Africa Relations", *Africa Today*, 58 (1), 2011, pp.104-121.

③ Rotberg Robert I., ed., China into Africa: Trade, Aid, and Influence, Washington: Brookings Institution Press, 2008, p. viii.

④ Alex Vines, "China in Africa: A Mixed Blessing?" *Current History*, May 2007, pp.231-219.

的"独裁政府"提供武器，采用不正当竞争手段获取资源开采工程项目，用廉价商品冲击当地商业，威胁中断资助干预当地民主选举等。沃尔登·贝洛（Walden Bello）[①]则借一些非洲非政府组织之口，认为中国在20世纪六七十年代的确是为了援助非洲，而现在的中国却只是为了从非洲谋取经济利益。

再如破坏民主说。克里斯·奥尔登（Chris Alden）[②]等人认为中国为非洲提供了三样东西：比西方竞争者更多的钱、长期协议以及"不干涉内政"的投资条件，这导致当地政府不用再为西方国家投资所附带的改善人权和腐败问题的条件发愁，最腐败的苏丹和津巴布韦因此从中获得巨大利益。帕特里克·基南（Patrick Keenan）[③]、乔舒亚·艾森曼和乔舒亚·库兰奇克（Joshua Eisenman and Joshua Kurlantzick）[④]等不断批判中国支持"独裁"的津巴布韦总统穆加。

又如毁坏环境说。阿里·阿斯库里（Ali Askouri）[⑤]指责中国公司对非洲的矿产资源开采不安全，过度砍伐森林资源。菲利柯斯·艾杜胡（Felix Edoho）[⑥]也撰文指出，中国的公司与美国壳牌、埃克森美孚公司一样在非洲都有环境污染的劣迹。

总体而言，西方学者大多没有摆脱冷战思维的影响，倾向于强调"私利驱动"着中国的在非战略，中国重回非洲只是因为非洲拥有巨大的能源潜力，因此不厌其烦地列举此类例证：中国在安哥拉

---

① Walden Bello, "China Eyes Africa: The New Imperialism?" *Multinational Monitor*, 28(1) Jan/Feb, 2007, pp.23-26.

② Chris Alden eds., China Returns to Africa: A Rising Power and a Continent Embrace, London: Hurst & Company, 2008.

③ Patrick J. Keenan, "Curse or Cure? China, Africa, and the Effects of Unconditioned Wealth", *Berkeley Journal of International Law*, 27(1), 2008, pp.83-125.

④ Joshua Eisenman and Joshua Kurlantzick, "China's Africa Strategy", *Current History*, May 2006, pp.219-224.

⑤ Ali Askouri, "China's Investment in Sudan: Displacing Villages and Destroying Communities", in Firoze Manji and Stephen Marks eds., *African Perspectives on China in Africa*, Cape Town, Nairobi, and Oxford: Fahamu, 2007.

⑥ Felix M. Edoho, "State-Corporate Alliance: Ramifications for Corporate Social Responsibility and Sustainable Livelihood", *African Journal of Business and Economic Research*, 3(1), 2008, pp.8-40.

攫取原油，在津巴布韦攫取铂金，在刚果-布拉柴维尔攫取木材，在赞比亚攫取铜，在南非攫取铁，为此中国可以不顾非洲国家的人权和腐败问题。美国传统基金会的一份报告就坚称，中国"承认非洲独裁政府的错误政策，称赞其发展模式适合本国国情，以支持这些国家。中国在非洲重新拓展利益的最恶劣影响，就是鼓励了非洲最专制的政府，扩大了失败国家在非洲出现的可能性"。[①]

反观中国，在这个没有硝烟的"话语权"战场上，明显有些动力不足。中国政府为大多数非洲国家提供各种援助，涉及科教文卫、资源开发、基础设施建设等，除支持一个中国政策外，通常也都不附加任何政治条件，非洲国家可以从中国获得比世界银行和国际货币基金组织成本更低的资本，这些脚踏实地实实在在的做法为中国在非洲赢得了良好的口碑。

但是，问题在于，到底有多少非洲的普通民众真正了解中国？这种好口碑如何长期持续、充当中非伙伴关系的基石？事实上，就前者而言，非洲普通民众对中国的了解很可能还是很不充分的。有一部纪录片叫"行者梁子：非洲十年"，讲述了一位中国的摄影记者梁子深入非洲腹地十年的故事。非洲当地有些人基本没有中国人这个概念，他们把梁子称为"白人"。甚至非洲班（中国大学为非洲国家提供的各类培训班）的学员也是如此，笔者曾在一个外交非洲班上做了个简单的调查，他们对中国的印象都很好，但进一步问他们真实看到的中国与自己来中国前设想的中国有什么不同时，他们竟无言以对，因为"我们几乎接触不到任何有关中国的具体信息，所以来中国之前无从想象"。在他们看来，中国可能只是个抽象的词语，也许就是C-H-I-N-O（西班牙语）这五个字母，或者只是个地理概念，是个对非洲很友好的国家，仅此而已！当然，这可能仅是极端案例，但也的确代表了一部分非洲朋友对中国的认知。

[①] James Eedes, "China In Africa: Trader With Rogues, Or Force For Progress?" *The Banker*, 1 May 2006.

至于好口碑，也开始有点"岌岌可危"。针对中非合作深化而来的各种负面评价，已经不仅仅停留在前文论及的西方学者的批判式思维中，它们也在慢慢改变着非洲当地人对中国的观感，这才是中国形象在非洲面临的最大挑战。比如两名法国记者瑟奇·米歇尔与米歇尔·伯雷（Serge Michel and Michel Beuret）[1]通过对中国在非工作者和非洲当地民众的访谈资料表示，非洲人对中国的不满正在加剧：非洲村民抱怨中国工人偷他们的牛；非洲商人抱怨中国商铺价廉质劣；非洲工人抱怨中国雇主虐待劳工，等等。尽管作者多少带着西方批判者的有色眼镜，但这种"爆料"并不鲜见。更为极端的表现当属中国工人在苏丹和埃及等国遭遇绑架之类的刑事案件日增，其部分原因可能正在于，非洲人认为中国所谋取的利益是以牺牲非洲利益为代价的。[2]这在一定程度上或许源于西方主流媒体的误导，但我们不能无视现实问题的存在。

在这种背景下，如何捍卫中国的国家形象，特别是在非洲民众中树立起中国的良好形象，从而维护国家利益，就成为中非关系中最紧迫的问题之一。作为外交实践中的"后起之秀"，公共外交正可"对症下药"。

公共外交是一国政府为了提升本国形象，维护本国利益，主要针对他国民众，通过传播、交流、对话等多种形式开展的一种外交活动。中非友谊源远流长，尽管略有波折，但正如毛泽东所言，中国"入常"是非洲黑人兄弟抬进去的，所以我们的政府外交在非洲一直较为顺畅，结果反而导致我们忽略了公共外交的作用。从20世纪90年代我们开始关注公共外交以来，我国对非公共外交的投入就一直逊色于对欧美主要国家的投入。我们是时候需改善和加强对非洲的公共外交战略及具体政策了。否则，很可能导致我国丧失

---

[1] Serge Michel and Michel Beuret, *China Safari: On the Trail of Beijing's Expansion in Africa*, New York: Nation Books, 2009.

[2] "Beijing Polishing Image in Africa", *South China Morning Post* (Hong Kong), 03 Feb 2012: 12.

非洲这一极为重要的海外支持资源。

公共外交在具体操作过程中可采用不同的模式。本文根据公共外交对目标受众施加影响的方式，区分了外推与内引两种模式。这种区分方式在学理上更易辨识，在实践中更易操作。外推模式即走出去战略：通过各种传播媒介向他国展现本国良好形象，传播本国优秀文化。如法国的"法语联盟"，日本的"动漫外交"，中国的对美"国家形象宣传片"等。内引模式也即引进来战略：一国凭借自身政治、经济、社会、人文等方面的卓越表现，主动吸引（往往由该国政府资助或者推动）外国人员大规模来本国考察、访问、交流和学习。美国的"富布赖特项目"就是这种模式的典型。不同国家往往会依据自身比较优势，采用恰当模式。对中国而言，相对于非洲我们有什么样的比较优势？又该走哪条公共外交的道路？

非洲的情况与欧美国家不同，我们在推行公共外交的过程中，注意结合当地的具体情况，内外并举，构建立体的公共外交战略。

二、中国在非洲的公共外交外推战略

公共外交的外推模式意图清晰明确、方式直截了当，旨在通过走入对方"家"中"推销"自己，赢得对方。

李安山先生曾经提到以行动加宣传的方式为中国在非洲的形象正名。[①] 不可否认，我们在行动上还有很大提升空间，比如改变中国商品价廉质劣的形象、提升中国商品的价值链；促进援非项目的法制化及透明度；在投资方面除了注重经济效益还应提升对社会效益的关注，等等，行动是必须的，但我们也要意识到行动上的诚意并不会自然改善中国在非洲的国家形象。西方针对中国的"掠夺资

---

① 李安山：《为中国正名：中国的非洲战略与国家形象》，《世界经济与政治》，2008年第4期，第6—15页。

源"、"破坏民主"等指责,掺杂了太多利益因素,甚至带有一种双重标准的种族主义基调。① 而我们又不得不面对这种论调在非洲颇有市场的现实。因为非洲在外交事务和当地新闻报道方面,尤其依赖西方媒体和新闻机构的信息,这导致我们很难发出自己的声音。所以加强宣传是必要手段。但就目前中国在非洲媒体资源的劣势而言,我们需要考虑的是如何宣传才能有效落地入户,从而真正走入人民大众。

我国新华社的海外分社早已广及非洲大陆,能同时用英文、法文、西班牙文、俄文、阿拉伯文和葡萄牙文发稿;中央电视台的中文国际频道、英语频道、西班牙语法语频道的信号通过卫星传送,也已在非洲多个国家和地区落地入户。但遗憾的是"数字意义"上的落地只提供了入户的可能,因为语言和文化差异的阻碍,大部分受众了解他国信息还是通过本国媒体。② 但西方几个大国占有国际媒体资源的压倒优势,导致不少非洲国家只是充当这些媒体大国的信息二传手,非洲记者的叙事内容和方式常常被美国以及欧洲国家新闻媒体的议程设置所建构,包括报道什么、强调什么以及以何种态度进行报道。

有研究表明,非洲加纳最大的两家报社在2006年5月至6月期间发表的543篇文章中,64%来自于英国广播公司(BBC),只有13%的文章来自加纳新闻机构,其余23%来自其他机构。③ 而英国广播公司对中国所持的态度则以负面居多。剑桥大学的政治地理学家艾玛·莫德斯利(Emma Mawdsley)就曾指出,西方媒体倾向于负面地看待中非关系,"体面的"英国媒体也常常贬损和诋毁中国

---

① Lynne Muthoni Wanyeki, "Oil Wars Are Coming to Africa", *East African*, February 28, 2006.

② 程曼丽、王维佳:《对外传播及其效果研究》,北京:北京大学出版社,2011年版,第85页。

③ "Ghana to Host Media Summit to Re-brand Africa for a Brighter Future", Ghana News Agency, 3 August 2006.

在非洲的作为。①甚至不惜渲染一些有关中国的"轶事传闻",比如中国公司雇佣中国囚犯,中国工人吃光了当地人养的狗等,这类传闻有些根本得不到证实,有些则被新闻从业人员添油加醋以博取读者眼球。②

对此,我们万不能抱着清者自清的态度,心理学上有一种错误信息效应,指人们对从未发生过的事情也可能拥有逼真的记忆。在大众传播活动中,被媒体报道生动描述的新闻事件可以植入受众的脑海,从而形成错误信息。换句话说,受众在媒介影响下,误认为他过去经历过一件事,其实他并未经历过。由于错误信息效应无声无息,难以察觉,单凭记忆,人们很难分辨哪些是真实事件,哪些是暗示事件。③这些关于中国的信息不断有模有样的错误报道,结果很可能就是"三人成虎"。

那么在非洲的大半壁江山已在欧美国家的叙事体系中时,中国该如何去说?可能有下述几个方面值得改进。

首先,中国在非洲的各种投资、援建等项目都需要不断规范化,有法可依、有章可循,可以大量减少双方可能染指的灰色地带,其中必要的一环是公布项目评估报告,把整个过程以书面形式公告天下,特别要利用好非洲当地的媒体,这是对指责中国在非洲搞"不正当竞争"和"掠夺资源"等非议的最有效回击。

其次,加强中国学者对非洲的调查研究,积极探索"借台唱戏"的思路。已有调查(2006、2007年盖洛普民意调查,2007、2008年皮尤全球民意调查,2008年非洲民意调查组织的民意调查)显示,尽管西方学界和媒体对中国做了大量妖魔化渲染,但大多数非洲民众对中国的积极评价率还是比较高的,在不少地区中国形象都胜于美国,问题在于我们并没有积极主动地把这些声音传布四

---

① Emma Mawdsley, "Fu Manchu versus Dr Livingstone in the Dark Continent? Representing, China, Africa and the West in British Broad-sheet News Papers", *Political Geography*, Vol. 27 (5), 2008, pp.509-529.

② Alex Vines, "China in Africa: A Mixed Blessing?" *Current History*, May 2007, pp.219-231.

③ [美]戴维·迈尔斯:《心理学》,黄希庭等译,北京:人民邮电出版社,2006年版,第316页。

海。我国学人的类似实证研究非常有限,学界和传媒界恐怕都要更加积极主动地探索如何讲好"中国人在非洲"的学术故事和新闻故事。很多非洲民众可能根本听不到中国的声音,听到的更多是来自西方媒体的转述,不可能了解一个全面而真实的中国,更谈不上理解了。我们需要努力加强与当地媒体的交流与合作,为当地媒体提供关于中国的信息,促进与当地媒体从业人员的互动。

2010年世界媒体峰会组织的亚非青年记者培训班是个很好的尝试,它让一些非洲记者首次走进中国,并且取得了积极的效果,"来中国前,我对中国了解很少。这次真实地见到了中国,以后再写关于中国的报道时,我就有了一个更宏观的中国的背景。我来过这里,并且会永远铭记在心"。[1] 正是通过这些方式,我们可以借助他们的平台发出自己的声音,掌握运用好"借台唱戏"。受众多是通过本国媒体获取对他国的了解,只有借助当地媒体,我们才更可能实现真正意义上的"落地入户"。中国与非洲的医疗合作、对非洲的基建投资、对非洲的维和贡献等都需要找到恰切的声道。

另外值得重视的是,虽然中西方在非洲的作为还有诸多差异,但总体而言,中西方在非洲的共同之处也许远比人们想象的多。大卫·希恩(David Shinn)就提到,中美在非洲的共同利益多于不同诉求,在获取非洲资源和政治支持方面,两国的确存在竞争,但两国更可能采取有益于非洲国家的合作:比如维和行动、能源发展、农业和公共卫生援助、改善环境等方面。[2] 美国空军少校詹妮弗·帕伦蒂(Jennifer L. Parenti)也认为,虽然中美有着截然不同的政治、经济路径,但双方在非洲分享许多共同的利益。[3] 只不过

---

[1] "China Offers Training Programme for Asian, African Journalists", *BBC Monitoring Asia Pacific*, [London] 13 Oct 2010.

[2] David H. Shinn, "Africa: The United States and China Court the Continent", *Journal of International Affairs*, 62(2), Spring 2009, pp.37-54.

[3] Jennifer L. Parenti, "China-Africa Relations in the 21st Century", *JFQ*, issue 52, 1st quarter 2009, pp.118-124.

西方所塑造的"中国在非洲"的话语混杂了太多意识形态的主观判断。对此，中国也可以考虑从中西方的共同利益入手，积极寻求与西方主流话语体系的合作，以期达致"让别人唱我们的戏"。

除了借助媒体的力量，文化输出也是重要的外推模式。我国文化走出去战略有两大平台：海外中国文化中心和孔子学院。中国的海外文化中心就发端于非洲（1988年7月设在毛里求斯，当年9月设在贝宁），目前我国的海外文化中心在全球已有9处。孔子学院虽然是后来者，却"天生富贵"，人力财力支撑强劲，得以迅速覆盖全球。截至2010年，我国已在非洲16国设立了21所孔子学院。我们应充分发挥海外文化中心以及孔子学院文化驿站的作用，通过语言培训、文艺表演、影视书籍展等走进社区，贴近民众，让当地普通大众更好地了解中国的语言、历史和艺术，从而更好地理解中国的文化。这将使中非合作与交流之路更加平坦。

三、中国在非洲的公共外交内引战略

凭借自身优势，有意识地吸引他国民众前来学习取经是公共外交的另一重要形式。公共外交的内引模式更具战略性，强调实施国的吸引力和对象国的主动追随性。其针对性强，目标受众明确，着眼长远，力图入耳、入脑、入心，效果更加稳定、持久。意在让对象国民众心悦诚服地认同目标国的政治、经济与社会模式和价值观等，是一国自信力与他信力的良好结合。通常被吸引的民众多是一国的精英群体，包括知识精英、政治精英、媒界精英，等等，他们作为意见领袖可以发挥"两极传播"的作用，从而对本国民众和政府产生更有效的影响。

"内引"模式的提出有三个阶段：本国发展的辐射期、本国经验总结期以及本国经验推广期。在辐射期，一国经济、政治、社会等发展的优秀成果引发他国瞩目；在总结经验期，该国向有明确借鉴意向的一个或几个国家系统介绍经验；在推广期，该国通过前期积淀，形成成熟的发展理念，塑造品牌，在更广甚或全球范围内推介。

中国稳健的发展态势是中国的巨大比较优势，并已经展现出魅力，沙伯力等人的一项调查显示，在被调查者中，绝大多数埃塞俄比亚人（86%）、苏丹人（85%）、肯尼亚人（84%）、加纳人（83%）及赞比亚人（75%）对中国的发展模式持积极态度。[①] 目前，非洲国家普遍呈现出"向东看"趋势，他们希望能够通过借鉴"中国模式"摆脱贫困依附的现状。中国经济在三十多年来取得的成就，让越来越多的非洲国家开始思考"西方化"是否是唯一的"华山之路"。中国的发展经验至少为他们提供了另一种选择。正如埃塞俄比亚总理梅莱斯所言："中国是我们所有人的灵感。中国向非洲展示，非洲可以渡过经济难关。"[②]

至少针对非洲一些国家而言，中国的发展成果已经呈现辐射期的特征，我们有必要系统总结自身的发展经验，一方面可以照鉴自己，另一方面可以为其他有需要的国家提供参考。尽管冯·戴克（Van Djik）认为非洲缺少中国获得成功的诸多前提条件，比如稳定的政府、充足的劳动力以及土地改革等，所以中国的成功不能复制，也就是说"北京共识"并非是"华盛顿共识"的可替代模式；但非洲可以从中国的成败中汲取经验教训，这些同样弥足珍贵。[③] 总之，不管是否认同"中国模式"这种提法，中国几十年的发展成就、在两次大型国际经济危机中的出色表现，都需要得到正视，我们总有一些经验可循。中国可以在人力资源发展、治理能力以及技

---

① 沙伯力、严海蓉：《非洲人对于中非关系的认知（下）》，《西亚非洲》，2010年第11期，第52页。
② 王慧芳：《中国在非洲的软实力建设及其对中非关系的影响》，《渤海大学学报》，2008年第5期，第104页。
③ Meine Pieter van Dijk ed., *The New Presence of China in Africa*, Amsterdam University Press, with EADI, 2009.

术培训方面为非洲提供援助,①当然,非洲国家也可以学习借鉴中国治国理政的成功经验。

其实中国也一直在积极帮助非洲国家探寻适合自身的发展之路,比如从1949年至今,中国政府已经为来自50多个非洲国家的大约18000名学生提供了奖学金;而且自从2009年开始,中国政府每年固定为4000名非洲学生提供来华奖学金。中国自1998年起,商务部、教育部、卫生部等相关职能部门就已经开始为非洲国家培养管理和技术人才。2000年的中非合作论坛又设立了"非洲人力资源开发基金",中国在此框架下已为非洲国家培养专业技术和管理人才两万余名。培训内容涉及行政经济管理、医疗卫生、网络通信、农业科技、领事保护等多个领域。②21世纪以来,中国还针对非洲国家举办了多种内容的研修班,比如2004年开办的非洲国家政府新闻官员研修班,2007年开办的非洲国家执政党干部研修班,2008年开办的非洲英语国家友好城市官员研修班,2009年开办的非洲粮食生产与安全研修班,2012年开办的非盟公共管理研修班以及非洲英语国家人口与发展研修班,等等,研修班一般由相关部委承办,有的还由一些大学协办。

这些培训班和研修班为中非交流提供了广阔的空间,不过这类交流项目为期较短,通常持续2—3周,有的每年开办,有的只举办过一届;有些注重经验交流,有些则流于旅游观光,一定程度上影响了合作交流向纵深发展。所以,中国如何能够提升这类交流项目的稳定性和系统性,并促进其向学制化方向发展成为问题的关键。如果时机成熟,还可以考虑像新加坡的"中国高官班"那样

---

① Kenneth King, "China's Cooperation with Africa, and Especially South, in Education and Training: A Special Relationship and a Different Approach to Aid?" *Journal of International Cooperation in Education*, 13(2), 2010, pp.73—87.

② 罗建波:《中国对非洲国家政策与国家形象塑造》,《天津行政学院学报》,第10卷第5期,2008年9月,第18—22页。

走产业化[①]的道路：锁定目标受众，提炼精品课程，提供系统教学（如学历课程）；以非洲几国为试点，待经验成熟向更大范围推广。

结　语

中非友谊源远流长，非洲人民一直是中国人民的好朋友，但朋友之间如果仅凭革命时代流传下来的"战友"情谊维系，不去妥善的维护，终会变得淡漠甚至消逝。在新的世界政治经济条件和全球化背景之下，中非人民同样需要通过多种方式不断加深了解、增进理解。只有如此，中非情谊才可能代代传承。美国布鲁金斯学会的研究报告《预见非洲：2012年的至关重点》指出，2012年非洲亟待解决的9大问题中，中非关系排在首位。[②] 这份报告同样提示中国，需要认真审视和规划同非洲国家的合作与互动。总之，在对非公共外交的战略选择上，我们不光要"走出去"，凭借"外推模式"提升公共外交的广度；还要"引进来"，建立"内引模式"的制度机制，推进公共外交的深度，从而增强中非友好伙伴关系的强度。

[①] 新加坡从1992年开始为中国培训官员，1998年在南洋理工大学开设管理经济学硕士学位班，2005年又开办了公共管理硕士课程，专门招收中国官员，几乎每年开班，学制一年。截至目前，新加坡的这一"高官班"已经为中国培训各级官员几万名。新加坡基于培训中国官员的经验，正计划将其培训项目推向整个亚洲地区甚至全球。

[②] "The Brookings Institution, Foresight Africa: Top Priorities for the Continent in 2012", http://www.brookings.edu/~/media/Files/rc/reports/2012/01_top_priorities_foresight_africa/01_foresight_africa_full_report.pdf.

试论1954年中印、中缅两国总理互访

李潜虞

朝鲜战争结束后，美国极力拉拢中国周边的亚洲国家组建针对中国的包围圈，为了应对这一情况，中国提出了建立"国际和平统一战线"的外交战略，1954年中印、中缅两国总理互访就是落实"国际和平统一战线"政策的重大举措。在互访过程中，中印、中缅共同提出了和平共处五项原则，中国领导人着力消除了印度、缅甸在华人华侨、边界问题、亚洲国家共产党以及中美关系等问题上的疑虑和担心，从而促进了中印、中缅两国关系，巩固了亚洲国家的中立倾向，为亚非会议的召开奠定了良好的基础。

1954年6月、10月及12月中印、中缅两国总理互访是新中国外交史上的大事，而以往的外交史著作只是把这一事件当作和平共处五项原则提出过程的一个环节加以简略论述。[①] 而实际上，不论是和平共处五项原则的提出还是中印、中缅两国总理的互访都是中国落实"国际和平统一战线"政策的重大行动，都与大国关系和中国对亚非国家的战略判断有着密切的联系。如果不能把中印、中缅两国总理互访放在全球冷战的大背景下，不把它放在美国对华战略和中国对美战略的大背景下，是无法准确认识其深刻含义的。本文

---

① 这方面的成果有韩念龙主编:《当代中国外交》，北京：中国社会科学出版社，1987年版；谢益显主编:《中国当代外交史（1949—2009）》，北京：中国青年出版社，2009年版；曲星:《中国外交50年》，南京：江苏人民出版社，2000年版。

将主要依据已经公开出版的史料和中华人民共和国外交部档案,对1954年中印、中缅两国总理互访的背景、过程和意义进行系统的梳理和分析,从而加深对中国对亚非国家政策的理解。

一、国际和平统一战线政策及其原因

朝鲜战争结束后,中国开始对亚非国家,特别是中国周边的东南亚国家推行国际和平统一战线政策。这项政策的核心词是和平,也就是说这项统一战线政策团结的对象是支持和平的国家,处理国与国关系的准则是和平共处五项原则,目的是为了确保中国有一个和平的国际环境,特别是一个和平的周边环境。早在朝鲜战争结束前夕的1953年6月,周恩来就曾经表示:"我们的阵营是和平的阵营,统帅是苏联。资本主义制度下的各国人民以及反对美国战争叫嚣的人,都是和平的力量,都包括在和平统一阵线之内,连不好战的某些政府也包括在内,宗主国不能维持其统治的国家,将来也要包括在内。"[①] 从中可以看出,在国际和平统一战线政策下,划分敌我的标准不是意识形态和政治制度,而是对于和平的态度。1954年7月,在听取了周恩来关于日内瓦会议的报告后,毛泽东再次明确了国际和平统一战线的内涵,他说:"总之,国际上我们就是执行这个方针,只要在和平这个问题上能够团结的,就和他们拉关系,来保卫我们的国家,保卫社会主义,为建设一个伟大的社会主义国家而奋斗。"随后,周恩来在向全国政协常委会报告日内瓦会议情况时也提到了中国的外交方针是国际和平统一战线,并得到了毛泽东的首肯。周恩来的汇报结束后,毛泽东在对中国外交工作提出的

---

① 周恩来:《今天国际的主要矛盾是战争与和平问题》,1953年6月5日,载中华人民共和国外交部、中共中央文献研究室编:《周恩来外交文选》,北京:中央文献出版社,1990年版,第59页。

十一点意见中也再次强调了"国际和平统一战线"。① 1955年5月，毛泽东再次强调："我们要争取和平的环境，时间要尽可能地长，这是有希望的，有可能的。"②

如果在中国与亚非国家关系这一范畴内进一步分析这项政策，国际和平统一战线所要达到的战略目标从低到高可以分为四个层次：第一，确保不再发生中国的周边爆发战争，中国被迫与美国进行直接军事对抗的情况；第二，促使新独立的亚非国家，特别是中国周边的国家不加入美国组建的旨在反对中国的军事联盟；第三，与亚非国家建立外交关系，发展双边贸易；第四，孤立美国，迫使美国坐下来与中国谈判，最终缓和中美关系。为了实现上述目标，中国采取的主要措施包括，首先，不断强调中国与亚非国家之间的共同点，如都曾遭受西方殖民主义的侵略和奴役，都曾进行反抗压迫的斗争，以及现在都希望在亚洲地区建立和平。其次，在一些亚洲国家普遍比较关心的问题上展现诚意，如华侨双重国籍问题、边界问题、当代共产党问题等，目的在于消除亚非国家特别是中国周边国家对于中国的恐惧和疑虑，而后一点成为中国国际和平统一战线政策成败的关键。

中国对亚非国家实行国际和平统一战线政策的原因，需要从国际关系和中国共产党对亚非国家的认识两个层面进行分析。

从国际关系层面分析中国实行国际和平统一战线政策的原因首先要探讨中美关系和中国所面临的周边国际环境。朝鲜战争结束后中美关系仍然持续紧张，美国奉行的遏制中国的政策并没有因朝鲜战争的结束而终止，反而有所加强。1953年10月19日，美国国家安全委员会草拟了题为《美国对共产党中国的政策》的文件，编号为NSC166，供美国决策层进行讨论。11月6日，美国国家安全委

---

① 逄先知、金冲及主编：《毛泽东传1949—1976》(上)，北京：中央文献出版社，2003年版，第560—563页。

② 毛泽东：《和平为上》，1955年5月26日，载中共中央文献研究室、中华人民共和国外交部编：《毛泽东外交文选》，北京：中央文献出版社、世界知识出版社，1994年版，第213页。

员会讨论了这一文件,并最终形成了编号为NSC166/1的同名文件,这份文件与草稿相差不多,成为朝鲜战争结束后指导美国对华政策的纲领性文件。该文件开篇就提到:"美国在远东地区政策的首要问题就是对付由强大的、带有敌意的中国和中苏联盟所导致的权力结构变化。"文件进而表示:"确保中国共产党政权改变它的政策取向或最终由一个对美国没有敌意的政权取而代之是符合美国利益的。"但由于朝鲜战场上的惨痛教训,这份文件也指出使用美国的军事力量来颠覆或取代中国的共产党政权在当前是不可接受的。因此,美国对中国的政策是在不诉诸战争方式的情况下,主要通过发展亚洲非共产党国家的政治、经济、军事力量来削弱共产党中国在亚洲相对的权力地位。而实现这一政策的手段主要分为以下十点:1. 确保离岸岛屿链的安全;2. 阻止中国共产党在任何地方的进一步领土扩张,必要和可行时,动用美国的军事力量;3. 帮助远东的非共产党政府抗御共产主义的颠覆;4. 在远东培育强大、健康的非共产党政府,特别是在中国周边的朝鲜、台湾地区和印度支那地区;5. 帮助日本发展政治、军事和经济力量;6. 继续探讨在太平洋地区建立订立集体协定的可能性;7. 继续运用那些反对共产党中国的政治、经济压力,包括那些非常规的和隐蔽的压力;8. 继续承认和支持在台湾的国民党"政府"作为中国的合法政府和在联合国以及其他国际组织中的中国的合法代表;9. 尽一切可能削弱中苏关系;10. 努力说服自由世界的其他成员接受美国对共产党中国政策的合理性。① 从中可以看出,美国将中国视为在亚洲的首要敌人,但它已经放弃了直接通过军事手段颠覆新中国的政策选择,而把增加亚洲非社会主义国家对中国的敌意作为反对新中国的主要手段。

美国的这种反华策略也影响到了它对整个远东和东南亚的政

---

① United States Department of State, *Foreign Relations of the United States, 1952-1954, Volume XIV, China and Japan,* United States Government Printing Office, Washington:1985, pp. 279-282.

策。1954年1月16日,美国总统批准了国家安全委员会制定的题为《美国在东南亚的目标和行动》的文件,编号为NSC5405。该文件指出美国的目标是:"防止东南亚国家进入共产主义的轨道。使东南亚国家认识到他们的最大利益在于与自由世界更好的合作和更紧密的联系。帮助东南亚国家发展具有抗御国内外共产主义意愿和能力的稳定自由的政府。为了达到上述目的,美国必须清晰地阐明共产党中国侵略东南亚的严重后果,并尽可能在这一点上与包括法国、英国、澳大利亚、新西兰等国家在内的其他国家达成一致。继续与这些国家进行军事磋商以确定反击共产党中国侵略所需要的军事准备。鼓励和支持东南亚人民反对中国共产党侵略、本地共产党暴动、颠覆、渗透、政治操控和宣传的精神。"[1] 1954年12月22日,美国总统又批准了国家安全委员会起草的题为《当前美国对远东的政策》的文件,编号NSC5429/5。该文件明确指出:美国的目标是维护远东地区非共产党国家的领土和政治完整,反对共产主义进一步的扩张和颠覆。显著增加非共产主义国家对亚洲共产主义政权的相对的政治、军事、经济地位。在亚洲创造积极地传播自由世界的价值观同时暴露共产主义意识形态虚伪的政治和社会力量。在该文件中,美国还表明继续反对恢复共产党中国恢复在联合国大会、安理会和其他联合国组织中的席位,并呼吁其他自由世界国家继续保持当前对共产党中国的出口管制和贸易水平。[2] 以上文件表明,维持并鼓励亚洲国家对中国的敌意,增加这些国家反对所谓共产主义颠覆的能力已经成为美国在这一地区政策的首要目标和根本利益。

美国为了落实上述政策所采取的一个具体步骤就是策动签订东南亚集体防务条约,使该条约成为遏制中国的一个军事同盟。1954

---

[1] National Security Council, United States Objectives and Courses of Action with Respect to Southeast Asia, PD00384, Digital National Security Archive.

[2] National Security Council, Current U.S. Policy towards the Far East, PD00422, Digital National Security Archive.

年9月6日，东南亚集体防务条约正式签订，参加该条约的除了美、英、法等西方国家外，还有菲律宾、泰国、巴基斯坦三个亚洲国家。应该说当时中国面临的国际环境是严峻的。

此时，美国对华政策和对亚洲政策已经转变为说服鼓动亚洲民族主义国家对抗中国，拉它们加入反对中国的军事同盟。那么，这些亚洲国家是否存在被美国说服的可能性呢，回答是肯定的，因为亚洲国家与中国关系存在的诸多障碍使得这些国家对中国怀有忧虑和担心。第一，中国是亚洲第一大国，幅员辽阔，人口众多，在亚洲国家中国力相对较强，而与中国相邻的东南亚和南亚国家国力相对较弱。这种天然的力量对比的不平衡使得一些亚洲国家对中国感到恐惧。第二，历史上中国建立的不平等的朝贡体系仍然留存在一些亚洲国家的记忆中。第三，在很多亚洲国家都有大量的华人华侨，很多华人华侨还具有双重国籍。这些亚洲国家担心中国通过华人华侨对其进行渗透和控制。第四，在一些东南亚国家还存在着当地的共产党，这些共产党与中国共产党有所联系，因此，一些东南亚国家担心中共通过当地共产党颠覆本国政权。第五，中国与几乎所有的亚洲邻国都存在着边界问题。第六，中国是共产党领导的国家，是以苏联为首的社会主义阵营的成员，很多亚洲国家对社会主义的意识形态和政治制度都存在着误解。第七，中国派出志愿军赴朝参战，更给一些亚洲国家留下了中国"好战"的印象。第八，很多亚洲国家都担心中美的尖锐对抗会导致在亚洲发生大规模的国际冲突，从而殃及自身。因此，亚洲国家被美国说服并加入反华同盟的可能性是极大的。

总之，从中国所面临的周边国际环境角度讲，中国之所以要对亚非国家采取国际和平统一战线的政策是因为朝鲜战争结束后，中美关系仍高度紧张。美国遏制中国政策的重点已经从直接的军事对抗转变为策动亚洲国家与中国形成对立，拉拢亚洲国家建立针对中国的军事同盟。而亚洲国家与中国关系中的诸多障碍使得美国的政策建议很容易为亚洲国家所接受。一旦亚洲国家接受了美国的理念,从东北到西南形成反华的包围圈,中国的国际环境将变得非常险恶,将承受极为沉重的安全压力。因此,亚洲国家客观上已经成为中国战略上的必争之地。为了获得一个有利的国际生存空间,争取亚洲国家的同情、理解和支持并与这些国家结成统一战线成为中国政策的必然选择,也就是说建立国际和平统一战线对中国有着很强的必要性。针对亚洲国家与中国关系的那些障碍进行增信释疑工作自然就成为建立国际和平统一战线的关键,也是中美较量中中国采取的重要战略步骤。

从国际层面分析中国实行国际和平统一战线政策的原因的第二个角度是苏联的对外政策和中苏关系。斯大林逝世后,苏联的外交政策发生了重大变化,苏联开始逐步放弃与西方激烈对抗的政策,缓和国际紧张局势成为苏联外交政策追求的首要目标。为了实现这一目标,苏联采取了很多措施,如在德国和奥地利问题上展现出希望与西方达成妥协的意愿,放松德、奥两国苏占区与西方占领区之间的管制措施,倡议召开苏、美、英、法四国外长柏林会议和解决朝鲜与印度支那问题的日内瓦会议。建立在和平共处理念上的国际统一战线政策成为苏联对外政策的主流。而此时,中苏之间仍然是紧密的联盟关系,中国内政外交的重大方针无不征求苏联的意见,受到苏联的重大影响。作为苏联外交政策主流的和平共处自然也成为中国外交方针的主旋律。根据新中国建立前夕中苏两党达成的共识,中国多做东方和殖民地半殖民地国家的工作,而苏联对西方多承担些义务,多做些工作。[①] 此时,苏联缓和国际紧张局势的主要工作放在了欧洲,对亚洲国家实行国际和平统一战线政策也就自然成为中国的战略选择。

中国实行国际和平统一战线政策的原因还可以从中国共产党对亚非国家的认识角度进行分析。首先,中国共产党对亚非国家在冷战时期国际政治中的战略地位就有着自己独到的见解,"中间地带"

---

① 师哲:《在历史巨人身边》,北京:中央文献出版社,1998年版,第368—369页。

理论就是这种见解的系统化和理论化。1946年8月，毛泽东提出："美国和苏联中间隔着极其辽阔的地带，这里有欧、亚、非三洲的许多资本主义国家和殖民地、半殖民国家。美国反动派在没有压服这些国家之前，是谈不到进攻苏联的。"[①] 这是中间地带理论的首次提出，这一理论是中国共产党人尝试从中国自己的视角独立思考国际形势的结晶。在相隔将近十年后，毛泽东又开始重提"中间地带"的理论。1954年7月，在听取周恩来关于日内瓦会议情况报告的政治局会议上，毛泽东谈到："美国现在主要的最大的目的，还是整这个中间地带，就是从日本到英国这些地方，整得这些国家哇哇叫。""美国现在往往就是利用反对共产主义这个旗帜把它那些朋友的地方占领起来。"[②] 同年8月，毛泽东在与英国工党代表团谈话时再次指出："美国反共是把它当作个题目来做文章，以达到他们另外的目的，首先是占据从日本到英国这个中间地段。美国在北美洲处在这个中间地段的那一边，苏联和中国处在这一边。美国的目标是占领处在这个广大中间地带的国家，欺负它们，控制它们的经济，在它们的领土上建立军事基地，最好使这些国家都弱下去，这包括日本、德国在内。"[③] 中间地带理论实际上表明，冷战时期亚非国家处于国际政治军事斗争的最前线，国际政治主要矛盾的两个方面不是美国和苏联，而是美国和广大中间地带国家。而冷战的结局或者说美苏较量的最终结果并不取决于美国和苏联的直接对抗，而是取决于美国与中间地带国家较量的结果。[④] 由此可见，中国共产党对于亚非国家在冷战时期国际政治中的战略地位赋予了极高的价

---

① 毛泽东：《和美国记者安娜·路易斯·斯特朗的谈话》，1946年8月6日，载《毛泽东选集》第四卷，北京：人民出版社，1991年版，第1193页。
② 逄先知、金冲及主编：《毛泽东传1949—1976》（上），第560页。
③ 毛泽东：《关于中间地带、和平共处以及中英中美关系问题》，1954年8月24日，载《毛泽东外交文选》，第159页。
④ 参见陈兼：《将"革命"与"非殖民化"相连接——中国对外政策中"万隆话语"的兴起与全球冷战的主题变奏》，载《冷战国际史研究9》（华东师范大学冷战国际史研究中心编），北京：世界知识出版社，2010年版，第10页。

值。中国能否团结亚非国家对于掌控战后国际形势的演变有着重要的意义。中国要达到迫使美国坐下来与中国谈判缓和关系的目的，就必须在最前线进行斗争，从这个角度看，亚非国家仍然是中国在战略上的必争之地。

其次，中国共产党还认为中国与亚非国家之间有着共同点，有实行统一战线的现实可行性。中国与亚非国家之间的共同点包括两个方面。第一，中国与亚非国家都曾遭受西方国家的殖民统治；第二，中国与亚非国家都希望和平。1954年10月18日，周恩来在一次内部报告中曾经将非社会主义国家划分为以美国为首的"主战派"、以英法为代表的"维持现状派"和以印度为首的"和平中立派"。在谈到"和平中立派"时，周恩来指出："这些国家对和平的要求与我们是共同的。在这点上，他们与我们更接近一些，统一战线更强一些。不仅是在和平问题上，还由于他们过去和现在同样受帝国主义的压迫，因此，还有民族感情。"[①] 11月4日，周恩来在对外交部全体干部的讲话中再次强调了这种观点，认为以印度为首的这一类国家"在要求和平这一点上是和我们相同的"。"我们应该争取和平派，影响维持现状派，孤立主战派。这是我们建立国际和平统一战线的政策，不仅以苏新国家为基础，团结爱好和平的人民，而且要争取主张和平的国家，影响维持现状的国家，鼓励和分化以美国为首的战争集团"。[②]

另外，从国内政治的角度讲，从1953年开始，随着朝鲜战场的停战，中国开始把精力转移到国内的经济建设和制度建设上来。1953年，中国开始执行第一个五年计划的建设，并提出了以"一化三改"为主要内容的过渡时期总路线。1954年，中国又召开了第一届全国人民代表大会，制定了新中国第一部宪法。这一切都表明，

---

① 金冲及主编：《周恩来传》（三），北京：中央文献出版社，1998年版，第1155页。

② 《周恩来总理兼外长对外交部全体干部的讲话》，1954年11月3日，载《周恩来总理兼外长对外交部全体干部的讲话》，中华人民共和国外交部档案，档号：102-00168-01。

一个和平建设的新阶段正在开始,中国需要一个和平的国际环境,特别是周边环境。这也要求中国在外交上必须执行"国际和平统一战线"政策。

综上所述,紧张的中美关系使中国面临严峻的国际环境,团结亚非国家对于中国来说具有重要的战略意义,中国团结亚非国家具有必要性;而紧密的中苏关系也推动中国仿效苏联,执行和平共处的方针。从中国对亚非国家认识的角度看,中国认为亚非国家自身具有极其重要的战略价值,中国与亚非国家结成统一战线有一定的现实基础。总之,实行国际和平统一战线政策既有必要性,又有可能性,因此也就成为中国不二的战略选择。而中国大规模国内建设的开始也需要一个和平的国际环境,国际和平统一战线是中国国内政治的必然要求。1954年中印、中缅两国总理互访就是中国落实国际和平统一战线政策的重大步骤。

二、周恩来访问印度、缅甸

从1954年春夏之交到1955年年初,中国为了落实国际和平统一战线政策,对亚洲国家开展了两次重大的外交活动,这就是1954年周恩来对印度、缅甸的访问和尼赫鲁、吴努对中国的回访。这两次重要外交活动的目的都是为了消除亚洲国家对中国的某些疑虑,从而阻止它们加入美国组建的东南亚集体防务条约,至少使这些国家在中美对抗中保持中立,同时也为拟议中的亚非会议顺利召开创造有利的条件。

从1954年4月底开始,周恩来率中国代表团参加日内瓦会议。印度不是会议的正式代表,但尼赫鲁派印度驻联合国代表梅农列席了会议。会议期间,梅农在中国代表团与西方国家代表团之间做了许多穿梭斡旋工作,多次与周恩来进行接触。5月24日,梅农提出邀请周恩来在休会回国时顺路访问印度,6月13日,梅农再次向周恩来提出访印度邀请。由于日内瓦会议情况复杂，周恩来对此未做表态，但请梅农转告尼赫鲁："我们愿与东南亚各国保持像与印度那样的良好关系，东南亚的事应由东南亚的人民自己解决，在东南亚应该建立起安全的环境，是我们彼此和平相处，而不让美国有任何干涉的借口。"[1] 同日，中共中央致电周恩来，阐述了中国对与印度、缅甸、印尼等国签订互不侵犯条约和周恩来访问印度的立场。中共中央指出："为了积极争取东南亚这些国家，以巩固远东与世界和平，从而孤立美国和打击美帝国主义在东南亚的侵略政策和打破美帝国主义在东南亚拼凑侵略集团的阴谋起见，在目前条件下，我国与印度、印尼、缅甸签订双边或多边的互不侵犯条约或集体安全公约，对亚洲和平和孤立美国是有利的。"电文还谈到，虽然在谈判中可能涉及中印中缅边界问题，而边界问题一时无法解决，但如因此错过与印度等国签订条约的时机，则是"一个重大的损失"。电报最后谈到："如果我们确定上述积极争取东南亚这些国家的方针，则接受印度政府此项邀请是有必要的。既可以对印度表示友好，又可乘机了解尼赫鲁对'亚洲集体安全'或'互不侵犯条约'等有关亚洲问题的见解、态度，和他进行初步交换意见，并可相机邀请尼赫鲁访华。"电报还指示周恩来与莫洛托夫就访印问题进行磋商。[2] 按照这一指示，6月17日，周恩来与同在日内瓦的莫洛托夫交换了意见，苏联方面完全支持中国对印度等亚洲国家的政策。中苏双方都认为，中国对亚洲国家政策和外交活动的战略目的就是"在东南亚保持一个中间集团，并经过这些亚洲国家联合英、法挡住美国，从而打击美在东南亚组织侵略集团的阴谋"。因此，周恩来在17日复电中央，同意中央意见，在休会回国时绕道访问印

---

[1]《总理访印度事》，1954年6月15日，载《尼赫鲁总理致周恩来总理电》，中华人民共和国外交部档案，档号：203-00005-02（1）。

[2]《关于与东南亚各国订立互不侵犯条约》，1954年6月13日，载《对东南亚签订互不侵犯条约意见》，中华人民共和国外交部档案，档号：203-00005-06（1）。

度。①20日，外交部致电中国驻印度大使袁仲贤，通报了周恩来即将访印的决定，并分析了中国接受印度邀请的国际背景："鉴于美国正积极活动，阴谋组成东南亚侵略集团，英国在日内瓦会议上仍持两面态度，法国对停止印度支那战争的谈判尚未放弃某种妥协的想法，在此情形下若能保持东南亚一个中间集团，并经过这些亚洲国家联合英、法挡住美国，从而扩大资本主义阵营矛盾，打击美国阴谋，这对维护我国安全和缓和国际局势均为有利。"②22日，周恩来在给中央的关于访印目的的报告中又谈到："此次访印主要目的在为缔结某种形式的亚洲和平公约做准备工作，以打击美国进行组织东南亚侵略集团的阴谋。"③通过以上事实不难看出，周恩来访印决定的做出主要是受到美国对华政策和中美关系的影响。击破美国反华联盟从而孤立美国是中国对亚洲国家外交决策的主要动因。

6月25日，周恩来抵达新德里开始对印度进行访问。此后几天，两国总理进行了多次会谈。而周恩来所谈内容仍然主要是围绕消除印度等亚洲国家对中国的疑虑，从而淡化直至消除它们倒向美国的愿望。

在25日的第一次会谈中，周恩来开宗明义便谈到："中国对东南亚的政策是和平共处，我们对印度、印尼、缅甸、巴基斯坦、锡兰和老挝、柬埔寨的政策都是如此。我们要把这一政策贯彻下去。"④在同日举行的第二次会谈中，周恩来再次表示，如果能将和平共处五项原则运用到亚洲的所有国家，这是很有利的。亚洲国家相互间要和平共处，彼此相信。他还谈到，如果印度型的国家增

---

① 《关于与东南亚各国签订互不侵犯条约之意见》，1954年6月17日，载《对东南亚签订互不侵犯条约意见》，中华人民共和国外交部档案，档号：203-00005-06（1）。

② 《告总理访印》，1954年6月20日，载《尼赫鲁总理致周恩来总理电》，中华人民共和国外交部档案，档号：203-00005-02（1）。

③ 《总理访印目的及计划》，1954年6月22日，载《周恩来总理访问印度目的和计划》，中华人民共和国外交部档案，档号：203-00005-01（1）。

④ 中共中央文献研究室编：《周恩来年谱1949—1976》上卷，北京：中央文献出版社，1997年版，第391页。

加,彼此和好相处,这样就会挡住美国组织侵略性军事集团的企图,也有理由可以拒绝参加这种集团。①

在6月26日举行的第三次会谈中,周恩来向尼赫鲁询问了对亚非会议的看法,尼赫鲁对会议能否成功举行表示怀疑,并态度冷淡。鉴于这种情况,在第四次会谈中,周恩来加大了打消印度对中国疑虑的力度,使得这次会谈成为周恩来访印行程中浓墨重彩的一笔。周恩来首先谈到了中印两国保持良好关系的示范性意义。他表示在和平共处五项原则的基础之上,中印两国不但自己可以建立信心,而且互相建立信心。这样对亚洲各国会有很大影响,使它们相信和平共处是可能的,是可以逐步实现的。②随后,周恩来直截了当地指出:"中华人民共和国政府了解,亚洲各国主观上是有恐惧的。这种恐惧应该消除,印度应该了解,我们两大国都需要建设,而中国在文化、经济方面则更为落后,因此我们国内的事已经忙得很了。"他甚至表示连参加日内瓦会议对中国来说都是一个沉重的负担。言外之意是中国的国情决定中国不会向外扩张。随后,周恩来将恐惧的问题细化,谈到了亚洲国家担忧的华侨问题和输出革命的问题。他指出:"如果华侨还是侨居的身份,他们就应该守人家国家的法律,不应参加驻在国的政治;如果他们已经取得驻在国的公民身份,他们就应该脱离华侨的身份。这是新中国在华侨问题上的政策。"并表示,中国正在与印尼协商解决华侨的双重国籍问题。他还谈到:"革命是不能输出的,如果人民赞成一种制度,反对也是无效的。如果人民不赞成一种制度,勉强强加是一定要失败的。我们应该以我们的共信原则给世界建立一个范例,证明各国是可以和平共处的。这样,美国如要制造恐惧,就会在亚洲受到挫折。这样也可以影响世界其他各地。"最后,周恩来将亚洲国家的

---

① 《周恩来总理与印度总理尼赫鲁第二次会谈记录》,1954年6月25日,载《周恩来总理访问印度两国总理会谈记录》,中华人民共和国外交部档案,档号:203-00006-01(1)。

② 中共中央文献研究室编:《周恩来年谱1949—1976》上卷,第391页。

恐惧概括为三点：(1)中国大，并可能变强；(2)中国在海外有很多侨民；(3)害怕国际共产主义通过本地的共产党来活动。并表示："如能消除恐惧，其他的事就容易了。"他建议在中印联合声明中再次提一下和平共处五项原则，并说明这些原则不仅在亚洲而且在全世界都适用。①

这样在6月28日发表的《中印两国总理联合声明》中，两国再次重申了和平共处五项原则。并表示："如果这些原则不仅适用于各国之间，而且适用于一般国际关系之中，它们将形成和平与安全的坚固基础，而现实存在的恐惧和疑虑，则将为信任感所取代。"②

6月28日，周恩来又前往缅甸进行访问，应该说此时中缅关系比中印关系面临着更多的困难。在与周恩来的会谈中，缅甸总理吴努就直截了当地谈到："缅甸对于中国是有一些恐惧的，并希望中国尊重缅甸的领土完整。我们认为中国是我们的老大哥，我们希望中国会采取步骤来消除我们的恐惧。"针对这种情况，周恩来在谈话中逐一问题地消除缅方的疑虑。谈到当地共产党问题时，首先，周恩来表示："各国共产党信仰虽然相同，但事情是各办各的。革命是不能输出的，输出必败。各国共产党必须依靠自己才能成功，而不能期待外来的帮助。"其次，周恩来表示，中国愿意看到缅甸独立，对缅甸没有任何领土野心。另外，周恩来还谈到在缅甸境内的国民党李弥部队问题。他指出，我们的政策就是等待缅甸政府采取步骤来消灭这些军队。我们从未在文件中或是公开说过不愉快的话，这说明我们对缅甸采取了很大的尊重和忍耐。最后，他还特别谈到："我们愿意我们的邻邦建设起来，并和他们和平相处。我们不愿意看到我们的邻邦让外国干涉者来建立军事基地。缅甸、印度和印尼不赞成美国在东南亚组织侵略集团，反对美国建立军事基

---

① 《周恩来总理与印度总理尼赫鲁第四次会谈记录》，1954年6月26日，载《周恩来总理访问印度两国总理会谈记录》，中华人民共和国外交部档案，档号：203-00006-01（1）；中共中央文献研究室编：《周恩来年谱1949—1976》上卷，第391页。

② 韩念龙主编：《当代中国外交》，北京：中国社会科学出版社，1988年版，第402—403页。

地,这就证明我们有友好合作的基础。"① 最终,中缅两国总理也发表了联合声明,再次重申和平共处五项原则,并表示"如果这些原则能为一切国家所遵守,则社会制度不同的国家的和平共处就有了保证,而侵略和干涉内政的威胁和对于侵略和干涉内政的恐惧就将为安全感和互信所取代"。②

以上事实说明,周恩来印度、缅甸之行的首要目的和主要内容就是消除两国对中国的种种疑虑和担忧。在20世纪50年代中期东西两大阵营对立的情况下,印度和缅甸并没有成为美国的仆从国,而是保持了中立的政策。周恩来的访问加强了这种中立的立场,取得了积极的成果。访问成果大致可以分为三个方面:(1)巩固了印度、缅甸不参加美国组建的东南亚集体防务条约的立场;(2)两国对亚非会议的态度由消极转变为积极;(3)尼赫鲁、吴努先后于年内回访中国,中国与两国的双边关系进一步加强。而邀请并接待尼赫鲁、吴努访华成为中国为落实国际和平统一战线所采取的第二个重大步骤。

三、尼赫鲁、吴努访问中国

尼赫鲁访华时,正值中国再次强调一定要解放台湾,并就解放沿海岛屿进行军事准备,而美国因此进行反华叫嚣,中美关系再次陷入危机的时期。因此,中国领导人在与尼赫鲁会谈时着重谈了台湾问题,帮助他了解中国在台湾问题的政策,其主要目的在于向亚洲国家澄清中美出现危机的责任不在中方,中国并不好战,不想挑起战争。

---

① 《周恩来总理与缅甸总理吴努第一次会谈记录》,1954年6月28日,《周恩来总理与缅甸总理吴努第二次会谈记录》,1954年6月29日,载《周恩来总理与缅甸总理吴怒的会谈记录》,中华人民共和国外交部档案,档号:203-00007-03。

② 韩念龙主编:《当代中国外交》,第404页。

中国非常重视尼赫鲁的来访,毛泽东和周恩来分别与他进行了四次会谈。10月19日,毛泽东第一次见到尼赫鲁时首先表示:"我们所有东方人都受过西方帝国主义国家的欺侮。因此,我们东方人有团结起来的感情,有保卫自己的感情。尽管我们在思想上、社会制度上有不同,但是我们有一个很大的共同点,那就是我们都要对付帝国主义。"① 此时,中国领导人再次强调中国与印度等亚洲国家都受到过西方帝国主义国家奴役这一共同点可以起到两重作用:首先使这些国家在感情上同情中国,使他们更容易理解在因台湾问题引起的中美对抗中中国所采取的政策。其次,唤起这些国家对过去苦难经历的回忆,从而增加他们对西方国家的对立情绪,强化他们对美国的离心倾向。

针对当时的中美关系,毛泽东和周恩来都对尼赫鲁进行了大量的解释工作。在第一次会谈中,毛泽东谈到:"美国的恐惧也实在太过分了。它把防线摆在南朝鲜、台湾(地区)、印度支那,这些地方离美国那么远,离我们倒很近。使得我们很难睡稳觉。"② 同日,周恩来在与尼赫鲁会谈时首先阐述了中国在台湾问题上的立场,随后,他也就中美关系问题阐述了中方立场:"在国际事务中,第一,中国对外交往的政策是国际和平与合作,它是不排斥任何国家的,包括美国在内,只要这些国家也有同样的愿望。第二,我们不能容忍任何欺侮,如果有人要挑衅和欺侮,我们一定抵抗。第三,我们决不主动挑衅,我们无意挑起世界大战。"周恩来还特别谈到:"如果美国愿意和平共处,我们不拒绝,否则,我们就孤立美国,所谓孤立,并不是侵犯和伤害美国,而是使美国战争政策孤立,而不是孤立美国人民。"③ 20日,周恩来又与尼赫鲁谈了中美冲突导致世界大战的可能性问题。周恩来指出:"美国以台湾问

---

① 毛泽东:《和平共处五项原则应该推广到所有国家关系中去》,1954年10月19日,载《毛泽东外交文选》,第163—164页。

② 同上,第165页。

③ 中共中央文献研究室编:《周恩来年谱1949—1976》上卷,第421页。

题来威吓远东和世界,好像大战即将爆发。我昨天说过,现在还不会。如果我们反对,它就会一天天地缩小,如果我们容忍,它就会一天天扩大。因此我们采取反对的措施,正是为了阻止大战,孤立美国。"他还耐心地解释说:"我们没有缔结什么马尼拉条约来同美国对立。我们对亚洲国家也没有采取什么威吓手段,要它们服从我们的利益,而美国却正是这样威吓小国的。我们说不能姑息美国,就是不能让美国欺侮我们。美国说不能姑息我们,是不让我们存在。"他还对尼赫鲁说:"斗争是需要的,但是我们的朋友们可以放心,我们是懂得如何处理的。"[①] 23日,毛泽东再次与尼赫鲁会晤,他说:"我们现在需要几十年的和平,至少几十年的和平,以便开发国内的生产,改善人民的生活。我们不愿打仗。假如能创造这样一个环境,那就很好。凡是赞成这个目标的,我们都能同它合作。"毛泽东还分析说,如果战争爆发,就会产生更多共产党领导的国家,"我看对美国没有任何好处,只能使它的统治范围缩小。"他还表示:"归根一句话,不打仗最好。如果我们能替艾森豪威尔当个参谋长,那么他就可以听我们的话,而不受他的顾问的包围了。尼赫鲁总理做这件工作会比我们顺利些。"[②]

如前所述,印度等国家一直担心中美尖锐对抗会导致大规模战争从而损害他们的利益。毛泽东和周恩来的上述谈话有三重目的:首先,表明中国的政策是和平的,中美关系紧张责任不在中方,而中国不会主动挑起冲突。其次,中国会对中美关系的紧张程度加以控制,不会任其发展而导致大规模战争。从而消除印度等国的担心,使他们"放心"。最后,中国还希望通过印度这一渠道向美国展示善意,表明中国愿意与美国和平共处,不愿意再与美国发生直接的军事冲突。这表现出这一阶段中国的外交政策不仅着力消除亚

[①] 《周恩来总理与印度总理尼赫鲁第二次会谈记录》,1954年10月20日,载《周恩来总理与尼赫鲁第二次会谈记录》,中华人民共和国外交部档案,档号:204-00007-05(1)。

[②] 毛泽东:《和平共处五项原则应该推广到所有国家关系中去》,1954年10月23日,载《毛泽东外交文选》,第168—173页。

洲国家对中国的误解和担忧,甚至也试探与美国改善关系的可能性,整体上是非常温和的。

前文谈到,中缅关系非常复杂微妙,存在着大量历史遗留问题,而两国的国力又对比悬殊。因此,针对吴努来华访问,中国的总体方针是强调两国之间的平等,打消缅甸在各种问题上对中国的疑虑。12月1日,毛泽东在与吴努会谈时,首先就承认了中国在历史上曾侵略过缅甸,是中国人不对。这种推心置腹的诚意赢得了对方的好感。随后,毛泽东又谈到了在缅甸境内的国民党军队问题、两国边界问题、华侨的双重国籍问题等。对于这些问题,毛泽东都表示,只要双方增进相互了解都可以逐步解决。毛泽东还特别谈到:"对于亚非会议,我们很感兴趣。尼赫鲁总理告诉我们,亚非会议的宗旨是扩大和平区域和反对殖民主义。我们认为,这个宗旨很好,我们支持这个会议。如果各国同意,我们希望参加这个会议。"[①] 11日,毛泽东再次会见吴努。在会谈中,毛泽东明确指出,革命不能输出,我们在华侨中不组织共产党,已有的支部已经解散。他还特别谈到了大小国家一律平等的问题。毛泽东谈到:"一个国家不论多么小,即使它的人口只有几十万或者几万,它同另外一个有几万万人口的国家,也应该是完全平等的。既然说平等,大国就不应该损害小国,不应该在经济上剥削小国,在政治上压迫小国,不应该把自己的意志、政策和思想强加在小国身上。"[②] 在这次访问中,应该说在所有他关心的问题上,吴努都获得了满意的答复。他在茂物会议上坚决要求邀请中国参加亚非会议也就不难解释了。

在吴努访华的过程中,中国接受印度、缅甸两国的建议,接待联合国秘书长哈马舍尔德来华访问,商谈被中国判刑的美国间谍问

---

① 毛泽东:《和平共处五项原则是一个长期的方针》,1954年12月1日,载《毛泽东外交文选》,第177—186页。

② 同上,第189—191页。

题。而这一外交行动更明确地显示出,中国实行国际和平统一战线政策不仅要消除亚非国家对中国的疑虑,还希望最终能达到缓和与美国关系的目的。

1954年11月23日,中华人民共和国最高人民法院军事法庭对两起美国间谍案进行审理后公开宣判,分别判处13名美国间谍无期徒刑和有期徒刑。① 这13名美国间谍都是乘飞机侵入中国领空被击落后被捕的。美国声称这13名美国人都是联合国军事人员,属于朝鲜战争期间的被俘人员,而不是间谍,要求中国按照有关战俘的相关国际法规予以放还。美国表示中国对这13名美国人的审判违反了朝鲜战争停战协定,美国国务卿杜勒斯还要求联合国负起使这些美国间谍得到释放的责任。② 在美国的策动下,12月10日,联合国大会通过了所谓"对违反朝鲜停战协定拘留和监禁联合国军事人员的行动的控诉"的决议。③ 就在联合国通过上述决议的当天,联合国秘书长哈马舍尔德致电周恩来,希望能够在1954年年底或1955年年初访问北京,和周恩来商谈此事,以求得这些美国间谍获得释放,并建议通过中国驻瑞典使馆建立联系。④ 中国对美国间谍的审判使已经非常紧张的中美关系更加复杂敏感,中国能否接受哈马舍尔德访华也成为国际社会广泛关注的问题。

就在联合国通过决议,哈马舍尔德致电周恩来要求访华的当天,正在中国访问的缅甸总理吴努在与周恩来的会谈中请求中国释放这些美国间谍。吴努的要求并没有触怒周恩来,他表示:"第一,中国政府和人民是讲道理的,他们办事根据十分充足的证据和十分合理的主张。第二,中国人民是不能容忍任何方面的威胁的,他

---

① 《中华人民共和国最高人民法院军事审判庭 对乘飞机偷越中国国境的美国间谍案判决书(54)军审字第一号》、《中华人民共和国最高人民法院军事审判庭 对美国间谍唐奈等偷入我国国境危害我国安全案判决书(54)军审字第二号》,载《人民日报》,1954年11月24日,第三版。

② 江南:《联合国的责任何在》,载《人民日报》,1954年12月10日,第四版。

③ 林欣:《联合国无权干涉我国惩办美国间谍》,载《人民日报》,1954年12月16日,第四版。

④ 《联合国秘书长哈马舍尔德至周恩来总理电(一)(二)(三)》,1954年12月10日,载《联合国秘书长就要求访华事致周恩来总理电》,中华人民共和国外交部档案,档号:113-00197-01(1)。

们在威胁面前从不低头。第三，中国人民是讲交情的，人家对我们好，我们会对他们更好。"① 第三点尤其值得玩味，这一方面表明中国可能会考虑缅甸等友好国家的建议而释放美国间谍，另一方面也间接地表达中国如果做出缓和中美关系的姿态，希望能够得到美国的积极回应。第二天，吴努在与毛泽东的会谈中再次恳请中国释放美国间谍。毛泽东也没有生硬拒绝吴努的请求，他表示："释放总是要释放的，但是现在不能释放。我们对犯罪的外国人是不杀的，犯同样罪的中国人就会被判处死刑。但是他们犯了罪，我们不能不执行法律。"② 这种表态也为灵活处理美国间谍问题埋下了伏笔。

就在缅甸为美国间谍的释放而做中国工作的时候，印度也建议中国接待哈马舍尔德来华商谈此事。12月13日，印度驻华大使赖嘉文转来了哈马舍尔德给中方的信件和一封尼赫鲁给周恩来的信。在信中尼赫鲁建议："不论这件事潜伏的缺点如何，不论您认为对哈马舍尔德最好应做出怎样的反应，如果您同意接见哈马舍尔德，同时表明该项接见并不影响所涉及的任何或全部问题的话，这也许是可取的。拒绝会见他将给中国的敌人以某种把柄。他的访问北京，您的接见他，都很可能有助于将中国的论点充分地告诉全世界。这一方面可以表示中国的力量，同时又可表明中国是愿意谈问题的。"③ 在信中，尼赫鲁措辞非常委婉，表示他仅是出于对哈马舍尔德的尊重才转交他的信函，并不代表印度对联合国决议的态度或将采取的措施，而是否接待哈氏来访，完全由周总理决定。14日，利用一次招待会的机会，印度外交部秘书长比莱也向中国驻印外交官申健做了类似的表示。他建议周恩来总理能允许联合国秘书长到北京来，并予以接见和必要的礼遇。至于中国方面准备商谈和提出

---

① 中共中央文献研究室编：《周恩来年谱1949—1976》上卷，第428页。
② 毛泽东：《和平共处五项原则是一个长期的方针》，1954年12月11日，载《毛泽东外交文选》，第193页。
③ 《密件和私人函件》，1954年12月13日，载《印度总理尼赫鲁就哈马舍尔德访华事致周恩来总理函》，中华人民共和国外交部档案，档号：105-00135-02。

什么问题,则是中国自己的事情。如中国不允联合国秘书长去北京就容易给别人造成借口。印度方面此项建议只是出于中印之间的友好关系,绝不意味着印度对联合国方面承诺有任何责任。①

  应该说缅甸和印度两国领导人的建议极大地改变了中国在是否接待哈马舍尔德访华一事上的态度。12月11日,周恩来曾指示乔冠华起草给哈马舍尔德的回电。周恩来在指示中明确要求回电的结尾要这样写:"如果你作为主持和平正义的联合国秘书长,你一定能了解我们的愤慨的正义性和理直气壮,你一定不会认为此时来中国和我们谈判此事是适当的。如果你另外表示愿来访问中国,那么我们表示欢迎。"②14日,外交部在给中国驻瑞典使馆的电文中也表示:"周外长正准备复电哈马舍尔德,拟采取严正驳斥、强硬抗议的方针。"③但到了16日,周恩来的态度有了明显改变,他指示乔冠华分写两个电报,第一封电报阐述中国在美国间谍案上的立场。而给哈马舍尔德个人的第二封电报只写三句话:(1)收到了你要来中国的电报,我们为了和平,为了缓和国际紧张局势,我们准备在我们的首都接待你,和你谈有关中国的和平问题。(2)关于你来电中所提到的美国间谍案,我们的立场已详见另电。(3)你何时来中国?我们表示欢迎。④这样一来既没有在原则问题上示弱,又避免了因在美国间谍案上持强硬立场而拒绝哈氏来访。简单的电文实际上默许了哈氏以商谈美国间谍案为由来中国访问。12月17日,由周恩来署名的两封电报正式发出,在给哈马舍尔德的电报中,周恩来表示:"为了和平,为了缓和国际紧张局势,我准备在我国的

---

  ① 《印度建议我允许联合国秘书长来京》,1954年12月14日,载《联合国秘书长哈马舍尔德要求访华与我驻瑞典使馆接触情况》,中华人民共和国外交部档案,档号:113-00203-01(1)。

  ② 《陈浩致乔冠华信》,1954年12月11日,载《周恩来总理就美国间谍案指示外交部起草有关文电》,中华人民共和国外交部档案,档号:113-00197-02(1)。

  ③ 《复与哈马舍尔德接触事》,1954年12月14日,载《联合国秘书长哈马舍尔德要求访华与我驻瑞典使馆接触情况》,中华人民共和国外交部档案,档号:113-00203-01(1)。

  ④ 《陈浩致乔冠华信》,1954年12月16日,载《周恩来总理就美国间谍案指示外交部起草有关文电》,中华人民共和国外交部档案,档号:113-00197-02(1)。

首都北京接见您,同您商谈有关的各项问题。"①发出电报的当天,周恩来特别致信尼赫鲁,对他的来信表示感谢,并表示"在考虑了您来信中的建议以后,我将专电联合国秘书长哈马舍尔德先生,欢迎他来中国访问,并且表示准备在北京接见他,同谈商谈各项问题。"②而"各项问题"当然就包括了美国间谍案问题。周恩来专门致函尼赫鲁,充分说明中国对印度建议的重视。应该说印度和缅甸的建议促成了哈马舍尔德的中国之行。

1955年1月初,哈马舍尔德来华访问,从1月5日至10日,周恩来与他先后进行了四次会谈。在会谈中周恩来详细阐述了中国在间谍案问题上的证据和立场。周恩来表示尽管双方不同的见解比较多,但双方应该有一个客观的看法来了解对方的立场,联合国秘书长同中国政府代表之间的这次会谈应该成为彼此接触的开始,而不是终结。③最后双方还发表了《联合公报》,《公报》指出:"我们觉得这些会谈是有益的,我们并希望能够继续在这次会晤中所建立的接触。"④中国还同意提供13名已判刑的美国间谍和另外4名未判刑的美国空军人员的健康和生活情况的资料,包括他们进行健康检查和日常生活的照片和记录电影。⑤周恩来还提出,如果在押美国人员的家属愿意来华探视,中国方面可以给予方便和帮助,并通过中国红十字会安排。⑥通过上述行动,中国一方面再次向亚洲国家证明,中国并不是好战的,中国愿意接受亚洲国家的建议,也愿意同

---

① 《周总理兼外长复电同意接见哈马舍尔德》,载《人民日报》,1954年12月18日,第一版。

② 《周恩来总理致印度总理尼赫鲁的信》,1954年12月17日,载《印度总理尼赫鲁就哈马舍尔德访华事致周恩来总理函》,中华人民共和国外交部档案,档号:105-00135-02。

③ 《周总理、哈马舍尔德会谈要点》,1955年1月15日,载《向我驻外使馆发去周恩来总理和联合国秘书长哈马舍尔德的谈话要点》,中华人民共和国外交部档案,档号:113-00201-05。

④ 《周总理、哈马舍尔德发表联合公报》,载《人民日报》,1955年1月11日,第一版。

⑤ 《关于送交联合国秘书长哈马舍尔德有关美国犯人材料的情况》,1955年1月15日,载《关于送交联合国秘书长哈马舍尔德有关美国犯人材料的情况》,中华人民共和国外交部档案,档号:113-00199-08。

⑥ 《周总理、哈马舍尔德会谈要点》,1955年1月15日,载《向我驻外使馆发去周恩来总理和联合国秘书长哈马舍尔德的谈话要点》,中华人民共和国外交部档案,档号:113-00201-05。

美国缓和关系,另一方面,也向美国发出了改善关系的信号。中国接受印度和缅甸的建议接待哈马舍尔德实际上是亚非会议上中国发出的希望与美国缓和关系的声明的前奏。而这些美国间谍也在1955年7月31日中美大使级谈判开始前夕被全部释放。

1954年中印、中缅两国总理互访有助于消除以印度和缅甸为代表的亚洲国家对中国的疑虑,增加了它们对中国的好感和信任,从而影响了这两个国家在是否邀请中国参加亚非会议问题上的态度。1954年12月28日至29日,作为亚非会议筹备会的茂物会议举行。在会议上,巴基斯坦总理穆罕默德·阿里反对邀请中国与会。但缅甸总理吴努表示,如果不邀请中国,缅甸将不参加亚非会议。[①] 当巴基斯坦总理提出邀请台湾参会时,吴努表示如果通过邀请台湾的决定,缅甸将立刻退出会场,既不出席亚非会议,也不作亚非会议的发起国。尼赫鲁在会前和会中都坚决要求邀请中国与会。[②] 最终茂物会议做出了邀请中国参加亚非会议的决定。了解了中印、中缅两国总理的互访,就不难理解这两个国家在茂物会议上的立场了。应该说中国通过自身的努力为自己铺就了一条通向万隆之路。

四、结论

朝鲜战争停战后,随着中国所面临的国际环境以及中国国内政治的变化,中国提出了"国际和平统一战线"的政策,其目的在于通过消除亚洲国家对中国的疑虑和担心,巩固它们外交政策的中立化倾向,阻止它们加入美国建立的旨在遏止中国的军事同盟体系,

---

[①] Incoming Telegram from American Embassy Colombo to Secretary of State, No. 20, January 3, 1955, RG 59 General Records of Department of State, Central Decimal File, 1955-59, Box 2668, National Archive, College Park, MD.

[②] 王绳祖主编:《国际关系史》第八卷(1949—1956),北京:世界知识出版社,1995年版,第239—240页;《茂物会议情况》,1954年12月31日,载《我驻印度尼西亚使馆与捷克斯洛伐克使馆报回印尼筹备亚非会议情况的电报》,中华人民共和国外交部档案,档号:207-00002-04(1)。

从而为中国创造一个良好的国际环境。1954年中印、中缅两国总理互访就是落实"国际和平统一战线"政策的重大步骤。在互访过程中，中印、中缅两国总理共同提出了和平共处五项原则，中国领导人通过一系列措施消除了印度、缅甸对中国的误解和担心，从而极大地促进了中国与这两个国家的关系，巩固了亚洲民族主义国家的中立倾向，为中国的国内建设营造了良好的外部环境，并为即将召开的亚非会议奠定了坚实的基础。

外交人员核心价值观刍议

李树军

本文拟就探究外交人员核心价值观的必要性、判别外交人员核心价值观的参考标准、外交人员核心价值观的主要范畴做些粗浅探讨。

一、探究外交人员核心价值观的必要性

从国际上看,大国博弈正进入以核心价值观为支点的时代。[①]如果说,新中国第一代领导人时期的外交主要是政治博弈,第二代、第三代领导人时期的外交主要是利益博弈的话,那么,新一代领导集体主政的外交所面临的则是核心价值观博弈。这种核心价值观是民族国家关于国际关系的"是非判断"标准和"行为准则"。而我国外交人员核心价值观的确立,无疑会对国际社会核心价值观的调适与校正发挥重要的影响和推动作用。

从国内来看,构建和培育我国外交人员核心价值观,是建设中国特色社会主义核心价值体系的重要组成部分,对我国外交外事工作起着行为取向、评价标准、评价原则和衡量尺度的作用,对新时

[①] 公方彬:"大国博弈:以核心价值观为支点",《中国青年报》,2008年2月3日。

期新形势下培养建设一支高素质、复合型、职业化外交队伍至关重要。而北京奥运会、上海世博会、广州亚运会三大盛事的先后举办，又凸显出塑造让世界认同和向往的国家核心价值观和外交价值观的重要性和紧迫性。①

作为专门培养外交外事人才、隶属于外交部的高等学府，外交学院以周恩来总理提出的"站稳立场、掌握政策、熟悉业务、严守纪律"十六字方针为校训，历来重视对学生、学员进行世界观、人生观、价值观、荣辱观和理想信念的培养教育，重视外交人才素质教育在外交学、国际法学、国际经济学和外语学科建设中的重要地位，重视五种基本功（政治基本功、专业基本功、语言基本功、交流基本功、信息技术基本功）和五种能力（调研能力、办案能力、礼宾能力、谈判能力、创新能力）的培养，先后培养出了290多位驻外大使、90多位总领事和数以千计的优秀外交官，并聘请了30多位经验丰富的大使做兼职教授。其中好的经验、好的传统需要进一步梳理、总结、提炼，并赋予新的时代内涵，以促成反映全体外交人员价值追求的核心价值观。②

二、判别外交人员核心价值观的参考标准

将某一社会群体或行业判断社会事务时依据的是非标准、遵循的行为准则，按照"简洁、清晰、易记、深刻"的原则抽象出来，构成核心价值观，绝非轻而易举之事，这里权且提出判别核心价值观的若干参考标准。

---

① 郑永年："中国需要核心价值观"，《南方人物周刊》，2009年7月16日。
② 外交学院院党委书记秦亚青教授牵头的2010年度国家社科基金重大项目立项课题"我国积极参与国际体系变革进程研究"，外交学院张历历教授牵头完成的《外交部优良传统》部级项目，对于外交人员核心价值观研究都有重要参考价值。

（1）普遍性

各国对外交人员职业操守的要求大体上是相近的。外交行业内人士包括国外同行普遍认可的核心理念、价值、素质、能力应在其中体现出来。比如，外交官都热爱自己的国家，忠诚地履行祖国的重托。

（2）特殊性

外交行业相对于其他行业来说又是特殊的，特别是在驻外使领馆一线工作时更显其特殊性。同时，我国外交工作从不把自己的价值观强加于人，不搞价值观输出，这种差异性也是有目共睹的。[①]

（3）崇高性

由于核心价值观属于主流社会倡导的精神世界最根本的范畴，而外交工作的特质仅靠遵循市场经济的等价交换与利益最大化原则是无法支撑的，其中体现出的崇高的奉献精神和自我牺牲精神理应纳入核心价值观中。

（4）稳定性

核心价值观在一定时期内应该保持相对稳定性，才能起到示范作用，才有可能争相效仿。最好的办法是把核心价值观纳入法律轨道，以法律的形式固定下来。新确立的核心价值观如果能与2009年10月第十一届全国人大常委会第十一次会议通过、自2010年1月1日起施行的《中华人民共和国驻外外交人员法》结合起来，就会相对稳定些。

（5）时代性

20世纪50年代以周总理提出的十六字方针为代表的外交部优良传统，是以爱国主义为核心的民族精神在外交领域的集中体现，至今仍是构建外交人员核心价值观的基础和源泉。同时，核心价值观也必须体现时代要求，与时俱进，赋予新的时代内涵，才能富有

---

① 美国助理国务卿克雷默：“美国支持增进人权和民主自由，这体现出美国人民的核心价值观……我们坚信，我们在最忠实于这些价值观的时候有最好的表现"。2008年5月25日，http://www.chinadevelopmentbrief.org.cn/ngo_talkview.php?id=577&page=0。

强大生命力和感召力。

三、外交人员核心价值观的主要范畴

（一）忠于祖国——外交人员的首要素质——"站稳立场"是关键

忠于祖国，就是外交人员必须坚持正确的政治方向，站稳立场，忠于党，忠于国家，忠于人民，忠于职守。

《驻外外交人员法》第八条规定，驻外外交人员应当履行的首要义务就是"忠于祖国和人民，维护国家尊严"；第五条规定，驻外外交人员根据职务和工作分工，应当履行的首要职责就是"维护国家主权、安全、荣誉和利益"。

所以，忠于祖国，是外交人员必须依法履行的义务，也是维护国家主权、利益和尊严的职责所在，更是外交人员的首要素质。

忠于祖国这一范畴包含了两个核心词：忠诚与奉献。

周总理曾说过，"世界上每个国家的统治阶级都要挑选最忠诚、最可靠、最有才干的分子来从事外交工作"。[①] 杨洁篪外长进一步诠释忠诚，外交官最基本的素质是"对国家忠诚，对祖国事业的自信，有了这一点，其他都是可以塑造的。否则，一切无从谈起。你代表国家，对国家的利益和主权是否受损都不能敏锐地判断，再有'知识'也是徒劳"。[②]

外交人员的奉献随处可见，例如，在常驻非洲艰苦地区使馆工作期间，两位同事都患打摆子（疟疾）、都在远离使馆80公里的医疗队输液时，有国内高级代表团到访，两人立刻拔下吊针，驱车返回使馆，参加了紧张繁忙的接待工作。在路上，两人还在互相鼓

[①] 陈敦德：《知情者说——共和国组建外交部始末》，北京：中国青年出版社，2004年版。

[②] 宗道一：《杨洁篪：从'老虎杨'到共和国新外长》，《人民代表报》，2007年8月6日。

励:"关键时候咱不能掉链子!"最后圆满完成了任务。

其实,外交官的奉献,既有在高原、高温、疾病肆虐的艰苦条件下,乐观向上,无怨无悔;更有在硝烟弥漫的国度,冒着生命危险,坚守岗位,忠诚不渝;也有在复杂尖锐的外交斗争中,大智大勇,披肝沥胆,勇往直前;也有在平凡的岗位上,脚踏实地,勤奋工作,淡泊名利;还有在家庭和事业不可兼顾时,舍小家,为国家,弃亲情,就大义。

因此,对祖国的忠诚与奉献,绝非空洞的口号,只有内化为价值追求,才能外化为自觉行动。

忠诚来自于理性的选择,而理性选择的思想基础就是社会主义核心价值观。忠诚与立场坚定是统一的,与社会主义理想信念、民族自尊心、自豪感是连在一起的,是经得住风浪考验的。

另一方面,也的确有极少数外交人员经不住考验,违纪违法,丧失了立场,丧失了忠诚,丧失了国格人格,给国家和人民造成严重损失。这从反面证明了忠诚教育的重要性,应贯穿外交人员的一生。

(二)外交为民——"以人为本"的具体体现——"掌握政策"是前提

外交为民,就是外交人员坚持以人为本,实践为人民服务的宗旨,维护最广大人民的根本利益,使外交工作成果惠及全体人民。

新中国外交是人民的外交,人民性是新中国外交区别于旧中国外交和西方资本主义国家外交的最显著特征。对此杨洁篪外长做了这样的表述:"中国的外交是人民的外交,是为人民的最根本利益服务的,人民也是我们外交的基石和后盾。中国外交的力量来自于人民,智慧来自于人民,活力来自于人民。"[①]

进入21世纪,随着对外开放的广度和深度的发展,依法维护

---

① 余玮、吴志菲:《中国高端访问——亲历神秘外交背后的16人》,北京:世界知识出版社,2007年版,第4页。

我国众多海外机构和人员的安全和合法权益、依法维护广大华侨华人及港澳台同胞的正当权益的案例大大增加了，我国外交工作直接服务于民的范围大大拓宽了。① 新一代领导集体根据国际形势的变化和中国自身发展的需求，提出了"以人为本，执政为民"的思想，而"以人为本，外交为民"无疑是"以人为本，执政为民"理念在外交领域的具体体现，是中国外交内涵的扩展。《驻外外交人员法》更是将"外交为民"理念上升到了法律层面，该法规定，驻外外交人员的重要职责之一是维护中国公民和法人在国外的正当权益；对于为维护中国公民和法人在国外的人身、财产安全或者其他正当权益作出突出贡献的驻外外交人员，应依法给予奖励。

要做到外交为民，必须有大局意识和服务意识。

要做到外交为民，外交人员必须牢牢掌握国家外交工作的方针政策，把握我国外交政策的宗旨（维护世界和平，促进共同发展），严格把握新世纪新阶段外事工作的7条基本原则，即坚持统筹国内国际两个大局，坚持维护和发展我国的根本利益，坚持走和平发展道路，坚持互利共赢的开放战略，坚持推动和谐世界，坚持以人为本，坚持韬光养晦、有所作为，② 不可有丝毫偏离。

常驻使馆时，曾遇到我国中资机构人员被枪杀事件，按照国内的指示，在大使领导下，使馆妥善处理了后事，维护了我国公民的合法权益。同时，驻外使馆也依法维护华侨华人及港澳台同胞的正当权益，并积极为世界人民服务，为构建和谐世界作出贡献。

（三）与时俱进——外交工作的主要特点——"熟悉业务"是基础

与时俱进，就是外交工作要体现时代性，把握规律性，富于创

---

① 外交部网站：从1949年至1979年，我国出境总人数仅为28万人次。而仅2008年一年，中国公民出境人数就达到4500万人次。

② 吕聪敏：《外交人生》，北京：中信出版社，2009年版，第207页。

造性。外交人员常年在一线工作，对国际形势、驻在国形势比较了解，对时代脉搏的把握比一般人更为敏感，更应具有时代意识。外交工作，有规律可循，存在国际公认的客观标准，这标准就是《联合国宪章》规定的原则，就是为世界大多数国家所接受的"和平共处五项原则"。外交工作是门高超的艺术，是把原则的坚定性和策略的灵活性紧密结合的艺术。与时俱进就是在瞬息万变的复杂局面中想方设法地、不遗余力地维护好国家利益，把握时代的最强音。

要做到与时俱进，外交人员必须熟悉外交业务，具备多方面的知识结构。胡锦涛总书记讲过，我们的外事工作要有强有力的智力支撑。[①]有时候外交官对一些大的事情、难的事情，一下子想不出好的办法去应对和处理，感到力不从心，或者点子不对头，措施不得法。从大的方面讲，这说明对外交工作的全局性、战略性和前瞻性把握得不够；从具体方面讲，说明文化积累不深、外交知识不够、政策水平不高、外交艺术欠缺。

要做到与时俱进，外交人员必须有优秀的综合素质，包括政治素质、业务素质、自律素质、身心素质等。胡锦涛总书记在第十一次驻外使节会议上明确提出，要适应新形势新任务，按照德才兼备、以德为先的要求，努力建设一支政治素质高、业务能力强、组织纪律严、经得起风浪考验的外交干部队伍，特别是要加快培养高素质驻外使节队伍。[②]

要做到与时俱进，必须有创新精神，增强机遇意识和忧患意识。外交人员要进一步增强机遇意识，加强和改进外交运筹，正确把握机遇和挑战的辩证关系，善于从变化的形势中把握和运用机遇，善于在严峻的挑战中捕捉和运用机遇，不断增强外交工作的前瞻性和主动性。要进一步增强忧患意识，始终居安思危，保持清醒头脑，做到未雨绸缪，充分估计前进道路上种种可以预料和难以预

---

① 吕聪敏：《外交人生》，北京：中信出版社，2009年版，第209页。
② 新华网："胡锦涛在第十一次使节会上发表重要讲话"，2009年7月20日。

料的困难和风险，切实提高抓住机遇、化解挑战、驾驭复杂局面的能力，不断开创外交工作新局面。

我国某驻外使馆20世纪60年代建馆时与邻居存有地界纠纷，几十年悬而未决。新任大使到任后经详细调研并请示国内，与对方反复协商后以较合适的价格把邻居的整个院落包括住宅买下，既维护了国家声誉，解决了历史遗留问题，也改变了使馆面积狭小、馆员住宿条件差的状况，受到了国内表扬。这也是一种与时俱进、开拓创新。

（四）不辱使命——衡量外交人员的尺度——"严守纪律"是保障

"我郑重宣誓，忠实履行大使的神圣职责，忠于党、忠于祖国、忠于人民，……勤政廉明、克己奉公，为捍卫国家主权和领土完整，维护民族尊严和国家整体利益，促进世界和平和共同发展鞠躬尽瘁，不辱使命！"——这是驻外大使们在任命及宣誓就职仪式上的誓词。

不辱使命，是对中华民族优良传统的延续和继承。春秋时有齐国晏婴"不辱使命，雄辩四方"；战国时有魏国"唐雎不辱使命"；及至汉代，更有张骞出使西域，打开丝绸之路；苏武被羁牧羊，持节皓首还朝。他们集中体现了中华民族"富贵不能淫，贫贱不能移，威武不能屈"的浩然正气，维护了国家尊严，表现了政治忠贞，出色地完成了使命。

不辱使命，是爱国主义、国家利益至上的集中体现，赋有新的时代内涵。《驻外外交人员法》对外交人员的义务规定了八项，主要是四个方面：一是忠于祖国和人民，维护国家根本利益；二是忠于宪法和法律；三是忠于职守、勤勉尽责，努力完成各项工作；四是恪守各项纪律，其中包括服从调遣、遵守驻外外交机构的规章制度和工作纪律，严守国家秘密和工作秘密，不得在国外工作期间辞职。

不辱使命，严守纪律是保障。外交人员必须遵守政治纪律、组织纪律、外事纪律、财务纪律、保密纪律等五大纪律，外交工作授权有限，外交人员就是文装解放军。解密外交档案中发现的外交部建部后确立的"四大纪律"、"六项注意"①仍有现实意义。

要做到不辱使命，就必须做到站在高处，看在远处，想在大处，干在实处。站在高处，看在远处，就是把做好外交工作与在本世纪中叶使我国达到中等发达国家水平这一目标结合起来，为实现新世纪推进现代化建设、完成祖国统一、维护世界和平与促进共同发展的"三大任务"，作出自己的贡献；想在大处，就是保持坚定的政治立场，全面理解和正确执行党的外交政策，严守纪律，强化自我监督和"慎独"意识，经受住各种严重考验；干在实处，就是恪尽职守，扎实苦干，有所作为，向党和人民交一份满意的答卷。

要做到不辱使命，驻外外交人员就必须维护外交使节的权威。以使馆为例，国家只派了一位特命全权代表——大使（馆长），使馆其他人都是大使的工作人员，必须自觉维护馆长的权威。曾经有个别使馆的资深参赞与大使闹矛盾，以至于影响使馆正常工作的开展。

综上所述，外交人员核心价值观至少应包括四个主要范畴、八个核心词，与周总理提出的十六字方针大体上相对应。第一个范畴"忠于祖国"凸显外交人员的首选素质，核心词是忠诚与奉献，站稳立场是关键；第二个范畴"外交为民"是"以人为本"理念在外交领域的具体体现，核心词是大局意识与服务意识，掌握政策是前提；第三个范畴"与时俱进"表明外交工作的主要特点，核心词是时代意识与创新精神，熟悉业务是基础；第四个范畴"不辱使命"是衡量外交人员的尺度，核心词是纪律与权威，严守纪律是保障。

---

① 四大纪律即"一切服从组织命令；绝对保守秘密；事前请示，事后报告；不与外人发生恋爱、婚姻关系。"六项注意即"外交场合的公文以中文为主；少饮酒；少说话；服装整齐，作风朴素；不接受礼物；不轻易答应人家要求。"——谭晶晶、王宇丹：《外交档案揭秘》，新华社，北京，2009年9月3日每日电讯。

论国际环保非政府组织与北京市环保事业的发展

牛仲军

20个世纪80年代以来,伴随改革开放的进行,世界自然基金会(WWF)、绿色和平组织等国际环保非政府组织(ENGOs)开始进入中国,设立办事处,开展环保活动。与此同时,随着中国经济的快速增长,空气质量下降、水污染、沙漠化、酸雨、野生动植物灭绝等一系列环境问题日益突显,成为人们日益关注的课题。特别是对首都北京来说,经济发展、人口增加和城市的扩大,导致空气污染、缺水、能源不足等日益严重的环境问题,成为影响市民生活和首都形象的大问题,日益受到政府的重视。特别是"宜居城市"政策的出台,表明环保问题已经成为有关国计民生的迫切问题,它不仅要求政府采取有力措施,也需要发动社会各界力量,特别是以非政府组织为代表的民间力量来实现。本文正是从改善北京市环境问题入手,力图通过国际环保非政府组织对北京市环保事业的参与,分析其对环保事业的影响途径,从而总结出国际环保非政府组织参与北京市环境保护的特点和问题,进而展望如何发挥国际环保非政府组织的作用,加快北京环保事业的发展,为建设"宜居城市"与和谐社会服务。

一、北京市的环保问题与国际环保非政府组织的作用

改革开放以来,北京市的人口增长很快,总人口由1978年的871.5万人增加到2003年的1788.6万人,同比增加了917.1万人,增长105.2%,特别是1996年到2002年之间增幅最大,由1184.0万人增至1781.9万人,6年增加597.9万人,增长50.5%,成跳跃式增长趋势。①2011年年末,北京市常住人口更是突破2000万大关,达2018.6万人。②正是由于人口的快速增长,北京市面临着巨大的环境压力,几十年来,虽然市政府在环境保护方面下了大力,也取得了比较明显的成效,但问题依然很多,与国家标准、"宜居城市"要求相比,还有较大差距。主要表现在以下几个方面。

（1）大气污染严重。北京市大气污染成因复杂,问题集中。二氧化硫、烟尘排放、可吸入颗粒物、臭氧污染是北京市大气污染的主要敌人。特别是可吸入颗粒物和臭氧污染已成为环境空气质量持续改善的瓶颈,2005年可吸入颗粒物年均浓度仍超过国家标准42%,在年空气质量三级以上天数中作为首要污染物的天数比例高达98%,且市区有57天出现局地臭氧超标现象。③为此北京市制定了高于国家标准的减排指标,根据北京市环保局、市发改委新近联合发布《北京市"十二五"时期环境保护和建设规划》,计划到2015年,北京空气质量二级和好于二级的天数不少于292天,"蓝天"比例达到80%;空气中的二氧化硫、二氧化氮、一氧化碳、苯并（a）芘、氟化物、铅等6项污染物稳定达标,总悬浮颗粒物、

---

① 北京统计局:《北京统计年鉴（2004）》,北京:中国统计出版社,2004年版。
② 《北京统计局:北京常住人口总数一年增加56.7万》,《北京晚报》,2012年8月20日。
③ 《北京减排考核新增二项国家约束性指标》,参见人民网,2011年7月11日,http://society.people.com.cn/GB/15127196.html。

可吸入颗粒物年均浓度比2010年下降10%左右，臭氧污染逐步减缓。①

（2）水资源短缺和浪费现象并存。北京市是严重缺水的大城市，人均水资源占有量只有300立方米，只占全国人均的八分之一和世界人均的三十分之一，2005年达标河流长度、达标水库库容和达标湖泊容量仅占监测总长度、总库容和总容量的45.3%、66.1%和32.9%。一方面，政府多次颁布了节水用水的多项政策和法规，另一方面，市民对节水的重要性和紧迫性仍未引起足够的认识，社会单位节水器普及率不足50%，居民家庭普及率不足30%，再生水利用率只有24%，且有数十万户平房没有实现一户一表，导致节水政策的实施效率低下。②

（3）生态建设和保护有待进一步提高。"十五"期间，北京市生态建设和保护取得了很大成就，2005年全市林地总面积达105.43万公顷，森林覆盖率达到35.47%，林木覆盖率达到50.5%，城市绿化覆盖率达到42.5，共营造防风固沙林7.33万公顷，治理山区水土流失面积近3500平方公里，已有各级自然保护区20个，总面积占全市国土面积的8.3%。但我们还应当看到，同国外大城市相比，我们的生态建设和保护还有较大差距。为了实现"宜居城市"的环保目标，市政府还制定了到2015年城市森林覆盖率要达到40%，林木绿化率要达到57%，城市绿化覆盖率要达到48%的"十二五"发展目标。③

（4）环境保护法规不完善，环保科技和信息支撑薄弱。北京市虽然已颁布了一系列有关环境保护与自然资源管理的法律法规，但大都是针对自然环境中的某一特定要素制定的，尚未形成系统的环境保护法律法规体系，缺少综合性的生态保护法。目前的环境保护

---

① 朱裴、赵艳红、杨绍功：《北京环保从改变能源结构入手》，《北京商报》，2007年6月12日。
② 《9大难题构成北京缺水现状》，《北京晚报》，2004年8月13日。
③ 周暹：《北京市"十二五"规划城市绿化覆盖率将达到48%》，《北京日报》，2011年1月13日。

科研力量有限，尤其是生态监测尚处于起步阶段，信息不足，渠道不畅，难以为管理提供良好的支撑作用。

（5）市民环保参与力度，节能减排压力大。一方面，北京市单位GDP能耗、物耗大大高于世界平均水平，单位GDP的废水、废弃物排放也大大高于世界平均水平，在经济社会快速发展的情况下，节能减排成为迫切需要解决的问题。另一方面，由于环保教育普及不够，市民的环保意识还不够强，环保活动的市民参与度不高。

由此可以看到，北京市的环境问题很大程度上来源于经济发展、人口增长和市民环保意识薄弱。为了改善环境，市政府已经采取了很多措施，加大了资金投入和法律法规的建设，取得了很大成就，但仍然不能解决全部问题。纵观国际经验，环保问题不仅仅是政府的问题，它需要政府、企业和以非政府组织为代表的市民的共同参与，只有增加非政府组织和普通市民的环保参与才能真正使北京市的环保落到实处，从而落实环保的"以人为本"，更好的实现"绿色奥运"和"宜居城市"的环保要求。而恰恰在市民参与方面，北京市同国外大城市相比还有很大差距，特别是环保意识、环境教育、环保手段、环保立法和环保研究等软件方面还需要很大提高才能达到国际大都市的水平。在此方面，国际环保非政府组织起到了"先行者"的作用。

国际环保非政府组织是第一批进入中国的国际非政府组织。早在20世纪80年代初，国际鹤类基金会（1979）、国际野生生物保护协会（1980）、世界自然基金会（1980）等国际环保非政府组织就开始在中国开展活动，之后绿色和平国际等越来越多的国际环保非政府组织也相继进入中国开展环保活动。根据《200国际NGO在中国》所做的不完全统计，在211个活跃在中国的国际非政府组织中，涉及环保领域的有48个，主要从事保护生物多样性、环保宣传和教育、可再生能源的利用、提高能源的使用效率、进行自然资源管理等活动。[①] 由于这些国际环保非政府组织发展早、理念新、会员庞大、资金充足，在中国与北京的环保事业发展中起到了示范者和沟通桥梁的作用，具体表现如下。

（1）国际环保非政府组织可以带来发展经验和新思路，对国内环保非政府组织的发展起到推动作用。随着市民环境意识的增强，北京市涌现了大量的本地环保非政府组织，但同国际环保非政府组织相比，这些草根组织不仅资金和人力资源非常有限，而且更需要引导、经验和新想法。因此国际环保非政府组织的一个主要贡献就是把在其他国家，特别是发展中国家积累起来的经验、摸索出来的项目和工作方式介绍到中国来。国际环保非政府组织带来的环境可持续性发展、生态旅游等新思想和新方法不仅使北京本地的环保非政府组织开阔了视野，也给他们提供了具体的操作模式，促使中国的环保非政府组织与世界接轨。另外国际环保非政府组织也是本土非政府组织获得资金的重要来源。

（2）国际环保非政府组织另一个重要作用就是推动在环保领域政府、企业、非政府组织之间的合作。最初，北京市环保非政府组织之间的横向联系和合作几乎不存在，而其对政府和企业的影响力更是十分有限。由于一些在国际上享有盛誉，资金雄厚，经验丰富的国际环保非政府组织在与政府和企业合作中有独特的优势，它们通过各种研讨会、资金支持、倡导环保活动等方式，鼓励和加强本土非政府组织与国际组织之间的合作，进而促进本土非政府组织之间的合作及非政府组织与政府企业之间的合作，促进了环保领域上的交流合作，优化了资源配置。

---

① 《200国际NGO在中国》，《中国发展简报特别报告》，2005年版，第226—231页。

二、国际环保非政府组织对北京市环境事业的影响途径

通过对国际环保非政府组织进入中国20多年的活动可以看到,随着北京市环保事业的不断发展和市民环保意识的增强,国际环保非政府组织的影响和作用越来越大,很大程度上对北京市的市民环保活动起到了引领作用。国际环保非政府组织的优势在于会员多、理念新、资金充足、经验丰富、影响力强,相对于发展相对落后的北京本地环保非政府组织来说,可以通过一些较大型的环保活动来推动市民环保事业的发展,特别是在节能减排、环保宣传、绿色教育、政策监督等方面成果显著。同其他领域的国际非政府组织一样,国际环保非政府组织对北京市环保事业的贡献主要体现在环保政策、环保意识、环保方式的影响上,具体来说,主要是通过对政府、企业、市民、本地环保非政府组织等四个方面的影响来促进北京市环保事业的发展。

(一)国际环保非政府组织对政府的影响

国际环保非政府组织进入中国后,首先要发展和中国政府的关系,其活动也要受到中国政府的影响和限制,可以说能否和政府发展良好的合作关系是国际环保非政府组织开展活动的前提和保障。另一方面,由于在环保领域存在的"政府失灵"现象,中国政府也想通过加强同非政府组织的合作来促进环保事业的发展,而中国本地非政府组织才刚刚起步,能力和经验都还很不足,因此国际环保非政府组织就成了中国政府的重要合作伙伴。具体来说,国际环保非政府组织对政府的影响主要体现在以下三个方面。

(1)在政策制定方面,国际环保非政府组织发挥了倡导、参与的作用。国际环保非政府组织熟悉国际上先进的环保理念和经验,

一方面可以通过其环保活动影响中国政府的环保理念，另一方面还可以通过参与环保政策的制定，发挥咨商作用。如50多家环保非政府组织开展的"26度空调"活动就直接促使了北京市政府要求政府部门限制空调设定温度不超过26摄氏度规定的出台；很多国际环保非政府组织经常受邀请参加世界环境基金（GEF）会议等官方活动；国家环保总局在确定参加环境影响评价过程中的公众听证会原则的过程中听取了大量国际环保非政府组织的建议；世界自然基金等国际环保非政府组织在自然保护区管理的政策制定方面也曾发表过很多专家意见。

（2）在政策实施方面，国际环保非政府组织可以发挥其人力、资金、经验、影响等方面的优势，通过开展一系列的环保活动，帮助政府宣传环保政策，促进政策的实施。特别是为实现"绿色奥运"的目标，国际环保非政府组织开展了很多卓有成效的环保活动，既宣传了"绿色奥运"，又给市民指明了参与环保事业的途径。如北京地球村、世界自然基金等机构发起的"节能20%公民行动"活动，就是为配合政府实现"十一五"期末（2010年）单位GDP能耗要比"十五"期末降低20%的节能目标，倡导民众在日常生活、工作中，通过一系列实用节能手段，开展节能承诺活动，以科学测算总体的节能效果，为建设"绿色奥运"服务，向世界人民展示中国公民应对能源、环境乃至气候变化问题的决心。①

（3）政策监督方面，国际环保非政府组织发挥了监督、评价作用。很多著名的国际环保非政府组织充分发挥其影响力大的优势，对中国环保政策的实施进行监督，批评破坏环境的行为，表彰和宣传中国环保事业取得的重大成就。如在2007年全球生态保护论坛上，世界自然基金会就将第一个"自然保护杰出领导奖"颁发给国家林业局局长贾治邦，以表彰国家林业局为中国的生物多样性保护

---

① 《"节能20%公民行动"——26度空调测温活动》，参见世界自然基金中国网站http://www.wwfchina.org/action/mobilization/activity/citizenaction.shtm。

作出的卓越努力和贡献。①

（二）国际环保非政府组织对企业的影响

非政府组织除了要应对环保领域的"政府失灵"，还要解决"市场失灵"的问题，即提高企业社会责任，改变企业单纯从盈利角度考虑环境问题的现象。由于有效企业社会责任是一个政府无法运作、市场无法自行调节、企业难以全面自觉履行的领域，这就需要非政府组织通过各种活动来对企业进行监督、引导和促进。国际环保非政府组织进入中国以来，将国际上的先进经验介绍到中国，以知名企业为目标、以发生在社会上的形形色色的企业间的案例为导向，开展了很多卓有成效的活动，有效地制约了企业破坏环境的现象，促使越来越多的企业提高环保意识，加入到环保事业中来。具体来说，国际环保非政府组织对企业的影响主要在以下两个方面。

（1）调查环保企业，监督企业行为。很多国际环保非政府组织致力于成为中国企业与政府、民众之间信息沟通的平台，特别是希望通过各种调查活动的展开，将中国企业真实的环保问题公布出来，发动政府和媒体的影响来监督企业行为。这种调查的内容是多种多样的，如建立环保企业名目，收集企业破坏环境的证据，评估企业的环保行为等，在事实的基础上通过发动舆论、政策建议等方式对企业行为施加影响。这方面最著名的例子是世界自然基金于2004年进行的"21世纪中国企业——帮助还是毁灭这个星球"企业社会责任（CSR）调查，该活动通过对182家大中型企业的调查，收集到了中外企业环保意识的真实信息，并在此基础上对企业和政府提出了合理建议，如鼓励中国公司将企业社会责任项目与核心业务明确地结合起来，政府应对严格遵守规定、披露信息超过基本外围信息的企业提供经济奖励等。②

---

① 《世界自然基金会肯定中国生态保护工作》，《人民日报》，2007年6月6日。
② WWF Report Chinese Company in 21 Century, China Daily, 2005年5月1日。

（2）募集活动资金，建立合作伙伴关系。由于国际环保非政府组织不可以在中国通过会费等方式直接募集资金，因此企业就成了国际环保非政府组织在中国开展活动的重要资金提供方。跨国公司往往通过与国际环保非政府组织签订合作伙伴协议，通过资助很多大型环保活动的展开来提高企业形象。例如香港上海汇丰银行就是世界自然基金会与地球守望组织、植物园保护国际组织的全球合作伙伴，2002年一次性的捐赠就高达5000万美元。2004年，汇丰银行还与世界自然基金会合作，开展了为期5年的"投资大自然"环保计划，其中的长江项目，汇丰银行就投资了3000万人民币，用以帮助恢复长江中游江湖的自然生态系统。[①]另外，家乐福、英国石油、宜家家居、诺维信、杰尼亚等13家跨国公司虽然与世界自然基金会签署了全球框架下的合作协议，但所实施的项目全部针对中国大陆地区，许多重大项目，如"清洁电力——公众参与计划"、"26度空调"、"节能20%公民行动"等背后都有这些大公司的支持。

（三）国际环保非政府组织对市民的影响

对市民进行环保宣传教育是环保非政府组织最重要的工作之一，提高市民参与也是环保非政府组织解决"政府失灵"和"市场失灵"的重要途径。由于北京市民相对于发达国家来说，普遍环保意识不是很强，市民环保参与度很低，就更加体现了国际环保非政府组织这方面作用的重要性。事实表明，国际环保非政府组织通过一系列绿色教育、环保宣传活动的展开，调动了北京市民参与环保事业的积极性，极大地促进了北京市民环保的展开，推动了环保事业的发展。具体表现如下。

（1）绿色教育。最著名的是于1997年7月世界自然基金会与中国教育部和BP公司共同管理的"中国中小学绿色教育行动"（EEI），

---

① 邱瑞良：《外企关注教育环保》，2007年4月11日，参见全景网http://www.p5w.net/news/gncj/200704/t885974.htm。

该项目为期十年，分三阶段进行，致力于在中国正规教育体系中推进可持续发展教育，目前第三阶段正在全面展开。经过近十年的实施，该项目成功地将可持续发展教育概念引入中国，极大地推动了绿色教育的展开。项目取得的主要成就如下：①编制了中国第一部国家级环境教育指导性文件——《中小学环境教育实施指南》，并于2003年10月由教育部正式颁布；②构建了一个覆盖全国的可持续发展教育工作网络，先后在全国重点师范大学和综合性大学建立了21个可持续发展教育中心（研究所），在23个省、直辖市和自治区设立了76所中小学校试点校和3个"环境教育野外基地"；③开发出版了57种各类可持续发展教育学习材料，为全国4000多名教研员和教师进行了可持续发展教育理论与方法的培训；等等。①另外，来自德国的"拯救我们的未来基金会"实施的"绿色使者流动教学车"活动及"珍·古道尔研究会"提出的"根与芽"等项目都很大程度上促进了绿色教育的展开。

（2）环保宣传。如自然基金进行的"走近自然"环境图片展，诠释了中国自然环境从水资源破坏到物种非法贸易、从森林破坏到栖息地丧失等方面的问题；也介绍了世界自然基金会在中国工作的25年中，为保护自然及生态进程所做出的努力。②

（3）市民参与。如美国环保协会北京办事处和中国国际非政府组织合作促进会就曾联合发起了一项旨在唤起市民关注北京空气污染的清洁空气运动，内容包括提倡使用公共交通工具、推广可再生能源、改变市民的不环保行为等。

（四）国际环保非政府组织对本地非政府组织的影响

北京本地环保非政府组织是在国际环保非政府组织进入中国以

---

① 《中国中小学绿色教育行动》，参见世界自然基金中国网站 http://www.wwfchina.org/aboutwwf/whatwedo/ecb/eei.shtm。

② 《"走近自然"图片展走进北京》，参见 http://wwf.com.cn/wwfpress/presscenter/pressdetail.shtm?id=243。

后才逐渐发展起来的，相对国际环保非政府组织来说，本地环保非政府组织的发展还处于起步阶段，无论在资金来源、规模、理念和经验上都无法与财大气粗的国际环保非政府组织相比。十多年的历史表明，正是国际环保非政府组织的经验传授、资金支持及示范效应，才促进了北京本地环保非政府组织（特别是自下而上的草根组织）的迅速发展，一定程度上国际环保非政府组织起到了本地环保非政府组织孵化器的作用。具体来说，国际环保非政府组织对本地环保非政府组织的影响体现在以下几个方面。

（1）资金支持。相对于本地环保非政府组织来说，国际环保非政府组织的会员众多，筹集来源多样，资金相对充足，如绿色和平组织、世界自然基金的年度预算都高达数亿美金。为了促进北京环保活动的顺利进行，发挥本地环保非政府组织在熟悉环境、社会基础等方面的比较优势，国际环保非政府组织往往通过资助北京本地环保非政府组织来开展活动，因此国际环保非政府组织被称为北京本地环保非政府组织的重要资金来源方。如"香港地球之友"与中国国家环保总局系统合作建立的地球奖，多年来为在环境领域有突出贡献的个人和青年团体带来了大量资金支持和社会的承认，同时它还支持着很多学生环保组织。

（2）经验影响。国际环保非政府组织往往通过对本地环保非政府组织的人员培训与合作交流，将国际上先进的管理经验、环保理念和活动运作方式介绍到中国，使本地环保非政府组织与世界接轨。如美国洛克菲勒基金会组建的"LEAD国际环境与发展学院"，就曾多次委托中国民间组织"环境与发展研究所"开设培训项目，对北京本地致力于环保事业的志愿者进行了语言、工作能力等方面的培训，很大程度上促进了地球村等北京本地非政府组织的发展。

（3）带头作用。国际环保非政府组织往往利用自己的活动试点，发挥示范作用，带动国内环保非政府组织开展活动。比如由世界自然基金等机构发起的"节能20%公民行动"项目，2004年发起之初只有几家非政府组织参加，且大多是经验丰富、财大气粗的国际非政府组织，而发展到2007年迅速扩大到50多家非政府组织，内容也扩展到了开展空调测温行动、能效标识推广、绿色出行、绿色照明、减用塑料袋、绿色居住、节能办公方式和节能承诺等十项活动。[①]

三、北京市国际环保非政府组织的特点、问题及对策

国际环保非政府组织进入中国三十多年来的历史表明，随着改革开放的进行和中国社会结构发生的巨大变革，国际环保非政府组织较好地适应了中国和北京市的环保事业发展的需要，通过一系列环保活动的展开，将国际上先进的环保理念和环保经验带给我们，很大程度上促进了北京市环保事业的发展。但同时我们还应当看到，由于我国独特的国情和社会环境，国际环保非政府组织在北京的发展同其他国家和地区有所不同，带有较为鲜明的北京特色，具体体现如下。

（1）加强同政府和企业的合作是国际环保非政府组织成功的重要条件。由于现阶段北京的环保事业还主要是政府和企业主导，市民的环保参与度普遍不高，因此国际环保非政府组织要想取得成功就需要通过加强与中国政府和企业的合作关系，支持和影响政府与企业的环保政策来推动环保事业的发展。同本地环保非政府组织相比，国际环保非政府组织影响力大的特点促使其同政府与企业合作方面具有一定的优势，而中国政府和企业为解决"政府失灵"与"企业失灵"，也需要社会组织参与到环保事业中来，特别是在"绿色奥运"的大旗帜下更是如此，这就导致了北京市环保部门、跨国

[①] 《"节能20%公民行动"——26度空调测温活动》，参见世界自然基金中国网站 http://www.wwfchina.org/action/mobilization/activity/citizenaction.shtm。

公司与国际环保非政府组织的合作远较其他地区密切。很多著名的国际环保非政府组织,如绿色和平组织、世界自然基金都是北京市政府、奥组委与大公司的合作伙伴,体现了政府、企业与国际环保非政府组织互利互助的良好关系。

(2)国际环保非政府组织的桥梁作用明显,成为其他主体间合作的纽带。由于中国的环保事业起步较晚,相对于具有先进经验的国际环保非政府组织来说,政府、企业、本地非政府组织和媒体等环保主体的发展都具有滞后性,且彼此间的联系相对较少,这就需要国际环保非政府组织在进行环保活动时既要避免同其他主体产生摩擦,又要通过发挥沟通和示范作用,加强各主体间的合作与交流来发展环保事业。在进行环保活动时,国际环保非政府组织更多的是将政府、企业、民众和媒体捆绑在一起,开展多主体的综合性活动,通过逐步的示范作用和施加影响来实现环保领域的"外溢"现象,即通过环保活动的展开,提供平台来增加政府、企业、民众和媒体等主体的参与力度和合作程度,从而在更大层面上促进合作,加强联系,增加环保意识,促进环保事业的发展。可以说,在国际环保非政府组织的努力下,北京市与环保有关的政府、企业、民众和媒体正在逐渐形成一种功能型网络,在环保活动中紧密合作,而国际环保非政府组织则是这种联系的纽带。

(3)国际环保非政府组织的活动以温和行动为主,环保教育与示范目的明显。在中国取得巨大成功的国际环保非政府组织大多都属于温和型的非政府组织而非激进性组织,如世界自然基金、地球之友国际等,即使是绿色和平组织这样的激进性国际环保非政府组织,在中国也改变了行动方式,没有采取在国外经常采取的"直接行动",转而通过温和行动来促进环保事业的发展。另外,国际环保非政府组织在北京开展活动的目的与其他地方也不一样,其重视的往往不是如在沙漠里植树那样显而易见的环保效果,而更多地在于增强市民的环保意识,起到教育与示范作用。例如"清洁电力"、"26度空调"、"节能20%公民行动"这些著名的环保活动都是为了倡导环保的习惯，宣传正确的环保方式。因此可以说国际环保非政府组织在北京开展的环保活动是以温和的间接参与方式为主，其目的在于教育和示范。

总之，由于中国独特的国情和北京市的发展需要，决定了国际环保非政府组织在北京的发展主要是以加强同政府、企业、市民和媒体的环保合作为主。国际环保非政府组织的作用主要体现在介绍先进的理念、方式和经验上，发挥辅助作用而非领导作用来推动中国环保事业的发展。另外，我们在看到国际环保非政府组织重要作用和取得很大成就的同时还要看到，当前国际环保非政府组织在北京的发展仍然存在很多问题，很大程度上限制了其作用的发挥，需要考虑相应的对策来加以解决。具体体现在以下几个方面。

（1）注册问题。国际环保非政府组织目前还不能在中国注册。他们可以和北京本地的非政府组织一样注册为公司（如世界自然基金就是一个非盈利公司），或者同大学、研究机构等第三方合作注册为项目合作者，如绿色和平组织就是民族大学的项目合作者，而美国环保协会则是中国国际非政府组织合作促进会的项目合作者。这种注册方式一方面限制了很多国际环保非政府组织来中国开展活动，另一方面也不利于统一对国际环保非政府组织进行调查和管理。很多中国的项目合作方没有能力影响国际环保非政府组织的项目运作，导致很多国际环保非政府组织事实上的单兵作战，项目脱离中国国情，不利于资源的有效配置。因此迫切需要政府早日完善非政府组织的注册制度，以便于加强对国际环保非政府组织的有效管理。

（2）资金问题。目前国际环保非政府组织在资金筹措方面受到很多限制，不能直接在中国筹集资金，对会费的缴纳也有很多限制，大部分情况是只能针对特定项目筹集资金，并将款项分配给这个项目。这一做法的直接后果就是国际环保非政府组织的资金严重依赖海外和跨国企业，极大地限制了其中立性。比如世界自然基金在全球的资金来源是43%来自个人，25%来自政府，只有6%来自私营部门，而在中国则有30%来自企业。① 这就导致国际环保非政府组织在中国缺少社会基础，不利于市民环保意识的加强和环保参与度的提高，因此很有必要通过调整政策来加强国际环保非政府组织资金筹措方面来自政府和个人的比率。

（3）角色定位问题。政府如何定位国际环保非政府组织是一个很重要的问题。从目前来看，国际环保非政府组织的角色定位和政府所希望的基本是一致的，政府希望国际环保非政府组织成为政策制定和实施的辅助力量，国际环保非政府组织也支持北京市政府"绿色奥运"的建设和"创建和谐社会"的理念，并把同政府发展良好的合作关系看作是成功的前提。但是应当看到，目前国际环保非政府组织的角色定位仍不明确，如果将其定位为"环保卫士"，就必然导致国际环保非政府组织同破坏环境的企业、地方组织发生冲突，这是国际环保非政府组织所无法做到的。而如果国际环保非政府组织仅仅作为环保宣传者，又会极大限制国际环保非政府组织的行动能力。从长期来看，只有将国际环保非政府组织定位为市民环保活动的推动者才能真正发挥其作用，而这就需要降低政府、企业对国际环保非政府组织的影响，增加其市民基础。

---

① 《世界自然基金会：行动派的慈善法则》，参见网页 http://www.glinet.org/standard.asp?id=691。

国际社会解决非洲萨赫勒地区问题的努力及面临的挑战[①]

唐 晓

摘 要： 萨赫勒地区问题是继西亚北非局势持续动荡，利比亚战争创伤尚未抚平，叙利亚战火持续不断之后又一令世界关注的热点问题，它涉及由于自然灾害和生态环境恶化以及人口增长过快而导致的大规模的饥荒和人道主义危机、地区国家政府治理能力羸弱而民族分离主义与反政府武装强大而产生的武装冲突和政治危机，以及外部势力干预而面临地区恐怖主义扩散的危险，等等。以联合国、西共体、非盟、欧盟等全球和地区组织和法国、美国、中国等大国为代表的国际社会为解决萨赫勒地区问题做出了多种努力和协作。但由于问题本身具有其独特的复杂性、多维性和跨境性，解决它所面临的挑战也是多层面的，尤其是国际社会在如何协同应对、尊重非洲地区人民的自主权、兼顾安全与发展以及警惕外部势力借解决地区问题使"新干涉主义"在非洲合法化的危险等方面面临诸多挑战。面对西方一些大国利用反恐名义不断扩大其在非洲的军事力量和影响力，中国如何利用好联合国安理会的活动平台，加强与非盟和西共体等非洲区域和次区域组织的密切沟通和磋商，

[①] 此论文源于作者为2013年1月在摩洛哥马拉喀什举行的第四次马拉喀什安全论坛所提交的论文。

既维护好中国在非洲的利益,也继续通过多种方式积极支持该地区国家实现稳定与发展,是中国对非外交面临的新的挑战。

关键词:萨赫勒地区问题　萨赫勒地区综合战略　马里政变　西部非洲经济共同体　联合国

非洲萨赫勒地区问题是继西亚北非局势持续动荡,利比亚战争创伤尚未抚平,叙利亚战火持续不断之后又一令世界关注的热点问题。由于问题本身具有其独特的复杂性、多维性和跨境性,因此,国际社会在解决萨赫勒地区问题上面临许多困难和挑战。认识和分析萨赫勒地区问题的特点,总结国际社会为此做出的积极努力以及存在的问题,有助于从不同的视角探讨地区治理问题中遇到的主要问题和实际可行的解决方案。

一、萨赫勒地区问题的产生

萨赫勒(阿拉伯语:ساحل,拉丁字母:sahil,意为"边缘")是非洲南部撒哈拉沙漠和中部苏丹草原地区之间的一条长超过3800千米的地带,从西部大西洋伸延到东部非洲之角,横跨塞内加尔、毛里塔尼亚、马里、布基纳法索、尼日尔、尼日利亚、乍得、苏丹共和国和厄立特里亚9个国家。萨赫勒是半干旱的草原地区,具有从典型的热带草原向撒哈拉沙漠过渡的地理特点,年降水量从北向南约为200—600毫米。当地居民主要从事农牧业。

近十年以来,萨赫勒地区国家接连遭受恶劣的天气和自然灾害,出现日益严重的饥荒和粮食食品安全危机。2011年2月西方国家武力干预利比亚事件以来,恐怖分子和极端组织趁机获得大量武器,并通过贩毒、人质绑架等渠道获得资金而不断壮大。利比亚战争结束后,这些恐怖组织在非洲萨赫勒地区不断扩散,并趁马里内乱之机渗透蔓延到马里北部，使马里问题雪上加霜。2012年3月，马里反政府武装和跨境极端主义组织势力发动反政府叛乱，广泛的侵犯人权，致使人口贩卖、药品走私和武器走私贸易盛行，萨赫勒地区的安全与和平受到严重威胁。天灾加人祸，加剧了当地居民生活状况的恶化，导致了严重的人道主义危机。2013年1月，法国出兵马里，引发阿尔及利亚人质危机，外部势力干预使萨赫勒地区冲突呈复杂、扩散之势。因此，萨赫勒地区问题呈现出其独特的复杂性、多维性和跨境性。具体表现在以下主要方面。

（1）极端天气条件带来的洪涝灾害和虫灾，加上全球食品价格波动，导致食物和营养危机。[①]20世纪70年代以来，该地区自然环境急剧恶化。气候变化和生态系统恶化，使该地区的降雨量持续减少和变得不可预测。尤其是近"十年内旱灾第三次袭击萨赫勒地区，数以百万计的人口陷于饥荒困境"。[②]自2005年以来，萨赫勒地区已经第三次进入紧急状态。2005年和2010年的旱灾主要发生在尼日尔和乍得的部分地区，而2012年旱灾引起的粮食危机波及整个萨赫勒地区，从东部的乍得一直蔓延到大西洋沿岸。此外，"该地区的人口增长率位于世界前列，平均25年增长一倍，由此给自然资源和食品供给增添了压力"。[③]马里的武装冲突使得形势更加复杂。该地区的粮食价格也比2005年上涨了许多。近年来，萨赫勒地区饱受贫困和极端天气等自然灾害的困扰，面对食物和营养危机，人们在饥饿和疾病的痛苦中苦苦挣扎。

（2）脆弱的经济导致人道主义危机。根据联合国人道主义机构的数据显示，2012年萨赫勒地区有超过1800万人面临饥荒，其

[①] Ban warns of 'perfect storm' of crises confronting Sahel region of Africa, 联合国网：http://www.un.org/apps/news/story.asp?NewsID=43033，2012年12月20日登录。

[②] 8个问答了解萨赫勒地区危机，联合国粮食计划署网：http://cn.wfp.org/stories/sahel-crisis/，2013年4月10日登录。

[③] The European Union and the Sahel, 欧洲评议会网：http://www.consilium.europa.eu/uedocs/cms_data/docs/pressdata/EN/foraff/132802.pdf，2013年1月20日登录。

中100万儿童患严重的急性营养不良。① 由于持续干旱少雨导致庄稼歉收,萨赫勒地区粮食价格一直居高不下;加之不安全状况引发的流离失所问题未见缓解,当地居民的生活状况日趋恶化。尽管联合国方面早些时候为萨赫勒危机发出了总值为7.2亿美元的紧急募捐倡议并得到国际社会的积极支持,但是由于庞大的饥荒人数,包括布基纳法索、马里、毛里塔尼亚、乍得、尼日尔、喀麦隆、冈比亚、尼日利亚和塞内加尔在内的当地众多国家都急需获得更大的人道主义支持。法国总统奥朗德2012年9月在联大一般性辩论会上指出,萨赫勒的干旱、饥荒和伊斯兰激进分子组成的致命组合已"不可容忍"。②

（3）该地区国家政府软弱,民族分离主义势力与反政府武装相辅相成,内部冲突和政治危机使饥荒问题雪上加霜。由于该地区国家政府治理能力普遍低下,人口贩卖、药品走私和武器走私贸易盛行,跨境犯罪组织和图阿雷格族分离主义势力不断增长并广泛地侵犯人权。利比亚已故前最高领导人卡扎菲利用原油收入向非洲各国提供充足的资金,以"进口"保卫卡扎菲政权的民兵。居住在阿尔及利亚邻国马里北部等地的图阿雷格族年轻人就是其中一支强有力的力量。他们在卡扎菲政权崩溃后带回去的武器进入了伊斯兰武装势力手中。2012年1月,马里北部安全局势紧张,政府军与图阿雷格族分离主义武装交战,导致数万名马里居民逃向邻国。3月,一些军人抗议杜尔政府没有向平叛部队提供足够武器装备和后勤供给,发起哗变,推翻杜尔政权,组建了"民主复兴和国家重建全国委员会",代行政府职责。受军人政变影响,马里北部基达尔、加奥、通布图三个大区已被极端宗教组织和恐怖势力占领。到

---

① 安理会对萨赫勒地区基本问题和人道主义危机表示关注,新华网：http://news.xinhuanet.com/world/2012-12/11/c_124075440.htm,2012年12月20日登录。

② 滕红真、刘晓龙：" 灾难告急：谁来拯救萨赫勒？" 人民网：http://world.people.com.cn/n/2012/0929/c1002-19151357.html,2012年12月20日登录。

2012年9月，该国已有42万人背井离乡，沦为难民，①使本来就满目疮痍的萨赫勒地区雪上加霜。武装冲突造成的混乱局势进一步恶化了萨赫勒危机。马里北部大部分地区已被"西非圣战统一运动"（MUJAO）和"伊斯兰马格里布基地组织"（AQIM）等极端宗教组织和恐怖势力占领。

（4）法国出兵马里，引发阿尔及利亚人质危机，萨赫勒地区冲突呈复杂、扩散之势。2013年1月12日，法国在马里过渡总统的要求和遵守联合国宪章的前提下，在马里开展军事行动，以支持马里军队抗击"威胁到整个西非地区的恐怖主义侵略"，恢复马里的领土完整。1月17日，阿尔及利亚发生劫持外国人质事件，41名外国人当天凌晨在阿尔及利亚东部一个油气公司遭一个伊斯兰团伙劫持。人质中包括7名美国人、10名阿尔及利亚人、3名挪威人，另有多名法国人，还有英国人。②当地媒体报道说，这个伊斯兰团伙来自马里，跟"基地"组织有紧密联系，这次人质劫持事件旨在报复法国对马里北部武装分子的空袭行动。此次事件反映了马里危机的"外溢效应"。目前不少声称受"基地"组织领导的武装团伙实际上与"基地"组织并无系统性联系，而是借机表达一种价值倾向，用"基地"之名做大自己。这种"泛基地组织"一旦扩散，恐怕更难控制。外部势力军事介入，也使萨赫勒地区问题的解决添加了更多的不确定性因素，使非洲人自主解决自己的地区问题难上加难。

二、国际社会为解决萨赫勒地区问题所做的努力

2011年底，联合国安理会开始对萨赫勒地区日益严重的危机

---

① 滕红真、刘晓龙："灾难告急：谁来拯救萨赫勒？"人民网：http://world.people.com.cn/n/2012/0929/c1002-19151357.html，2012年12月20日登录。

② 阿尔及利亚人质危机，41名西方人被绑架，中国网络电视台网：http://news.cntv.cn/special/renzhi/，2013年1月21日登录。

问题予以关注。联合国和非盟派出的评估小组12月赴萨赫勒地区就利比亚事件对马里、尼日尔、乍得和毛里塔尼亚的影响进行了评估,评估报告指明了该地区国家可以合作的领域,并建议联合国加强在全球反恐论坛、萨赫勒工作小组和非洲大陆反恐早期预警系统等组织的活动。此后,安理会成员国通过联合国西非办公室(UNOWA)和人道主义事务协调办公室的新闻发布会以及有关在西非和萨赫勒地区跨国有组织犯罪的辩论了解事态的进展。2012年3月马里发生军事政变,联合国安理会发表声明,强烈谴责马里部分军人强行篡夺马里民选政府的权力,呼吁恢复马里宪法秩序和按原计划举行选举,呼吁叛乱者通过适当的政治对话实现问题的和平解决。声明还鼓励国际社会以满足当前和长期需要的综合战略为基础,在安全、发展和人道主义等方面为解决马里和萨赫勒地区的危机提供支持。[①]

2012年7月5日,联合国安理会通过2056号决议,要求秘书长与区域组织协商,制定和实施联合国的萨赫勒地区综合战略,包括安全、治理、发展、人权和人道主义问题,决议还要求秘书长9月中旬向安理会通报萨赫勒地区综合战略的进展情况。[②] 9月26日,第67届联合国大会一般性辩论有关非洲萨赫勒地区问题的高级别会议强调萨赫勒地区面临的武器扩散和贩运、强迫人口流动和改变放牧模式等威胁的复杂性、多维性和跨境性,强调在制定和实施萨赫勒地区综合战略中需要进一步加强与有关国家、区域和次区域组织以及其他合作伙伴的沟通与合作,呼吁西非国家经济共同体、非洲联盟、联合国和马里的邻国与马里临时政府努力促进该国危机的

---

① 安理会关注马里及萨赫勒地区危机,新华网:http://news.xinhuanet.com/2012-03/27/c_122884561.htm,2012年11月20登录。

② Briefing and Consultations on the Sahel, http://www.whatsinblue.org/2012/09/briefing-and-consultations-on-the-sahel.php#,2012年12月23日登录。

解决方案。① 联合国秘书长潘基文表示，他将任命一位萨赫勒问题特使，负责在联合国各机构之间进行协调，以完成萨赫勒地区综合战略的制定并监督其落实情况。

2012年12月21日，联合国安理会通过2085号决议，批准向马里派驻由非洲主导的国际支助团（AFISMA），目的是在一年时间里帮助马里军队提高作战能力，助力马里政府军收复北部失地，减小地区内恐怖主义的威胁。② 决议包含着政治与安全两方面内容，其中安全方面包括培训马里军队、国际支持、人道主义救助与财政补给等内容，但决议并未提供详细的军事干预方案，只是强调在派兵开始前细化具体计划与安排。根据西共体此前11月11日特别会议通过的向马里北部派兵方案，多国部队由3300人组成，执行1年期任务。决议强调马里军队捍卫国家领土完整的重要性，呼吁除西共体成员国外，萨赫勒地区其他国家也向非洲支助团提供军力支援，并希望国际社会助力非洲支助团的工作，向多国部队与马里军队提供补给、装备与培训支持。虽然该决议为向马里派兵亮了绿灯，但通过政治对话与外交途径解决马里危机依然是首要选择。安理会15个理事国一致要求马里高层通过广泛对话与协商制定出过渡期路线图，切实恢复宪政并在2013年4月前组织公正、透明的选举。决议敦促马里北部武装断绝同"伊斯兰马格里布基地组织"等恐怖势力的联系，希望马里过渡政府加强同相关武装的对话。③

与联合国相比，与萨赫勒地区有着更加密切的地缘战略利益的欧洲联盟（欧盟）早在2011年初就制定了关于萨赫勒地区安全与发

---

① Chairman's Summary of High-Level Meeting on the Sahel at United Nations Headquarters, New York, 26 September 2012, 联合国网站：http://www.un.org/News/Press/docs/2012/sg2186.doc.htm，2012年12月25日登录。

② UN Security Council authorizes international force in Mali, 中国网：http://www.china.org.cn/world/Off_the_Wire/2012-12/21/content_27475693.htm，2012年12月23日登录。

③ 安理会一致通过第2085号决议 为干预马里开绿灯，中国网：http://www.china.com.cn/international/txt/2012-12/23/content_27490689.htm，2012年12月27日登录。

展的战略。① 该战略指出,发展与安全相辅相成,萨赫勒地区错综复杂的问题需要一个地区性的解决方案。2011年7月,欧盟委员会决定在毛里塔尼亚、尼日尔、马里开始实施此战略,认为它是解决萨赫勒地区问题的一种有用的工具。在此战略框架下,欧盟调动了与发展和安全有关的项目资金1.67亿欧元用于以下四个方面:①发展、善治和内部冲突解决;②政治与外交行动;③安全与法治;④打击暴力极端主义和激进主义。此外,欧盟还通过第十个欧洲发展基金(2007—2013)为萨赫勒地区拨款6.6亿欧元。除了财政援助外,在政治与外交努力方面,欧盟经常与马里当局领导人开展对话与沟通;支持国际社会加强协调一致的努力,支持联合国秘书长特使普罗迪为此发挥重要的作用;加入由联合国和非盟主持的马里局势国际支持与后续行动小组;与西共体以及阿尔及利亚、毛里塔尼亚保持密切的工作关系。在共同安全与防务方面,2012年7月16日,欧洲理事会授予共同安全和防御政策(CSDP)新的任务:欧盟尼日尔军事能力建设行动(European Union Capacity Building Mission in Niger,缩写为EUCAP SAHEL Niger),支持该地区国家军事建设,增强其自身打击有组织犯罪和恐怖主义的能力。在人道主义援助方面,2012年欧盟共向萨赫勒地区提供了1.72亿欧元的人道主义援助。为加强有关国家应对当前形势的能力建设,欧盟还制定了加强国际人道主义援助和发展援助机构与国家政府间协调合作的三阶段方案。关于长期发展的问题,根据欧盟预算和欧洲发展基金经营长期发展计划,超过2亿欧元的项目资金目前正在流向或计划用在布基纳法索、马里、尼日尔、毛里塔尼亚和乍得。由于目前粮食危机加重,欧盟委员会决定增拨1.645亿欧元。欧盟将继续并加强它在该地区的工作,加强应变能力,研究营养不良的根源,提高区域市场的运转,提高区域和国家抵御风险灾害的能力。在马里问题

---

① The European Union and the Sahel, 欧洲评议会网: http://www.consilium.europa.eu/uedocs/cms_data/docs/pressdata/EN/foraff/132802.pdf, 2013年1月20日登录。

上，欧盟外交事务委员会重申，欧盟决心支持马里恢复宪法秩序和法治，重建一个拥有完全主权的民主政府。包括逐渐恢复发展合作、金融支持、重组和训练马里防御部队、提高人道主义援助、与其他区域和国际利益相关者密切配合。2012年12月21日联合国通过2085号决议后，欧盟将为国际支助团（非洲支助团）提供财政与后勤支持。欧盟还将从2013年第一季度开始向马里派遣一批军事人员，帮助马里训练和重组军队。

萨赫勒地区所在的非洲次区域组织西非国家经济共同体（ECOWAS，简称西共体）在萨赫勒地区问题上一直保持密切关注并采取了一系列积极措施。首先是发布决议对马里军事政变进行谴责和制裁，其次，欢迎联合国安理会根据联合国宪章第七章的规定通过第2085号决议，授权在马里部署非洲领导的国际支助团（AFISMA），也欢迎联合国决定成立一个信托基金，并动员国际金融、技术和后勤资源支持国际支助团（AFISMA）。[①] 此外，西共体支持国际社会努力协助马里重建国家的统一和领土完整，拆除在北方的恐怖分子和犯罪网络，通过举行自由、公正全面和透明的选举恢复宪法秩序，消除伊斯兰马格里布基地组织（AQIM）、西部非洲统一和圣战运动（MUJWA）和附属恐怖组织对区域和国际和平与安全构成的严重威胁。西共体感谢安理会成员国采取这一重要决策，赞扬西共体成员国和周边国家、非洲联盟、联合国和其他合作伙伴（特别是欧盟、法国和美国）自马里爆发安全和制度危机以来展现出来的决心和团结。2013年1月12日，西共体委员会重申支持马里政府和人民保护马里领土完整和打击恐怖主义，欢迎联合国安理会为稳定马里政局采取的授权直接干预的立场，感谢法国政府应马里政府的请求在联合国安理会第2086号决议和联合国宪章第51条框架内派兵支持马里打击恐怖主义的举措。委员会决定立即在

---

① ECOWAS statement on Mali，西共体网：http://news.ecowas.int/presseshow.php?nb=363&lang=en&annee=2012，2013年1月20日登录。

AFISMA框架范围内部署西非国家经济共同体部队。① 西非国家领导人一致同意一年内在马里部署3300名非洲部队以夺取伊斯兰武装分子控制的马里北部。②

　　作为非洲大陆最大的区域组织非洲联盟（非盟）在萨赫勒地区问题上也采取了一系列的措施和行动。非盟首脑会议通过发布声明对马里的安全形势及其北部人道主义状况持续恶化表示严重关切，强调非盟支持马里国家统一和领土完整的决心，认为各种武装组织、恐怖势力和犯罪集团对马里北部的持续占领构成对马里和该地区及非洲大陆的和平、安全与稳定的严重威胁，非盟将坚定地站在马里政府一边，共同克服困难迎接挑战。同时，非盟赞赏西共体及其他派军支援马里的核心国家，以及所有其他双边和多边合作伙伴，感谢法国为此提供的实质性支持。③ 2012年3月20日，作为非盟专门负责非洲大陆和平与安全事务的非盟和平与安全理事会在马里首都巴马科举行部长级会议，重点讨论马里北部安全局势、萨赫勒地区的恐怖主义威胁、非法武器贩运和跨边境犯罪等问题。时任非盟委员会主席让·平在会上说，非盟将恪守承诺，帮助马里面对危机，通过采取统一协调的行动保障地区的和平与稳定。他还说，非盟将帮助萨赫勒地区国家应对区域不安全问题，找出解决办法，保护民众安全和地区和平与发展。④ 2013年1月，和平与安全理事会发表声明，强调加快部署非洲领导的国际支助团（AFISMA）及其有效运作，加强马里国防与安全部队的能力建设，为此它要求非盟和西共体委员会与联合国和欧盟及其他伙伴协调合作，对"国际

---

① statement of the president of the ECOWAS commission on the situation in Mali, 西共体网：http://news.ecowas.int/presseshow.php?nb=006&lang=en&annee=2013，2013年1月20日登录。

② ECOWAS agrees to Mali intervention force, 半岛电视台网：http://www.aljazeera.com/news/africa/2012/11/20121111192710305682.html，2012年12月25日登录。

③ Solemn declaration of the Assembly of the Union on the situation in Mali, 西共体网：http://www.ecowas.int/publications/en/statement/mali28012013.pdf，2013年3月12日登录。

④ 非盟部长级会议讨论马里及萨赫勒地区安全问题，中国网络电视台：http://news.cntv.cn/20120323/123635.shtml，2012年12月20日登录。

支助团的运作概念"进行修改,将乍得派出的军队和其他国家正准备派出的分遣队进行整合以加强国际支助团的力量,对地面军事行动做出更好的回应;要求非盟委员会主席与西共体委员会主席和其他派出军队的国家进行协调,立刻任命一名特别代表和国际支助团首领,将所有保证有效指挥和控制所必需的机制部署到位;要求非盟委员会与西共体和联合国一道,立即将马里联合工作小组(MITF)部署到位,以保证执行三方有关马里局势的决定协调一致;要求非盟和西共体委员会在非盟人权委员会(ACHPR)的支持下尽快部署平民观察员(作为国际支助团的一部分),对被解放地区的人权状况进行监督并支持马里政府为马里不同种族间达成持久和解和巩固国家和平创造必要的条件;敦促所有非盟成员国根据其相关决定和联合国有关决议,扩大其对国际支助团和马里国防与安全部队的财政和后勤援助;邀请所有愿意向国际支助团派兵的非盟成员国一周内将其意图知会非盟和西共体委员会;要求马里的邻国提供必要的情报支持和其他有助于当前行动和恢复马里政府在其领土全境内的权威所必需的支持。和平与安全理事会鼓励非盟委员会尽早召开有马里邻国和西共体成员国以及联合行动指挥部(CEMOC)和联合联络小组(UFL)参加的会议,彼此协调边界政策,加强执行和监督的有效性。①

美国对萨赫勒地区问题的关注始于2002年以来美国政府一直在该地区推行的一系列反恐行动。这些措施始于泛萨赫勒倡议(PSI),以协助马里、尼日尔、毛里塔尼亚、乍得保护其边界,从而支持美国发动反恐战争以促进地区和平与安全的国家安全利益。2005年,美国将PSI重新调整为耗资5亿美元的跨撒哈拉反恐行动计划(TSCTI),旨在通过提供平衡的军事援助项目、情报共享、民主和善治,以及人道主义援助,提供应对恐怖主义的区域响应方案。该

---

① Solemn declaration of the Assembly of the Union on the situation in Mali,西共体网:http://www.ecowas.int/publications/en/statement/mali28012013.pdf, 2013年3月12日登录。

计划也扩大了参与范围，使阿尔及利亚、布基纳法索、摩洛哥、塞内加尔和突尼斯参与其中。2010年度预算要求重新更名为跨撒哈拉反恐合作伙伴计划（TSCTP），年度预算为8000万美元（只有2010年度美国在阿富汗的发展预算的百分之二或五角大楼2010年度计划花费在伊拉克和阿富汗的每六小时的预算开支）。[①] TSCTP在美国政府文件中被描述为多方位的长期的战略，目的在于增强区域反恐能力，加强和巩固地区安全部队之间的合作，促进民主治理，消除恐怖主义意识形态，加强与美国的双边军事关系，击败恐怖组织。2013年1月法国军队进驻马里开展军事打击行动后，美国根据其"非洲紧急行动训练和援助"项目，派遣军事训练人员帮助向马里派兵国家"做好部署准备"，但表示美方人员不会前往马里。[②]

中国政府对萨赫勒地区问题表示严重关注并为此做出了积极努力。2012年1月26日，中国常驻联合国副代表王民大使在安理会利比亚冲突对萨赫勒地区影响问题公开会上肯定了地区国家为消除利比亚冲突对萨赫勒地区的政治、安全、经济和人道局势带来严重影响，协助本国在利比亚人员返乡并融入当地社会，加强边界管理并开展司法和执法合作等做出的积极努力，以及西非国家经济共同体等次区域组织充分利用现有机制，协调地区国家的相关努力。同时，中国呼吁在解决利比亚问题过程中，重视非洲的关切，尊重非洲的主张。利比亚冲突的负面影响，也不能由非洲独自承担。国际社会应向地区国家和组织提供积极协助，认真考虑并切实执行评估团报告的有关建议，并在此过程中加强与有关地区国家和区域组织沟通。联合国相关机构应充分发挥其各领域专长，并为该地区争

---

① ACAS Bulletin 85(Spring 2010): US militarization of the Sahara-Sahel: Security, Space & Imperialism, Jacob Mandy, Introduction: Securitizing the Sahara, http://concernedafricascholars.org/docs/bulletin85.pdf.

② 法国继续在马里军事行动 美国派遣军事训练人员，新华网：http://news.xinhuanet.com/world/2013-01/18/c_124249720.htm, 2013年1月25日登录。

取更多的国际支持。① 2012年12月10日,中国常驻联合国代表李保东大使在安理会萨赫勒地区局势问题部长级会议上,就国际社会应该如何妥善应对当前萨赫勒地区面临的多重挑战,重点提出四点主张:② 第一,应对萨赫勒地区局势,需要制定综合战略。萨赫勒地区存在的诸多问题彼此关联、相互影响,应综合施策。中国希望秘书长根据安理会的要求,广泛听取地区国家和区域、次区域组织的意见,尽快制订目标明确、切实可行的联合国萨赫勒地区综合战略。第二,实现萨赫勒地区的持久和平与发展,重在解决根源性问题。当前萨赫勒地区局势成因复杂,其中贫困和欠发展是根本性原因。第三,任何解决萨赫勒地区问题的努力,均要充分尊重地区国家及区域组织的主导权。并充分发挥地区国家及区域组织现有倡议或方案的作用。第四,考虑到萨赫勒地区面临的挑战复杂、多样,国际社会需要就此加强协调。安理会的关注重点是萨赫勒地区和平与安全所面临的威胁。联合国相关机构应在尊重各自分工的基础上,就应对萨赫勒地区局势开展合作。中方希望联合国、地区国家及区域组织的斡旋和调解形成合力,支持秘书长萨赫勒问题特使普罗迪的工作。此外,中国政府还一直通过多种方式积极支持该地区国家实现稳定与发展,向该地区国家提供力所能及的帮助。2011年以来,中国先后向多个地区国家提供了紧急粮食援助,并同非盟和地区国家加强了反恐等领域合作。

---

① 常驻联合国副代表王民大使在安理会利比亚冲突对萨赫勒地区影响问题公开会上的发言,中国常驻联合国代表团网站: http://www.china-un.org/chn/dbtxx/fdbwmds/zyhd/t899285.htm, 2013年1月23日登录。

② 常驻联合国代表李保东大使在安理会萨赫勒地区局势问题部长级会议上的发言,中国常驻联合国代表团网站: http://www.china-un.org/chn/dbtxx/czdbzds/zyhd/t996909.htm, 2013年1月23日登录。

三、国际社会在解决萨赫勒地区问题中所面临的挑战

由于萨赫勒地区问题的产生涉及自然环境、国家内部经济发展落后和政治动乱、地区国家间跨境走私贸易和军火贩卖,以及西方大国干涉利比亚事件导致恐怖主义势力和武器扩散到该地区等一系列因素的影响,因此解决萨赫勒地区问题需要一个综合的解决方案以应对其复杂性、多维性和跨境性。这首先需要多方的参与和合作,即由有关国家和非洲次区域组织(西共体)、非洲区域组织(非盟)乃至联合国构成的国际社会的参与和努力,尤其是参与各方如何彼此协调与合作的问题。此外,国家社会在解决萨赫勒地区问题所进行的军事干预、财政援助和恢复秩序等过程中,如何保证非洲国家和地区的国家主权与领土完整,尊重非洲国家和地区人民的自主性和独立性,如何解决好安全问题和发展问题的相互关系,实现萨赫勒地区国家和区域经济发展和长治久安,都是需要认真思考和面对的挑战。

1. 国际社会需要加强自身内部和彼此之间广泛而深入的协调和合作

在联合国层面上,萨赫勒地区综合方案需要秘书长与有关地区国家和组织进行充分的沟通和协商,至今该方案仍然没有出台,说明其中有不少问题没有解决。安理会内部,尽管大家在萨赫勒问题需要采取紧急行动上达成共识,但在具体方式上仍然存在分歧,成员国一致希望秘书长拿出的综合方案对将要采取的行动具有更大的明确性。[①] 在分工合作方面,联合国安理会主要负责萨赫勒地区的

---

① Briefing and consultations on the Sahel, http://www.whatsinblue.org/2012/09/briefing-and-consultations-on-the-sahel.php?page=all&print=true#,2012年12月23日登录。

安全与和平事务，联合国其他专门机构则需要在各自具体领域彼此协调合作，与安理会一道，形成一股强大的合力。实际上，虽然呼声不断，但营养、保健和卫生的援助仍然急缺；虽然很多救援工作纷纷展开，但实际效果却不容乐观。不少救援工作由于运输问题或受到局势影响，并没有真正发挥作用。最重要的是，仅仅依靠联合国的力量不够，需要更多国际捐助方的积极参与。因此，国际社会对联合国的有关决定能否得到实施持不同态度。[1]

在欧盟层面上，在萨赫勒地区危机的复杂性以及解决马里危机手段的多样性方面，欧盟的萨赫勒战略将遇到一些挑战，如欧盟萨赫勒战略最初关注的焦点落在该地区最弱小的国家，由此而忽略了该地区举足轻重的两个大国尼日利亚和阿尔及利亚，这就妨碍了该战略的实施。建立欧盟与该两大国之间更加密切的合作，同时给予西共体更加有力的支持，将有力地推进萨赫勒战略和极大地改进该地区合作。[2] 此外，自从2013年1月法国出兵马里和发生阿尔及利亚人质危机以来，欧盟需要及时调整其萨赫勒战略以适应最新的形势变化和改善其与其他地区和国家的合作。

在西共体层面上，即将卸任的非盟主席贝宁总统博尼·亚伊指出，马里危机导致向法国请求军事支持和出兵马里，说明西共体在解决冲突方面当时是失败的。[3] 更重要的是，在失去解决本地区冲突的主动权后，西共体如何与法国军队在后续的马里北部打击恐怖主义和极端主义势力中彼此协调合作，并完成联合国决议所赋予的非洲人领导的国际支助团的使命，仍然是一个巨大的挑战。面对萨赫勒地区问题，西共体在面对危机局势和挑战面前，虽然对本地区

---

[1] 滕红真、刘晓龙："灾难告急：谁来拯救萨赫勒？"人民网：http://world.people.com.cn/n/2012/0929/c1002-19151357.html，2012年12月23日登录。

[2] Oladiran W. Bello, Implementing the EU Sahel Strategy, 弗莱德（欧洲智库）网站：http://www.fride.org/publication/1078/implementing-the-eu-sahel-strategy，2013年1月20日登录。

[3] AU Chairman calls for peace and stability in Africa, 新华网：http://news.xinhuanet.com/english/africa/2013-01/16/c_124235443.htm，2013年1月24日登录。

的安全局势表示积极关心，但仍然显得心有余而力不足，财政实力和军事干预能力明显滞后和不足。如何在解决萨赫勒地区抗击自然灾害、人道主义救治和经济发展方面更好更积极地发挥次区域组织的战略规划和协调作用，任重而道远。

非盟作为非洲地区组织，为解决萨赫勒地区问题尤其是在协调非盟与西共体和联合国的行动、动员非盟成员国落实联合国有关决议方面做出了积极努力。但是，与西共体一样，非盟自身的能力有限，无论是在法国军事干预马里局势和制定地区治理方案方面都显得比较被动和反应滞后，虽然非盟安全与和平理事会在萨赫勒地区问题上有所表现和主动协调，但非盟在解决萨赫勒地区抗击自然灾害、人道主义救治和经济发展的战略规划和政策制定方面则明显被动，未能也无力把握住解决本地区事务的主动权和自主权。

对于萨赫勒地区国家的政府而言，一些学者认为，就像它们过去经历的那样，萨赫勒地区的政府还会倾向于利用有组织犯罪，将之作为允许他们的盟友从犯罪活动中受益的政治资源。集中关注司法和安全部门的能力建设无疑是对的，但条件是只有当政府努力支持打击犯罪网络时才有意义。地区外的捐助者应更注重政治参与，鼓励当地有影响力的组织和人员在进行政治和解的同时，与非法的经济脱钩，并遏制药品和武器的走私。在马里，政府将不得不与地方势力打交道，包括与至少一些北部的犯罪网络临时结盟以获得对领土的控制，因此其面临的挑战是确保解决冲突但又不导致加强犯罪网络的能力。[①]

此外，国际社会的协调不仅仅是各个国家、次区域组织和区域组织内部政策的协调，更重要的是彼此之间在应对萨赫勒地区问题上大到战略层面、政策层面上的协调，小到安全、治理、发展、人权和人道主义危机等多个具体领域的政策和策略的协调。联合国、

---

① Wolfram Lacher, Organized Crime and Conflict in the Sahel-Sahara Region, 卡内基基金会网站：http://carnegieendowment.org/2012/09/13/organized-crime-and-conflict-in-sahel-sahara-region/dtjm，2012年12月24日登录。

非盟、西共体和欧盟在此方面应承担主要的责任。

国际社会还应该重视国际非政府组织在解决萨赫勒地区问题中的积极作用。牛津饥荒救济委员会（Oxfam）称其在饥荒救济方面发挥了主导作用，2012年已经为一百多万人提供了紧急援助，其世界各地的60万支持者加入了警示宣传活动并动员国际社会采取行动。①

2. 国际社会需要在解决萨赫勒地区问题中尊重非洲国家和地区人民的主权

目前，萨赫勒地区问题需要国际社会的干预，但是非洲国家和地区人民的主权永远需要得到尊重。2012年9月26日在联合国总部召开的萨赫勒问题高级别会议对联合国的萨赫勒战略立足于国家主权、强调解决萨赫勒地区问题的责任，尤其是对于推进民主治理的责任在于该地区的国家政府的地区解决方式表示欢迎。②与会者强调马里危机的解决是恢复萨赫勒地区稳定的关键，但它只能由马里政府和人民主导此进程并通过对话来解决。

尽管法国总理让马克·艾罗2013年1月15日表示，法国军队在马里的军事行动并不意味着法国将承担在马里长期作战的负担，"法国目前是先锋队，但一周内非洲部队将开始进行地面部署，"③艾罗的此番讲话正值法国总统奥朗德表示法国对马里的军事干涉只有当这个西非国家恢复稳定局势时才能结束，"我们只有一个目标。那就是当我们离开和结束我们的干预时，确保马里有一个合法的政府、选举程序以及其领土不再受到恐怖主义分子的威胁。"这

---

① Oxfam牛津饥荒救济委员会是1995年一些非政府组织成立的独立机构，其目标是在减贫和消除社会不公方面在国际舞台上发挥更大的作用。目前该机构有17个成员组织，它们分别位于澳大利亚、比利时、加拿大、法国、德国、英国、香港、爱尔兰、印度、意大利、日本、墨西哥、荷兰、新西兰、魁北克、西班牙和美国。参见Food Crisis in Sahel, 牛津饥荒救济委员会网站：http://www.oxfam.org/en/sahel, 2012年12月26日登录。

② Chairman's Summary of High-Level Meeting on the Sahel at United Nations Headquarters, New York, 26 September 2012, 联合国网站：http://www.un.org/News/Press/docs/2012/sg2186.doc.htm, 2012年12月25日登录。

③ African troops set for deployment in Mali, 半岛电视台网站：http://www.aljazeera.com/news/africa/2013/01/20131115173447778972.html, 2013年1月24日登录。

番讲话引发了人们对一场花费昂贵的在马里北部跟与基地组织相连的反叛分子作战前景的种种猜测。

尽管美国在法国出兵马里作战时只是表示为其提供军事技术培训之类的后勤支持，并不打算直接派美国兵开赴马里。美国国务院发言人纽兰也表示支持在马里部署主要来自西共体的非洲人主导的国家支助团。但美国学者雅各布·曼迪却指出：看来美国政府中没有人停下来思考其干预是否得到了他们声称将从中受益的人的欢迎这样的问题。美国有关政策另一个明显的缺失就是对美国在撒哈拉—萨赫勒地区的安全政策的影响进行评估。也就是说，没有人质疑，当地民众对美国在撒哈拉的安全政策的主要态度是什么？当地媒体是怎么说的？公民社会是怎么想的？反对党和人物对政策辩论所作的贡献是什么？①

中国政府积极支持非洲国家和区域组织加强合作以维护非洲大陆的和平与稳定。中国政府认为，联合国安理会应该高度关注马里、非盟和西共体有关在马里部署国际部队的要求和建议。中国常驻联合国代表李保东大使2012年12月10日在安理会萨赫勒地区局势问题部长级会议上，就国际社会应该如何妥善应对当前萨赫勒地区面临的多重挑战时就表示，任何解决萨赫勒地区问题的努力，均要充分尊重地区国家及区域组织的主导权。为妥善应对萨赫勒地区面临的经济、安全、人道主义等领域挑战，该地区国家及非盟、西共体等区域组织已做出了积极努力。国际社会应尊重该地区国家的主权和独立，并充分发挥地区国家及区域组织现有倡议或方案的作用。

3. 国际社会需要妥当处理好萨赫勒地区安全与发展的关系

如果你打赢了贫困之战，那么你将有更大的力量去打败恐怖分子。相对于安全问题，发展问题对于非洲国家是根源性问题。非盟现任主席德拉米尼·祖马女士表示："发展不只是一个令人高兴拥

---

① ACAS Bulletin 85(Spring 2010): US militarization of the Sahara-Sahel: Security, Space & Imperialism, Jacob Mandy, Introduction: Securitizing the Sahara, 非洲学者网站：http://concernedafricascholars.org/docs/bulletin85.pdf，2012年12月25日登录。

有的东西,它是世界和平、稳定和进步所必需的东西,理解这一点很重要。""对我来讲,它们是一枚硬币的两个面——如果你的国家不发展,如果人们没有感到财富的公平分配,那么你就是在威胁和平。"① 非洲一些政治积极分子、歌手、作家和表演家在致国际社会的一封公开信中指出:"非洲也需要可持续的长期的投资以帮助人们为其家庭提供足够的食品,建造他们的未来,抵御下一个挑战和提升他们跨越最近危机的视野。"② 法国出兵马里,虽在短时间内沉重打击了马里北部极端势力,但善打沙漠游击战的武装分子化整为零,恐会与法军及马里政府军长期周旋下去。西方媒体的有关报道对马里危机能否速战速决持怀疑态度,甚至军队中不乏这样的论调。

发展问题,尤其是贫困问题是萨赫勒地区安全问题的根源。有学者指出:萨赫勒和撒哈拉地区远不是跨国有组织犯罪的一个关键地区。这里的有组织犯罪活动日益严重来自一个事实,即很少有其他的活动产生类似的利润和快速致富,这尤其适用于2003年以来显著扩大的三种活动:走私摩洛哥大麻、可卡因走私和绑架勒索。参与这些活动的个人和网络都已将他们的财富转化为政治影响力和军事力量。该地区过去几十年里发展的合法商品走私贸易,为这些高利润活动的发展奠定了制度基础。③ 中国政府认为,实现萨赫勒地区的持久和平与发展,重在解决根源性问题。当前萨赫勒地区局势成因复杂,其中贫困和欠发展是根本性原因。国际社会,特别是捐助国和国际金融机构应加大对萨赫勒地区国家的资金和技术援

---

① African Union head: "Development is essential for peace and progress",英国卫报网站:http://www.guardian.co.uk/global-development/2012/dec/03/african-union-development-peace-progress,2012年12月26日登录。

② African activists and artists raise awareness around the Sahel food crisis,牛津饥荒救济委员会网站:http://www.oxfam.org/en/content/african-activists-and-artists-raise-awareness-around-sahel-food-crisis,2013年1月26日登录。

③ Wolfram Lacher, Organized Crime and Conflict in the Sahel-Sahara Region,卡内基基金会网站:http://carnegieendowment.org/2012/09/13/organized-crime-and-conflict-in-sahel-sahara-region/dtjm,2012年12月20日登录。

助，优先帮助地区国家实现经济社会发展。当务之急是应对萨赫勒地区的粮食危机，并解决联合国对该地区人道主义救援资金短缺的问题。[1]

事实上，2013年1月底，美国国务卿希拉里在美国国会发言时表示，美国及其盟国试图重新控制马里北部的局势，但是没能完全控制该地区，也没能阻止恐怖主义势力和武器扩散到利比亚以外地区，其中包括阿尔及利亚。希拉里承认，马里局势在过去几个星期内的动荡和战争，是利比亚前领导人卡扎菲被推翻导致的后果。美国特工部门和情报部门日前也多次表示，导致马里地区恐怖主义和极端主义势力上升的原因是去年发生的"阿拉伯革命"。[2] 由此可见，武力干预不仅没有给利比亚带来和平与稳定，而且给周边国家和地区带来了不稳定因素。恐怖分子、极端组织趁机获得大量武器，并依靠外部势力使颠覆卡扎菲政权所提供的物资支持和通过贩毒、人质绑架等渠道获得的资金不断扩大。这些恐怖组织在非洲萨赫勒地区不断扩散，并趁马里内乱之机渗透蔓延到马里北部，使马里问题雪上加霜。欧盟外交事务与安全政策高级代表阿什顿也表示："利比亚地区持续增长的恐怖主义活动和随之而来的冲突严重威胁了萨赫勒地区的安全和稳定。"[3]

少数国家企图通过外部军事干预建立地区和平并没有从源头上解决问题，结果常常适得其反。俄罗斯外长谢尔盖·拉夫罗夫指出："在当前情况下，当国际关系的复杂性倍增时，越来越清楚的是使用武力解决冲突没有任何成功的机会。这样的例子不胜枚举。它们包括在伊拉克的复杂形势，阿富汗危机，这些都远未结束。有

---

[1] 常驻联合国代表李保东大使在安理会萨赫勒地区局势问题部长级会议上的发言，中国常驻联合国代表团网站：http://www.china-un.org/chn/dbtxx/czdbzds/zyhd/t996909.htm，2013年1月24日登录。

[2] 希拉里承认马里因利比亚政变所致，恐怖主义可能扩散，中国网：http://news.china.com/news100/11038989/20130125/17654865.html，2013年1月27日登录。

[3] 欧盟将援助萨赫勒地区国家打击恐怖主义，凤凰网：http://news.ifeng.com/world/detail_2012_07/17/16093861_0.shtml，2012年12月20日登录。

许多迹象表明在利比亚把卡扎菲赶下台后,事情远没有得到改善。不稳定已经传播到更远的撒哈拉和萨赫勒地区,马里的情况急剧恶化。"① 中国政府认为,利比亚冲突对萨赫勒地区的政治、安全、经济和人道局势带来严重影响。利比亚外来人员的大规模返乡对有关地区国家的经济和社会造成沉重负担,武器扩散问题更助长了该地区的跨国有组织犯罪和恐怖主义。利比亚局势的负面影响还将继续发酵,对萨赫勒地区的和平与稳定构成持续威胁。②

事实上,美国假借反恐加强在非洲的军事存在和在非洲推行美国式民主的政策饱受学者质疑。美国学者雅各布·曼迪指出:安全理论最深刻的见解之一就是简单观察所见,即军事化的重点或许是与其实际上想要实现的目标相反。③ 在撒哈拉—萨赫勒地区,两个军事化的问题摆在眼前:什么是真正的威胁以及如何才能消除那个威胁?近来似乎有人将撒哈拉恐怖主义与穿越西非的药品走私相提并论。与此同时,部分由于全球变暖而引起的环境变化而带来的真正的威胁数年来一直存在于整个萨赫勒地区。④ 然而另一方面,我们需要考虑是否有其他势力(如伊斯兰)存在,"激进主义运动"和黑市在那里构成了对人类安全的最大威胁。即使与美国军方有联系的研究者也最终认为在非洲西部整体安全框架内考虑自然环境的

---

① Sergey Lavrov, On the Right Side of History, 伏尔泰网:http://www.voltairenet.org/article174662.html,2013年1月20日登录。

② 常驻联合国副代表王民大使在安理会利比亚冲突对萨赫勒地区影响问题公开会上的发言,中国常驻联合国代表团网站:http://www.china-un.org/chn/dbtxx/fdbwmds/zyhd/t899285.htm,2013年1月24日登录。

③ ACAS Bulletin 85(Spring 2010): US militarization of the Sahara-Sahel: Security, Space & Imperialism, Jacob Mandy, Introduction: Securitizing the Sahara, 非洲学者网站:http://concernedafricascholars.org/docs/bulletin85.pdf,2012年12月24日登录。

④ 2007年《联合国环境项目》(UNEP)报告得出的结论说,导致在苏丹境内尤其是萨赫勒地区东部边缘达尔富尔地区的冲突发生的一个重要因素是多维度的环境危机。该项目报告有关评估冲突后的苏丹部分指出,可以预见的气候变化由于降雨量减少和不确定因素的增加(尤其是在萨赫勒地带),可能将进一步导致食品生产减少。预报最脆弱地区的农作物减产高达70%。其他相互制约因素包括沙漠化(过去40年向南推进100公里)、降雨量大量减少(在北部达尔富尔降幅达30%)、砍伐树林(有些地区未来十年接近100%)以及来自人口和动物牲口的压力。

重要性更加值得关注。

美国学者阿列克斯·瑟斯顿指出：长远看，设定民主化的日程或通过美国军事存在使非洲稳定的野心都不可能取得广泛的成功。20世纪90年代民主转型的浪潮不可能通过华盛顿的政策努力在将来得到复制。与此同时，美国的反恐努力和军事扩张将使包括萨赫勒在内的非洲一些地方的不稳定更加糟糕。对在萨赫勒地区和非洲大陆其他地方的恐怖主义威胁予以担忧是情有可原的。美国的政策制定者应该承认白宫和五角大楼强行在非洲推行政治转型的能力的确是有限的。在促进民主和通过建立稳定来反恐之间进行选择可能是一个虚假而有害的命题。更加有希望的做法应该是问一问是何种社会的、经济的和政治的因素导致了萨赫勒地区的恐怖主义，然后做出将有限的军事作用与更加复杂的政治意识两相考虑的反应。美国不太可能通过武力或技巧决然地改变非洲的政治。然而如果决策者和军事策划者更加小心仔细地考虑美国希望在那里寻求伙伴的国家的政治气候，那么反恐或许招致意想不到的反对的可能性将更小，（人们）也更不太可能支持反民主的领袖。①

4. 国际社会应警惕外部势力借解决地区问题使"新干涉主义"在非洲合法化的危险

非洲是法国在海外传统影响最深、经营时间最长的地区，自戴高乐以来的法国历届政府都把非洲视为支撑其大国地位的"前沿基地"，把维护其在非洲法语国家的特殊利益作为其对非政策的核心，强调"失去非洲，法国将成为二流国家"，加上现实中法国在马里具有许多直接的经济利益，这是法国出兵马里的实质性因素。虽然此次法国出兵马里是应马里政府平叛的请求，但当同样的请求来自同样面临叛军进攻的中非共和国总统时，法国却根据自己的利益和好恶取舍而按兵不动，由此使法国背上了"非洲宪兵"在干预非洲

---

① Alex Thurston, Counterterrorism and democracy promotion in the Sahel under Presidents George W. Bush and Barack Obama from September 11, 2001, to the Nigerien Coup of February 2010, 非洲学者网站：http://concernedafricascholars.org/docs/bulletin85.pdf, 2012年12月25日登录。

事务问题上持"双重标准"的骂名。① 非洲大多数国家二战后独立，之前其边界都由殖民者划定，非洲人对国家和主权的认同感较弱，很多时候对民族或宗教的认同感更强，这些因素为外部势力干涉非洲国家内政提供了可乘之机。法国此次出兵马里的行动以"薮猫"命名并非随意，这一生活在非洲、长相英俊的野生动物，其特性就是以便溺来宣示自己的地盘。

2012年12月24日，美联社和俄罗斯一家电视媒体报道了美国2013年初将向35个非洲国家派遣小批军队的消息。消息称，美国第一步兵师第二旅将从2013年3月开始为部署军队做准备。美军此次增兵非洲，和非洲北部与"基地"组织相关的极端势力日益猖獗息息相关，而且恰逢非盟正开始讨论军事干预马里北部的方案。美国国务院希望能在海外部署美国军队，训练当地军队，以应对可能发生的危机。这是美国非洲司令部自2007年投入运行以来，美国又一次以反恐名义向非洲增兵的举动。早在2012年6月，就有报道称，美国2013年将向非洲派驻超过3000名军人，将以在非洲各国巡视的方式，训练非洲当地军队。9月末，希拉里·克林顿国务卿参加了联合国讨论马里和北非危机的专门会议。2012年9月11日，美国在利比亚班加西的领事馆遭遇武装分子袭击，造成美国驻利比亚大使及3名外交人员丧生的事件发生后，非洲与"基地"组织相关的极端势力更是成了美国的心头之患。12月，在美国务院呈交给参议院外交事务委员会的美班加西领事馆受袭事件的责任审查报告中，克林顿国务卿明确提出，美国对非洲恐怖势力将采取"先发制人"的策略，"对美国的政治事业来说，光防守是不够的，更多的是要掌握主动"。报告中提到，"北非国家恐怖势力严重威胁美国安全。阿拉伯国家政权变革，改变了传统权力分布。马里局势不稳也为恐怖主义的扩张创造了温床，北非和阿拉伯半岛的'基地'组织

---

① 参见贺文萍：警惕"新干涉主义"在非洲合法化，360doc网站：http://www.360doc.com/content/13/0118/17/363711_261053242.shtml，2013年3月20日登录。

都有卷土重来的迹象"。① 为此，美国政府利用一切机会影响非洲国家的政治进程。12月，副国务卿伯恩斯主持了在阿布扎比举行的全球反恐论坛；与突尼斯领导人讨论建立民主体系。美国利用"跨撒哈拉反恐伙伴计划"（TSCTP）协助非洲十国进行军事培训，加强边防，打击恐怖势力网络。除此之外，美国还动用经济手段，希望在打击恐怖主义的同时，推进美国的利益和价值观。

总之，萨赫勒地区问题是继西亚北非局势持续动荡，利比亚战争创伤尚未抚平，叙利亚战火持续不断之后又一令世界关注的热点问题，它涉及由于自然灾害和生态环境恶化以及人口增长过快而导致的大规模的饥荒和人道主义危机、地区国家政府治理能力羸弱而民族分离主义与反政府武装强大而产生的武装冲突和政治危机，以及外部势力干预而面临地区恐怖主义扩散的危险，等等。以联合国、西共体、非盟、欧盟等全球和地区组织和法国、美国、中国等大国为代表的国际社会为解决萨赫勒地区问题做出了多种努力和协作。但由于问题本身具有其独特的复杂性、多维性和跨境性，解决它所面临的挑战也是多层面的，尤其是国际社会在协同应对、尊重非洲地区人民的自主权、兼顾安全与发展，以及警惕外部势力借解决地区问题使"新干涉主义"在非洲合法化的危险等方面面临诸多挑战。萨赫勒地区问题影响到中国在非洲的利益，面对西方一些大国利用反恐名义不断扩大其在非洲的军事力量和影响力，中国如何利用好联合国安理会的活动平台，加强与非盟和西共体等非洲区域和次区域组织的密切沟通和磋商，既维护好中国在非洲的利益，也继续通过多种方式积极支持地区国家实现稳定与发展，向该地区国家提供力所能及的帮助，是中国对非外交面临的新的挑战。

---

① 西方准备军事介入马里西非或出现"新阿富汗"，中国网：http://military.china.com/news2/569/20121228/17606225.html，2012年3月20日登录。

范雎之外交才能

王 立

范雎,魏国人,他于公元前271年见秦昭王,开始做客卿,后凭借其超凡的才能,逐步取代了魏冉做了秦国的宰相,封于应,号应侯。范雎在秦国从政时间长达近三十年之久,于公元前255年,因为用人不当,从而招致死罪,落得毙命下场。范雎对秦国的统一运动有着重大的贡献,最为人称道的是为秦昭王制定"远交近攻"的外交战略,并在长平大破赵军,为秦国扫除了一统中国的最后一个重大障碍。

远交,可以离间有关诸侯国之间的关系,使近攻的对象陷入孤立无援的境地;而近攻,又可以广拓疆域,由近及远,逐步蚕食其他诸侯国。所谓"远交近攻",也就是利用矛盾,各个击破,以实现征服其他诸侯国的战略目标。远交是以外交方式为主,近攻则是以军事行动为主导。"远交近攻"可以说是战国之世继合纵与连横之后而起的一种战略思想。在这一战略思想的指导下,范雎还对秦昭王建议采取两手策略:其一是"勿独攻其地,而攻其人也"(《战国策·秦策三》)。攻其人,就是消灭敌人的有生力量,人没了,地也就占有了。如果一味地追求攻池掠地,而使敌人逃跑,即便占有土地也是十分不保险的。实际上,这一思想并非是范雎首创,早在300多年前,楚庄王就曾说过:"要其人而不要其土",只不过他的着眼点是"笃于礼而薄于利"(《公羊传·宣公12年》)。

而范雎所追求的却是"利"而非"礼"。其二是贿赂收买与造谣反间。范雎一次对秦昭王说：天下的士并非要与秦国作对，因为他们本身与秦国没有什么积怨，之所以要反秦，主要是为了谋取他们个人的利益而已。就像我们面前的狗，有的趴着，有的站着，有的在行走，有的似动非动，并且彼此全都相安无事。可是只要投下一块骨头，它们就会立即跳起来，眦目张牙，目的就是为了争夺那块骨头。"狗争食，人趋利，以利诱之，不问金之所之，金尽者功多矣"（《公羊传·宣公12年》）。这就是范雎对外进行贿赂收买以达到一定目的的理论根据。范雎的这两手，配合其"远交近攻"的战略，在外交实践中，的确起了相当大的作用。虽然，贿赂收买与造谣反间，范雎并不是首创者，早在春秋时代就已经盛行了。但需要指出的是，"远交近攻"与春秋之世诸侯国之间崇尚的"远至迩安"、"服人以德"的思想截然相反。这两种思想反映了两个不同时代的特点：春秋诸侯国之间的关系要求保持均势与和平安定，所以外交是主体，战争只不过是完成其外交目的；而战国则力求打破平衡，兼并对方，所以战争是主体，外交只是其辅助手段而已。

　　远交的主要对象，一是齐国，此时"得齐者重，失其者轻"（《战国策·齐策三》）。史籍对范雎远交齐国没有具体的交代，但是，范雎初见秦王时，说服秦王停止了魏冉密谋攻齐之刚、寿以益封的计划。指出，魏冉此举"少出师则不足以伤齐，多出师则害于秦"。[①] 如果想驱使韩魏多出兵以助攻齐之举，则将被认为是一种不义的行为。"今见与国（韩魏）之不亲也，越人之国而攻，可乎？其于计疏矣。"[②] 并举例说，地方五百里的中山为赵近邻，"赵独吞之，功成名立而利附焉，天下莫之能害也"（《战国策·秦策三》）。远交的另一对象是楚国，亲楚是宣太后和魏冉的传统政策，所不同的是，范雎认为对付楚赵，必须采取高压政策。因为"楚强则附

[①] 司马迁：《史记》，第七册，北京：中华书局，1972年版，第二四〇九页。
[②] 同上书。

赵，赵强则附楚。楚赵皆附，齐必惧矣。齐惧，必卑辞重币以事秦"（《史记·范雎列传》）。

范雎结好于齐的外交，客观上迎合了齐国的需要。其时齐国虽已破燕复国，惟百废待兴，急需休养生息。亡宋之后，也需要调整对外关系。与秦国修好，正可以达到制约三晋和楚国的目的。楚国遭到秦将白起破郢，东保于陈，而庄蹻率楚军入滇并"以其众王滇"以后，重点在于经营东南和西南地区，自然是乐得与秦国维持和平友好的关系。范雎的远交齐楚战略，主要依靠的是秦国强大的威慑力。威慑可以通过外交，而外交则不外乎友好争取与威胁恫吓，或用其一，或恩威并施，双管齐下。而近攻的主要对象则是三晋，"三晋合而秦弱，三晋离而秦强"（《战国策·赵策一》）。远交齐楚，三晋难以合纵，合纵不成，便于各个击破。近攻三晋，先韩魏而后强赵，而不是三面出击，四面树敌。"远交近攻"的功利即在于此。

在秦的凌厉攻势下，六国大为惊恐，企图谋求暂时的联合，共同对付秦国。有一次，各国的谋臣在赵国邯郸集聚，打算合众而攻秦。范雎深知一旦六国联手，对秦国大为不利；但他同时也明白各国战争已久，积怨太深，且各怀私心，所谓团结，不过是为求得自己的好处罢了。范雎于是派名士唐雎携带大量财物前往邯郸，贿赂各国谋臣，挑拨他们的关系，终于使"天下之士，大相斗矣"。

范雎的一系列功绩，使他日益得到昭王的宠信，在秦国的政治地位也大大提高。范雎认为，是该向内政沉积已久的弊病开刀的时候了，于是向秦昭王进言说：我听说善于治理国家的君主，就是对内巩固自己的威信，对外重视自己的权力。穰侯派出的使者窃取大王的权威，对各国发号施令，在天下结盟立约，征伐敌国，没有谁不听从。有首诗说"果实太多会压折丫枝，折断丫枝会伤害树心"；属国大了会危害宗主国，尊崇臣子会使君主卑微。现在我听说秦国太后和穰侯当权，高陵君、华阳君、泾阳君辅佐他们，终究会要取消秦王。我私下替大王害怕，百年之后，统治秦国的不是大王的子孙了。① 果然昭王听了十分恐惧，说道："好。"于是废黜了太后，将穰侯、高陵君、华阳君，泾阳君驱逐回他们的领地。任命范雎为国相，封以应城，号为应侯。从此，以秦昭王为首的中央政府的权力更加集中了。这是秦国历史上的重大变革。范雎的"固本削枝"的策略从根本上促进了从封建割据走向大一统，推动了历史的进步。这是范雎对秦吞并六国统一中国大业的杰出贡献。

范雎说服秦昭王采取先攻韩魏的政策，理论有二：一是"今夫韩魏，中国之处而天下之枢也。王其欲霸，必亲中国以为天下枢"。二是"秦韩之地形，相错如绣。秦之有韩也，譬如木之有蠹也，人之有心腹之病也。天下无变则已，天下有变，其为秦患者孰大于韩乎？王不如收韩"（《史记·范雎列传》）。秦昭王终于被说服了，"吾固欲收韩，韩不听，为之奈何？""吾欲亲魏久矣，而魏多变之国也，寡人不能亲。请问亲魏奈何？"对此，范雎提出了两种对策：对魏，"卑辞重币以事之"。不可，"则割地而赂之"，再不可，"则举兵而伐之"。而对付韩国，则只有通过战争解决，有效的战术就是"王下兵而攻荥阳，则巩、成皋之道不通；北断太行之道，则上党之师不下。王一兴兵而攻荥阳，则其国断而为三"。"夫韩见必亡，安得不听乎？若韩听，则霸事因可虑矣"（《史记·范雎列传》）。

范雎不仅是一位政治家，更是杰出的军事家。前260年秦赵战于长平，秦兵虽然勇武善战。但赵军老将廉颇行军持重，坚筑营垒，等待时机，按兵不动。秦昭王无可奈何，问计于范雎：廉颇智多，知秦军强不轻易出战。秦兵道远难以持久，战事如久拖不决，我必陷泥沼之中而不能自拔，为之奈何？范雎也意识到了局势对秦不利，他认为只有除掉廉颇才会出现转机。于是，他策划出了一个"行千金于赵为反间"的反间计。②

---

① 司马迁：《史记》，第七册，北京：中华书局，1972年版，第二四一一页。
② 同上书，第二四一七页。

范雎暗地派人进入赵都邯郸，用重金贿赂赵王的近臣，散布谣言说，"廉颇老而怯，屡战屡败，现已不敢出战，又为秦军所迫，不日即将出降。秦军最惧怕的是赵将赵奢之子赵括，年轻有为且精通兵法，如若为将，锐不可当"。秦国所以看上赵括，主要是因为此人"徒能读其父书传，不知合变也"（《史记·廉颇蔺相如列传》）。此时，赵奢已病故，蔺相如也病入膏肓，赵奢的夫人只好出面阻止，"今括一旦为将，东向而朝，军吏无敢仰视之者，王所赐金帛，归藏于家，而日视便利田宅可买者买之。……父子异心，愿王勿遣"（《史记·廉颇蔺相如列传》）。然而赵王闻之，仍旧偏听偏信，并匆忙拜赵括为上将，持书前往长平以代廉颇。

赵括虽为名将之后，也精通兵书，但只限于纸上谈兵，呆板拘泥不会灵活运用。赵奢在死前曾上书告诫赵王，"使赵不将括即已，若必将之，破赵军者必括也"（《史记·廉颇蔺相如列传》）。可惜赵王都没有听进去。与此同时秦国秘密地派名将白起为主将，试图出奇制胜。一经交锋，白起佯败。赵括喜出望外，穷追不舍，结果被秦军左右包抄，陷入重围。赵括被围困达46天，粮草断绝，士兵自相杀食。赵军的几次突围都未成功，赵括也中箭身亡。秦军大获全胜，坑杀40万赵兵，这就是历史上著名的长平之战。从此，雄踞北方的赵国一蹶不振，走上了衰亡的道路。战后的秦国更加强大，雄视天下。

范雎为秦国的统一大业作出了杰出的贡献，"金无足赤，人无完人"。范雎由于其坎坷的经历和个人性格，也暴露出一些缺点。如位极人臣后对须贾和魏齐的报复，体现出他睚眦必报的性格，这与他早年所蒙受的无辜迫害有一定联系。而嫉杀白起，则是纯粹的嫉贤妒能了，这一缺陷，导致了在范雎执政后期秦在军事上的一系列失利。

这时燕人蔡泽来到秦国。此人相貌丑陋，身无分文，然而才华出众，尤擅辩才。如同当年范雎语激昭王一般，蔡泽用激将之法，得以见到范雎，他引用秦之商鞅，楚之吴起，越之文种三位著名丞相的遭遇为例：三人尽力竭忠。功高盖世，然而却惨遭杀戮，甚为可悲。今秦王之德，既不能有过于秦孝公、楚悼王、越王勾践，而君之功绩又不如商鞅、吴起和文种，然而君之禄位过盛，私家之富远远超过二三子，如不再急流勇退，为自全计，被三子者，且不能免祸，况于君乎？^① 蔡泽的话字字打动范雎的心病。联想起近来渐渐失宠于秦王，范雎如坐针毡，如履薄冰。范雎到底是个智者，功成身退，此其时也。于是他晋见秦王，盛赞蔡泽之能，"臣不如也"，荐其代己为相。范雎遂于昭王五十二年称病逊去相位，不久善终于封地应。

范雎"远交近攻"的战略构想，对秦昭王的统一运动起到了积极的作用。然而，"远交近攻"的战略在春秋初期郑庄公在位时就已经在运用了。所以说，这一战略构想是随形势的发展而出现的，也就是说，即便没有范雎的出现，早晚也会有别人提出。尽管它的影响不如"合纵连横"，实质上也是"连横"思想的具体运用，但可以说，"远交近攻"与"合纵""连横"一样，同属于战国三大战略思想。

范雎的"远交近攻"，由于其阶级局限性和政治素质制约了本可以有更大发展的战略构想。他以利害关系说服秦昭王收魏冉相印，废太后，逐三封君于关外，使中央集权制得以恢复，扭转了秦国政治建设的倒退局面，客观上进了一大步。为了抬高自己，排斥魏冉，这种举动充分地反映了封建地主阶级内部的争权斗争，在当时的环境下是可以理解的，但是因此却说魏冉"为秦谋不忠"，却是有意在诋毁。范雎为客卿长达五年之久，魏冉要想收拾他，应该说是易如反掌。可见，魏冉除了扶立秦昭王时不惜剪除敌对者，以后的四十年间，其在秦国的地位，虽时有起伏，但对继其后为相的杜仓和寿烛，仍然是友善相处。特别是秦将白起为魏冉所重用，被封为武安君后，可谓是地位显赫，但魏冉却从无妒忌，仅从这一点

---

① 司马迁：《史记》，第七册，北京：中华书局，1972年版，第二四二三页。

上看，就已证明范雎的政治胸怀不如魏冉开阔。

范雎依仗秦国的声威追索魏齐的脑袋，以泄私愤，甚至不惜践踏其生身之地，暴露出他的狭隘心胸。他的"一饭之德必偿，睚眦之怨必报"（《史记·范雎列传》）的心态，似乎更像是小人之所为。他举荐王稽为河东守，任命不谙军事的郑安平为将军，而不问两人的才能是否具备其任。这种任人唯亲的举荐政策，最终造成了范雎的杀身之祸。当范雎紧急索取魏齐性命时，恰好魏公子牟说了几句贵而致富，富而纵欲，纵欲而致骄奢，骄奢而招致死亡的话，"累世以前坐此者多矣"。范雎感谢其"之所以教之者厚矣"（《战国策·秦策三》）。事实证明，范雎并未引以为戒，应该说这也反映了其人品的虚伪。除此之外，范雎还有一致命弱点，即纸上谈兵。他历来主张的打仗以杀伤敌人的有生力量为主的观点，实际上不是他的发明，他不像商鞅、张仪、公孙衍等为相之人，不能带兵打仗，因此也就不能知人善用。他曾阻挠大将白起乘胜灭赵的建议，虽说有想抑制白起军功的一面，但从另一面讲，也说明了其对军事行动的不甚了解。至于任用郑安平之流怕死的将军，就不简单只是一个不善用兵的问题了。范雎是战国时期第一个以文取相的说客，从此秦国也再没有出现行伍的宰相了，文武职彻底分离了。正因为范雎有这些局限性，秦昭王对他也并不是言听计从，当韩国收复汝南后，"自是以后，应侯每言韩事，秦王勿听也"（《战国策·秦策三》）。荀子曾于公元前264年来到咸阳，会见了范雎，范雎问其感想，荀子从秦国的地理形势说到风俗民情，从公门衙吏说到朝廷决事，认为秦国"四世有胜"，并非偶然，且秦国之政，已到了"治之至也"的境地。然而要论"王者之功名，则倜倜然其不及远矣"，何故？"殆无儒也"，"此亦秦之所短也"（《荀子·强国篇》）。秦昭王接见了荀子，并问他："儒无益与国人，信乎？"（《荀子·效儒篇》）。荀子说了一套儒家思想如何安邦治民的好处，秦昭王一再称好，"然卒不见用"（《秦集史·昭襄王传》）。这说明秦昭王仍旧以法家思想治秦，而范雎显然不属于法家，从他反对合纵的对外政策来看，思想倾向更接近于张仪的连横之说。

范雎相秦多年，对秦国的历史发展起到了继往开来的推动作用。尽管他也难以避免政治品格上的瑕疵，但仍不失为秦国历史上的名相。作为我国古代不可多得的谋略家，提出"远交近攻"的策略，给中华民族的外交奇计宝库增添了光彩。

鲍彪为《战国策》作注时，曾评论范雎与蔡泽的为人时说："周衰，辩士者矜才角智，趋于利而已。"但是蔡泽"近道德、明哲保身之策"，所以在位几个月便自动引退，"优游于秦，以封君令终，美哉！"西汉刘向为同书集录，批驳了鲍彪的看法，认为蔡泽是"趋利之尤者，相秦数月，惧诛归印，亦智巧之尤。无功而退，既无当于道德之旨，明哲保身主义，彼何足以知之哉！(《战国策·秦策三·蔡泽见逐于赵》评注)"鲍彪对范雎和蔡泽虽都有微词，但认为蔡泽能明哲保身，比范雎乖巧，刘向则认为两人都是"智巧之尤"，蔡泽无功受禄，尤其下乘。的确，范雎为人，有如韩非子所说的"长袖善舞"(《韩非子·五蠹》)的政客，而蔡泽更是等而下之了。

论西亚北非国家政治不稳定的原因及对我们的启示

杨 帆

近两年来，北非北部的突尼斯、阿尔及利亚、埃及和利比亚，以至靠近北非西亚的叙利亚、也门、巴林等国相继发生了国内人民反政府示威游行、武装冲突甚至战争。到目前为止，叙利亚政府与反对派的冲突仍在继续。过去两年来，西亚北非局势的动荡引起国际社会的广泛关注。是什么原因导致这些国家在如此短的时间内发生如此剧烈的动荡？人们对西亚北非动荡的根源有多种不同的看法，笔者认为，把西亚北非政治动荡归结于某一方面的原因，是不妥当的。西亚北非的政治不稳定与过去世界上其他地区发展中国家政治现代化过程中出现的政治不稳定具有某些共同特征。本文试图从政治、经济、文化、外部干预及互联网技术的发展等角度，简要分析西亚北非国家政治不稳定的原因。我们国家同西亚北非国家同属于发展中国家，保持我们国家的政治稳定也是目前我国政治发展的首要任务，研究西亚北非国家政治不稳定的原因对于我们国家的政治发展与政治稳定在某些方面具有重要的启示意义。

一、国家权力过度集中，政治体制改革滞后，体制僵化是西亚北非国家政治动荡的体制方面的原因

出现局势动乱的几个国家存在相同或相似的政治发展特征。这几个国家都在争取独立、反殖、反帝的历史中形成善于革命的传统，其独立后的政治架构和政治权威具有很大的相似性。埃及、利比亚等国家政权都是在民族独立革命的过程中或独立革命之后，由军官发动革命建立的，其政权多采取强人政治和军人政治等威权政治模式，并形成了一种事实上国家领导人终身任职的老人政治，如卡扎菲执政41年、穆巴拉克执政30年、本·阿里执政23年。此次中东乱局的中心主要是北非的阿拉伯共和制国家。共和制是现代民主政治的典型形式，这些国家虽然都表面实行共和制，但由于长期的个人统治，而缺乏大众政治参与的渠道，正如亨廷顿所说的，民主调动了人们政治参与的欲望与热情，但另一方面政治制度化水平低，缺乏满足人们政治参与的渠道与能力，从而出现政治不稳定。在这次席卷中东的革命中，实行君主制的几个国家相对来说比较稳定，而实行共和制的国家却出现了问题，原因大概就在这里。西亚北非政治不稳定的另一个重要原因就是统治集团的腐败。众所周知，腐败是现代国家的常见现象，任何国家都有腐败，只是程度轻重的不同。腐败被公认为发展中国家在政治发展过程中的伴生物，亨廷顿曾认为发展中国家一定程度的政治腐败能起到"润滑剂"的作用，然而这几个国家的腐败为什么没有亨廷顿所说的"润滑剂"的作用？在这些国家，腐败主要发生在当权者个人和家族身上，当权者可以利用手中的权力为自己的家族牟利，运用自己长期经营的裙带人脉关系网，通过任人唯亲来从事腐败活动。这种局面造成的不仅仅是经济财富大部分集中在少数人手中，还形成了政治权力的过度集中。官员的任用没有一个有效的合法的渠道，造成了大部分

普通民众就被永远的压迫在少数人的专权者手中，社会缺乏流动性，人们对生活前景一片渺茫。在社会矛盾长期累积之后，老人政治和强人政治自然会成为民众变革求新抗议浪潮所反对的对象。在20世纪80年代末90年代初的非洲民主化运动浪潮中，这些国家领导者也没有适时进行政治改革，在这波民主化进程中政治发展相对滞后。政治体制的僵化、固化，民主制度的不完善，民主发展进程极其缓慢成为动乱爆发的最深刻的政治原因。

二、经济发展的恶化和社会分配的不公正，是引起政治不稳定的导火索

中东北非国家因为长期受外国干预，经济结构单一，严重依赖国际市场，在全球化分工中处于边缘位置。第一次世界大战结束后，英法两国为了获取石油利益，强行划分中东北非地区的国界线，埋下了日后国与国之间，教派与教派之间的纷争，确立了以资源和劳动力为主的殖民地经济。第二次世界大战结束后，美苏对抗主导了中东北非地区的政治、经济格局，埃及等一些国家形成依赖外国援助的"乞讨经济"。冷战结束后，美国在中东北非地区一家独大，埃及、沙特、巴林、约旦等对美国过度依赖，利用美国提供的支持，对抗经济改革的要求。因此，中东北非地区苦难的政治史使其畸形的经济结构长时期延续下来。2007年国际金融危机发生后，中东北非地区作为全球经济链条最薄弱的环节，最先断裂了，并由经济上的困难引发了政治动荡。在突尼斯1040万人口中，女性大学毕业生占毕业生总人数的60%，她们约占全国25岁以下年轻人的一半，而这些年轻人中约40%没有工作。阿盟秘书长穆萨2011年在沙姆沙伊赫阿拉伯经济首脑会议上称，"阿拉伯精神已经被贫困、失业和普遍衰退打碎了"，他认为正在恶化的阿拉伯经济状况

是导致类似突尼斯事件发生的先导。[①] 前《中东报》主编拉希德先生也认为，突尼斯和阿尔及利亚发生的政治动荡主要是由"失业问题"、"食油和食糖的涨价"等经济问题引起的。[②]

与经济下滑相伴随的是严重的社会分配不公。有的学者认为，经济问题不是引起西亚北非国家政治不稳定的根本原因，深层的原因在于这些国家社会分配的不公正。他们认为，近年来金融危机影响最深的国家是西方的一些国家，北非的几个国家并不是经济危机最严重的国家，经济问题是全世界任何一个国家都可能经常遇到的问题，大多数国家并没有因为经济问题而引发政治危机。2007年美国金融危机爆发，对全世界经济造成重大影响。但如果将北非中东政治剧变视为美国金融危机和世界经济危机的牺牲品，恐怕就难以解释为何同样受到这些跨国危机的困扰，世界其他地区和国家保持了政治稳定，而北非中东却未能幸免。因此，他们认为西亚北非政治变革的经济原因更重要的在于社会财富分配的不公而导致的贫富悬殊。比如在埃及，富人占20%，拥有55%的社会财富，而穷人占60%的人口，却仅拥有18%的社会财富。巨大的贫富差距已经到了足以影响社会稳定的程度。

三、民主文化冲突是造成政治动乱的文化原因

民主文化在西方社会有着悠久的历史传统，它是在西方社会各种因素综合作用下自然形成的，与西方国家的民族性格相切合。但是所有非西方国家的民主都是外塑型的、衍生型的、继发型的。这些国家和地区都没有民主传统。神权政治、绝对君权、家长制以及部落组织在这些国家的历史上占绝对统治地位。公民意识和个人主

[①] Pat Lancaster, "Tunisia: A Catatalyst for Change", Middle East, Issue, p19, February 2011, p19.

[②] 阿卜杜·拉赫曼·拉希德：《失业、食油和食糖的起义》，载《中东报》，2011年1月11日。

义精神在北非这些国家的传统文化里很少。人们对于公共权力观念却是非常的陌生。人们不是积极的参与公共政治生活而是以消极的态度处理公共事务。在这里，现代民主不能从传统中得到支持，传统反而构成建设现代民主的文化重负。

中东北非地区国家具有独特的历史文化传统，民族、宗教问题非常复杂，从外部硬性植入的西方价值观和政治制度往往水土不服。北非国家的传统文化中强调的是将个人融合于整体之中，压抑个人的欲望与需求。当西方以个人主义的态度对待整体与个人的关系冲击非民主国家的传统文化时，人的个人欲望被释放出来甚至出现不可遏制的自我膨胀，连同传统的意识形态制度建构和生活模式等也受到冲击。

四、西方国家的干预与和平演变是此次西亚北非政治不稳定的外部原因

西方资本主义自产生起就从来没有放弃对非洲的侵略和掠夺。罪恶的黑人奴隶贸易与长期的殖民统治，使西方国家实现了资本主义的原始积累与工业化。二战以来随着亚非国家的独立，西方国家以"民主"与"人权"为借口，干涉亚非各国事务，不断地制造矛盾。此次西亚北非的政治不稳定固然与各国的政治经济问题密切相关，但外部势力的干预与和平演变也是其重要的原因。近年来，美国在中东推行其所谓的"大中东计划"，美国借助20世纪后期针对东欧各国政权更迭所采取的手法，除军事手段与武力打压之外，更多地关注于非暴力的"软战争"，即所谓的"街头革命"。为此"大中东计划"明确提出，"变化不应也不能从外部施加"，应当将伊斯兰国家的政治变革系于其内部需求与动力。为完成这一设想，考虑到美国在中东地区的负面形象，华盛顿方面借助于美国国内的一些非政府组织，精心策划对中东、北非当地一些所谓"人权"、"民主"

和"非暴力"的人士与组织进行培养，通过举办各种研讨与文化活动，对他们进行较为系统的培训，加上资金与技术等各种手段的支持，引导他们如何"创造性地"运用新兴媒体和数字科技工具作为动员民众的主要方式，煽动和激发当地青年与部分对社会不满人员的极端情绪，进而促成社会的动荡、国家政权的更迭，以实现美国改造并全面控制伊斯兰世界的全球性主导战略。

五、现代互联网技术对北非国家的动乱起了推波助澜的催化剂作用

网络使亿万台计算机借助电缆和卫星技术，形成一个包纳一切的庞大"蛛网"，对打破信息垄断和由此衍生的集权控制，具有潜在的颠覆作用；网络提供的信息具有及时性和共时性特点，因此它是一种无形的巨大的权力，无论它掌握在谁手中、以什么方式发挥作用，它都成为政治体系中一支重要的力量。

此次西亚北非的政治变革带有鲜明的"信息革命"时代的特点，现代信息工具帮助青年人达到了革命目的，有些人将这次革命称为"青年革命"。现代信息工具包括电视、广播、手机，尤其是互联网。互联网搭建了一个信息平台，是当今最方便的获取信息的渠道。近年来在互联网的基础上涌现出了不少社交类网站，出现了一些新媒体工具，如脸谱网、推特，等等。这些新媒体工具为青年人所钟爱和推崇，他们在这些新媒体上表达对社会和政治的不满，引起了广泛共鸣，积聚了革命力量。

北非国家最近出现的政治不稳定，显示出第三世界国家在全球化和互联网技术飞速发展的时代，政治发展面临复杂性与挑战，牵动着世界的神经，引起人们的广泛关注。这次中东北非的民主化运动与20世纪80年代末90年代初的民主化浪潮原因与性质显然不同，但其影响也不可小觑。我国作为最大的发展中国家，政治稳定

也是目前我国政治发展的首要目标，西亚北非的政治不稳定也给了我们许多深刻的启示。

六、民生问题是根本

西亚北非国家出现的政治不稳定尽管有政治等方面的原因，但最根本的原因还是这些国家经济没搞好，高失业率、通胀压力、物价上涨、两极分化等民生问题是导致部分西亚北非国家政治不稳定的直接原因。这次西亚北非问题给我们一个最直接的启示——"发展就是硬道理"，发展中国家在现代化的过程中毫无疑问会遇到各种各样的问题，这些问题的解决只有通过发展来解决。西亚北非的问题在中国为什么没发生，原因就在于过去30多年我们确定了以经济建设为中心的基本路线，经济建设取得了巨大的成就，并且在发展过程中注意解决人民的民生问题，将改革和发展的成果惠及于民。

我国农村人口占全国人口的绝大多数，农民的生计问题是影响中国政治稳定的重要因素，农村的稳定与发展是我国实现政治社会稳定的基础。正如邓小平所指出的，"中国社会是不是安定，中国经济能不能发展，首先要看农村能不能发展，农民的生活是不是好起来"。[①] "城市搞得再漂亮，没有农村这一稳定的基础是不行的"。[②] 第三世界国家现代化的道路基本是沿袭过去资本主义国家走过的城市化的道路，我们应总结西方国家及一些第三世界国家城市化的经验与教训，解决农民的问题，不能单靠城市化，农民进城并不是羡慕城市的生活，而是农村的发展机会缺乏，应加大农村资金与科技投入，缩小城乡差距，建立大学生到农村创业的政策支持

---

① 《邓小平文选》第三卷，北京：人民出版社，1993年版，第77—78页。
② 同上书，第65页。

体系，从政策上鼓励农民生产出高质量的产品，建设自己的美丽村庄。我国改革开放是从农村开始的，只有农民富裕，人们乐于到农村，农村稳定，我国政治社会稳定就有了真正基石。

七、不断进行政治改革和民主政治建设，增强政治体制的活力

西亚北非国家并不是要照搬西方国家的民主制度，相反出现动乱的国家人民都有强烈的反西方情绪。邓小平也讲过，西方的民主制度对西亚北非这些伊斯兰国家就不适合。西亚北非国家不需要西方的民主，但需要社会公正，需要平等，从西亚北非国家民众抗议示威中提出"反独裁、反贪腐、求变革、争民主"的要求中，我们可以看出，这些国家的骚乱与这些国家政治体制僵化、领导人长期揽权专制、政治腐败、民众缺乏参政议政和表达意见渠道等密切相关。西亚北非动乱给我们的另一个重要启示就是我们必须与经济改革与发展相适应，不断进行政治改革，发展社会主义民主政治。马克思主义认为社会主义的本质就是民主，我们要不断建立与完善适合我国国情的民主制度，重点发展党内民主和基层民主，要保证党员的民主选举与监督权利，党的干部要有进有出，有上有下，保证政治体制的活力。要不断地发展基层民主，要做到人民对关系到自己切身利益的事情有发言权、决定权。我国村民自治制度的实行改变了我国农村过去认为解决不了的老大难问题。我们应推广农村村民自治的经验，在城市街道社区、学校等有条件的基层单位逐步推广基层自治制度，切实保证基层民众的选举权与监督权。

八、警惕西方的和平演变，加强青年一代的教育培养和就业事关国家的稳定大局

西方国家的和平演变特别是运用新媒体对青年的和平演变是这次西亚北非国家政治不稳定的重要原因之一。西方国家的"和平演变"战略也是影响我国政治社会稳定的重要外部因素。早在20世纪80年代，邓小平同志就明确指出："西方世界确实希望中国乱。不但希望中国乱，也希望苏联、东欧都乱。美国，还有西方其他一些国家，对社会主义国家搞和平演变。美国现在有一种提法：打一场无硝烟的世界大战。我们要警惕。资本主义是想最终战胜社会主义，过去拿武器，用原子弹、氢弹，遭到世界人民的反对，现在搞和平演变。"[1] 时间过去了20多年，西亚北非的革命表明，西方国家对第三世界国家的和平演变从来没有停止过。近20多年来，尽管我们努力寻求同包括美国在内的西方国家建立起战略伙伴关系，但近年来一系列国际事件表明，要同西方建立真正互信的过程还很漫长，西方国家对我国的和平演变还将长期存在，因此我们必须高度警惕，加强对人民特别是青年人的教育。正如邓小平过去曾经指出过的："帝国主义搞和平演变，把希望寄托在我们以后的几代人身上。江泽民同志他们这一代可以算是第三代，还有第四代、第五代。我们这些老一辈的人在，有分量，敌对势力知道变不了。但我们这些老人呜呼哀哉后，谁来保险？所以，要把我们的军队教育好，把我们的专政机构教育好，把共产党员教育好，把人民和青年教育好。"[2] 在庆祝中国共产党成立90周年大会上，胡锦涛总书记特别强调了党和青年的关系，高度肯定了青年对于国家、民族和未

---

[1]《邓小平文选》第三卷，北京：人民出版社，1993年版，第325—326页。

[2] 同上书，第380页。

来的重要性。他明确要求:"全国广大青年一定要深刻了解近代以来中国人民和中华民族不懈奋斗的光荣历史和伟大历程,永远热爱我们伟大的祖国,永远热爱我们伟大的人民,永远热爱我们伟大的中华民族,让青春在为党和人民建功立业中焕发出绚丽光彩。"可以说,青年一代的教育培养和就业问题直接关系着国家的未来与社会的稳定。

九、重视对互联网等新兴媒体的管理与引导

互联网从一诞生起,就以开放、共享、多向、交互、速度快、无国界、监控难等为特点,向全球各个角落以几何级数扩张,渗透到人类生活的各个方面,重塑民族国家的政治、经济、社会,并已经成为全球化时代信息传播和人际交流的重要渠道,也是西方价值观渗透的重要工具。在此次中东、北非街头运动中,大批民众短期内被迅速动员起来,网络、手机等是主要联络手段。因为抗议的主力是年轻人,他们大多数也是互联网和手机用户。中东、北非国家的教训警示我们,应该加大对网络等新兴媒体舆论的引导和监管。互联网等新媒体的兴起,对政治稳定是一把"双刃剑",一方面,网络的兴起有利于人民的利益表达与政治沟通,为人们的政治参与提供了方便,有利于政治稳定;另一方面,网络天然具有自由的特性,容易助长公民的绝对自由主义和无政府主义等极端民主化倾向。有些人可能为了某种政治目的,采用非正当的手段,利用网络空间的自由言论权制造假信息,随意在互联网上传播,从而使网上信息真假难辨。更有一些政客和特殊利益集团有可能利用网络作为影响政府、控制政治的便利工具。此外,一些对现实不满的人、恐怖组织、持不同政见者也可能利用网络空间散布政治谣言,进行政治煽动,攻击和诋毁政府。网络的发展毫无疑问对国家的政治稳定构成巨大挑战。在我国,与互联网相关的立法远远落后于互联网

的发展,我们应加强互联网相关的立法,通过立法强化网络言行的实体责任。另一方面,利用互联网方便、迅速、快捷的特点,加强政府与民众的网络直接沟通,通过制度化的网络途径汇集民意,使网络成为人们充分表达利益与要求,缓解而不是积累社会矛盾的工具。

论确立翻译标准的多角度与相对性

张碧竹 崔长青

单一与多元之争

近年来对翻译标准的讨论在学界开展得如火如荼，引发了学者们激烈的辩论，可谓仁者见仁、智者见智，其中辩论的最重要焦点之一便是究竟是使用单一标准，还是使用多元标准，两者各有利弊，单一标准简单易行，具有可操作性，而且重点突出，缺点是可能疏漏了其他一些影响翻译质量的因素。目前我国的一些全国性翻译考试或涉及翻译的考试，无论是学术性，还是职业性，如大学英语四级、六级考试，英语专业四级、六级考试，人事部翻译资格考试，都采取以原文本为唯一评判标准的方式阅卷。

随着翻译研究的深入发展，学者们开始关注一些文本外因素：读者反应、翻译目的、原作者意图、功能对等、动态对等、风格对等、赞助人要求、意识形态、诗学等因素。这作为学术研究应该是无可厚非的，可以丰富和发展学术氛围，开阔视野，使全人类文化交流事业不断丰富和发展。但是也应该看到，理论毕竟是理论，有些理论还处在纸上谈兵阶段，离具体落实还有一段距离，缺乏可操作性。

使用多元标准则可以弥补使用单一标准的一些弊端，尽可能全面地包括一些特殊因素：读者反应、翻译目的、原作者意图、功能对等、动态对等、风格对等、赞助人要求、意识形态、诗学等因素。但是使用多元翻译评判标准也引发了一些不可回避的矛盾：各种分标准各占多大比例？为何占此比例？确立比例的根据有无科学性？如何协调各分标准之间的关系？分标准如何量化，使其具有可操作性，而非仅仅纸上谈兵？如读者反应的提法似乎有一定道理，但是如何衡量原文的读者反应、目标语读者的反应，并将其加以比较呢？是采取问卷调查方式，还是凭主观经验判断，还是听从专家裁决？即使同一国家的读者由于教育背景、生活环境、社会阶层、社会经历、人生阅历的不同而反应都不尽相同，从这个意义上看，同一国家的读者反应都具有复杂性、复合性，又如何做跨越文化的读者反应比较呢？这样一来，问题更加纷繁复杂，可谓层出不穷，使得标准确立人疲于应付，标准执行人无所适从。

如果说采取单一标准的现行评判体制重点突出，是比较客观的；但是如果说采取单一标准的现行评判体制无懈可击，则有失偏颇，毕竟在一些特殊场合，翻译目的、翻译动机、翻译功能在发挥作用，无视这些因素并不代表其实际缺失。那么如何完善现有单一评判标准便是译界需要解决的重要问题。突破口无疑要走向标准的多元化。

"分"与"合"之争

制定翻译标准应该继承中西哲学精髓：分合结合、分中有合、合中有分。中国哲学强调天人合一、内外合一、知行合一，人生修养是探索事物规律的必要手段和动力源泉，只有真心诚意修身，提高修养，才能明心见性，善于发现规律，乃至正确运用规律。"合"是中国传统哲学的精髓，统筹兼顾，全面把握，要求辩证看待问题，国学强调综合全面看待翻译实质、过程、手段、方法，重视培养译者修养，认为只有提高修养，终身学习，才能达到一定境界。

译者修养在翻译实践中的作用是显而易见的：译者修养越高，翻译作品的质量也就越高。这既是老生常谈，也似乎是天经地义的。重视译者修养秉承了中国传统哲学的精髓——追求人生修养、人生境界，生活充满矛盾和忧患，人生充满荆棘和坎坷，修身养性、志存高远，才能心明眼亮、抵制庸俗、追求卓越。从翻译实践角度看待天人合一，就是要强调理顺原作者、原作、译者、译作、不同群体读者、出版社、赞助人之间的复杂关系，克服非此即彼的狭隘心态，统一把握全局。

国学具有一定的概括性，其特点是简洁、概括，融激情与理性为一炉。同西学相比，国学不连贯，不解释，不说明背景和适宜范围，也不提供细节与证据，根本谈不上量化，只靠各人根据各自经验自悟。不同阶级、不同年代、不同阅历的人对其感悟不尽相同，甚至同一个人在人生不同阶段感悟也不尽相同。这种概括性、笼统性、暗示性正好能适用于原作者、原作、译者、译作、不同群体读者、出版社、赞助人之间的千变万化、稍纵即逝的复杂关系。

季羡林先生对东西方思维差异做了以下评述：

> 西方的思维模式的主要特点是分析，而东方则是综合。
> 西方自古希腊起走的就是一条分析的道路，可以三段论法为代表，其结果是只见树木，不见森林；头痛医头，脚痛医脚。东方的综合，我概括为八个字：整体概念，普遍联系。有点模糊，而我却认为，妙就妙在模糊。[①]

这里，季羡林先生承袭了"天人合一"的思想，广义的"天人合一"是包罗万象的学说，强调主客体相互融入、相互渗透，坚持根本同一，泯灭一切差异。中国传统哲学重经验、重全局、重整体，同现代西方翻译研究重细节、重分科、重证据的研究方法恰好

---

① 季羡林：《赵元任全集》第一卷，北京：商务印书馆，2002年版，总序。

形成鲜明对照。二者并非水火不相容,而是相容互补、相得益彰。

观念越明确,概括性就越差;理论上越模糊,实践上越灵活。大智慧的老子认为可以用言辞表达的道,就不是常道,可以说出来的名,就不是常名;老子常从"无"中去观察道的奥妙;从"有"中观察道的端倪。按照老子的说法,翻译理论形形色色的名,都不是常名,都没有穷尽翻译实践,因而有这样那样的局限。译者面对千变万化的翻译表象,需要养成善于把握全局的国学修养——这种貌似法无定法,从而超越一切死板、僵硬的规则、标准,以不变应万变的综合能力,是经过千锤百炼磨炼而成,非一朝一夕能达到。

多角度与相对性

任何理解和创作都是在历史之内进行的,因为任何作者和读者都以自身方式处于一定的历史时期,其理解和阐释必然无法摆脱历史特殊性和局限性。译者的身份具有双重性:他既是读者也是作者,那么他所选取的翻译策略也一定无法摆脱历史的特殊性和局限性。从翻译实践看,纯粹细化、量化可能是走不通的:规定性量化研究像医生开药方一样给翻译标准下定义,似乎有章可循,却经不起推敲。各种翻译语言学派、翻译艺术学派采取割裂、封闭、绝对、明确的"逻辑"、"精确"研究方法,都相继走进死胡同。原因是只见树木,不见森林。这样一来,翻译标准制定人便面临着不可回避的矛盾:笼统含糊,单靠经验,会无章可循;一旦确立标准,则会引发批评。解决这一矛盾的好办法是折中,要根据具体翻译任务制定具体的标准,强调标准的多角度与相对性:

> 对于文学来说,这种新的思考方法(所有的知识都是横面影响的)最终导致了结构的藩篱的清除。我们不可能只在文本中了解这个文本,我们将文本放到历史中——就是在文本之中

引进历史，同时引进"主体性"的做法。……事实上，我很期望"互文性"能让教师们跳脱文本自身的藩篱，并将它安置到一个较宽广的背景……①

克里斯蒂瓦理论的焦点在于要说明作者在创作的过程中，其语言、思想、意图等都来自于他所生存的社会历史环境，译者亦然。译者在翻译过程中，其社会身份、翻译目的、社会环境、时代背景、预期读者群等，都构成其选择翻译策略的分支因素。既然译者在翻译过程中受到各种分支因素的影响，那么建立翻译标准，也应该结合这些分支因素来综合评价。这样就引入了翻译标准的多角度，从社会历史环境的角度来分析译例，翻译标准就会呈现多角度态势。

下面以《孙子兵法》的英译来说明翻译标准的多角度与相对性。

《孙子兵法》是在中国唐朝时期传入日本，又于1772年被法国传教士钱德明翻译成法文，从而开启其在西方的传播历程的。迄今，《孙子兵法》已被翻译成三十余种外国文字，有数百种译本。英译本有数十种，包括20世纪初卡尔斯罗普和翟林奈的两个英译本，二战期间具有明显军事特色的格里菲思英译本，以及20世纪80年代以来具有文献和文化倾向的克利里、安乐哲、索耶尔和加葛里亚蒂等英译本。其中，被认为是权威译本的有英国汉学家翟林奈1910年的英译本《孙子兵法——世界上最早的军事论著》(Sun Tzǔ on the Art of War: The Oldest Military Treatise in the World, London: Luzac & Co.)和美国海军准将塞缪尔·格里菲思（Samuel Blair Griffith, 1906—1983）1963年的英译本《孙子——战争艺术》(Sun Tzu: The Art of War)。

近年来评论《孙子兵法》的英译本论文层出不穷：如罗建平

---

① 朱利亚·克里斯蒂瓦:《思考之危境，克里斯蒂瓦访谈录》，吴锡德译，台北：麦田出版社，2005年版，第143页。

《〈孙子兵法〉Giles译本译误分析》(载《青海师专学报(社会科学)》,1998年第3期)、刘桂生先生的论文《十一家注〈孙子〉献疑——兼谈英日译本中的一些问题》(收入《刘桂生学术文化随笔》,北京:中国青年出版社,2000年版)、李军《对〈孙子兵法〉Lionel Giles译本误读误译的案例研究》(2007届苏州大学同等学力申请硕士学位论文)、彭朝忠《〈孙子兵法〉误译的认知解读——认知原型理论在典籍英译研究中的应用》(2008届苏州大学硕士学位论文)、黄海翔《〈孙子兵法〉复译中的文化误读与译者身份之辨——基于副文本描述的Minford译本个案研究》(载《中州大学学报》,2009年4月,第26卷第2期)、谢艺璇《试析〈孙子兵法·计篇〉英译之失与误》(载《福建师范大学福清分校学报》,2009年第6期,总第95期)。

翟林奈(1875—1958),原名Lionel Giles,是一位英国汉学家,1875年生于中国,1900年起进入大英博物馆工作,负责管理东方书刊和写本,由此广泛涉猎中国图书,从事汉学研究,一生翻译、编著了多种关于中国古代思想和文化的著作。为翻译《孙子兵法》,他曾研究《左传》、《史记》、《淮南子》、《汉书》、《吴越春秋》、《太平御览》、《三通》、《武经七书》、《四库全书》等大量中国典籍。

《孙子兵法》中计篇第一有:"故经之以五事,校之以计,而索其情:一曰道,二曰天,三曰地,四曰将,五曰法。……天者,阴阳、寒暑、时制也……"请看翟林奈的翻译:"The art of war, then, is governed by five constant factors, to be taken into account in one's deliberations, when seeking to determine the conditions obtaining in the field. These are:(1)The Moral Law;(2)Heaven;(3)Earth;(4)The Commander;(5)Method and discipline. ……Heaven signifies night and day, cold and heat, times and seasons."国内有学者认为翟林奈的"heaven"(天)是一种误译,理由是"heaven"(天)使西方读者联想到上帝和天堂,而非中国人意识中的"求天意"和"观天象"的"天"。中西不同读者对"天"的不同文化联想会造成意

义偏离，最终使目标读者迷惑，所以推荐用"weather"。恰好的是，美国海军准将塞缪尔·格里菲思在1963年重译的译本《孙子——战争艺术》（Sun Tzu: The Art of War）中即采用"weather"。塞缪尔·格里菲思（Samuel Blair Griffith，1906—1983）是中国问题专家，其翻译《孙子兵法》的动机在于为海军陆战队寻求对付游击战和小规模战争的正确作战方针。格里菲思翻译和研究《孙子兵法》，纯粹从战争视角出发，具体表现在他的翻译策略和语言风格上。其职业军人的身份注定其翻译思维要打上强烈的军事烙印，使其更加贴近军事实际，因为"天气"是军队作战中必须考虑的重要因素。

如果部分外国读者关注的角度注重语言文化与中国传统哲学思想，而非军事应用，那么对于这部分读者来说，"heaven"一词就不一定亚于"weather"。我国著名翻译家、原中国外文局局长林戊荪在翻译方面有很高的造诣。林译本是在改革开放后受外文局委托进行的，其翻译目的就是向西方读者介绍中国古典文化，他也将"天"翻译成"heaven"。[①] 从学术和介绍中国文化的角度看，"heaven"所包涵的意义就要比"weather"丰富得多，更能够引起读者，尤其是对中国语言文化感兴趣的读者的联想，这样多角度看"天"的英译，可谓各执一词、难分高低了。

无论把"天"翻译成"weather"，还是"heaven"，目前无法一概而论地进行笼统的评判，正确的方法是指出每种译文的适用范围、翻译目的，任何译文在多角度的审视中都有可能出现漏洞，辩证唯物主义认为真理是相对的，我们无法穷尽真理，只能接近真理，说的就是这个道理。不同时代不同译者出于对文本的不同理解，从各自独特的视角与需求出发，仁者见仁、智者见智，不满足于前辈的译文，创造出各具特色的新译本，新老译本交相呼应、相得益彰：重译本身就是否定、摧毁、重建的过程，从颠覆发展到吸收、转换、融合。进行不同译本的对比阅读有助于加深对原文本、

---

① 林戊荪译：《经典的回声（汉英对照）孙子兵法 孙膑兵法》，外文出版社，2005年版，第5页。

译者、时代等因素的客观理解，对制定科学翻译标准大有裨益。把译本放在社会历史大环境中来考察，会更加公平合理，这样就可以为优秀译本在生生不息的重译过程中得以发掘、发展，提供良好的土壤与生长环境。

总之，翻译标准多元化势在必行，诸多因素如原文本、读者反应、译者、权力关系、意识形态等都在影响着翻译，制定翻译评判标准时都应该予以考虑。翻译评判标准制定人应该明白在翻译忠实、翻译动机、翻译传播效果之间的多元复杂关系。因此，制定翻译标准的突破口在于打破原文与译文的二分法，加强中国传统哲学与翻译标准之间的运用研究，加强名副其实有针对性的理论研究。我国第一位土生土长的哲学家、思想家老子指出：道可道、非常道。老子宏大的哲学思维正好概括了制定翻译标准的难题，没有好办法，只能强调多角度和相对性。每位译者都有其独特的视角与着眼点，都受到时代、历史、社会、职业、教育等因素的约束。这样一来，制定翻译标准更需要针对性、多角度了。

论夏目漱石小说《心》中的"明治精神"

郭洁威

《心》这部作品于1914年（大正3年）4月20日至8月11日期间，以《心 先生的遗书》为名连载于《朝日新闻》。这篇小说作为夏目漱石后期三部曲的第三部分，刻画了人内心深处的利己主义与自身伦理之间的冲突纠葛。小说的主题框架建立在我、先生、K这三个主人公之上，第一部分"先生和我"和第二部分"父母和我"，均以主人公"我"为叙述主体，讲述了青年大学生"我"与"先生"相识后，因好奇于先生的人生观和处世态度，经常去先生家拜访，逐渐对先生有了一些了解和亲近感。同时，先生的一些行为和话语以及与师母的关系也同样令"我"感到好奇。第三部分"先生和遗书"则以一封先生写给"我"的遗书为主体，叙述了先生与挚友K之间的往事，向"我"忏悔了他犯下的罪行。深陷在友情和爱情两难境地中的先生最终因为自己的一己私利选择了爱情，对朋友进行精神上的打击，在朋友自杀后整日受到良心的谴责，深陷在罪恶感中无法自拔，留下遗书后自绝于世。这部小说是夏目漱石受到当时乃木希典将军因明治时代终结，为明治精神殉死这一事件的影响而创作的一部小说，因此作者将小说中先生的自杀设定成为明治精神而殉死。

在整部小说中最直击人心灵的部分是K的死和先生的死，虽然二人的死并不发生在同一时期，形式也有所不同，然而在明治这一特定时代下,"生于传统伦理观念中"、"长在传统伦理观念下"(下二)的两人,都在新旧思想的交融与撞击中守着内心的一份孤独并受其煎熬。小说中多次提及的"明治精神"究竟是什么,这种"明治精神"又对K和先生的死产生了怎样具体的影响,本文试图通过分析先生和K的死来探讨这种明治精神,并分析作者夏目漱石对这种明治精神的态度。

一、K的自杀

(一)孤独的K

K和先生是大学同学,也是同乡,他是和尚的儿子,专心于修行,恪守佛教道义。虽被过继到医生家当养子,却一意孤行,欺骗养父母继续学习宗教,执著修行,后与家人断绝关系,借住在先生寄居的小姐家中。K发现自己逐渐喜欢上了小姐,然而由于这份爱慕与自己所信奉的道义相违背,感到十分矛盾和煎熬,于是试图向自己的朋友先生寻求帮助,却被同样爱慕小姐的先生视为情敌,用言语对其攻击,直击K的信仰,并抢先一步向小姐家提亲,得知这一切的K表面上看似平静,却在一周后割颈自杀。

K信仰明治时期的道德伦理观,极其内省,精神高洁,并执念于此。"为了修道,应牺牲一切,这是他的人生信条,为此他不惜禁欲,即便是脱离欲望的单纯爱恋也会妨碍修行"(下四十一)。然而在真正面对感情的时候,K又如同每一个凡人一样,也会嫉妒,也想占有,他不断创造与小姐独处的机会,看到先生与小姐亲近时也会产生不快,这实际是源于自己内心的嫉妒。但同时,以修道作为人生最高追求的K也意识到自己违背了宗教礼义,内心深受道义的拷问,陷入了极度的痛苦之中。受传统伦理观念中禁欲思想支配的K,极力克制自己,不向内心深处的情感妥协,在私欲和伦理之间体味着修行者的孤独,最终选择死亡。

（二）对K自杀的分析

K在自杀前，给先生留下一封信。这封遗书的内容十分简单抽象。他仅仅对自己自杀的理由进行了如下解释："意志薄弱，修行尚浅，终究是看不到希望"（下四十八）。难道真的只是"意志薄弱，修行尚浅"吗，这其中与明治精神又有怎样的关系？

K在起初并未曾意识到爱上小姐是一种潜藏在自己内心深处违背道义的个人主义，是先生发现并利用这一点对K进行攻击，斥责其"在精神上失去了上进心"（下四十一），而这一攻击，恰恰成为对K最残酷致命的一剂猛药，让K一直以来的精神世界瞬间崩塌。这一切正是先生一步步引诱K去发觉自己对道义的失守，让执著于得道修行的K陷入精神衰弱，内心产生深重的罪恶感而最终导致的。K深陷在理想和现实的两难中，而他永远无法跨越的正是这种日本固有的伦理观，他无法忍受背叛自己人生信条的痛苦，只能克制自我。他看到了自身渴望爱情的利己一面，同时也忏悔于自身修道之心的动摇，他认为恋爱是可耻的，使人堕落的，最终无法从禁欲主义的伦理观念中走出来，加之先生的背叛，抢先于K向小姐家提亲，给K带来了最直接的打击，然而发觉这一切的K并没有苛责先生，他最终选择以死来逃避。在通往得道的路上，最终选择了不妥协。K把自杀的理由全部归结在自己身上，留下了这封简短的遗书。

K之所以感到矛盾，正是因为他越来越强烈地感觉到爱情和欲望是无法用理智压抑的，这种冲动，在内心深处日渐增强，使他感受到作为一个普通人自我欲望的膨胀。K是孤独的，他孤独地感受着内心两种思想的激烈碰撞。自明治维新后，新思潮的涌入使日本社会受到西方个人主义的影响，开始关注自身的需求，这种时代的孤独感正是源于这种东西方思潮的撞击，也是这种明治精神下的必然产物。K迷失于现实生活和精神世界中，迷失于自我需求和传统伦理中，才会发出"终究是看不到希望"的慨叹。

二、先生的殉死

（一）孤独的先生

先生虽然在K自杀后与小姐结婚，然而却始终背负着罪恶感，不能原谅自己。他经常会产生一种预感，认为自己也必将和K有一样的下场，便开始过起了赎罪的生活。时常去K的墓地忏悔自己的罪行，并且过着几乎与世隔绝的生活当作对自己的惩罚。

这里不得不提到"我"这个主人公的设定。"我"是生活在明治末期的大学生，代表着新时代（即大正时代）的希望，自与先生接触之后，"我"和先生就产生了亲近感，而对于"我"的出现，先生也由最初的封闭慢慢开始对"我"袒露心声，直至最后以遗书的形式告诉"我"自身的秘密。先生孤独寂寞、背负罪恶隐居于世的形象也通过"我"这一人物的视角逐渐展开。先生希望将他此生所感告诫于"我"，并通过"我"警醒后人。"你是认真的，并且在认真感悟人生"（下二），先生将所有的希望寄托在了这样的"我"的身上。

"我"是一个新时代的知识分子，成长于"自由、独立、自我"的现代社会中。因此对于这样的"我"来说，明治天皇的驾崩和乃木希典将军的殉死并没有什么特殊的意义。也就是说，"我"代表了被西方思想开化后的年轻人，而先生和K则代表了受明治精神影响最深的一代人。"我"的出现，也让先生意识到了自己身上其实仍保有十分浓厚的传统的伦理观念，相比于"我"身上开放的思想，先生就更加希望自己身上那种明治时代的精神烙印可以得以传承下去。"我是传统的，生于传统伦理观念中，长在传统伦理观念下，从这一点来说，我和如今的年轻人是大不相同的"（下二），正像先生所说的这段话一样，他意识到了自己原本就是和K相同的一代人，在充斥着自由独立思想的现代生活中，苛责于自身欲望的膨胀，坚守内心的纯粹，在这种自我责罚的过程中，也同时煎熬于内心的孤独。

（二）对先生殉死的分析

先生在K自杀后，始终活在深深的内疚和自我厌恶中，每天都过着阴沉灰暗的生活。深受打击的先生开始认为恋爱是罪恶的，人是不可相信的，并且对个人主义抱有极大的厌恶。

K自杀后，先生感到了前所未有的空虚，他不断反省自己在爱情的占有欲面前不择手段逼死好友的罪行，也不断经受着自身伦理道德的拷问，认为自己背叛了一直以来所信奉的价值观。作为胜利者与小姐结婚的先生，在此后的生活中却只感到孤独寂寞，这种寂寞是与表面得偿所愿相映衬之下的内心真正的空虚。①"我也许正在走K走过的老路，这样的预感开始时不时地像风一样吹过我的脑海"（下五十三），K的命运便成了先生的命运。这里所指的孤独，并不是普通意义上的孤独，是一种怀疑自己、怀疑他人的孤独，是一种丧失传统伦理观念的孤独。这种孤独感使先生开始了自我惩罚。

在一个盛夏时节，明治天皇驾崩，随后乃木希典将军随天皇殉死。乃木希典将军的殉死是为了体现自己对明治天皇的忠诚而采取的报恩行为，这一殉死的形式给了受尽内心煎熬的先生以启示，他也决定为明治精神而殉死，写下这封给"我"的遗书，自绝于世。

为什么先生选择殉死的形式，他又究竟为何殉死，本文在此略作分析。天皇的驾崩并不能构成先生自杀的决定性理由，然而以天皇驾崩和乃木殉死这一事件为契机，使先生意识到了明治时代的终结而将自己的死合理化才是导致先生自杀的缘由。一个时代会给生活在其中的人民刻下深深的时代烙印，这一点是毋庸置疑的。天皇的死意味着一个时代的终结，也同时意味着这个时代文化思想的终

---

① 秋山公男：「「こころ」の死と倫理」，昭和57年2月発行，p.97。

结，它必将被新思想所替代而无法永远延续，而先生恰恰是活在这种对旧传统难以割舍，对新思想怀疑焦虑的矛盾状态之下，殉死让先生可以追随这个时代的文化思想而去，让这种死亡看似更加合理化，在承受了种种内心的纠结与矛盾后，先生最终选择了这种殉死。而先生殉死最根本的理由还是由于意识到自身背叛道德伦理观念后产生的孤独绝望之感。罪恶感伴随先生度过了余生，他最终选择为传统的明治伦理观殉死。

三、明治精神

（一）K自杀与先生殉死的共同点

从以上的分析可以看出，K的死和先生的死都是产生于自我怀疑，在意识到自我主义在自己身上的体现后，认为自己背叛了传统的道德伦理而深陷自我责罚中不能自拔。不论是K一生专注于修道，不敢跨越宗教礼义半步，还是先生在K死后固守伦理道德观念，背负着深重的罪恶感，抑或是乃木希典将军为明治天皇而殉死都恰恰表明他们是生长于传统思想与现代思潮交汇后产生巨大洪波的明治时代，是深受这种明治精神影响的一代人。他们虽感受到了这种现代开化思潮的强大影响力，但却有如精神洁癖般的坚守传统的伦理观念，拒绝个人利己主义的影响，克制自己内心的欲望，极力抹杀掉这种思想带给自己的影响。

先生的殉死和K的自杀虽然不在同一时期发生，但他们死前所体会到的孤寂感却是相同的，都是在传统伦理观念和自我意识觉醒的碰撞之中产生的。浅田隆在他的分析中认为："小说《心》中的主人公K和先生都是深受道德伦理观念影响，试图寻求内心纯粹的一类人，小说展现了这类人在面对内心失守时消极对待人生的脆弱"。①

---

① 浅田隆：『「明治の精神」周辺』，昭和55年4月発行，p.79。

小说中先生的遗书部分有这样一句话,"生活在充斥着自由、独立、自我的现代社会中,我们每一个人都不得不面对内心的孤独"(上十四)。因此,从K的自杀和先生的殉死中,我们也可以窥见这种明治精神在他们身上的体现。

(二)夏目漱石与明治精神

作者夏目漱石(1867年2月9日至1916年12月9日)是明治时代的日本作家,深受明治精神的影响,也曾留学英国,接受西方文化的熏陶,亲历了明治时期近代化进程中的社会变迁。与其说《心》是一篇小说,不如说它是一篇体现了夏目漱石眼中的近代日本和明治精神的作品。而《心》中的主人公K和先生的悲剧则是体现了作者夏目漱石留学英国前后内心的痛苦。夏目漱石到伦敦留学学习英国文学是为了报效国家和社会,然而在英国留学期间,他却深感理想与现实间的差距,度过了痛苦的两年,他开始以批判的眼光看待日本的明治开化。"我作为一个独立的日本人,坚决不做英国人的奴隶。这是我必须坚守的准则",[①] 正如夏目漱石所写那样,他对日本近代化的批判是尖锐和犀利的,虽然表面看来,整个社会在不断开化,然而这种开化却是一种因外力压迫而导致的外发型开化,是一种被动的开化,在传统礼教仍旧存在的当时,这只是一种一味模仿西方,谄媚于西方的开化,是极其不成熟的,这也不可能使日本真正过渡到近代国家中。

正如小说中的K为现实和理想的差距而自我责罚,最终献身于所信奉的"道"一样,夏目漱石也对报效祖国的远大理想与现实间的强大反差而深感绝望。夏目漱石所追求的是一种平等于西方文化和西方社会的强烈的国家责任感。然而现实中的近代明治社会却一味追求西化,置传统道德伦理与西方思潮的剧烈冲突于不顾,整个社会无所适从,迷失方向。因此,夏目漱石通过《心》这篇小说,

---

① 夏目漱石:『私の個人主義』,1992年1月発行,筑摩書房,p.38.

以自身的感悟为基础，批判了伦理道德的遗失，以及建立在自我主义基础上的对外扩张，对近代日本的全盘西化提出了自己的看法。

（三）小说《心》中的明治精神

通过以上对小说《心》中K和先生的死的分析，并联系夏目漱石的个人经历，我们可以得出小说中"明治精神"的含义。

构成这种"明治精神"的内容有两个方面，一方面是充斥着"自由、独立、自我"的现代西方思想，在这种社会思想的影响下，人们的自我需求开始膨胀，追求自我价值的实现和自身利益的满足，另一方面，传统的道德伦理观念依旧拷问着人的内心，约束着人们在生活中的行为，使人们能静心持戒，远离负欲，独善其身。不论是赎罪，还是殉死，都是在新旧两种精神并存的时代中才得以产生的，而这种明治精神带给人们的则更多是不同思想交汇时对人内心信仰所产生的巨大冲击，让深陷其中的人们彷徨于个人主义与传统伦理道德之间的矛盾，在时代交叠变更，新思想不断替代旧思想的社会中，独自体会着无法言说的孤独。生活在明治时期的那一代人，既学习过传统的以忠孝为本的儒家思想，又被动接受了近代西欧文明，这种对立的文化认知，不得不说是一种悲哀。夏目漱石的《心》这篇小说把主人公内心的矛盾和纠葛刻画得淋漓尽致，直击人的内心，既批判了过度追求自我的利己主义，又使读者体会到当时知识分子阶层中"自我本位"的迷失和孤独。旧有的儒家思想和武士道精神是主人公精神上的禁锢和枷锁，新涌入的西方个人主义思想又遭到排斥和怀疑，这可以说是当时知识分子的一种普遍心理，夏目漱石借助K和先生的死表达了对这种明治精神的关注和同情。

浅谈从中国传统文化的角度看个体的社会性发展

雷红雨

中国是世界四大文明古国之一，有着5000年的悠久历史，中华民族能维系几千年，而未被世界淘汰，无疑是其传统文化教育产生的巨大力量。古人早在《礼记》中就有精辟的见解："建国君民，教学为先。"所以中华传统文化最精髓的就是重视教育。

目前亚洲很多国家还遵从着儒家学说的思想，有专家称，世界四大文明古国，有三个消失了，只有中国存在，其原因就是在于中国有儒家的思想，是家庭教育的传承。经过几千年的社会实践，证明优秀的传统文化教育确实是维系家庭、社会安定和平的强大力量，是国家繁荣兴盛的基础。

在此意义上来说，在现代社会中，对中国传统文化并不能以狭窄的眼光去理解，并不是像某些人理解的那样是一种消极厌世、不问世事、与社会格格不入或者守旧甚至是封建迷信思想，而恰恰相反，中国传统文化包含了更多更深层次的思想与内涵，包括积极处世，自强不息，和谐相处的精神，而这种精神对于帮助当今社会人群建设文明和道德，对人的个体心理健康和心理发展具有重要、积极的意义。胡锦涛主席在十七大报告中说："中华文化是中华民族的根基和灵魂，是中华民族生生不息，团结奋进的不懈动力，是海内外无数中华儿女的精神家园。"

一、传统文化思想与个体的品德发展

从理论上讲，品德发展是个体社会性发展的主要内容之一，道德或品德是个体成为一个合格的社会公民和进行良好的社会交往的必备条件，而且在很大程度上制约着个体知识、能力发挥的程度。在一般情况下，品德的发展遵循由他律到自律，从功利到非功利渐次发展的过程。美国著名心理学家柯尔伯格的研究发现，人的品德发展一般要经过三个水平，注重行为报偿的前习俗水平，旨在满足社会期望的习俗水平和主要履行自己选择的道德准则的后习俗水平，个体品德发展的最高水平是由内在良心指导的道德，因此，我们不可能强迫人从小在认知和能力发展水平较低的情况下达到较高的道德水平，只能通过人在幼儿时期提高人的自觉性和主动性，通过各种手段因势利导，促使个体在自我成长发展中的道德水平逐渐提高。

传统文化《三字经》中"人之初　性本善"说的是人在降生后起点都是一样的，都是本性纯善的。"性相近　习相远　苟不教　性乃迁"说明人如果不从小受到正确的教育和引导就相对会对一个人的成长和发展道路产生深远的影响，所以如果从小没有正确的家庭教育、社会教育，会使一个人的思想体系乃至人生观、价值观产生严重的偏离，而纵观当今社会，不难看出现代教育方面存在的弊端。

中国的传统文化是一切以道德的发展和提高为起点，而道德也是个体实现人格自我完善的途径，在此意义上，传统文化的教育理论比现行教育的方法更为全面、有效。传统文化对个体品德发展的启示意义主要表现在以下几个方面。

（一）提升道德的自觉性

如前所述，道德的发展经历了一个由他律向自律的发展过程，实际上也是道德自觉性不断增强的过程，在人们意识中形成一种行为的规范和标准。例如，古时在道德修养上，孟子就提出："耻之于人，大矣。"《礼记》上记载：鹦鹉能言，不离飞鸟，猩猩能言，不离禽兽，今人而无礼，虽能言不异于禽兽之心乎。鹦鹉虽然可以学人讲话，不过是飞鸟而已，猩猩智力高，也不过是禽兽之身而已，现在的人不懂得礼，不懂得用礼来节控自己过度的欲望和不宜的行为，虽然会讲话也堕落到与禽兽之心没有差别，而变成了会讲话的禽兽一样。一个人如果没有羞耻心，贪婪的欲望不会得到控制，什么坏事都能做得出来，所以一个人最重要的是要有羞耻心，做错了事情要感觉到惭愧，并且"知耻近乎勇"，以此来勇于改过自己的过失，来提高自己的道德水准。同样，从道德真正的内涵来看，一个人品德的发展也应该以内在德性的形成为标准，而不能仅仅满足于符合特定规则或守则的某些道德行为，而要达到教育的目的，同样也必须以从小培养道德的自觉性和主动性为前提、为主线，促成其有意识地提高和完善自己的内在动机。

中国是一个有着悠久历史的文明古国，中国的传统文化底蕴深厚，博大精深。早在几千年前，古人就把"仁"、"义"、"忠"、"孝"、"礼"发挥到了极致——我们从古代的《孝经》、《三字经》、《弟子规》、《增广贤文》等古代经典及"孔融让梨"、"岳母刺字"、"孟母三迁"等小故事中不难看到。从古至今，不少家庭都十分重视孩子的启蒙教育，从小就教育孩子要诚信爱国、尊老爱幼、知恩图报、谦恭礼让、朴实节俭、重视家庭，等等。同样的，个体要实现品德的真正发展，首先必须要发展自己的道德认知能力，对道德准则和标准形成正确的认识，并产生特定的道德情感，进而形成坚定的道德信仰，这就意味着个体形成了对特定道德价值观的认同和理解，并把它作为自身的衡量标准。而现代社会，这些道德规范只有在人们遇到特殊状况下才自愿认知并主动接受，改过自新。所以要把这种道德规范当作一种长期的教育，从小开始培养。

（二）强调道德的非功利性

和谐从哪里来？和谐就是要放下自私自利，首先关怀别人，尊重别人；和谐就是要多一些付出和关爱，多一些理解、包容，对事物多些忍耐、成全，对社会多一些责任和承担。和谐是每一个生命个体的需要，只有内心和谐才会有真正的幸福；只要人人心中有爱，幸福就在手边，和谐社会就在眼前。

当今社会，道德严重缺失，拜金主义思想到处蔓延，一切以"利益"为先，现代很多人认为："人为财死，鸟为食亡"，"人不为己天诛地灭"。而这样一种思想充斥着整个社会乃至世界，对一个人从小到大品德的发展起着严重的负面影响，所以也就产生了越来越多的自私自利的人。强调道德的非功利性和自我完善价值，个体的品德发展最终目的就是培养起非功利性的或者内在的道德品质。传统文化《弟子规》的道理很明确，在对幼儿的培养时，一定要做到"言传身教"。教育不是一句单一的口号，不是做给人看的，而是要身体力行，老师、家长及他人都要做出模范的榜样，才会让孩子从眼睛里深化到心里，又从心里由内至外地表现出来，才可以说达到了道德水平。

二、传统文化与个体的心理健康

心理健康是个体心理顺利发展的基本前提，也是个体心理发展的重要方面。在个体社会性发展中，心理健康显得尤为重要，主要表现为人际冲突的正确处理，良好的人际关系的保持，各种各样的心理障碍或神经症，包括恐怖、焦虑、强迫、抑郁、歇斯底里等，都与社会性交往的缺陷密切相关。其实并不是心理问题，而是道德行为问题,"德为医之本",德也是养生的本。中国最著名的《黄帝内经》是养生的最高境界,"恬淡虚伪,真气从之,精神内守,病安从来",说明德行足,心态自然会好。所以良好的道德品质如同自身的"免疫力",一个具有良好品德的人不但可以自己保持心理健康,而且还可以通过自己的实际行动使他人远离心理障碍。中国传统文化教育对心理健康教育的启示主要表现在以下两个方面。

(一)破除"自我"思想

改革开放三十多年来,我国经济建设取得了举世瞩目的成就,社会稳定、人民富足。但不可否认的是,在经济大潮面前,也出现了利益至上,诚实守信、爱心和责任缺失的问题,这在很大程度上影响了社会的发展。

很多心理疾病的病源都是来自自我的"执著",例如,癔病患者往往多具有严重受暗示性,很容易受周围人的态度及行动的影响,具有高度以自我为中心的倾向;焦虑症患者大多对外界刺激过于敏感,并且对人有很强的依赖性;社交恐惧症的关键问题是社交不利、自我期望值不当、患得患失;抑郁症又常常由社会人际关系紧张和工作关系、经济纠纷等问题引起,因此如果把"个体"的注意力从"自我"中分离开,从"人我比较"中引导开,而集中注意力放在自己所做的事情本身,就能有效地避免过分的"内向"、"自责"甚至"自虐",以避免心理障碍或心理疾病的发生。而在当今世界,包括学校教育和家庭教育过程中,教育者更多地强调学生的"自我",强调"自我"与别人的不同,以进行"对比"和"竞争",过分注意自我对外界环境的"敏感性"和"顺应性"。而且,教育者往往从孩子很小的时候就注重通过以"物质"奖励或惩罚使孩子"听话",而结果往往适得其反,导致孩子对"自我"过分执著,外随境迁。内随心转,内心被重重烦恼所迷惑,无法解脱,这不能不引起我们的注意。

（二）培养个体的达观精神

《中庸》"诚者，物之终始"说明至诚可以感通，真诚心发出的言语、行为不会因时空改变其作用和影响力。"自天子以至于庶人，皆以修身为本"，不管是国家元首，还是贩夫走卒，治国也好，治家也好，根本在于修习自己的道德，提高自身的素质，充实自己的学问，这样才能"齐家、治国、平天下"。

清华大学的校训"自强不息，厚德载物"，意思是要人们效法天地，在学、行各方面不断去努力，多做善事，多多利他，做善事，日积月累就像滴水汇成江河湖海而升华为高尚的品德，具有高尚品德的人就会受到人们的拥戴，恪守道德准则的团体就会与时俱进，健康发展。具备深厚的德行才会承载一个人外在的财物、身份、名誉、地位，否则德不配位，只不过是昙花一现而已。而在现实生活中，过分看重"功名利禄"，对于眼前的利害得失斤斤计较而不能自拔，必然产生偏激的心理，慢慢形成心理疾病。

一个人对生活要抱有豁达、乐观的态度。提高道德素养正是让人们明白放下贪婪，放下执著，放下放纵，放下自我，即"放下包袱，开动机器"。研究表明，许多心理疾病都是由人们眼前所谓的"不顺"而引起的，由于自己期望值达不到预期而无法忍受一些社交、工作及经济方面的问题，担不起，又放不下，因而产生各种情绪的困扰，进而发展为疾病。在此意义上，传统文化中回归本性的思想，对于保持心理健康同时保持身体健康显得十分重要。

（三）培养移情品质

移情是一种设身处地体会他人情感的能力或品质，即"换位思考"。良好的移情能力既是心理健康的重要条件，又是个体社会性发展的重要内容。近年来，一些心理学家提出了"心理理论"学说，该学说假定每个人对他人的心理状态和行为都有自己的一套理论，根据自己的这套理论来认知和理解他人，并做出相应的反应。毋庸置疑，对他人心理活动和心理状态的正确认识，对他人的积极换位思考是跳出"自我"小圈子的关键,也是心理健康的重要条件。所以,一个困于自我,不能理解和体谅他人的人一定不会正确地对待生活中的各种挫折和失败,当然也就无法积极地在社会中与他人交往。

学习传统文化其实是一个完善自身品德的过程。因而,移情能力对于人来说成为不可缺少的品质,以对他人痛苦的体认为前提。如果一个人能汲取其真正内涵,善于观察、体会他人的心理活动或情绪状态,就不会导致人与人之间的冲突。对于受教育者来说,如果教育者能够善于从小培养他们的移情能力,促成他们体谅和理解他人的习惯,就可以有效地培养他们亲社会的行为和利他品质。善于移情的人更有能力与他人友好交往,避免各种人际冲突,这一点已为发展心理学和教育心理学研究所证明。

三、中国传统文化与各种社会关系的处理

马克思认为,人的本质是各种社会关系的总和,在社会生活中人们要承担各种社会角色,处理各种社会关系。个体能否恰当地处理这些关系,对其社会性或社会性发展,并且对心理的健康都是至关重要的。

在当前的教育过程中,也出现了某些过分地强调个人权利和"实现个人价值观",强调社会与集体对于个人的"责任",而忽视个人责任和义务的倾向,自私、利己思想泛滥,这对于个体的道德、集体主义思想和社会性发展是极为不利的,也是与社会主义精神文明建设格格不入的。

中国传统文化对于个体处理各种社会关系,包括亲子关系、师生关系、社会与个人关系、友谊关系也具有重要借鉴价值。中国传统道德"五伦"中的"君臣有义、朋友有信"就阐明了在社会中互爱、互助的社会人际关系。传统文化《弟子规》中的"泛爱众"中

"凡是人　皆须爱　天同覆　地同载"的意思是只要是人，皆是同类，不分族群、种族、宗教信仰，皆须相亲相爱，同是天地所生、万物滋长的，应该不分你我，相互合作，才能维系这个共生共荣的生命共同体。体现出国家之爱、父母之爱、师生之爱、友谊之爱、众生之爱，这就涉及个人与国家、社会，个人与父母、师长，个人与朋友及他人等多种社会关系，以这种"博爱"的心态对待一切就避免了一切矛盾与冲突的可能性，因此，以此种态度待人接物，就将自己的社会责任感提到了一个十分重要的位置。在教育过程中，培养个体的社会责任感、家庭责任感、对他人的义务感是培养合格公民的重要内涵，也是个体社会性发展的关键所在。

孔子的学生有若说："礼之用，和为贵。"从有若的话来看，以"和"为原则的人际关系在尊尊、长长和男女有别的前提下，融入了亲亲意识、和睦意识，在身份和等级不能完全消除的情况下，不同身份、不同等级的人之间，用亲情、友情、温情连接着。所以从伦理的角度看，和谐社会应该是一种充满仁爱，到处洋溢着温情、善良和互相帮助的社会。虽然古代的"和"没有反对等级和差别，也没有指望消灭不平等，反而在一定意义上肯定了等级和差别的合理性。但孔子又说"君子和而不同"，用"和"与"同"相对立，否定了单一排他所造成的发展机能萎缩。所以"和"又有反对绝对同一，反对简单服从，主张思想文化上的多元化的意义，也就是现代的"求同存异，和睦相处"。因此，和谐社会应该是一个思想活跃，包容万芳，多种文化共存的社会。

综上所述，中国传统文化的思想内涵对个体的社会化或社会性发展具有极其重要的启示和影响。我们可以从深邃的思想中把握当下的力行修身、大公无私的利他、积极乐观的人生态度以及追求真理的精神境界中汲取营养，在现行教育体制中培养下一代，并对成年人的个体进行转化，使之具备集体主义精神、宽容达观的思想，这对于弘扬传统文化精髓，建设和谐社会具有极其深远的意义。

中国哲学理念的理性意蕴

陆晓红

一、国际社会以理性态度对待中国传统文化

文化关乎价值,规定了现代社会的道德规范和价值观念。不仅如此,具有不同质的文化传统的群体思维方式,会有不同的主体认知取向,或称致思趋向,进而直接决定了不同的思想过程。中西文化具有质的不同,其相应的思维方式呈现出不同的特点与侧重。全球化时代加深了不同文明的文化交流。联合国将孔子提倡的"己所不欲,勿施于人"作为处理国家间关系的一条经验向世界推出,显示国际社会以理性态度对待中国传统文化的倾向。

中国作为一个东方文化大国,其传统文化与现代中国之间有相当程度的连续性,也就是说,中国的五千多年文明史累积的传统文化中的价值观或多或少地影响现代中国社会。这种连续性意味着中国传统文化已经以某种方式融入现代中国社会,从而使中国现代化进程在许多方面不同于西方。

中国在现代化进程中既要学习西方先进的技术、文化与文明成果,又不可全盘否定自己的传统文化,应该公正审视中华文化的丰富渊源,特别要珍视具有中国文化特质,又优于西方的思维路径。在不同文明的碰撞与交融中,中国传统文化不可避免地受到其他文化的冲击,但古老、深邃的中华文化的主体价值观一直传承下来。

正是"初始差别一经确立为传统,就会影响整个后世理论"。① 这种根基于中国文化土壤孕育的独特的思维方式、哲学理论仍将延续,并且反过来影响世界,有利于对以西方文化为主导的世界文化起到均衡作用。

对于当代中国外交思想的理解和发展,也必须系统地从文化本原上对中国外交哲学思想进行厘清与综合,然后在经济全球化、世界多极化、国际关系民主化的大背景下构筑新的对外政策思维。就是说,应当从中国文化精髓中寻找出中国哲学中固有的而又可作为当前世界文化重构之参照的重要方面,② 以应对多极均衡、多元共存的全球化世界。

二、中国传统文化的特征

兰州大学教授张崇琛教授对中国传统文化的特征进行了分析、总结。他认为,中国传统文化是古老的、深邃的、伟大的,其特点主要表现为:

(1) 天人合一,以人为本。中国文化一方面标榜天的至高无上,并通过人间的一切法制(天道)建立天人之间的联系,实现"天人合一";一方面却又强调人的因素第一,并事事以人为出发点。孟子言"民为贵、社稷次之,君为轻",在以人为本的基础上进一步提出了"以民为本"的思想,而荀子"知天命而用之"的思想则超越"天命"的人定胜天的思想。到朱熹那里,"天即人,人即天。人之始生,得之于天;既生此人,则天又在人矣"。"天"要由"人"来彰显,③ 更是使人的主观能动性得到强调。"天—人"这

---

① 高清海:《中国传统哲学的思维特质及其价值》,载《中国社会科学》,2002年第1期,第53页。
② 乐黛云:《中国传统文化的一些特点及其对世界可能的贡献》,载《浙江大学学报(人文社会科学版)》,2007年7月,第37卷第4期,第17页。
③ 同上,第18页。

对看似矛盾的关系,却是中国传统文化的一个十分重要的特点。

(2)诸家兼容,以儒为主。中国先秦文化渊源呈多样性,但儒家思想仍居核心地位,最主要原因在于儒家以"仁爱"为基础的伦理观念,以"礼"为约束的道德规范,以"穷则独善其身,达则兼善天下"为标榜的进退出处原则,以及从"和谐"中求均衡和发展的中庸思想,都在一定程度上适应了中国这个酷爱和平和稳定的东方大国的国情。[①]

(3)多神并敬,无神为常。中国文化是多神并敬,而实则无神。

(4)德能统观,以德为重。在中国文化中,"德"与"能"相提",但绝非"并论",道德处于主导地位,"大学之道,在明明德"(《大学》)便是明证。中国传统文化最重视人与人之间的关系,德便是人际关系的规范体系,其含义可归结为"孝"与"仁"。前者由家族和谐上升至"以孝治天下",所谓"身修而后家齐,家齐而后国治,国治而后天下平"(《大学》)。后者被认为是儒家道德修养的最高境界,其基础是"爱人",即人际关系应从"爱"出发,"己所不欲,勿施于人"。西方文化历来强调人与物之间的关系,被视为一种"物质"文明,将人与物(利益)放大到人际关系,将人机械地嵌入社会关系,以普遍的利益关系掩盖了人际关系的特殊性。

(5)述作共倡,述为号召。中国文化既强调继承,也强调创新,但认为创新必须以继承为基础。

三、儒家哲学是理性主义的

中国文化发展成以儒家为主,又兼纳各家精华的具有中国特色的文化体系,在此基础上自然产生了具有中国文化特性的思维方

[①] 张崇琛:《中国传统文化的五大特征》,载《社科纵横》,1994年第6期,第5页。

式。中国的儒家哲学和西方的哲学一样，也是理性主义的。儒学理性主义具有理性主义的一个基本特征，就是假定了规律或规则的存在。西方理性主义假定了自然规律和自然法的存在，儒学理性主义也假定了"道"和"理"的存在。"道"和"理"大致是相同的，两者都含有普遍的"规律"、"本质"、"规则"和"模式"等。

中国在先秦时期文化中，"道"的概念主要由道家哲学所阐发，而同时为儒家和其他流派所共有，后来的宋明理学又从中衍生出"理"的概念。这两个概念都意味着某种普遍存在的秩序或规律。简言之，西方理性主义强调的是自然法，而儒家理性关注人或社会中的规律。

（1）儒学理性主义哲学的精神实质。与西方理性主义社会哲学核心概念的"自然法"相对应，儒学理性主义哲学的精神实质是以"礼"为社会精神的核心成分。这种封建社会维护秩序的纲常，并不是对所有人都是平等的，但对封建社会的统治阶级来说，却是维持其统治所必须的。《礼记·礼运》中说，"夫礼，先王以承天之道，以治人之情"。《左传·昭公二十五年》称，"礼，上下之纪，天地之经纬也，民之所以生也"。又曰，"夫礼，天之经也，地之义也，民之行也"。《隐公十一年》也说，"礼，经国家、定社稷、序人民、利后嗣也"。换言之，礼是从天地之变化的规律中衍生出来的，是社会秩序所赖以维系的依据，是人的行动所必须遵循的准则。荀子称，"礼者，人道之极也"（《荀子·礼论》）。

应该说，礼在儒学形成之前就已经是中国社会的结构性因素，中国文化对礼文化的不断发展，建立了一套完整的政治文化制度。孔子提出"克己复礼"就是恢复封建纲常礼纪。儒学对于中国礼文化的最为重要的贡献，在于它为礼提供了系统的理论诠释。[1]

（2）儒学对人性的关注。必须强调，对人性的关注是中国传

---

[1] 夏光：《东亚现代性与西方现代性：从文化角度看》，北京：生活·读书·新知三联书店，2005年版，第91—93页。

统哲学的特质。^① 对这一点，我国已故著名哲学家高清海先生做了精辟论证：西方讲求"知物"，以"有"（存在的"实在性"）为起始；中国讲求"悟道"，以"无"（生命的"生成性"）为开端。知物，是为了满足生命、实现价值；悟道，是为了圆满生命、完善人格。知物需要用"眼"去看；悟道需要用"心"体认。用眼看（观），是以主体与客体、内在与外在、人性与物性的分离为前提的；用心体认（悟），则以主体与客体、内在与外在、人性与物性的融通一体为基点。^② 在高先生看来，它们之间的这种思想分野，最终导致中西哲学迥然不同的思维特质和理论风格。

与西方自然法哲学相比，儒学关于个人及其社会关系的思想的确有其独到之处，这一思想以"仁"作为核心观念。据冯友兰的解释，^③ 与"仁"相符的实践也就是推己及人，它由"忠"和"恕"两方面构成：忠是"仁"的肯定的方面，其意思是"己欲立而立人，己欲达而达人"（《论语·雍也》）；而恕是"仁"的否定的方面，其意思是"己所不欲，勿施于人"（《论语·颜渊》）。据《中庸》的记载，孔子又说，"忠恕违道不远。施诸己而不愿，亦勿施于人"。在这些说法中，孔子明确地把"仁"概括为推己及人的忠恕之道，因而他所说的"仁"是超越了个人的。

总之，在儒学礼文化中，理性存在于人与人之间的关系中，或者说理性是"嵌入"社会中的，正应验"以心体认"的主客融通、内外相应的实质。西方的理性一方面以"我思"的形式存在于个人的心灵，另一方面以普遍理性的形式超越了所有的人，这正是"用眼看观"的必然结果。

必须承认，儒学理性主义与西方理性主义在认识论上有重要区别：在前者中通过人的感觉所获得的经验事实并不构成认识过程的

---

① 高清海：《中国传统哲学的思维特质及其价值》，载《中国社会科学》，2002年第1期，第52页。
② 同上，第53页。
③ 冯友兰：《中国哲学简史》（第二版），北京：北京大学出版社，1996年版，第38—39页。

一个基本因素,而在后者中经验事实即便不是知识的来源,至少也是知识的标准;在前者中从"诚"和"敬"出发,而以一定的修养为基础的直觉思维(如顿悟)对知识的产生是至关重要的,而后者中逻辑思维是知识所由形成的一个主要途径。①

四、儒学理性主义与西方理性主义比较

儒学理性主义的礼学说与西方理性主义中的自然法哲学毕竟是两种不同的方法论和意识形态,两者有重要区别。②

第一,西方社会哲学的自然法强调超越现实的普遍秩序,儒学思想中所谓的秩序(即道或理),既是超验的又依存于现实,或称"内在性的超验"。③西方的理性是外在的、抽象的存在(如诸神、罗格斯、上帝或普遍理性),是独立于感官世界之外的,而儒学中的理性是人性的一部分,其超越性在于它存在于或适用于所有人。西方理性关注人性的生存使命,是认知理性,是从"对象意识"走上概念化的逻辑思辨;中国的理性关注对人的生命本性的完善,对生命的内在价值的开发,由此生成了悟觉理性。

第二,西方理性主义是从机械论或原子论的观点来看待人和社会,而儒学理性主义则是从有机论和整体论来看待人和社会。西方自然法哲学假定人是自足的和自立的,而社会是契约的或人为的。相反,儒学认为自我是"各种关系的中心而非独立的或孤立的个体",把个人置于其种种社会关系中,并相信自我及其社会关系在

---

① 夏光:《东亚现代性与西方现代性:从文化角度看》,北京:生活·读书·新知三联书店,2005年版,第89页。

② 同上,第94—104页。

③ 汤一介:《儒释道与内在超越问题》,南昌:江西人民出版社,1991年版。

本体论意义上都是真实的。①当然不只是儒学以整体论观点看待人和社会，马克思曾说，"人是社会存在"；②西方保守主义者们也会强调社会相对于个人的重要性。

第三，儒学对礼（规律）的解释是道德主义的，西方理性主义对自然法的解释是自然主义的。自然法哲学的自然主义倾向是西方现代性之社会精神的一个核心成分，在现象世界之上，构建一个本源性和终极性的本质世界，并以概念的逻辑体系形式建构这个世界。这种理论曾经促进了科学进步和人性解放。然而，从儒学来看，礼远不止是一般意义上的道或理，更是使人之所以为人或人之异于他物的本质，孔子把礼视为人的存在的一个基本规定。"道"表达人的超越性理想和形而上的追求。道不属于西方式的本体，但具有化育万物、终极本源的性质和作用。道无所不在，是一切存在的本根，万象变化之源泉，它贯彻于万有之中，又具超越万有之性。从大处说，道通贯万物，"万物莫不尊道而贵德"，③道是一，是大，是全；从小处说，道生化万物，万有各物各性，它又是多，是异，是生。论其存在，道是实有，我们处处都能感受到它的存在；论其性质，它又无形无象，属于那种"视之不见"、"听之不闻"、"搏之不得"④的无。道就是这样一种以生命为本性的有和无的统一。总之，道是中国文化之根，它构成了中国哲学特有的思维模式、伦理观念、审美意识和价值理想。⑤

这样，西方理性主义和儒学理性主义形成了关于"自然/理性/道德"的截然不同的逻辑。在西方理性主义那里，人因为是自然的才是理性的（人的理性听命于自然规律或自然法），又因为是理性

---

① 夏光：《东亚现代性与西方现代性：从文化角度看》，北京：生活·读书·新知三联书店，2005年版，第96—97页。

② Karl Marx: Economic and Philosophic Manuscripts of 1844, Moscow: Foreign Language Publishing House, 1961, p. 105.

③ 《老子》第五十一章。

④ 《老子》第十四章。

⑤ 高清海：《中国传统哲学的思维特质及其价值》，载《中国社会科学》，2002年第1期，第53—54页。

的才是道德的（道德律令首先必须是合乎理性的法则）；而从儒学礼教的角度看，人所特有的道德存在或伦理关系对人来说是根本性的或至关重要的，它决定了社会中的礼（规律）的本质（礼是人的体现或制度化形式），也决定人的理性——知或智——的内容（人的理性无非是关于人及仁的知识）。①所以，西方思维是一种向外探索的自然理性思维，而中国思维则是一种向内反求的道德理性思维。

第四，中国哲学以"道论"（儒学理性主义之本质）作为表达方式是有优越性的。②西方哲学以概念—逻辑体系建构本体世界，是明确的、实在的，甚至是绝对的，是超验性的自在存在。现实世界却被这些概念—逻辑分割成不同的世界，它们各自的确定性使它们之间无法沟通，最终导致世界被割裂为"现象世界"（人被封闭在"自我"观念的屏障之内）和"物自体世界"（物又被限制于"自体"的不可知领域）。这种"人为的割裂"导致"不可知论"，引起了"认识论"的争论，"语言学"的转向，"本体论"随之走向瓦解，致使当代西方哲学自身陷入了危机。

中国哲学不然。中国哲学的概念是对事物自身内在关系的直接表征，如道、仁等概念，都是思维高度抽象的结果。但这些概念不是孤立的，它们从不脱离它们的根基，而且只能从它们的来处才能体证、把握其思想内涵。概念、言辞是为了明象，象者所以存意，中国哲学因此是注重义理性的意象思维，属于人的悟觉理性。③由此，中国哲学概念必须从身体力行中去领悟和体认，所以中国哲学中认识与实践行动是统一的，它特别重视个人的修养，强调"心"的领悟作用，以致往往把求真与得道、穷理与尽性、致知与崇德看

---

① 夏光：《东亚现代性与西方现代性：从文化角度看》，北京：生活·读书·新知三联书店，2005年版，第100页。
② 高清海：《中国传统哲学的思维特质及其价值》，载《中国社会科学》，2002年第1期，第54页。
③ 同上。

成一回事。①

第五，西方哲学追求科学理性、绝对原则，人性被还原为与物完全同样的本性。中国哲学追求道德理性、不确定原则，不确定性是以生命为本性的有和无的统一，是在变化中化育万物，生成一切。结果是，西方哲学的原则性强而灵活性弱、中国哲学的灵活性强而原则观念弱。②

原则性和灵活性的相对性的差异，指出了不论西方哲学，还是中国哲学都并非完美无缺。

五、中国传统思维方式的缺陷

中国哲学蕴含和体现着道德理性，而道德理性被认为是中国传统文化的内核。③道德理性一方面孕育了中国的先进文化，另一方面由于道德与理性间相互抵牾的方面，又导致出现非理性或不道德的文化，形成传统文化中的惰性，阻滞中华民族的"可持续发展"。因此，中国传统的思维方式有其独特性、优越性，但同时仍有弱点和缺陷。具体表现为：

第一，道德理性的过度张扬，势必带来道德作伪和理性缺失，挤压了工具理性、价值理性和科学理性，"理性的缺失，中华民族没有形成发达的逻辑思维，没有生长出严格意义上的宗教，没有养成法制的传统，没有培养出对自然科学的浓厚兴趣，没有能够走出道德理想主义。这一切，在中国文明史上均产生了长时期的消极影响"。④

第二，实用道德理性的嚣张助长了世风的虚饰和浮躁。

第三，道德理性的过分张扬，不仅阻遏了法治进程，而且"放

---

① 高清海：《中国传统哲学的思维特质及其价值》，载《中国社会科学》，2002年第1期，第55页。
② 同上。
③ 宋银桂：《中国传统文化中的道德理性分析》，载《求索》，2006年第10期，第219页。
④ 同上，第218页。

飞"了民主政治。

第四，道德理性将生命的意义导入修齐治平，限制了自然科学的发展。①

简言之，"拒斥自然理性的科学精神，倾心于人伦道德现实政治"既是中国传统的思维方式的重要标志，又成为中国传统文化的致命弱点。欲修正这一弱点，"综合创新"最为可取，目的在于合璧中西，创新思维。具体来说，坚持马克思的实践理性，进一步吸收科学性、知识性、真理性的理性思维基因，变中国人的实用道德理性的思维方式，为追求知识的科学理性的新思维。② 全球化时代，中西文化碰撞，不同思维方式不断互相渗透、互相吸收，崇尚科学理性已成为全球人类共识。中国人越来越重视科学的探索和研究；西方人也开始高度重视人文理性、道德理性的研究。不可否认，中西思维方式正在积极的整合之中。

六、"世界之中国"探究

中国哲学在本质上就是政治哲学，其首要问题就是为人—人生活世界立法和奠基，所以"中国政治不是从国家问题开始的，而是从世界问题开始的"，③是一种完全不同于西方从国家问题开始的政治思维。在这里，国家的"真实面积并不重要，重要的是世界意识，一种试图把整个世界以及所有国家考虑在内的总体政治意识"。④ "世界之治成为一国之治的必要条件"。⑤ 因此中国政治哲学

---

① 宋银桂：《中国传统文化中的道德理性分析》，载《求索》，2006年第10期，第218—219页。
② 张周志、杨慰：《中西传统哲学思维的差异与整合》，载《理论导刊》，2003年第6期，第41页。
③ 赵汀阳：《坏世界研究：作为第一哲学的政治哲学》，北京：中国人民大学出版社，2009年版，第76页。
④ 同上，第80页。
⑤ 同上。

的当代表征就是所谓"天下主义"的形成,可谓中国传统天下观的"凤凰涅槃"。

自20世纪90年代中期以来,不少中国学者便开始为"世界之中国"探究关于世界的理论。他们期望"把中国古代的伟大观念变为当代的理论",① 试图在西方的解释框架之外,形成适合中国政治哲学的当代路径。诚然,中国在其文明绵延的过程中积淀形成了天下无外的世界观和修齐治平的政治智慧。② 蕴含无比丰富政治智慧的中国传统政治哲学,作为以家为基础、以国为中介的天下哲学,是最具世界性的政治哲学,它不仅支持和保障了中华民族5000年绵延不断,而且必将成为天下人的哲学,因为这是一种为无外之世界而生、而行的哲学,为天下人而思而为的哲学终将为天下人所接纳和坚守。③

"新天下制度"指出,中华文明与西方文明相比,更崇尚合作,更少诉诸战争,有很强的兼容并蓄能力,有利于吸收和同化异族及其文化。并强调指出,中国在21世纪不应继续依照西方大国主导的现行国际"游戏规则"行事,因为,单靠实力、利益原则解决不了当前世界面临的核武器威胁、大规模杀伤性武器扩散、资源短缺等全球性问题,唯有以中国传统文化所具有的道德和文化力量,才有可能推动世界向实现持久和平的方向发展。④

面对整体性不断增强的现实世界,"天下主义"主张回归整体主义,以天下观天下,呼唤全人类共同价值观;倡导"无外原则",把整个世界看作是"内部",从而消解不可调和的"外部";⑤ 主

---

① 赵汀阳:《政治哲学的新视野——天下体系的思想与制度建构》,载《北京大学研究生学志》,2007年第2期,第4页。

② 梁启超:《饮冰室专集》之四十三,中华书局,1981年版,第26页,转引自邹吉忠:《从中央之国到天下世界——如何在西方主导的世界上进行中国思考》,载《学术界》,2009年第5期,第12页。

③ 邹吉忠:《从中央之国到天下世界——如何在西方主导的世界上进行中国思考》,载《学术界》,2009年第5期,第12页。

④ 盛洪:《旧邦新命:两位读书人漫谈中国与世界》,上海:上海三联书店,2004年版,第16页。

⑤ 赵汀阳:《天下体系:世界制度哲学导论》,南京:江苏教育出版社,2005年版,第139页。

张自上而下的政治治理传递性是创造有效世界的根本条件,使天下主义能够为结束当今世界的混乱局面提供一种方法论;倡导有差序的和谐而非机械、绝对的和谐,只有前者是现实的、有意义的。诚然,天下主义还不完善,尚存争议,但却标志着一个起点,中国的学者们已经开始了一项伟大的历史性创举,已经开始在西方主导的世界上进行中国的思考,理论还远非精致,但框架已经浮现。天下理论的目的就是在中国传统王道政治哲学与西方现代权利政治哲学之间,创建新的政治哲学范式,试图形成以天下世界为思考单元、以先天下而天下为正义原则和政治逻辑的天下共识,为中国的政治思考提供哲学前提和基本原则。①

七、对全球性问题的思考的汇合

在市场经济驱动下的现代性和全球化,使人类忧虑超越民族国家的利益冲突,而必须直面那些全球性威胁。这些威胁主要来自:第一,人类生态环境急剧恶化,气候变暖、物种巨减、能源枯竭和环境污染等肆虐;第二,以宗教原教旨主义和极端民族主义为背景的恐怖主义活动全球蔓延,使冷战后的国际格局蒙上了"文明冲突"的阴影;第三,大规模杀伤性武器的全球扩散对世界和平构成了新的威胁;第四,市场经济全球化使发达国家大肆进行跨国资本投机活动,对发展中国家本不健全的金融体系构成严重威胁,动摇了相关国家的金融秩序,更使这些国家的国民经济和人民生活水平大为下降;再有发展问题、跨国犯罪问题等,不一而足。对工具合理性或称技术合理性的追求被认为是现时代的诟病,而市场经济就是一种"必要的恶",主要原因在于虽然市场经济未必完全排斥任

---

① 邹吉忠:《从中央之国到天下世界——如何在西方主导的世界上进行中国思考》,载《学术界》,2009年第5期,第14—16页。

何道德上的考虑，但它本身并不为人们提供道德标准。为应对种种全球性问题，残存的儒教传统会或多或少融入市场经济中，对其产生一定的制衡作用。

　　以儒教为核心的中国哲学不是禁欲主义的，当然承认经济或温饱对社会的重要性以及利或财对个人的重要性；它所想象的社会远不是一个利令智昏、人欲横行的社会，而是更强调要以合乎道德或无碍于"义"的方式来发展经济和谋取利益。总的来说，从全球角度来看，人们越来越意识到由市场经济的无节制发展所带来的危害，和平合作与可持续发展已成为全球性共识。人类能否将对人与人的和谐、人与自然的和谐、人的身与心的和谐的想象或幻梦变为现实，成为对人类智慧的最终考验。

　　人类日益面临同样的困境，一些基本的价值对于全人类具有普遍的意义，如经济安全、政治自由、人格尊严等。虽然人类"大同"仍然遥遥无期，但"和而不同"、"求同存异"、"共存共生"应该是处于不同的社会状况和文化环境中的人们所共同遵循的原则。

美国摩门教和2012年美国总统大选中的"摩门因素"

梅琼

2008年,前马萨诸塞州州长米特·罗姆尼第一次参加美国总统大选。由于未能获得共和党保守派的关键性支持,他与提名失之交臂。2011年4月,罗姆尼卷土重来,经过激烈角逐,于2012年8月正式成为共和党提名的总统候选人。媒体所关注和热议的不仅仅是罗姆尼的商界背景,他所拥有的巨额财富,还有他的宗教身份:摩门教信徒。摩门教是美国的新兴教派,创立于1830年。从它产生至今,基督教会一直坚持认为它的教义与基督教相去甚远,难以接纳它为基督教大家庭中的一员。正因为如此,摩门教虽有近两百年的历史,却还未融入美国的主流文化,并常常成为美国民众所误解或诟病的对象。在基督教占据主导地位、宗教性很强的美国,罗姆尼的摩门教徒背景是否会成为他通往白宫道路上的一个障碍?摩门教是否会因为罗姆尼的成功而经历所谓的"摩门时刻",从一个边缘的宗教团体跻身到美国主流社会?为了探索这些问题,本文拟对美国摩门教的历史、现状、教义、影响进行梳理,分析2012年美国总统大选中的摩门因素,从而加深对美国宗教与政治关系的认识。

一、摩门教的历史

摩门教（Mormonism）的正式名称为"耶稣基督后期圣徒教会"（Church of Jesus Christ of Latter-Day Saints），由美国人约瑟夫·史密斯（Joseph Smith）于19世纪上半叶创立。从1820年起，史密斯声称他多次在异象中看见上帝和耶稣基督，并得到启示说一切教会都偏离了正道。史密斯决定根据这一启示，在世上重建真正的教会。1823年，在天使摩罗尼的引导下，史密斯在纽约州北部距曼彻斯特不远的一座山丘上发现了古代先知埋在那里的一些"金箔"。它们记录了古代以色列人的后裔尼腓与拉曼两大支派从公元前600年到公元400年间在西半球生活的历史和上帝的话语。1827年，史密斯开始翻译金箔上的象形文字。1830年3月，翻译工作完成，刊印为《摩门经》（The Book of Mormon）。同年4月，"耶稣基督后期圣徒教会"在纽约州的菲耶特镇建立。[1]

由于受到基督教徒的排斥和反对，摩门教徒不断迁徙。1830年，他们来到俄亥俄州，在科特兰建立了摩门教的第一个圣城。史密斯以"启示"的形式命令所有摩门教徒带着财产，聚居在"圣城"，等待基督的复临。在此后七年中，科特兰成为摩门教活动的中心地区。1838年，史密斯本人和众多摩门教徒陷入财务危机，于是史密斯率领追随者离开科特兰来到密苏里州，在杰克逊郡的独立镇修建圣殿。密苏里州的居民对摩门教的态度比俄亥俄州的居民更为恶劣，双方经常发生激烈冲突。1839年，史密斯带来信徒到达伊利诺伊州密西西比河边的瑙武建立定居点。史密斯准许少数教会领导人实行一夫多妻制，他自己也长期拥有几十个妻子，这一做法招致许多教徒反对。他们联合反摩门教人士，一起对抗史密斯，创办了

---

[1] 刘澎：《当代美国宗教》，北京：社会科学文献出版社，2001年版，第207页。

《瑙武者评注》(The Nauvoo Expositor)，在创刊号中严厉批评史密斯的多妻制和经济观点。史密斯极为不满，于是率众捣毁了该报纸的印刷厂。伊利诺伊州政府利用这一事件，以破坏财产罪将史密斯逮捕入狱。1844年6月，一伙暴徒冲进监狱，杀死了史密斯。

史密斯死后，由于继承权问题，教会发生了分裂。教会的主体接受了"十二使徒"首领杨伯翰作为新的总会会长。不愿接受杨伯翰领导的教徒退出了"耶稣基督后期圣徒教会"，组建了"重建耶稣基督后期圣徒教会"（RLDS），以史密斯的妻子艾玛及儿子为领导。1846年，杨伯翰及手下的摩门教徒被逐出伊利诺伊州，被迫西迁。众多摩门教徒历尽艰险，于1847年抵达犹他大盐湖地区，建立了摩门教的大本营——盐湖城。由于杨伯翰试图建立独立于联邦政府的"摩门王国"，1857年至1858年间，摩门教会与联邦政府之间爆发了犹他战争。战争最后以和平方式解决，但联邦政府开始对犹他地区施行有效控制。随后，联邦政府通过1862年《莫瑞尔反多妻制法案》(Morrill Act)、1974年《普兰德法案》(Poland Act)、1882年《埃德蒙反多妻制法案》(Edmunds Anti-Polygamy Act)和1887年《埃德蒙—塔克法案》(Edmunds—Tucker Act)，针对一夫多妻制向摩门教会施压。1890年，犹他州的摩门教会正式放弃一夫多妻制。1896年，犹他以州的身份加入联邦。[①]

二、摩门教的现状

摩门教的历史尚不足两百年，但已发展成为美国最大的教派之一，其规模仅次于罗马天主教会（The Roman Catholic Church）、南方浸信会（Southern Baptist Church）和联合卫理公会（The United Methodist Church），也是美国宗教团体中人数增长最快的团体之

---

① 蒋栋元：《走进神秘的殿堂——摩门教》，北京：光明日报出版社，2011年版，第5—35页。

一。目前美国有600万摩门教徒，约占美国人口总数的2%，主要分布在美国西部。犹他州摩门教徒的人口密度最高（34.47%），其次是加利福尼亚州（18.93%）、爱达荷州（8.88%）和亚利桑那州（5.19%）。[①] 摩门教也是一个多民族宗教。88%的摩门教徒是非拉美西班牙裔白人，7%是拉美西班牙裔，1%是非拉美西班牙裔黑人。摩门教成员来自美国社会各个阶层和各个年龄段，总的来说，其教育和收入状况在美国处于中等水平。在政界、商界、医学界、法律界、教育界、传播媒体、体育界或新闻娱乐界，都有摩门教徒在高层供职。摩门教徒在哈佛大学商学院的势力强大，以至于人们开玩笑说三个"M"统治了哈佛商学院（另外两个M指的是麦肯锡和军队）。[②] 摩门教徒在政界表现杰出，参议院多数党现任领袖里德（Harry Reid）、前犹他州州长，美国前任驻华大使乔恩··亨茨曼（Jon Huntsman Jr. 中文名洪博培）以及罗姆尼都是摩门教徒。美国第112届国会中有15名议员是摩门教徒。由于什一奉献和经商传统，摩门教的经济实力雄厚，资产达数百亿美元，是美国最富有的宗教。

尽管摩门教会在美国的影响逐渐增强，但是皮尤研究中心2011年的一项调查表明，摩门教会仍旧未得到主流社会的认可。62%的摩门教徒认为美国民众不了解摩门教，46%的摩门教徒认为在当今美国社会摩门教徒备受歧视。97%的摩门教徒认为自己是基督徒，但32%的非摩门教美国成年人认为摩门教不属于基督教。在白人福音派新教教徒中，不认可摩门教属基督教的比例高达47%。[③] 这种歧视和认知上的差异主要是由于在教义和教规上，摩门教与传统基督教差别很大。

[①] Barry A. Kosmin & Seymour P. Lachman, One Nation Under God, Religion in Contemporary American Society, New York : Crown Trade Paperbacks, 1993, pp.94-95.

[②] "When the Saints Come Marching in: Can a Mormon Get to the White House", *The Economist*, March 3, 2011, www.economist.com/node/18284013, 2012-09-20.

[③] "Mormons in America", http://www.pewforum.org/mormons-in-america/, 2012-10-08.

三、摩门教的教义和教规

美国的摩门教徒非常虔诚。根据皮尤研究中心2011年的调查，82%的摩门教徒认为宗教信仰对自己的生活非常重要；64%的摩门教徒每天祷告数次；77%的摩门教徒每周参加一次或多次敬拜活动。这些比例远远高于美国的天主教徒和白人主流新教徒，相当于甚至高于虔诚度较高的黑人新教徒和白人福音派新教徒。

表1 教徒的宗教行为比较

	认为宗教信仰非常重要	每日祷告数次	每周参加一次或多次敬拜活动
摩门教徒	82%	64%	77%
白人福音派新教徒	83%	49%	64%
白人主流新教徒	45%	25%	27%
黑人新教徒	86%	62%	60%
天主教徒	56%	31%	41%

资料来源：作者根据皮尤研究中心 Pew Research Center 2011年 National Survey of Mormons 结果编制。

（一）摩门教的教义

摩门教遵奉的经典除了《摩门经》、《圣经》之外，还有记录史密斯和其他先知的启示的《教义和圣约》("The Doctrine and Covenants")以及《无价珍珠》("Pearl of Great Price")。摩门教的信仰内容包括上帝、耶稣基督、罪与救赎、复活、末日审判等，对这些看似与天主教、基督教新教信仰内容相同的术语，摩门教有着不同的解释。

1. 神格观

摩门教不承认圣父、圣子、圣灵三位一体，认为圣父和圣子都是有骨肉的、可以触摸到的形体，圣灵则是具有神的属性而没有血肉的灵。而基督教认为圣父、圣子、圣灵是上帝三个不同的位格，三位一体的三位是同时存在于一体的，而不是独立分开的。

2. 罪与救赎观

摩门教否认原罪论，认为人类作为一种灵性的存在，原本与上帝同在。后来因为亚当堕落，人类来到世上，但并未从亚当那里继承原罪。人在地上要为自己的罪受罚，但不需要为亚当的罪负责，所以没有原罪。摩门教否认因信称义，认为基督降世只救人复活，而不救赎现世人们的罪行。个人要为自己所犯的罪负责，要为自己的罪受罚。人们的罪只有靠遵守摩门教的圣礼以及个人善行才能免除。摩门教制定了许多靠行为得救的教导。若要在神面前享有永生，就必须服从摩门教会的一切教规、训令，包括专有的摩门殿仪式。这种对罪与救赎的解读与基督教的教义相差甚远。基督教认为，人得救不靠善行，而是靠基督。《圣经》中有多处经文强调这一点。"你们得救是本乎恩，也因着信，这并不是出于自己，乃是神所赐的。也不是出于行为，免得有人自夸。"（以弗所书2：8-9）"人称义是因着信，不在乎遵行律法。"（罗马书4：5-6）

3. 圣经观

摩门教认为《圣经》本身不完善，只"相信翻译正确的《圣经》"，也就是史密斯的《圣经》译本。因为神的启示尚未终止，新的启示仍在不断地赐给教会，所以《圣经》的内容需要补充，但只有教会领袖才有神授的权柄将新的启示加入《圣经》。而基督教认为，《圣经》是无误的。神的启示已经完全、完善了，神不会再有新的启示。

4. 婚姻观

1852年，杨伯翰以启示的名义正式确立一夫多妻制为摩门教的教义。摩门教认为，所有人在来到尘世之前，其"精神"就已存在于属灵世界。这些"精神"都是天父和圣母的孩子,在天父和圣母的教化和帮助下进化成长。这些"精神"都是"神的胚胎",来到尘世后,只要足够的虔诚,死后复归天国也能达到神的高度。这些属灵世界的无数精神都想获得肉体的躯壳,以便栖息人间。男人和女人就有义务提供这种肉体躯壳。一个男子只要多娶妻子,多生孩子,才能在现世获得足够大的资本,以便在天国获得更大的权力。摩门教还宣扬永恒婚姻观念,认为夫妻关系不是以肉身之死为终结,夫妻关系是永恒的,在天上他们仍旧保持夫妻关系。但基督教认为,摩门教的一夫多妻制是冒犯神的,是借宗教信仰之名来达到放纵情欲的目的,因此是罪恶的。摩门教的永恒婚姻观念也与《圣经》相抵触。"当复活的时候,人也不娶也不嫁,乃像天上的使者一样。"(马太福音22:30)因此根本没有什么天国婚姻。

(二)摩门教的教规

除了上述这些与基督教不同的教义之外,摩门教还有一些独特的教规、仪式。如为死者洗礼、遵循"智慧语"、重视传教等。

1. 为死者洗礼

洗礼是基督教的一种最基本的信仰行为。传统基督教认为,那些生前没有接受基督就死去的人必将堕入地狱。摩门教不同意这种观点,而是认为那些有生之年没有接受基督或反对基督救赎的教义的人将在他们来世得到这种机会,可由教会家庭成员代表他们的祖先,在圣殿中,在神职人员的主持下,进行洗礼。这也解释了为什么摩门教会重视建家谱,并可能拥有世界上最大的家谱数据库。

2. 智慧语

1833年,史密斯接受神的启示,规定了被称为"智慧语"的健康原则。这些原则包括:在饮食上非常节制,鼓励食用谷类、蔬菜和水果等食物,不吃刺激性食物;提倡素食,少吃肉;严禁抽烟、喝酒,甚至不允许喝咖啡、可乐、茶和任何刺激性的饮料,以及对人体健康有害的药物等;强调崇高的道德标准,强调个人的诚实,正直；强调服从法律；反对堕胎、色情、赌博和其他不道德行为；注重体育锻炼，以便更好地为神服务，完成使命；要求生活俭朴，教徒在穿着上朴素得体。

3. 传教

摩门教没有全职的传教士或牧师。传教工作一般由每位信徒奉献两年的时间来完成。根据摩门教的传统习惯，在自愿和符合条件的前提下，每一位摩门青年在上大学之前或在大学期间，或在结婚之前，要奉献一至二年的时间，在国内或国外从事自费传教工作，一般两人一组，传讲《摩门经》等摩门教义。摩门教教徒传教非常积极、勤奋，传教成功率很高，使摩门教成为全球发展最快的宗教之一。

四、2012年美国总统大选中的"摩门因素"

美国是世界上第一个以宪法形式确立"政教分离"原则的国家，但美国的政教分离只是政府与教会机构上的分离，而非政治与宗教的完全脱钩。在美国的政治生活中宗教的影响随处可见。四年一度的美国总统大选是宗教对美国政治产生影响的重要途径之一。

探讨美国总统选举中的宗教因素主要有两个方面。一是候选人的宗教信仰对选民投票取向的影响；二是选民的宗教信仰对总统选举的影响。[1]

（一）候选人的宗教信仰与选民的投票倾向

美国第25任总统威廉·麦金利曾对美国总统职位作如下断言："没有一个否认上帝存在的人能坐上这把交椅。"[2] 从乔治·华盛顿

---

[1] 梅琼：《探悉美国总统选举中的宗教因素》，《外交评论》，2010年增刊，第63页。

[2] Paul F. Boller, Jr., "Religion and the U.S. Presidency", *Journal of Church and State*, 1979, p.19.

到巴拉克·奥巴马，美国建国以来的43位总统都信仰基督教。除了托马斯·杰斐逊、亚伯拉罕·林肯和安德鲁·约翰逊，其余40位总统都明确隶属某一基督教教派（见表2）。再除约翰·肯尼迪是天主教徒外，其余39位总统都是基督教新教教徒。基督教新教

表2　美国历届总统所隶属的基督教教派

基督教教派	美国总统
Episcopalian 主教制	乔治·华盛顿、詹姆斯·麦迪逊、詹姆斯·门罗、威廉·哈里森、约翰·泰勒、扎卡里·泰勒、富兰克林·皮尔斯、切斯特·阿瑟、富兰克林·罗斯福、杰拉德·福特、乔治·布什
Presbyterian 长老宗	安德鲁·杰克逊、詹姆斯·波尔克、詹姆斯·布坎南、格罗弗·克利夫兰、本杰明·哈里森、伍德罗·威尔逊、德怀特·艾森豪威尔、罗纳德·里根
Baptist 浸礼宗	沃伦·哈定、哈里·杜鲁门、詹姆斯·卡特、比尔·克林顿
Methodist 循道宗	尤里西斯·格兰特、拉瑟福德·海斯、威廉·麦金利、乔治·沃克·布什
Unitarian 一位论教派	约翰·亚当斯、约翰·昆西·亚当斯、米拉德·菲尔莫尔、威廉·塔夫脱
Disciples of Christ 基督使徒会	詹姆斯·加菲尔德、林顿·约翰逊
Dutch Reformed 荷兰归正宗	马丁·凡勃伦、西奥多·罗斯福
Quaker 教友会	赫伯特·胡佛、理查德·尼克松
Congregationalist 公理宗	卡尔文·柯立芝
United Church of Christ 基督联合教会	巴拉克·奥巴马
Catholic 天主教	约翰·肯尼迪

资料来源：作者根据皮尤论坛http://religions.pewforum.org所提供的信息编制。

一直在美国占据主导地位，是美国的主流宗教。如果总统候选人隶属某一主流教派，那么他的个人信仰将会是竞选中的一笔资产。否则，将会是竞选中的一大障碍。约翰·肯尼迪成功入主白宫，主要是因为他尽量去摆脱与天主教会的干系或保持与天主教会的距离，并且直接阐明自己关于政教分离的观点，消除非天主教徒对他当选的疑虑，从而战胜了偏见，赢得了1960年的大选。

米特·罗姆尼于1947年出生在密歇根州的一个摩门世家。父亲乔治·罗姆尼是LDS教会一名很有声望的信徒，担任过三届密歇根州州长，1968年参加了共和党总统候选人的竞选。罗姆尼在上大学期间，远赴法国传教两年半。2007年在接受《纽约时报》采访时，罗姆尼表示年轻时候的传教经历加深、坚固了他的宗教信仰。① 罗姆尼是一名虔诚的摩门教徒，遵循"智慧语"，不吸烟，不喝酒、咖啡和茶，按时什一奉献，拥有和睦的家庭和稳固的婚姻，并积极参加教会服务。

由于摩门教仍被正统的基督教派所排斥，罗姆尼在2007年第一次角逐共和党总统候选人时被迫在得克萨斯州的老布什总统图书馆就其宗教信仰做出澄清。罗姆尼以美国首任天主教徒总统肯尼迪为例，在演讲中说道："大约50年前，来自马萨诸塞州的另一位候选人解释说他是以美国人的身份，而不是天主教徒的身份参加总统大选。同他一样，我是以美国人的身份，而不是以宗教的身份参选的。一个人不应因为他的宗教信仰而被选上，或是因为他的信仰而被拒绝于门外。"② 并承诺，若是当选，绝不会让摩门教进驻白宫。即便如此，罗姆尼未得到美国主流文化的认同，在民调中大幅落后，最终在初选阶段退出。

2012年，罗姆尼再度参选。他所面临的仍旧是美国民众对摩门教的误解、偏见和歧视。南方浸信会的牧师罗伯特·杰弗瑞斯

---

① "Mitt Romney", http://projects.pewforum.org/rp2012/mitt-romney/, 2012-10-08.

② Ibid.

（Robert Jeffress）公开宣称摩门教不是基督教，而是邪教。根据2011年6月皮尤研究中心的调查，25%的美国民众不大会支持摩门教徒当选美国总统。盖洛普2012年6月的民调显示18%的美国人不会投票支持信仰摩门教的总统候选人。在白人福音派新教教徒中，不支持摩门教候选人的比例达到了34%，而白人福音派新教教徒占2008年共和党初选选民的44%，罗姆尼2008年参选失败的原因之一就是没有得到白人福音派新教教徒的有力支持。① 2012年，白人福音派新教教徒占共和党初选选民的三分之一。

面对这一情况，罗姆尼在初选阶段尽量回避个人信仰的话题。即便谈及，他只是强调摩门教与主流基督教的共同之处，比如相信耶稣基督是上帝的儿子，全人类的救主。罗姆尼甚至使用了摩门教会通常不用，而福音派新教徒常用的话语，称耶稣基督是"个人的救主"（personal savior）。当问及摩门教会的独特之处时，罗姆尼表示说每一种宗教都有它独特的教义和历史，不应该因此对某一宗教信仰加以批评指责，并重申他的价值观根植于"犹太—基督教传统"。②

罗姆尼虽然赢得了共和党总统候选人提名，但他在非福音派选民中的支持率高出在福音派选民中的支持率约15个百分点。在保守派选民占多数和以福音派教徒为主的州，罗姆尼都落后于其主要竞争对手：前宾夕法尼亚州联邦参议员桑托勒姆（Rick Santorum）和前众议院议长金里奇（Newt Gingrich）。桑托勒姆在保守派选民占多数的科罗拉多、明尼苏达和密苏里三州获得连胜，金里奇在以福音派基督徒为主的南卡罗来纳州获得的民意支持是罗姆尼的两倍。③

罗姆尼不愿谈论自己的宗教信仰，也使得他与选民的距离拉

---

① Brad Knickerbocker, "Mitt Romney's Mormon Religion: Is It A Poltical Problem?" *Christian Science Monitor*, 6/4/2011. http://projects.pewforum.org/rp2012/mitt-romney/, 2012-09-28.

② Laurie Goodstein, "Obama and Romney Discuss Role of Faith in Their Lives", *The New York Times*, 8/21/2012.

③ http://www.pewforum.org/Politics-and-Elections/Synopsis-of-Religion-in-the-Early-Republican-Primaries-aspx, 2012-11-12.

大。很多选民认为罗姆尼出身豪门，家境富裕，不了解普通美国民众的生活状况。但是如果罗姆尼能够更多分享他在教会的工作，比如帮助那些因失业、婚姻问题、健康问题或家庭教育问题而饱受困苦的人，那么他在选民中的形象就会有所改善。赢得初选后，罗姆尼改变了策略，开始较多地谈论宗教话题。在出访以色列时，他接受了CNN的采访，其中多次提到上帝和耶稣。罗姆尼的竞选顾问也不再批评那些提出信仰问题的记者，而是邀请他们参加教会活动。①在8月31日的共和党全国代表大会上，罗姆尼说道："我们是在密歇根州长大的摩门教徒。这在当时看起来或许不寻常，但在我的记忆中情况不是这样。我的朋友们更在乎我们支持哪个运动队，而不是我们属于哪个教会。"②虽然罗姆尼为了使自己在选民面前更具亲和力，开始主动谈及自己的信仰，但在谈到摩门教时，他很谨慎，决不触及传统基督教徒所诟病的那些摩门教义。

其实当罗姆尼获得共和党总统候选人提名，开始与奥巴马对决时，他的摩门教信仰已不像初选阶段那样，成为他获得白人福音派新教徒支持的一大障碍。虽然三分之二的白人福音派新教徒认为总统候选人拥有和他们同样的宗教信仰很重要，但在罗姆尼和奥巴马之间选择，他们会倾向支持罗姆尼。在11月的大选投票中，79%的白人福音派新教徒支持罗姆尼，而奥巴马只得到了20%的白人福音派新教徒的支持。③

（二）摩门教选民的投票倾向

摩门教徒在社会和政治问题上的观念保守，这一点与白人福音派新教徒很相似。在政治观念上，75%的摩门教徒主张小政府、政

---

① http://topics.nytimes.com/top/reference/timestopics/subjects/m/mormons_church_of_jesus_christ_of_latterday_saints/index.html?8qa, 2012-11-12.

② Ibid.

③ http://www.pewforum.org/Politics-and-Elections/How-the-Faithful-Voted-2012-Preliminary-Exit-Poll-Analysis.aspx, 2012-11-14.

府提供较少的社会服务。在社会问题，如同性恋问题上，只有26%的摩门教徒认为这一行为可以被社会所接受，65%的摩门教徒认为这一行为应当被阻止。79%的摩门教徒反对未婚成年人之间的性行为。74%的摩门教徒认为堕胎是不道德的。由于这些保守观念，74%的摩门教徒倾向支持共和党，只有17%的摩门教徒倾向支持民主党。在2012年的大选中，78%的摩门教徒投票支持罗姆尼，奥巴马获得了21%的摩门教徒的支持。

表3 教徒的政治观点比较

	主张小政府，政府提供较少的社会服务	主张大政府，政府提供较多的社会服务	依情况而定
摩门教徒	75%	20%	5%
白人福音派新教徒	71%	20%	9%
白人主流新教徒	58%	30%	12%
黑人新教徒	17%	72%	11%
天主教徒	48%	45%	7%

资料来源：作者根据皮尤研究中心（Pew Research Centre）2011年National Survey of Mormons提供的信息编制。

表4 教徒在同性恋问题上的立场比较

	一种应当被社会所接受的生活方式	一种社会应当阻止的生活方式	其他
摩门教徒	26%	65%	9%
白人福音派新教徒	29%	63%	9%
白人主流新教徒	65%	28%	7%
黑人新教徒	47%	41%	12%
天主教徒	64%	26%	11%

资料来源：作者根据皮尤研究中心（Pew Research Centre）2011年National Survey of Mormons提供的信息编制。

表5 教徒的党派倾向比较

	倾向支持共和党	倾向支持民主党	无党派倾向或其他
摩门教徒	74%	17%	9%
白人福音派新教徒	68%	25%	7%
白人主流新教徒	53%	40%	7%
黑人新教徒	5%	92%	3%
天主教徒	46%	48%	6%

资料来源：作者根据皮尤研究中心（Pew Research Centre）2011年 National Survey of Mormons 提供的信息编制。

五、结语

美国总统大选日前的最后一个星期天，来自世界各地的媒体云集在犹他州和马萨诸塞州的摩门教会，拍摄摩门教会每月例行的禁食和祷告的圣礼会（Sacrament Meetings）。罗姆尼作为共和党总统候选人参加2012年大选，是使摩门教会备受媒体关注的原因所在。许多摩门教徒表示，若罗姆尼当选，摩门教在美国公众中的形象将会大幅改善，不再被称为邪教，或是被人误解、嘲弄。2012年的美国总统大选现已降下帷幕，奥巴马获得连任，罗姆尼未能入主白宫。对此，美国的摩门教徒黯然神伤。[①] 而实际上，罗姆尼能够获得共和党总统候选人提名，已经是摩门教历史上一个具有里程碑意义的事件。对摩门教的敌意和攻击主要来自白人福音派新教徒。在初选阶段，罗姆尼的摩门教信仰使他失去了部分选票。但在大选

---

① Howard Berkes, "After Romney's Loss, Mormons Lament What Might Have Been", http://www.npr.org/blogs/itsallpolitics/2012/11/07/164628206/after-romneys-loss-mormons-lament-what-could-have-been, 2012-11-26.

阶段，白人福音派新教徒没有将这种敌意反映在他们的投票行为上，罗姆尼获得了79%的白人福音派新教徒的支持，这与布什在2004年大选中的情况相同。由此可见，罗姆尼的摩门教徒身份并未构成他通往白宫道路上的一大障碍。影响美国选民投票行为的因素众多，如性别、种族、阶级、教育水平等。直接关系选民福利和安全的经济、社会或外交问题也往往比宗教和道德议题更为重要。在2012年大选中，罗姆尼和奥巴马都缄于谈论自己的宗教信仰。与往届的总统大选相比，这次的宗教因素并不突出。

蒋士铨中年南归原因再探

王春晓

蒋士铨(1725—1785),字心余,亦作莘畲、辛予、新愚,一字苕生,号清容,又号定甫,别署离垢居士、藏园主人、铅山倦客。江西铅山人。生于雍正三年(1725)十月二十八日,卒于乾隆五十年(1785)二月二十四日,享年61岁。作为清代中期的著名文人,蒋士铨诗、词、古文俱佳,与袁枚、赵翼一起被誉为"乾隆三大家",而他的戏剧作品更是被视为"南洪北孔"之后乾嘉时期戏剧的最高成就。蒋氏一生经历颇为曲折,据其晚年自著之《清容居士行年录》进行考辨,就会发现乾隆二十九年(1764)40岁时的乞假携母南归,不仅是他一生经历的重要转捩,也是其文学创作转变的一大契机。因此,厘清蒋士铨中年退鹢之真相,对于蒋氏文学作品的解读也就具有极为重要的意义。

有关蒋氏壮年归隐的原因,一直是后人研究的症结所在。徐珂《曲稗·演临川梦传奇》曾言:"蒋心余太史士铨,性峭直,不苟随时,以刚介为和珅所抑。留京八年,无所遇,以母老乞归。"[1] 此说在后世影响甚大,但熊澄宇先生据史书考证以为,"蒋士铨离京时,和珅仅14岁,此说实不可信"。[2] 从目前笔者所掌握的资料来看,

---

[1] 徐珂:《曲稗》,北京:中华书局《新曲苑》第七册,民国二十九年(1940)版,第11—12页。
[2] 熊澄宇:《蒋士铨剧作研究》,北京:中国戏剧出版社,1988年版,第13页。

蒋士铨辞官南旋的主要原因大概与以下几个方面密切相关。

一、性格刚峭导致他人构陷

蒋士铨出身寒门却性格刚直、不屑攀附，导致小人构陷，在母亲钟氏夫人的劝令之下决定归里。士铨好友袁枚在《翰林院编修候补御史蒋公墓志铭》中说"（士铨）胸无单复，不解嗫嚅耳语。遇不可于意，虽权贵几微不能容。太夫人虑其性刚，劝令归里"，[①]在为蒋氏诗集所作的序中又云，士铨"初入京师，望之者万颈胥延，登玉堂将遽飞，忽不可于意，掉头归，其行止奇"。[②]

同治年编订的《铅山县志·蒋士铨传》中基本上延续了袁氏的说法，但又以为蒋士铨不愿攀附显宦也是其归里的原因：

> 甲戌考授内阁中书，丁丑成进士，改庶吉士。庚辰散馆，授编修，充武英殿纂修，壬午充顺天乡试同考官，寻充《续文献通考》纂修官。当是时，士铨名震京师，名公卿争以识面为快。有显宦某欲罗致之，士铨意不屑，自以方柄入圆凿，恐不合，且得祸。钟太安人亦不乐俯仰黄尘中，遂奉以南旋，绘《归舟安稳图》，遍征题咏焉。[③]

除了已被推翻的徐珂的记载，目前尚无其他资料印证"显宦罗致"之事是否属实。但从众多友人对《归舟安稳图》的题咏及本人的诗作中却可以发现，蒋士铨在这段时间极有可能因不屑依傍而遭

[①] ［清］袁枚著，周本淳标校：《小仓山房续文集》，上海：上海古籍出版社，1988年版，第1689—1701页。

[②] ［清］蒋士铨著，邵海清校，李梦生笺：《忠雅堂集校笺》，上海：上海古籍出版社，1993年版，第2498页。

[③] ［清］张廷珩修，［清］华祝三纂：《铅山县志》，同治十二年(1873)刻本。

人构陷。蒋氏好友，时居北京的王文治有诗《蒋心余前辈请假出都，将卜居江南之金陵，观其意气萧疏，似有终焉之志。惜贤哲之难留，羡高洁之莫逮，赋诗述别，情现乎辞》云：

> 有美一人兮在玉堂，怀烟水兮不能忘。舟横桂楫欲径渡，江波春壮天茫茫。金陵地肺，仙灵之都，琅玕一碧，琪花并栉。钟山之云欲去不竟去，散为空翠时有无。嗟君一生江海客，卧嵩立华天为窄。身长八尺口悬河，柱腹便便济时策。几多寒士待手援，亦有达官遭面斥。中年通籍登金闺，囊粟不疗东方饥。自愿退飞同鹢翼，难免谣诼加蛾眉。①

诗言"达官遭面斥"、"谣诼加蛾眉"或非虚言。好友赵翼《送蒋心余编修南归》②诗也曾言"世谓灌夫能骂座，我援泷吏劝书绅"，"繁捷诗如马脱衔，才高翻致谤难缄。有间之于掌院者，故云"，前者援引韩愈《泷吏》之诗，意在规劝不要过于刚直；后一句则直接点明翰林院掌院学士处有人构陷士铨的事实。蒋士铨本人此一时期的作品中，有一些也可以验证王、赵二人之语：

再叠韵柬心斋匏斋　贺新凉

> 水鸟愁钟鼓。问如何、猩猩鹦鹉，皆能言语？燕子颠当谁高下，一样傍人门户。孤雁把，更筹细数。蜂蜜蚕丝因何事？转香丸，只有蜣螂许。蝉吸露，太清苦。　百虫墐户争衔土，费商量、狐假虎威，鹊巢鸠主。蝴蝶飞飞迷香国，心死那家园墅。脱羽毛，号寒艰窭。不若蜉蝣衣裳美，海茫茫，精卫思填补。一声鹤，渺然去。③

---

① ［清］王文治：《王梦楼诗集》，上海：同文图书馆，民国五年（1916）石印本。
② ［清］赵翼著，李学颖、曹光甫校点：《瓯北集》，上海：上海古籍出版社，1997年版，第184页。
③ ［清］蒋士铨著，邵海清校，李梦生笺：《忠雅堂集校笺》，上海：上海古籍出版社，1993年版，第1911页。

不屑争辩，也不屑依傍，蒋士铨以孤雁精卫自拟，决意以归隐全节以明志。当然，他的这种坚定与母亲的督促也不无关系。蒋母钟氏夫人《自题归舟安稳图七首》第一首云：

> 馆阁看儿十载陪，虑他福薄易生灾。寒儒所得要知足，随我扁舟归去来。①

二、彭家屏案的影响

钟氏夫人的担心并非杞人忧天，乾隆时期是整个中国封建时期文字狱最为严重的时期之一，且从初年到后期呈现明显的递增趋势。仅依照邓之诚先生《中华二千年史》卷五的记述进行统计就会发现，从乾隆元年（1736）到十年（1745），文字狱有2起，十年（1745）到二十年（1755）有6起，二十年（1755）到三十年（1765）有9起，三十年（1765）到四十年（1775）10起，四十年（1775）到五十年（1785）竟达44起。② 在这些文字狱中，不乏为人构陷而导致的冤案，亦有与蒋士铨密切相关之人因为文字狱而付出了生命的代价。这就是爆发于乾隆二十二年（1757）的彭家屏案。据《清史稿 卷三百三十八 列传一百二十五 彭家屏传》记载：

> 彭家屏，字乐君，河南夏邑人。康熙六十年进士，授刑部主事，累迁郎中。考选山西道御史，外授直隶清河道。三迁江西布政使。移云南，再移江苏。以病乞罢。乾隆二十二年春，

---

① ［清］钟令嘉：《柴车倦游集》，清道光二十四年(1844)蔡氏嫏嬛别馆刻本。
② 详参邓之诚：《中华二千年史·卷五》，中华书局,1956—1958年。亦可参高翔：《康雍乾三帝统治思想研究》，卷之三"盛世的思虑：乾隆政治轨迹"，"持盈保泰：文治与高压"，中国人民大学出版社，1995年版。

高宗南巡，家屏迎谒。上谘岁事，家屏奏："夏邑及邻县永城上年被水灾独重。"河南巡抚图尔炳阿朝行在，上以家屏语诘之，犹言水未为灾，上命偕家屏往勘；又以问河东河道总督张师载，师载奏如家屏言，上谓师载笃实，语当不诳，饬图尔炳阿秉公勘奏，毋更回护。上幸徐州，见饥民困苦状，念夏邑、永城壤相接，被灾状亦当同；密令步军统领衙门员外郎观音保微服往视。上北还，发徐州，夏邑民张钦遮道言县吏讳灾，上申命图尔炳阿详勘。次邹县，夏邑民刘元德复诉县吏施赈不实，上不怿，诘主使，元德举诸生段昌绪，命侍卫成林监元德还夏邑按其事；而观音保还奏夏邑、永城、虞城、商丘四县灾甚重，积水久，田不可耕；灾民鬻子女，人不过钱二三百，观音保收灾民子二，以其券呈上。上为动容，诏举其事，谓："为吾赤子，而使骨肉不相顾至此，事不忍言。"因夺图尔炳阿职，戍乌里雅苏台，诸县吏皆坐罪。

成林至夏邑，与知县孙默召昌绪不至，捕诸家，於卧室得传钞吴三桂檄，以闻上。上遂怒，贷图尔炳阿遣戍及诸县吏罪，令直隶总督方观承覆按。召家屏诣京师，问其家有无三桂传钞檄及他禁书。家屏言有明季野史数种，未尝检阅，上责其辞遁，命夺职下刑部，使侍卫三泰按验。家屏子传笏虑得罪，焚其书，命逮昌绪、传笏下刑部，诛昌绪，家屏、传笏亦坐斩，籍其家，分田予贫民。图尔炳阿又以家屏族谱上，谱号大彭统记，御名皆直书不缺笔。上益怒，责家屏狂悖无君，即狱中赐自尽。秋谳，刑部入传笏情实，上以子为父隐，贷其死。上既谴家屏等，召图尔炳阿还京师，逮默下刑部，命观音保以通判知夏邑。手诏戒敕，谓："刁顽既除，良懦可悯。当善为抚绥，毋俾灾民失所也。"①

---

① 赵尔巽等：《清史稿》，北京：中华书局，1977年版，第11061—11062页。

有关彭家屏一案,孟森先生曾作《彭家屏收藏明季野史案》一文,辑录《清史稿》、《乾隆东华录》及《实录》所载相关史实。从其中资料来看,彭家屏之死一方面固然由于其供述私藏《潞鹤纪闻》、《日本乞师》、《豫变纪略》、《酌中志》、《南迁录》这些所谓的"逆书",以及"犯讳"之罪,但此案背后似乎有着更为重要的隐情。① 清史研究学者高翔先生以为,"彭家屏文字狱是彻头彻尾的冤案",②"导致彭家屏惨遭文字之祸的最重要的原因是他的政治表现与专制皇帝的独裁意旨发生了冲突"。③ 参《实录》中有"定彭家屏斩罪,并指其为李卫门下走狗,每当奏对,于鄂尔泰父子极力诋毁"④等语,则彭家屏被赐死在"图尔炳阿之株求,既抱怨而又图邀宠免罪"⑤的原因之外,也可被视作乾隆帝平衡满汉大臣、防范朋党之弊的牺牲品。

蒋士铨与彭家屏之间不仅关系密切,而且交谊深厚。蒋氏《行年录》乾隆十一年(1746)记载:"其年冬,受知于方伯彭青原先生,每相见,则呼曰蒋秀才。"⑥乾隆十四年(1749)父丧之后,蒋士铨家贫衣食无所出,后于十五年(1750)正月赴南昌主纂南昌县志,也是应彭家屏之邀,《一片石》杂剧中方伯的原型就是时任江西布政使的彭家屏。蒋士铨一生对彭氏感佩有加,袁枚《翰林院编修候补御史蒋公墓志铭》记述说:"常至其家,见供奉两木主,曰方伯彭公,曰督学金公,盖君少时受知最深者。其教师友之谊,死生不易如此。"⑦乾隆二十七年(1762)壬午,蒋士铨38岁,彭家屏死后五年,彭子重光、观光前往北京探亲并与士铨相见。蒋氏为作

---

① 孟森:《明清史论著集刊》,北京:中华书局,2006年版,第202—207页。
② 高翔:《康雍乾三帝统治思想研究》,北京:中国人民大学出版社,1995年版,第339页。
③ 同上。
④ 孟森:《明清史论著集刊》,北京:中华书局,2006年版,第207页。
⑤ 同上。
⑥ [清]蒋士铨编,[清]蒋立仁补编:《清容居士行年录》,清(1644—1911)刻本。
⑦ [清]袁枚著,周本淳标校:《小仓山房续文集》,上海:上海古籍出版社,1988年版,第1698—1701页。

《感事述怀诗为重光、观光两彭郎作,并示衣春观同年》①长诗,怀念自己的师友彭家屏,诗中毫不避逆案之嫌称赞彭家屏"政举人心和",并自责不能代彭赴难说:"身代无由能,惊恸惟自伤。"此时虽距离彭家屏案发已有几年,彭家后人亦已被赦免,但是蒋士铨的这一举动却仍有以身犯险的可能性。蒋氏性格刚直、见义勇为、不屑依附,难免得罪小人,招致谤言,与彭氏遗孤关系密切也极有可能授人口实,并惹祸上身。因此壬午年冬,他以母老为由请假南旋或是出于母亲的严命,但亦是明哲保身不得不为之举。

三、经世济用抱负难酬

蒋士铨向负济世利民之志,在京八年却一直居身馆臣,自觉怀才不遇。蒋氏文集中,现存乾隆二十四年(1759)他写给江苏巡抚的陈宏谋的自荐信,信中言词恳切地说:

> 某家素贫苦,生甫一龄,先君子寄室外家,远游天末,乃从母教,得卒《六经》。十岁从父浮汉涉河,出入梁、晋,束缚马背,驰骋诵书。二十三岁幸举于乡,明年失怙,伶仃求食,支持家累六七载。三十官中书,越三载,乃得读书词馆,今且三十五龄矣。少学多病,忧道之念,不胜于贫,处世之愚,日形其拙。举粗粝为甘旨之供,对晨昏伤敬养之薄,依依衰疾,惧切于怀。当此艰难,不遑旷达,既欲曲全其定守,焉能倖冀于侥来?心已寡欢,学难渐进。且近来相尚文词,不务根柢,牵附饾饤,义难通晓,伊川所谓"有无之所补,无之亦所阙",以某驽钝,平居非有关于世道人心之书,未敢涉猎,

---

① [清]蒋士铨著,邵海清校、李梦生笺:《忠雅堂集校笺》,上海:上海古籍出版社,1993年版,第765页。

媲青配白，少时虽曾为之，今已弃去，莫知所底，精力有限，可胜坐废？故知此职十年内外，可跻显要，自维小器，力不能堪，以是思求一官，从守令奔走，稍求自效。盖自识字后，本以明体达用，济物利人，未尝令人专心剽窃无用之言，苟求富贵，言念及此，身世渺然。十年来屈指二三有学君子，笃实爱民，皆登上考，黜陟之公，于斯已见，循良之业，岂不可期？而况内外之受恩如一，尊卑之效忠不殊，此志士不乐为文人，而惧空言之无益于实用也。①

陈宏谋是乾隆时期著名的封疆大吏、理学名臣，曾历任六省巡抚，在任颇有令声并深得乾隆皇帝器重。蒋士铨此书作于其写作《官戒诗》之后，信中坦言自己并非不知任职翰林院十年左右多有官居显要的可能，但是他还是请求陈宏谋可以考虑给自己一官半职，让自己可以真正地利国利民有所作为。从蒋氏的生平经历来看，这一愿望当时未能达成。

蒋士铨业师金德瑛在《忠雅堂诗序》中说：

> 编修蒋君清容，予视学江西所拔士。君起寒畯，四龄，母授书，断竹篾为波磔点画，攒促成字教之。十一，父缚之马背，游太行。十五，完《九经》，乃就傅，甫冠而归。二十二，予以诗古文辞识之。明年食饩，登贤书。自是数从予使车游，请业甚勤。甲戌，释褐官中书。丁丑，予主礼闱，君成进士，朝考冠其列。三年散馆，授今职。君耿介廉敏，不偕于俗。官都下，闭门谢客，日依侍母侧，刻苦斋盐中。且数数拯人患苦，以是日空乏。壬午，分校京闱，得士十五人。每慨然向予曰："某以穷士，忝窃侍从，拙于仕宦，自揣宜教授于乡；吾

---

① ［清］蒋士铨著，邵海清校，李梦生笺：《忠雅堂集校笺》，上海：上海古籍出版社，1993年版，第2310—2313页。

母又不乐俯仰尘土中。明年且令乞请去,公为如何?"予曰:"君行其志可耳,又奚疑?"①

从此序文所载来看,蒋士铨似乎早有退意,他继续留身京师,或许是为了等待一个外放的机会。但是乾隆二十七年正月(1762),金德瑛的去世使得出身贫寒的蒋士铨在京更无凭靠。此年八月六日,他与王文治、赵翼、纪昀等人一起以翰林院编修的身份充顺天乡试同考官,期间蒋氏诗兴颇健,深以自己得以为国选材而幸。但是一年之后,他便告假南旋,起因当是由于赵翼所言有人构陷之事。南旋之前,蒋士铨诗词中多有慨叹怀才不遇之语:

无题

官柳琅琊本易攀,长条踠地惜春残。如何解作漫天絮,不点王孙八宝鞍。

红酣绿瘦小庭芳,乳燕鸣鸠取次狂。不信桃花人影乱,翻令仙犬吠刘郎。②

同年李衣山以内忧别去赋

中年盛哀乐,况与君别离。君去得所托,我穷欲之何?悠悠人海中,九陌车雷驰。知己古曰难,颇戒求人知。坐废兀兀身,日诵无益词。嗟哉同年友,死亡间仳离。食禄感深恩,抱志将语谁?当秋两行泪,因君情益悲。③

---

① [清]蒋士铨著,邵海清校,李梦生笺:《忠雅堂集校笺》,上海:上海古籍出版社,1993年版,第2496页。另笔者按,金德瑛亡于乾隆二十七年壬午正月,而诗序所言分校京闱事发生于是年秋,金德瑛此序或曾经人添篡,但所记之事当属实,姑引之。

② [清]蒋士铨著,邵海清校,李梦生笺:《忠雅堂集校笺》,上海:上海古籍出版社,1993年版,第778页。

③ 同上,第840页

叠韵留别纪心斋戴匏斋　贺新凉

挺拔兰台鼓，信从来、销魂惟别，黯然难语。说《礼》敦《诗》周旋久，梦绕两公堂户。把人物、恒沙量数。只有惺惺解怜惜，是斯文、未丧天公许。识字矣，者般苦。落红已葬胭脂土。算杨花、漂茵入溷，年年谁主？猿鹤形骸麋鹿性，未可久居亭墅。况臣是、孤生寒窭。衮衮诸公登台省，看明时、无阙须人补。不才者，义当去。①

从这些诗词中不难看出，生于寒门而又志节凛然的蒋士铨在当时无人识举的状况。乾隆二十九年甲申（1764），"裘师颖荐予（蒋士铨）入景山为内伶填词，或可受上知，予力拒之。"②裘师颖即裘曰修，蒋士铨与裘氏二子超然、超臣交往密切，亦深得裘曰修赏识。裘氏本人喜爱戏曲，也曾有过戏曲创作实践，他的举荐并无恶意，或是他为了挽留蒋士铨所作的最后努力。但是对于蒋氏来说，"三复馆阁文，郁郁伤怀抱。岂无俳优词？所虑终害道"，③居身馆阁文臣尚且担心被人以俳优视之，有损自己的名节，入景山为内伶填词的事情更是他所不能够接受的。因此，裘曰修的这一举动反而使得他的去意更为坚定也更为迫切。

同年八月，蒋士铨离开京师，由通州经由运河水路举家南归。临行《自题归舟安稳图》词云：

水调歌头

缓缓弄春水，未是急流中。舟比退飞六鹢，那要满帆风。

---

① ［清］蒋士铨著，邵海清校，李梦生笺：《忠雅堂集校笺》，上海：上海古籍出版社，1993年版，第1909页。

② ［清］蒋士铨编，［清］蒋立仁补编：《清容居士行年录》，清(1644—1911)刻本。

③ ［清］蒋士铨著，邵海清校，李梦生笺：《忠雅堂集校笺》，上海：上海古籍出版社，1993年版，第820页。

画里溪山不改，镜里须眉可笑，骨肉老诗翁。潇洒一官足，磊落半生穷。母康宁，妻婉娩，子童蒙。去拣江山佳处，小筑百花丛。醒则奉觞上寿，醉则关门熟睡，旧事海天空。勿以悠悠说，乱我读书胸。①

四、结语

熊澄宇先生在其《蒋士铨剧作研究》中以为，裘曰修的举荐是蒋氏南归的直接原因，除了个性刚直之外，蒋士铨居京生活贫窭也是他辞官归隐的原因之一。但蒋士铨的离京更重要的原因可能仍在于由性格耿介导致的构陷、彭家屏案的影响以及出身寒门长期沉于下僚：首先，在裘曰修荐举之前的壬午年冬，蒋士铨就已经向主事请辞，而裘氏举荐则是次年之事；其次，在蒋士铨居京及南归之后的诗词中，确实都曾描述过自己早年在京时的贫寒生活，其晚年《述怀》诗中就有"索米金马门，忍饥求豆区。觍然人子心，慷慨归来兮"②之句，但较之离职之后典裘度日，翰林院编修七品的俸禄毕竟聊胜于无。可以说，正是因为在朝时上述的种种遭际，南旋之后蒋士铨的心境才会如此地复杂与忧郁。《临川梦》中，汤显祖拒绝张居正罗致又婉拒入京征召的相关内容与蒋士铨本人的遭遇非常之类似，而剧中对此情节的细致刻画也足见此段遭际对蒋士铨一生影响之深。

---

① ［清］蒋士铨著，邵海清校，李梦生笺：《忠雅堂集校笺》，上海：上海古籍出版社，1993年版，第1914页。

② 同上，第1759页。

四川平昌镇龙方言进行体助词

向道华

一

进行体助词是汉语体助词的一类，表示动作的进行或者状态的持续。普通话中的进行体助词主要是"着"，而在四川平昌县镇龙方言中，进行体助词却有好几个。经过调查，我们认为，镇龙方言中的进行体助词有这样几个：住[tsu^{44}]、到[tau^{21}]、起[tɕ'i^{53}]、的[ti^{44}]，以及"到"和"起"的合用形式"到起"，它们的语法意义基本上都与普通话的"着"相对应。下面对镇龙方言的这些进行体助词分别加以描写和说明。

1. 的[ti^{44}]

镇龙方言中，有一个表持续义的体助词"的"，它常常用在持续义很强的动词后面，或者表示动作结束以后便保持某种状态的动词的后面。如：

壁头上挂的一杆枪。
桌子上摆的个花瓶。
铺里_{床上}睡的一个人。
他手里拿的一本书。
脑壳上包的个帕子。

镇龙方言的进行体助词"的"只表示一种状态，也就是动作真正完成或实现以后的状态,在动作还未实际发生或进行的时候,不能使用体助词"的"。这一点与普通话的"着"的用法也是相似的。所以,下面几个例句都是错误的。

* 你去把那杆枪挂的壁头上。
* 把花瓶拿过来摆的桌子上。

镇龙方言的进行体助词"的"还可以跟其他几个进行体助词连用,放在它们的后边,表示实际存在的状态或者动作。(详见下文)

2. 住 [tsu^{44}]

用在动词后边,表示动作正在进行,或者状态还在持续。如:

这娃娃不听话,说住说住又跑嗒。

你先走住,我来撵$_{追}$住。

你们先喫住,我再炒两个菜就来。

整个索索把他拴住。

表没挺坏,还走住的。

从上边的例句可以看出,体助词"住[tsu^{44}]"既可以用于实际存在的动作或者状态,也可以用于实际还未发生的动作或者状态。

3. 到 [tau^{21}]

常常用在动词后边,表示动作行为或者动作行为结束以后的状态的持续。如:

你们先喫到,我炒两个菜就来。

你把他手按到。

莫闹!听到。

去把门关到。

坐到说。

你莫忘嗒,要记到跟他说。

以上几例都是祈使句,表示的是说话人对某一动作行为或状态的愿望,该动作或状态并未实际存在。体助词"到"还可以用于描写句,表示某一动作行为或状态已经实际存在。

车锁到的。
搞快些，他们都等到的。
你去看娃娃盖到的没有。
他们坐到说的。

通过对上边两组例子的比较，我们可以发现，体助词"到"用于祈使句时，即动作行为或者状态实际并未存在时，体助词"到"后不加"的"；用于描写句时，即动作行为或者状态实际已经存在时，要在"到"后加上"的"。

4. 起 [tɕ'i^{53}]

在镇龙方言中，作为进行体助词，"起"可以用在动词后面，也可以用在形容词后面。

"起"用在动词后面表示动作行为或者动作行为结束以后的状态的持续。如：

莫立起！坐到！
你们都在到桌子上去坐起。
他眼睛虚眯起跟人说话。
水烧起的，等下儿莫忘嗒掺。
门开起的，你各家自己进去。
枪在壁头上墙上挂起的。

"起"用在形容词后面，表示某种性质或状态的持续。如：

田里多放些水，莫禁让它干起。
莫禁让机器空闲起。
活路多得多不得，田也还干起的。
喫嗒两天药了，眼睛还是红起的。
他喜欢横起睡。

5. 到起

"到"和"起"可以一起使用，举例如下：

你们先喫到起，我再烧个汤就来。
快坐到起，莫起来。

莫闹！听到起！

记到起！莫搞忘嗒。

赶忙去藏到起，他要进来了。

冷得很，把铺盖被子盖到起。

把窗子开到起，通下风。

来，把杯子端到起。

上述几例都是祈使句用例。而要表示已实现的状态的持续，则要在句后加上助词"的"。

他睡到起的，还没醒，先莫管他。

屋里没人，门锁到起的。

二

在一种方言中同时存在好几个进行体助词，按说它们应该有各自的适用范围，但是在镇龙方言中，这样的区别不是特别明显，相反，看上去还有点乱。只有"的"和其他几个进行体助词的用法有明显的区别："的"主要用来表现实际已经存在的"进行"或"持续"。在用"的"的句子里，不能用其他几个进行体助词来替换"的"，除非改换句式。而且，只是使用进行体助词"的"的句子里，"的"的后面需要跟一个宾语，而使用另外几个进行体助词的句子里一般不出现宾语。另外，在不能使用某一进行体助词的句子里，一旦在句末加上"的"，句子就合法了。

下面，我们以表格的形式就"住"、"到"、"起"、"到起"的关系略作对照。

动词＼体助词	住	到	起	到起
拴	整个索索把翅膀拴住。	整个索索把翅膀拴到。	整个索索把翅膀拴起。	整个索索把翅膀拴到起。
顶	把门顶住。	把门顶到。		把门顶到起。
开			把门开起。	把门开到起。
关		把门关到。		把门关到起。
走	你先走住。	你先走到。		你先走到起。
坐	你坐住，我就来。	你坐到，我就来。		你坐到起，我就来。
		你坐到，我去端菜。	你坐起，我去端菜。	你坐到起，我去端菜。
		把连_{全部}都坐到。	把连_{全部}都坐起。	把连_{全部}都坐到起。
睡	你先去睡住。		病嗒了，睡起了。	
喫	你们先喫住。	你们先喫到。		你们先喫到起。
穿	先穿住，过两天跟你买新的。	先穿到，过两天跟你买新的。	先穿起，过两天跟你买新的。	先穿到起，过两天跟你买新的。
听		听到！		听到起！
说	正说住，他就来嗒。	正说到，他就来嗒。	正说起，他就来嗒。	
记	他的话，我记住的。	他的话，我记到的。	他的话，我记起的。	他的话，我记到起的。
饿		他饿到了。	他还饿起的。	他还饿到起的。

从上表可以看出，在同一个句子的同一个动词后面，它们有时候可以相互替换；而有时候，此助词能和甲动词搭配，不能和乙动词搭配，而彼助词却能和乙动词搭配，不能和甲动词搭配；或者是同一个动词，在不同的语言环境里，和这几个助词的搭配也可能不一样。初步认为，这也许是和镇龙方言自身的性质并不单一有关。镇龙是一个移民山区，在方言内部的不同地区，在语音上就有通常所谓的"分尖团"和"不分尖团"、"分平翘"和"不分平翘"之别。因此，镇龙方言进行体助词的混乱，应该就是镇龙方言自身分歧在语法上的表现。至于它们是否属于不同层次，以及层次关系如何，本文暂不做进一步研究。

巴赫金对话主义理论与翻译研究

——试论翻译活动的对话本质

薛 丽

在西方现代哲学中,自我—他者的复杂关系一直颇受哲学家关注,针对这一问题提出的哲学思想可谓林林总总,精彩纷呈。例如,海德格尔认为,人的存在依赖于对话性的听—说关系;伽达默尔提出,人们对文本的解读实际上就是自我和他人对话交流的过程;巴尔特关于可读的和可写的文本的分析;哈贝马斯的交往理性;等等。尽管这些哲学思想分门别类,不尽相同,在有一点上,它们却是共通的,即对自我—他者的对话的可能性和必要性的强调。正是在这个意义上,我们可以说,这些思想理论的发展都能够在米哈伊尔·巴赫金的对话主义理论中找到源头。

巴赫金认为,在社会中存在的人,总是处于和他人的相互关系之中。自我只有在和他人的关系中才能显示出来。并且,思想的存在也是以对话为前提条件的。他说:"一切都是手段,对话才是目的。"[①] 在其对话理论中,巴赫金提出了差异原则、主体独立性原则和动态性原则,就对话的本质进行了哲学意义上的阐述。

翻译活动是两种文化间的交流。无论是站在译入语文化的立场,还是处于源语文化的位置,翻译在本质上,首先面临的是一种文化与他文化之间的关系,即上文所说的自我—他者的关系。如果

---

① 转引自周宪:《20世纪西方美学》,南京:南京大学出版社,1997年版。

说，自我和他者之间所呈现的是一种对话关系，那么翻译的过程就是一种文化与他文化进行对话的过程。更具体地说，是译者通过文本的中介与原作者对话的过程。在这个意义上，巴赫金的对话主义理论无疑为翻译研究提供了一个独特而有效的视角，尤其对我们重新审视翻译中的误读、文化过滤、重译等现象具有启示。

一、差异原则与误读

巴赫金对话主义涉及一个重要原则，即差异原则。在巴赫金看来，构成真正的对话关系的必要条件，是不同的声音之间的相互交织的论争。对话的双方或多方必须具有不同的声音才能构成真正的对话关系。① 就这一点而言，我们认为，翻译活动的存在恰恰是差异原则的最好明证。人类之所以需要翻译，或者进一步说，在当今全球化的大潮中，翻译之所以会发挥越来越大的作用，即是因为人们已经意识到不同文化间存在的差异，继而希望通过引进他文化的文本了解这种差异，丰富自己的文化。换句话说，如果各文化间毫无差异可言，那么世界上就不存在不同的文化了。到那时，所谓的"文化交流"、"文化传播"将成为一句空话，纯属多余。而翻译作为文化交流的一种方式，也将没有存在的必要。然而，眼前的事实却告诉我们，世界文化的发展正呈现出走向多元的趋势，终将形成多元格局。在这样一个格局中，基于对差异认识基础上的对话将会发挥不容忽视的作用。翻译也因此备受重视。

巴赫金还进一步阐述了"相异性与阐释"的关系。在他看来，"他们（文化现象的阐释者）本应承认和保持他们活动的主要的二元性，这是充实的唯一源泉"。② 译者作为翻译活动的主体，在源

---

① 转引自周宪:《20世纪西方美学》，南京：南京大学出版社，1997年版。
② 托多罗夫:《巴赫金、对话理论及其他》，蒋子华、张萍译，天津：百花文艺出版社，2001年版。

语文化和目的语文化之间往返穿梭。很明显，如前所述，翻译活动的存在是基于对两种文化间差异性的认识，那么在翻译过程中，译者又该如何处理他所面临的差异呢？这里存在着一个悖论。一方面，因为翻译的目的就是要引进他文化，于是译者应将他文化与自身文化的相异性尽可能地表现出来。但另一方面，译者无时无刻不在受自身文化的支配，他的译本无可非议地要打上本族文化的烙印。处于这样一个进退维谷的境地，译者该何去何从呢？传统译论认为，译本应尽量忠实地传达原文的旨意，否则就是误译，误译是毫无价值的。在此，我们不禁要对传统译论打个大大的问号。其一，传统译论假设了这样一个前提：文本意义是确定的。然而，巴赫金对话理论的差异原则却让我们看到文本意义的多样性。其二，传统译论事实上主张译者在翻译过程中处于隐身地位，不将自己的任何观点带入译作中。这样一来，翻译的过程也就成了译者被他文化同化的过程，译者没有了自己的声音，完全受制于源语文化。这样的翻译中从头至尾只有一个声音，没有对话。这是不符合翻译活动文化交流的本质的。

翻译活动中所谓"误读"现象，正是文化间差异的体现。之所以会出现误读，无非是因为对同一事物或现象，原作者和译者做出了不同的阐释。而这些"误读"本身却使得文化间的差异更为明显地显现出来，从而更易于人们吸收他文化的精髓。因此，从这个意义上讲，对误读也不能一概否定，而要重新审视其价值。庞德唐诗英译中的错误在美国引发了新诗运动，寒山诗于20世纪50年代和60年代在美国、日本激起的热潮，易卜生在五四前后中国掀起的波澜，都说明误读有其不可忽视的意义和价值。对其评价只有"还以背景"，才能"还以公道"。[①]

[①] 孔慧怡：《还以背景，还以公道》，载王宏志主编：《翻译与创作——中国近代翻译小说论》，北京：北京大学出版社，2000年版。

二、主体独立性原则与文化过滤

巴赫金认为,差异作为对话的前提之所以存在,是因为构成对话关系的各方本身具有独立性。虽然他没有提出"主体间性"的概念,但是他的思想道出了一种平等的相互沟通的对话关系的本质便是主体间的可理解性。[①] 如果说翻译的过程首先是译者对原文的理解过程,那么,在巴赫金看来,"像他的作者(和某些古文解释者和实证主义者)那样去理解文本是不够的。作者总是在某种程度上对其作品意识不到,理解的主体有义务去丰富文本;他同样是创作者"。[②] 因此,译者并不是被动地接受原文的意义。在他获得文本意义的过程中,他积极参与了意义的建构,他也是文本意义的赋予者。当然,作为一个社会意义上的人,他的这种赋予又不可避免地打上他所处社会文化的烙印。原文的信息,在经过译入语文化的过滤之后,传递到译文读者那里。正如勒费维尔指出的,翻译不是在真空中进行的。[③] 无论哪位译者在发挥独立主体的能动性时,或多或少都会把他所处社会的价值观灌输到他的译本中去。于是,译者主体的独立性最终就表现为译者所处文化的各种规范和社会环境对译本的影响。

例如,晚清时期,面对列强入侵、外族统治,当时的文人志士充分发挥小说的政治教化功能,不少本来政治色彩较淡或毫无政治色彩的外国小说,在翻译到中国来时,都被加以"政治性阅读",[④] 肩负起了政治任务。

此外,在近代翻译中,文学形式融合过程中出现的中西文化相

[①] 参见周宪:《20世纪西方美学》。

[②] 托多罗夫:《巴赫金、对话理论及其他》。

[③] Levefere, A., Translation/History/Culture: A Source Book, London and New York: Routledge, 1992.

[④] 王宏志:《翻译与创作——中国近代翻译小说论》,北京:北京大学出版社,2000年版。

碰撞、相过滤的现象也十分普遍。如辜鸿铭译的《痴汉骑马歌》就颇有《陌上桑》的神情；拜伦的《致雅典少女》，经苏曼殊的手转译，成了中国式的"桑间濮上"之情。这种情况在西方也非属罕见。19世纪英国维多利亚时代诗人菲茨杰拉德（Edward Fitzgerald）翻译的中古波斯诗人海亚姆的《鲁拜集》，更是文化过滤的产物，[1] 其译文把一个几乎被遗忘的波斯诗人脱胎换骨地过滤成一个厌世的英国天才。

三、动态性原则与重译

巴赫金对话理论的另一贡献在于，他指出了对话的"未完成性"和"动态"。在他看来，对话永远是一个开放的未完成的过程。所谓未完成，是说，在对话中他人意识不能作为客体来观察分析，只能进行对话交流。[2] 他又认为："一种被辨认了的文本含义从不可能是最终的，而且阐释是无穷尽的。"[3]

巴赫金关于对话动态性原则的论述，有助于我们认识重译的必要性和重要性。在本世纪中期的西方文艺批评领域，曾经产生过热衷"理想范本"的追求。这种"客观批评派"的理论，把回归到作家的原始意图看作追求的终极目标。然而巴赫金的对话理论告诉我们，对每个人而言，文本都是一种开放性结构，对一文本真正意义的发现是没有止境的，这是个无限的对话过程。文本的意义具有无限的可能性，它和理解者一起处于不断地生成之中。

因此，文学名著的重译值得提倡。作品的意义是多元的，一个译本只是特定历史、文化的产物。"一部文学巨著犹如一个丰富无

---

[1] Levefere, A., Translation/History/Culture: A Source Book.
[2] 参见周宪：《20世纪西方美学》。
[3] 托多罗夫：《巴赫金、对话理论及其他》。

比的矿藏,并非通过一次性的阐释就能穷极对它的开掘。多个译本就是多次的开掘……正是通过这样一次一次的阐释,人们才接近完成对一部传世之作的认识……一部作品就其文本本身而言,自诞生之日起就凝固,但是译者的审美观点、审美趣味、价值取向,以及他所把握的要传达原作思想的语言,却是随时代的变迁而不断变化着的,因而不同时代也就非常需要有适应这种变化的译本了。"[1] 为此,文学名著如《红与黑》、《堂·吉诃德》、《简·爱》等在我国先后出现了十几个重译本,而每个译本都是在动态的对话过程中产生。它们丰富了文本的意义,并为未来的对话奠定了基础。

四、结语

"对话就是交流、谈判、批判和建构。"[2] 巴赫金的对话主义理论内涵深刻,外延丰富。虽然在巴赫金提出该理论时,并没有针对翻译这种跨文化交流活动。但是,不可否认的,对话理论确实为翻译研究提供了新的视角,对传统译论中有失偏颇之处进行反拨。其中,差异原则帮助我们重新审视误读现象,揭示了误读存在的价值;主体独立性原则让我们充分认识到翻译过程中的文化过滤现象;而对话的动态性为重译做了最好的辩护。这些都让我们对翻译活动有了更清楚的认识,并将对翻译实践做出重要指导。

---

[1] 夏洛蒂·勃朗特:《简·爱》,黄源深译,南京:译文出版社,1993年版。
[2] 张首映:《西方20世纪文论史》,北京:北京大学出版社,1999年版。

对钢铁公司网站设计的跨文化对比分析

——以中美八大钢铁公司网站为例

闫 丽

随着互联网的不断普及,企业网站的设计变得日益重要起来。互联网不仅为广告商和市场营销人员提供了更多机会来发展其营销战略,还为大多数公司提供了一种廉价的手段来建立高效的全球行销网络。现如今,不论公司规模大小,几乎都建立了自己的网站。一方面,公司网站充当了公司与外界交流的渠道;另一方面,公众也是通过网站来了解公司的。[①] 在公司间竞争日趋白热化的背景下,有效地利用互联网是公司在竞争中获胜的先决条件。

一、研究背景

如今,人们可以浏览各种各样的网站,包括政府网站、旅游网站、购物网站以及其他各个领域的专业网站。在这里笔者选取公司网站这一领域为研究对象,原因有以下两个方面:一方面,根据中国互联网络信息中心的一项调查结果,中国有60.4%的网站是公司

---

① Kent, M. L., Taylor, M. and White, W. J, The Relationship between Website Design and Organizational Responsiveness to Stakeholders, *Public Relations Review*, Vol. 29, 2003, pp.63-77.

网站,[①]显然公司网站在此占据了很大的比重；另一方面，公司需要尽快建立外文网站以拓展国际业务，因此各个公司都很希望了解如何建立外文版的网站。然而，现在大多数中国公司的海外版网站仅仅是将公司网站上的中文内容简单地翻译成英文或其他语言而已，很少考虑不同国家人们浏览网页时的不同习惯。这便为网站设计者带来了难题：如何才能为公司设计出最好的外文网站？应该结合哪一个或哪几个理论？笔者在这里试图用文化理论及跨文化理论来研究不同国家的网站所体现的文化差异，为网站设计者提供有利的帮助。在本文中，笔者试图运用跨文化理论分析网站的六个文化维度，并且将一个全新的跨文化分析框架应用于中美八大钢铁公司网站。

二、文献综述

本文主要运用了文化理论和跨文化理论来研究中美八大钢铁公司网站。

（一）文化的定义

文化的概念因人和地区而异。根据 Kroeber 和 Parsons[②] 的看法，在跨学科领域，文化作为一种价值观、思想以及其他有意义符号系统的内容和形式，得以传播和创造。它既是人类行为的产物，又可以约束人类下一步的行为。Hofstede 的书籍和文章在世界范围内被广泛引用。他认为文化是人类思维、感情和行为模式的概括，并称

[①]《2005年中国互联网络信息资源数量调查报告发布》，新华网，2006年5月17日，http://news.xinhuanet.com/it/2006-05/17/content_4556684.htm，2013年3月20日登录。

[②] Kroeber, A. L. and Parsons, T., "The Concepts of Culture and of Social System", *American Sociological Review*, Vol. 23, 1958, p.582.

其为"心理程序",也称"心理软件"。①安装在人脑中的软件由一个人成长的社会环境决定。Hofstede将文化定义为"人的头脑中的一种集体共有的程序,能将一类人与其他人区分开来"。②

上述研究者帮助人们从不同方面了解文化。首先,文化可以通过人传播和传承。其次,一般情况下,每个群体拥有其特有的文化和言语行为。再次,文化包罗万象,涵盖历史、宗教、艺术与核心价值观。最后,文化的关键是核心价值观。

(二)文化维度

从20世纪50年代至今,许多学者已在文化研究方面做了大量的工作,尤其是从文化维度的角度阐释文化。接下来笔者将列举其中一些重要成果。

1. Hall的"高低语境文化"维度

早期的跨文化交流研究始于20世纪50年代,其主要研究者是Edward Hall——跨文化交流的奠基人。他在文化互动和人类互动基础上开辟了全新的领域,称其为"跨文化交流"。Hall的观察和发现都写在他《无声的语言》(*The Silent Language*)③一书中。由于这本书综合了文化与交流理解中的基本问题,它标志了跨文化交流的诞生。Hall最大的贡献是研究不同文化之中的时间、语境和空间。

1976年,Hall发表了文化差异的理论,假定在文化和交流之中存在强有力的联系,并从交流角度将文化分为高语境和低语境两种。语境是指一个人直接能掌握的信息量。高语境文化背景下信息可以含蓄不清,而低语境文化背景下的人们则必须在交流中清晰地介绍背景信息。④

---

① Hofstede, G. H., Cultures and Organizations: Software of the Mind, McGraw-Hill, 1991, p.4.
② Ibid., p.5.
③ Hall, E. T., The Silent Language, NY: Doubleday, 1959.
④ Hall, E. T., *Beyond Culture*, NY: Doubleday, 1976.

来自中国、阿拉伯国家、日本等高语境文化国家的人，经常与他们的家庭、朋友、邻居、同事、客户等保持密切的联系。尽管他们时常用模糊含蓄的言语交流，他们还是能够很好地理解对方。交流和理解在这些国家是非常微妙的技巧，正如一句中国老话说的那样：心有灵犀一点通。

来自美国、德国等低语境文化国家的人，经常倾向描述更多的背景信息，而且不能很好地理解他们不感兴趣的东西。一般来说，他们将自己的生活分成工作关系、亲密关系、同学关系等几部分，因此，当他们和他人对话时，常常对背景信息有极大的需求，来推动整个对话的进程。在低语境文化中，说话人常常通过列举众多例子和数据来影响和说服听众。在这种情况下，分享客观数据比情感交流更为关键。在低语境文化中，模糊的解释应尽量避免，这也就是说，说话人应清晰地解释自己想表达的意思。

2. Hofstede的五大文化维度

Geert Hofstede是一位荷兰心理学家，曾经采集IBM雇员的数据，并以此为基础进行了一项世界闻名的国际研究。Hofstede的研究为人们打开了了解其他文化的大门，使跨文化沟通更加有效。尽管该研究遭到部分学者的挑战甚至攻击，这一成果还是得到了从事跨文化研究的教授、学生的广泛认可与高度重视，反复被引用。笔者将在接下来的篇幅中简单列举Hofstede的五大文化维度。

（1）权力距离（Power distance）

权力距离是一种测试工具，"有些人来自权力距离大的文化，他们将权力看作是社会的一部分。就这点而言，养尊处优的人认为社会地位低的人与他们不同，反之，道理相同"。[1] "权力距离大的文化会有意无意地向其成员传递这样的信息，那就是人们在这个世界上不是平等的，每个人都有一个适当的位置，而这个位置由无数

---

[1] Gudykunst, W. B., Cross-Cultural and Intercultural Communication, Sage Publications Ltd., 2001, p.41.

纵向排列决定"。① 在这种文化中，权力的获得往往是坐享其成而非努力争取来的；权力的分配是根据年龄、性别、资历、教育甚至是家庭背景等诸多元素。

（2）个人主义与集体主义（Individualism vs. Collectivism）

这个维度测评的是个人与集体之间的关系。在西方社会中，个人主义盛行，人与人之间的关系松散。因此，他们对于集体的忠诚度非常低，个人目标重于对集体的忠实，只要对自己有益，人们会自由变更所属的集体，比如说，更换教堂或是雇主，这样一来，在情感上人们往往认为自己独立于他人或是自己所在的组织。在工作单位，和谐并不是重点，而坦率备受追捧。雇主与雇员的关系基本上而言只是一种合同关系，而非道德纽带。

亚洲大多数文化都提倡集体。因此，出生在这类国家的人们都会与不同的社会群体建立紧密联系，比如说，与他们的家庭、朋友、同事等。因此，集体的目标比个人的目标更为重要。人们会为集体倾注大量的努力，在必要时甚至可以牺牲个人利益。因为生活在集体主义文化的环境中，所以人们大力提倡集体内部成员之间的和谐与合作，并把它看作是一种至关重要的美德。当冲突发生时，能避则避。如果避不开，冷静的协商与让步是解决问题的最佳方式。

（3）柔性倾向与刚性倾向（Femininity vs. Masculinity）

这个维度指的是一个文化中所含柔性或是刚性特质的多少与文化对两者的重视程度。② 在工作场合，自幼受到刚性文化熏陶的人看重收入、声誉、晋升与挑战。他们的信条往往是"活着是为了工作"。值得思量的唯一标准是结果而非过程。所以，组织也喜欢依据工作表现等公正的标准对员工进行奖励。人们会坚持他们认为是对的东西，不太会把弄僵关系或是伤害他人感情放在心上。受人尊

---

① Samovar, L. A. and Porter, R. E., *Communication between Cultures*, Peking University Press, 2004, p.65.
② Ibid., p. 66.

敬的经理是善于决断、行事果决而且"强硬有力"的人（只有在刚性社会中，这个词语才带有褒义），他们是独立的决策者，以事实为重，而不是什么集体讨论的主持人。①

在柔性倾向社会中，人们相信"工作是为了生活"，因此，良好的人际关系，合作、稳定的岗位更受青睐。经理往往按照需求等公平的指标（公平与公正相对应）奖励下属。柔性倾向的文化中，经理不那么抢眼，不那么果断，而更重直觉，习惯寻求一致。②

（4）不确定性的规避（Uncertainty avoidance）

规避不确定性测定的是一个社会对不确定性、模糊性的容忍程度，就其本质而言，它测定的是真理问题。它指示的是"在未程式化的情景之下，某一文化哺育出的成员会产生何种程度的舒适感或不舒适感"。③

在规避程度高的文化中，人们在应对那些他们看作是未程式化的、不明晰的、不可预测的情景时，会紧张不安；他们会拟定严格的法令规章，施行严格的安全措施，信奉绝对真理和权威，极力避免这类情景出现的可能。他们很难忍受标新立异的观点或是行为，总是寻求一致，焦躁与压力更加明显，更加情绪化。

与之相反，在规避程度低的文化中，人们更加欢迎多元的看法，因此也就更能够激发创新。对于他们而言，未知的未来令人兴奋，而不是令人恐慌——毕竟，构建未来的方式以他们的意愿为准。他们欣赏勇气与首创精神，喜欢冒险，反感等级体系。他们的条条框框少之又少，很具灵活性。他们的精神状态很少紧张，更多放松。绝对真理并不存在。因此，人们不太依赖权威而更依赖自己。④

如本节开头部分提到的，Hofstede构建的这四个维度也不乏批

---

① Hofstede, G. H., *Cultures and Organizations: Software of the Mind*, McGraw-Hill, 1991, p. 81.
② Ibid., p. 81.
③ Samovar, L. A. and Porter, R. E., Communication between Cultures, Peking University Press, 2004, p. 63.
④ Ibid., p. 63.

评之声。尽管Hofstede的研究涉及了50多个国家与地区，许多重要的国家和文化还是未能包括其中。有一种批评质疑Hofstede在问卷整合过程中带有西方偏见，而且他只收集了一家公司（IBM）的信息。为了解决这些问题，Hofstede引入了第五个维度——长期取向与短期取向。

（5）长期取向与短期取向（Long-term vs. Short-term）

这个维度"描述一个社会对将来、过去与当下的重视程度。坚持长期取向的社会强调勤俭、坚持与高风亮节，而倾向于短期取向的社会强调的是尊重传统、履行社会义务、求得个人稳定和维护面子"。[①]

三、研究设计

首先，笔者分别选择了四个美国钢铁公司网站和四个中国钢铁公司的网站，作为本文研究的对象。其次，笔者从外观、内容和功能三方面分析并列出了中美钢铁网站设计上的差异。再次，笔者用六个文化维度讨论了美国与中国之间的文化差异。最后，笔者试图结合第二、三部分，提出网站跨文化分析模型，从跨文化的角度讨论中美钢铁公司网站设计的差异。

（一）网站样本和选择标准

在研究中，作者选择了八个钢铁公司网站作为研究对象，中国与美国的顶级钢铁公司各占四个。如表1所示：

---

① Samovar, L. A. and Porter, R. E., Communication between Cultures, Peking University Press, 2004, p. 68.

表1　网站名单

中国	
宝山钢铁股份有限公司 Baoshan Iron & Steel Company Limited	http://www.baosteel.com/baosteelpc/index.asp
北京首钢股份有限公司 Beijing Shougang Company Limited	http://www.sggf.com.cn/index-1.asp
武汉钢铁（集团）公司 Wuhan Iron and Steel (Group) Corporation	http://www.wisco.com.cn/wggf/index.shtml
鞍山钢铁集团公司 Anshan Iron and Steel Group Corporation	http://www.ansteelgroup.com/
美国	
美国钢铁公司 United States Steel Corporation	http://www.ussteel.com/corp/index.asp
纽柯钢铁公司 Nucor Corporation	http://www.nucor.com/
美国AK钢铁公司 AK Steel	http://www.aksteel.com/
美国钢动态公司 Steel Dynamics	http://www.steeldynamics.com/

　　选择这八个研究网站的标准是公司网站的代表性、可访问性、可比性和新颖性。

　　就代表性来说：笔者选择美国和中国的网站是因为美国文化通常被引作是西方文化的代表，而中国文化被视为东方文化的代表。除此之外，先前的研究已对中美文化差异的不同方面进行过研讨。而且，代表性是选择钢铁公司网站的重要因素。中国的钢铁公司过去一直是国有的制造企业，并且现在其中大多数仍是国有企业。这就导致中国的钢铁业比其他行业更加的保守和传统。因此，选择来自钢铁企业的网站更能代表中国文化。

就可访问性来说：为了从不同方面研究网站，容易访问十分重要。无需任何条件，不用任何花销，就能浏览和研究这几个钢铁公司的网站。

就可比性来说：本文是从文化角度对网站设计进行对比。研究对象应该具有可比性，否则这项研究将毫无意义。首先，在本项研究中，笔者选择了钢铁行业。其次，笔者选择了中国和美国的顶级钢铁公司以确保充分的可比性。这些公司有相同或不同的公司介绍、在线推广和消费者服务。它们都是两国大而有名的公司。它们不会介意网站设计与维护的高额费用，因为对它们来说公司网站意义重大。所以此处可以忽略费用因素对网站设计的影响。

就新颖性来说：许多学者已经研究过其他领域的网站，如政府网站、旅游公司网站、超市网站等。所以，笔者尝试在一个新的领域进行研究。

（二）网页文化分析模型

网页文化分析模型是分析框架中最重要的，它将网页分析和文化分析结合在一起，要求研究人员对不同文化都有所了解，可以说是整个分析框架中最难的一部分。例如，在美国的网站上很容易找到"隐私保护条例"，而在中国的网站上很容易找到"合同条款"，这时候我们就应该用个人/集体主义的差异来分析其文化差异和原因：美国人更关心他们的个人生活和个人空间，因此，他们无处不在保护个人隐私。

如表2所示，表中横向表示各文化维度，纵向表示网站分析的三个方面，研究人员完成该表的时候，可将这些影响网站设计的六个方面的差异填入表格。

表2　网页文化分析模型

	权力差距	不确定性规避	个人/集体主义	刚性/柔性倾向	长期/短期取向	高/低语境文化
外观						
内容						
功能						

研究人员填表2的时候，要注意数据的真实性，各栏内容不能强行匹配，不一定每栏内容都要填满。以刚性/柔性倾向为例，如果文化的刚性/柔性倾向对网站的内容没有影响，那么这一栏就不用填。

四、数据分析

（一）针对中美钢铁公司网站的网页分析结果

对以上八个钢铁公司网站的网页分析结果，可以通过外观、内容和功能三个方面来展现。

1. 网页外观方面分析的结果

在表3中，可以看到中美钢铁网站在外观方面的差异：

表3　网站外观分析结果

	中国	美国
基本要素	a.较多的动态内容，比如动画、滚动文字和登入页面 b.较少有关于法律公告、隐私声明和版权的内容	a.较少的动态内容 b.大多数网站提供了关于法律公告、隐私声明和版权的内容

续表

	中国	美国
布局	a. 网页尺寸：大 b. 均采用从上到下的布局 c. 首页包括更多板块 d. 首页上空白区域较少 e. 使用线条和单元格分区 f. 具备分离式菜单选项	a. 网页尺寸：小 b. 两个网站采用从上到下的布局，另外两个采用从左到右的布局 c. 首页上板块较少 d. 首页上空白区域较多 e. 使用颜色和线条分区 f. 不具备分离式菜单选项
颜色	a. 页面背景颜色采用蓝色和白色 b. 板块背景颜色采用蓝色、白色和红色 c. 选用一些亮色，如红色、蓝色和黄色	a. 页面背景颜色采用白色和灰色 b. 板块背景颜色采用白色、灰色和黑色 c. 经常使用白色
交互	a. 刷新网页后无变化 b. 标题区变化极少 c. 消息更新周期3—4天 d. 指针指向时许多地方出现变化 e. 指针指向时菜单上的文字颜色改变 f. 包含更多错误或已过期的链接 g. 更多站外链接 h. 较多的动画。动画变化快，间隔短 i. 使用较多音乐 j. 为达到产品促销和公司介绍的目的而采用多媒体 k. 定位确切的网页或者网页的某个确切组成部分不太容易	a. 刷新网页后标题区有一些变化 b. 标题区和特色故事区的变化更加频繁 c. 消息更新更加频繁 d. 指针指向时较少地方出现变化 e. 指针指向时菜单的背景颜色改变 f. 包含较少错误或已过期的链接 g. 不含站外链接 h. 较少的动画。动画变化慢。 i. 使用较少音乐 j. 在投资者关系栏目采用多媒体 k. 定位确切的网页或网页的某个确切组成部分容易

续表

	中国	美国
交互	l. 几乎不指明下载文件的类型且不对下载文件的类型提供选择 m. 部分网站提供了PDF阅读器和媒体播放器的下载 n. 很少使用FAQ(常见问题解答)和图表来帮助浏览者理解信息 o. 仅包含有关产品促销方面的详细的联系信息 p. 极少提供电子邮件警告服务	l. 通常指明下载文件的类型并对下载文件的类型提供选择 m. 所有网站提供PDF阅读器和媒体播放器的下载 n. 更多使用FAQ(常见问题解答)和图表来帮助浏览者理解信息 o. 同时包含有关产品促销和投资人关系方面的详细信息 p. 通常提供电子邮件警告服务
图片	标题区 a. 所有标题区采用动态和变换相对较快的图片 b. 标题区图片很少更换 c. 较少采用人物图片 主页 d. 更多采用图片和动态图片	标题区 a. 大多数标题区采用静止模式。某些动态标题的网站，变换相对较慢 b. 标题区的图片在刷新后更换或者每3-4天更换 c. 较多采用人物图片 主页 d. 较少采用图片或动态图片

关于基本要素：中国网站采用了更多的诸如动画效果的动态内容，但法律公告和隐私声明信息内容很少；美国网站则很少运用动态内容，但提供了有关法律公告、隐私声明和版权方面的内容。

关于布局：中国网站采取从上到下的布局，并且网页尺寸很大。在主页上有更多的板块但留有较少的空白空间。相反的，美国网站的网页尺寸很小，首页上的板块也少，留有更多的空白空间。

关于颜色：中国的网站常常使用蓝白配色作为网页背景颜色，而美国的网站多使用灰白配色。亮色系的颜色在中国的网站中使用的更多。

关于交互功能：刷新后，中国的网站的网页不会有任何变化，而信息大约3—4天更新一次，外部链接很多，但对于下载文件的类型几乎不提示，也不对下载文件的类型提供选择，FAQ板块使用较少；对于美国网站，信息更新更加频繁，没有外部链接，对于下载文件的类型都做了提示，也对下载文件的类型提供选择。所有四个网站都提供了下载PDF阅读器和媒体播放器的功能，而且网页更多地运用FAQ板块和图表来帮助浏览者理解信息。

关于图片：中国的网页的图标区都是动态的，图片变换相对

图1[①] 宝钢、纽柯钢铁公司及钢动态公司网站首页的标语、口号

---

① Source: www.baosteel.com, www.nucor.com, www.steeldynamics.com, 2013-03-20.

较快,但很少使用人物图片;美国的网站的图标区大多是静止的,即使是有动态的图标,图片变换也相对较慢,但使用人物图片较多。

2. 网页内容方面分析的结果

为分析中美钢铁公司网站的内容,笔者从网站内容的选择和内容的呈现方式两方面来分析:

(1)内容选择

内容的选择中首先是标语、口号的使用。中国的四个钢铁公司网站上都用了口号,而只有两个美国钢铁公司网站用了口号——纽柯钢铁公司和钢动态公司。部分口号请见图1,这些口号使公司看起来更有竞争力。

在菜单名称的选择方面,在这八个网站中,都有"产品"、"新闻"、"联系我们"和"关于我们"这四个栏目,但表4中列出了其他不同的菜单内容选择。有趣的是中美网站各有其独特的菜单顺序,例如,中国的网站中一般会有"环境保护"和"企业文化"的菜单,而菜单的顺序一般设计为:"关于我们—新闻—产品—投资

表4 网站内容分析结果

菜单	中国	美国
关于我们	a. 有领导班子/组织结构图	a. 无领导/组织结构图
投资者关系	b. 信息少 c. 管理条例内容很少 d. 有关公司未来发展的内容很少 e. 几乎不标明数据和新闻来源 f. 没有关于公司发展的法律公告	b. 信息多 c. 管理条例、员工守则很详细 d. 有关公司未来发展的内容很多 e. 标明数据和新闻来源 f. 有关于公司发展的法律公告
产品	g. 产品和服务通常连在一起	g. 产品和服务很少连在一起
新闻	h. 关于劳动模范和公司荣誉的新闻	h. 关于公司荣誉和市场的新闻

者关系—环境保护/企业文化",而美国的网站菜单顺序一般为:"关于我们—投资者关系—产品—新闻"。这个顺序表明中国网站的焦点在新闻部分,而美国网站的焦点在投资者关系上。

(2)内容的呈现方式

不同文化有不同的方式来呈现内容和跟浏览者沟通,不同的呈

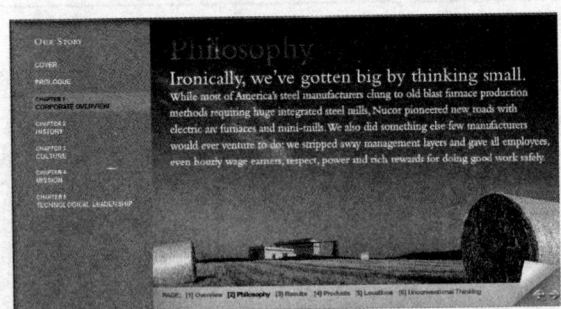

图2 首钢和纽柯钢铁公司网站上不同的公司简介

---

① Source: http://www.sggf.com.cn/index-1.asp, www.nucor.com, 2013-03-20.

现方式将通过以下五点来说明。

①段落长度

如图2所示，美国钢铁公司网页中的段落多短小，而中国钢铁公司网页中的段落大多很长。而且美国的网页中段落非常的引人注目。

图2中的第一个图片来自首钢公司的网页，每一个段落都比较长，字号都一样，没有突出重点。第二个图片来自纽柯钢铁公司，公司简介被分成了好几个部分，而且每个部分的重点用大号的字体，显得很突出。

②措辞

中国的网站一般使用第三人称来称呼公司，例如"本公司"或"钢铁集团"，而美国的网站经常使用第一人称"我们"来称呼公司，使交流变得更亲切。此外，中国的网站上对员工的介绍加深了权利距离，而美国的网站上采用更平等的措辞，例如：

例1：

"公司共有员工8236人，退休职工874人。其中生产人员5303人，销售人员51人，技术人员592人，财务人员64人，行政人员590人，其他人员1636人。"[1]

例2：

"Steel Dynamics' rapid growth has resulted from discovering and taking advantage of business opportunities in our areas of technical expertise through building new production facilities and acquiring others. We attract creative and committed people who are given the challenge and the freedom to implement our business plans, and reward them well for their successful efforts."[2]

例1选自首钢公司网页，"共有"这个词体现了公司所有者和

---

[1] Source: www.sggf.com.cn, 2013-03-20.

[2] Source: http://www.steeldynamics.com/about-sdi/overview/, 2013-03-20.

员工的权利距离。例2选自钢动态公司网页,"attract"这个词给读者留下的印象是,这个公司认为员工都是平等的,是公司不可分割的一部分。

③图表的运用

总的来说,美国的网站比中国的网站图表运用的更多,如图3所示:

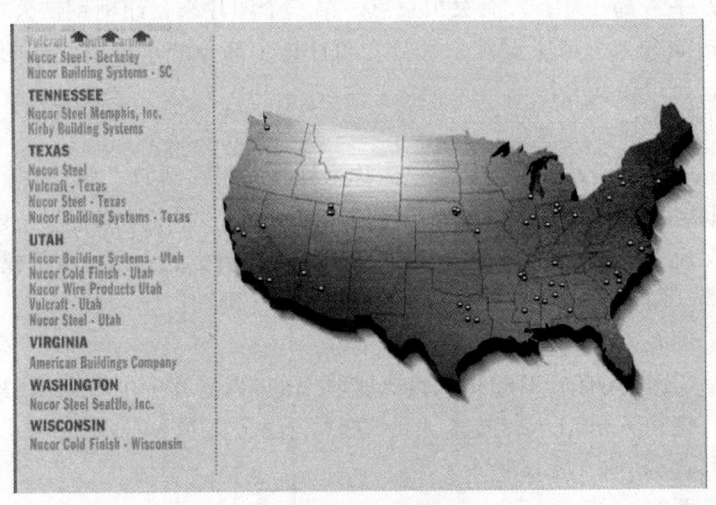

图3[①] **纽柯钢铁公司在美国的经销商分布图**

从图3可以看出,当美国公司网站说明销售网点时,通常会使用地图来清晰地说明。而且相比中国公司网站,美国公司网站上的图表通常丰富多彩,设计独特。

④逻辑

要分析内容的逻辑,就要从时间和信息结构入手。首先从时间来说,美国公司网页通常以时间顺序来组织信息,如图4所示:

---

① Source: http://www.nucor.com/products/locations/, 2013-03-20.

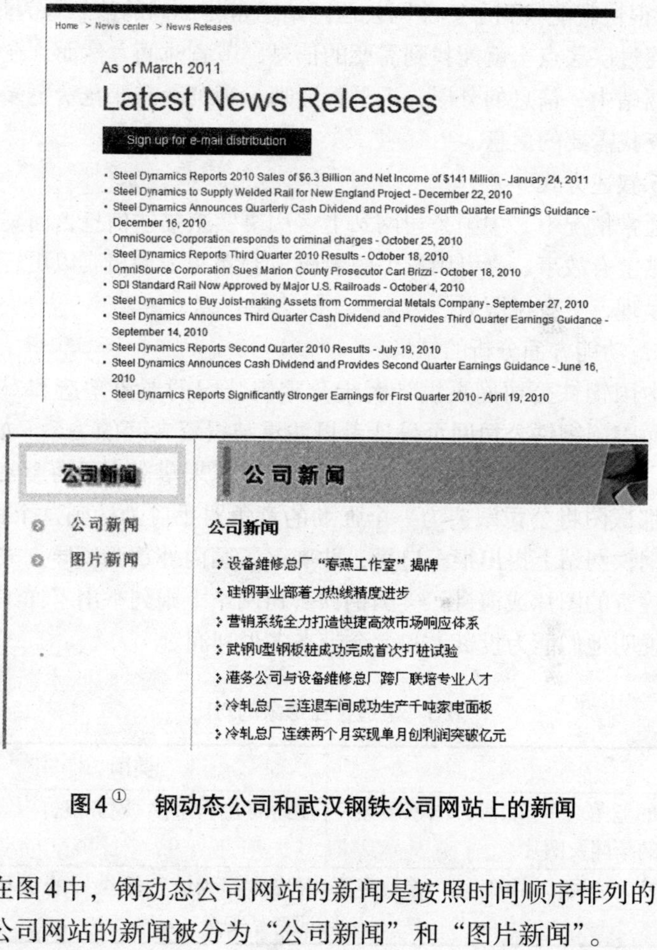

图4[①] 钢动态公司和武汉钢铁公司网站上的新闻

在图4中,钢动态公司网站的新闻是按照时间顺序排列的,而武钢公司网站的新闻被分为"公司新闻"和"图片新闻"。

从信息结构来说,在美国公司网站查找信息要比在中国公司网站容易一些,例如:当浏览者想找到有关公司执行总裁的信息,需要点击这样几个菜单:"关于我们—公司高层—管理者—执行总

---

① Source: http://www.steeldynamics.com/news-center/news-releases/; http://www.wisco.com.cn/wggf/gsxw/index.shtml, 2013-03-20.

裁",很快就能找到了。美国公司网站通常将不同的信息分为几层,这样通过层层点击就能找到需要的信息,节省时间。然而,在中国公司网站中,信息的分层并不是很清晰,浏览者需要花费更多的时间来查找需要的信息。

⑤叙述方式

通常情况下,中国公司网站上多用事实来描述信息,而美国公司网站上有故事、有引用员工的话或FAQ菜单,使事实以更轻松的形式呈现,更有说服力。

3. 功能方面分析的结果

中国钢铁公司网页设计者十分重视公司的形象塑造和产品推广,而美国钢铁公司网页设计者更注重与投资者间的关系。如表5所示,中美钢铁公司网站采用了不用的方式来塑造公司的形象,但他们都试图将公司塑造为一个强劲的竞争对手。为达到这个目标,中国钢铁网站上提出很多口号,并展示了国内外重要领导人来公司参观检查的图片或演讲;美国钢铁公司网站上则列举出了详细的数据,说明他们能为投资者和大众带来多少利润。

表5 塑造企业形象的对比

中国	美国
强劲的竞争对手:口号;国家领导人来访的新闻及图片	强劲的竞争对手:财务报告
良好社会公民:保护环境;参与公益事业	好雇主:为员工提供好的福利;保证产品安全

(二)中美文化的分析结果

本部分是运用文化维度理论来讨论中国和美国的文化差异,该部分将从六个方面进行详细论述。

1. 个人主义与集体主义

在不同国家的文化差异讨论中,个人主义与集体主义的层面早已不是什么新鲜事。在西方世界，个人主义是褒义词。在欧洲，个人主义的存在是通过对立面的映衬才得以体现的，比如中世纪的神权中心和封建主义中心，这些有效地促进了资本主义的发展，"个人主义"也就被赋予了褒奖的含义。但在中国，个人主义则被理解为"从个人角度思考做事，重视个人利益，忽视集体利益，只想自己，不想他人"。[①]

很多人认为集体主义等同于僵化的社会框架，并把内集体和外集体区分开来。人们指望内集体（即亲戚，宗族，组织）能给予关照，而与此相对，他们相信自己要对该集体保持绝对的忠诚。集体主义文化强调个人要将集体的目标放在第一位，而个人的目标其次。在这种文化下人们普遍相信只有集体才是生存的最小单位。很多时候，受集体主义影响的人已将其概念深刻内化，对于他们而言，集体目标与个人目标也就没有了区别。从表6可以看出，Hofstede对于中美文化的比较研究可以分为五个方面。

表6　中美五个文化层面的价值[②]

国家	PDI（权利距离）	IDV（个人主义与集体主义）	MAS（刚性倾向与柔性倾向）	UAI（不确定性的规避）	LTO（长期取向与短期取向）
中国	80	20	66	40	118
美国	40	91	62	46	29

如表6所示，美国大力宣传个人自由和个人隐私，其个人主义比重所占较大。相对地，中国个人主义所占比重就小得多。美国人通常会宣扬对于个人生活和空间的高度自觉意识。很注重努力和个人成就。他们相信人人都是平等的。然而在中国这个集体主义氛围

[①] 中国社会科学院语言研究所词典编辑室编：《现代汉语词典》，北京：商务印书馆，1997年版，第126页。

[②] "Geert Hofstede's Cultural Dimensions", http://www.clearlycultural.com/geert-hofstede-cultural-dimensions/, 2013-03-20.

浓重的国家，比起自己，人们更重视集体。在集体中，每个人都有一种归属感和安全感。

个人主义（IDV）着眼于一种程度的变化，这种变化表现在社会对个人或集体成就的加强，以及对人际关系的加强。个人主义的指标是通过衡量个人利益到底能比集体利益重要多少来实现的。如果个人主义地位很高，那就说明个人特质与个人权利在该社会中占主导。但如果个人主义地位不高，那么该社会就更偏向于集体主义模式，个人间的联系也更加紧密。这种意识促使大家庭和集体中的每个人都能为其他同胞承担责任。

2. 不确定性的规避

不同社会适应不确定性的方式也不一样，一方面这是社会的文化遗产，另一方面这一过程是通过家庭、学校、国家这样的基础单位来实现转换与强化的。

如表6所示，在不确定性的规避上，中美两国的比重都很低。而中国则比美国还要更低一些，这就说明中国人更乐于去面对挑战，接受未知与改变。在美国，人们则对法律法规有着更高的要求。所以他们会更小心谨慎，只接触可预估的风险。

3. 权力差距

权力差距大的文化中，容易助长独裁主义，这也就决定了等级制的或者说纵向结构的社会关系。在这种氛围下，人们会自觉假定他们在社会交往中的不平等性和互补性。年龄、性别、辈分以及地位上的差异经常会被放大。因此生活在这种文化中的人通常是基于阶层的等级与别人发展关系。

权力差距小的文化中，社交关系呈横向展开。在这种氛围下，人们年龄，性别，地位，角色上的差异会被忽略。相反，个人差异则受到提倡和重视。因此生活在这种文化中的人不会那么一板一眼，在社交中也会更加直接。

如表6所示，中国的权力差距很大。中国人更能接受社会中的不平等并认为每个人都有自己的位置。比如，应该听老人言，尊敬老人。但在美国，人人是平等的，谁都有平等的权利。美国人通过辛勤劳动和成就来赢得别人的尊重，敢于质疑权威，而更有威信力的人也不能享有普通人没有的特权。

4. 长期取向与短期取向

如表6所示，中国在LTO方面要比美国高得多。从文献综述部分得知，中国人乐于为了长远目标而在现在做一些牺牲。例如，中国人都喜欢存钱以备不时之需，但美国人都习惯贷款，花光明天的钱。

长远目标一般同坚持、节俭、谦虚等品质联系起来。看了上图中中国的高比重，也就能明白中国社会的时间观念和坚韧态度了。相反，美国人的思维方式和行为举止则是和短期取向的目标相联系。美国人看重付出与收获过程中的互惠性，并且希望做完一件事后能够快速得到答复。

5. 刚性倾向与柔性倾向

如表6所示，中国的刚性/柔性倾向值略大，说明中国社会的男性化倾向比美国社会略高。在男性气质突出的国家中，社会竞争意识强烈，成功的标准就是财富功名、社会鼓励和工作狂，人们崇尚用一决雌雄的方式来解决组织中的冲突问题，其文化强调公平、竞争，注重工作绩效，信奉的是"人生是短暂的，应当快马加鞭，多出成果"；而在女性气质突出的国家中，生活质量的概念更为人们看中，人们一般乐于采取和解的、谈判的方式去解决组织中的冲突问题，其文化强调平等、团结，人们认为人生中最重要的不是物质上的占有，而是心灵的沟通，信奉的是"人生是短暂的，应当慢慢地、细细地品尝"。

6. 高低语境

中国文化是一种高语境文化，信息更多存在于文化的内涵之中，很少存在于清晰的语词中。在高语境的中国文化中，借助中文表达的含蓄性，用语比较含蓄，平实有节制，感情一般不会不加掩饰地流露出来。谈话从容不迫但篇幅较长，做决定是建立在情感之上。语言不必是主要的信息渠道,手势、空间距离,甚至沉默都可以传达思想。

相比之下,美国文化是一种低语境文化。人们居住松散,人际关系相对独立。由于缺少共同的生活经验,因此交际过程中,人们一定要提供详细的背景信息。相应的,低语境文化的特点是信息大多存在于语言而非情境中,要求语言具体、准确。听众希望一次性获得大量信息,做决定是建立在信息的基础上。

(三)网站文化分析模型

前文分析了中美两国之间网站设计与中美文化方面的差异,那么接下来的一步就是在这个新的网站分析框架下将这二者相结合。每一种文化维度对网站设计都会产生一定程度的影响。而在下文中,笔者将试图对网站设计与文化差异之间的关系进行探讨。

1.个人主义与集体主义

这一层面的差异是文化差异的核心部分,无疑会对网站设计产生影响。如下图所示,在美国钢铁公司的网页上,关于"条件与条款"与"隐私权声明"的说明栏是十分常见的。除此之外,在网页上还能看见许多雇主与员工的照片和文章。很明显,美国人非常重视个体,个体之间平等的权利永远是第一位的。因此,公司能够为员工提供的福利以及为投资者带来的回报是美国网站关注的焦点。

而中国则深受集体主义文化的影响。中国人更倾向于关注共同目标与集体利益,在一个团队中尽量与其他成员和睦相处。如图5所示,我们可以很容易地找到该公司与其他钢铁公司之间的外部链接。企业总是尽己所能来给自己贴上一个优秀社会公民的标签:不仅关注员工,更努力为全社会谋福利。

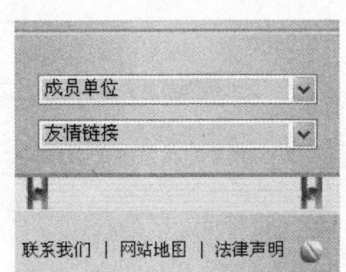

图5 纽柯钢铁公司和鞍山钢铁公司网站上的外部链接[①]

然而，在本文所选取的四家美国网站中，并不存在像这样的外部链接。这几家公司关注的焦点在于它们自身的发展。表7更细致地展现了个人主义与集体主义因素对网站设计产生的影响。

在外观方面，中国的网站很少有隐私权保护的内容，而有更多的外部链接以及关于大自然或钢铁的图片。另外，人和设备很少出现在同一张图片中。美国的网站则有更多隐私权保护的内容，而没有任何的外部链接。这表达了对网站浏览者个体以及公司个体的尊重。美国网站还会更多的使用人的照片，尤其是独照。

在内容方面，中国的网站会采用更多标语，并设置关于"企业文化"的栏目。网页上的文章采取一种严肃正式的叙述风格。在美国的网站中，标语要少一些，而且会设置关于"人"的栏目。美国

[①] Source: http://www.nucor.com/, http://www.ansteelgroup.com/index.html, 2013-03-20.

表7 个人主义与集体主义因素对网站设计的影响

		中国	美国
外观	基本元素:	a. 关于保护隐私权的内容少	a. 关于保护隐私权的内容多
	布局: 无	布局: 无	布局: 无
	色彩: 无	色彩: 无	色彩: 无
	交流互动:	b. 外部链接多	b. 无外部链接
	图片:	c. 人的照片少 d. 自然风光的图片多 e. 人很少出现在有机器设备的图片中	c. 人的照片尤其是独照多 d. 自然风光的图片少 e. 人经常出现在有机器设备的图片中
内容	内容选择:	f. 标语多 g. 关于"企业文化"的栏目 h. 关于劳模与公司荣誉的新闻	f. 标语少 g. 关于"人"的栏目,尤其是"投资者关系"的栏目 h. 关于荣誉与市场信息的新闻
内容	内容展示:	i. 正式严肃的叙述风格	i. 个人言论
功能		j. 优秀社会公民: 参与环保与公益事业	j. 优秀雇主: 为员工提供福利与劳保

网站采用更为轻松的叙述风格,并经常引用个人言论。这传达了这样一种理念:在公司中,每个员工都能够拥有话语权。

在功能方面,中国公司往往在网站上安排一些环保方面的内容,以此证明自己是一个负责任的社会公民;而美国的公司则更加关注它们能够为员工提供的福利。

2.不确定性规避

在这一层面,文化的差异主要影响到网站设计的外观。总的来说,这一层面对网站设计的影响并不如上一层面多。表8展示了在不确定性规避因素的影响下,两国网站之间在外观、内容、功能等方面的差异。

表8 不确定性规避因素对于网站设计的影响

	中国	美国
外观	基本元素: a.多动画,少法律公告 布局: b.网页尺寸:大 c.主页上的模块更多 d.主页空间较拥挤 色彩: e.使用多种色彩 f.使用亮色 交流互动: g.变化多 h.错误、无效链接多 i.多使用动画、音乐等多媒体技术;动画经常变换 j.很难定位某一特定网页或网页中某一特定部分	基本元素: a.少动画,多法律公告 布局: b.网页尺寸:小 c.主页上的模块更少 d.主页空间较宽敞 色彩: e.使用有限的几种色彩 f.使用不太亮的颜色 交流互动: g.变化少 h.错误、无效链接少 i.较少使用动画、音乐等多媒体技术;动画变换少 j.容易定位某一特定网页或网页中某一特定部分
外观	图片: k.动态图片 l.变化迅速	图片: k.静态图片 l.变化缓慢
内容	内容选择:无 内容展示:无	内容选择:无 内容展示:无
功能	无	无

在外观方面，中国网站的网页尺寸较大，主页空间较为拥挤，且有较多的动画以及较少的法律公告方面的内容。此外，网站色彩通常采用亮色，网页图片会迅速变换。风格比较大胆。而美国的网站网页尺寸较小，主页空间较宽敞，动画较少，法律公告方面的内容较多。网站不采用过亮的颜色，图片的变换也比较慢。风格比较小心谨慎。

在内容与功能两方面，不确定性规避并未产生任何的影响。

3.权力差距

在这一层面上，文化差异主要影响到网站的布局与风格。中国的网站设计者十分重视不同栏目的划分，每一个选项都具备不同的功能，而美国的设计者则不太重视栏目与选项的划分。此外，就其展示方法来说，企业新闻的分类也是不同的。在中国的网站中，新闻通常被划分为两大类：公司内部以及周边的相关新闻，或是整个行业乃至整个国家的新闻。如图6所示：

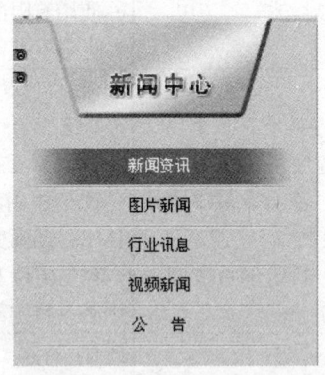

图6　鞍山钢铁集团网站上新闻的分类 ①

更重要的是，中国文化中的权力差距还可以体现在网站浏览者

---

① Source: http://www.ansteelgroup.com, 2013-03-20.

和设计者之间的关系上。设计者有权决定哪些信息可以共享，因而设计者支配了网站与用户的交流过程，却无法提供能够满足用户需求的足够选项。而美国网站则截然不同。网站的设计者能够让浏览者通过选择格式来读取相关信息，因而他们往往能获得更多的选择与便利。除此之外，信息的来源是公开的，网站的风格较为轻松。中国网站上的插图大多是公司领导的照片，这表现出它们对权威的尊重；美国网站则更为关注普通员工，这反映出"人人平等"的理念。

除了图片之外，公司对权威的关注还表现在另外一些方式上，其目的都是为了给公司塑造一个富有竞争力的形象。中国的网站上经常能看见有关高级政府官员视察的新闻，这在美国网站上是很少见的。后者往往以财务报告来表现自身实力。此外，组织架构图的频繁使用也反映出中国这个权力差距大的文化对等级制度的重视。表9展示了在权力差距因素的影响下，两国网站之间在外观、内容、功能等方面的差异。

在外观方面，权力差距对基本元素和色彩没有任何影响。中国网站运用线条与方格来划分不同模块，并划分菜单选项，而美国网站则以色彩和线条划分不同模块，并不划分菜单选项。中国网站很少标明可供下载文档的格式或提供不同格式的选择。在我们选取的四家网站中，两家公司网站提供PDF阅读器和媒体播放器的下载。与美国相比，中国网站较少使用FAQ或是图表的形式来帮助浏览者更好地理解信息。

在内容方面，中国网站通常采用"公司"而非"我们"的称谓，而后者是经常为美国网站所使用的。中国网站上的新闻是以内容分类的，而美国网站上的新闻是以时间分类的。

在功能方面，中国网站经常选取关于政府官员视察的新闻，而美国网站则以财务报告来展示自身的竞争力。这表明，权力差距对中国的影响更大。

表9 权力差距因素对于网站设计的影响

	中国	美国
外观	基本元素：无	基本元素：无
	布局： 用线条与方格来划分不同模块 对菜单选项进行划分	布局： 用色彩与线条来划分不同模块 不对菜单选项进行划分
	色彩：无	色彩：无
	交流互动： 很少标明可供下载文档的格式或提供不同格式的选择 两家网站提供PDF阅读器和媒体播放器的下载 较少使用FAQ或者图表来帮助浏览者理解信息	交流互动： 通常标明可供下载文档的格式并提供不同格式的选择 所有网站均提供PDF阅读器和媒体播放器的下载 较多使用FAQ或者图表来帮助浏览者理解信息
	图片： 更关注权威；女性的照片很少出现在网站上	图片： 更关注普通人；女性的照片较多出现在网站上
内容	内容选择：无	内容选择：无
	内容展示： 有组织图 很少注明数据和新闻的来源 采用"公司"的称谓 严肃正式的叙述风格 使用较为简略的信息结构 语气严肃 按照内容对新闻进行分类	内容展示： 无组织图 通常注明数据和新闻的来源 采用"我们"的称谓 轻松活泼的叙述风格 使用较为复杂的信息结构 引用个人言论 按照时间顺序对新闻进行分类
功能	n. 选用关于政府官员视察的新闻	n. 选用财务报告

4. 长期倾向与短期倾向

在这一层面,文化差异主要影响到网站实现其功能的方式。美国人喜欢看到眼前实实在在的利益,美国网站往往针对这一点进行短期定位,这与网站对财务报告的重视也是密不可分的。

中国人更倾向于将发展看作一个长期目标。与政府建立良好的关系、在潜在客户群中打造信任与声誉,这些都是实现长期发展的重要途径。因此,中国的网站中有大量关于官员视察以及公司关注公益事业的信息。

5. 高语境与低语境

高低语境对网站设计的图片与内容方面产生了极大的影响。在中国的网站中,有许多蕴含一定象征意义的图片。这在美国网站的设计中很少见,因为美国人习惯了低语境交流,需要直截了当的信息。而中国的网站浏览者并不要求所有的信息都十分直白,也习惯在语境中理解一些隐喻的信息。美国的网站更多地使用FAQ和图表也反映出人们希望获得完全准确的信息。对于管理条例、规章制度和法律公告的频繁使用也是一个道理。表10展示了更多细节。

外观部分,高语境与低语境因素对基本元素、布局、色彩和交流互动方面没有任何影响。然而,中国网站倾向于使用较多具有一定象征意义的图片,如握手、地球等,而美国网站则较少使用象征意义的图片。

内容部分,中国网站中关于管理条例与规章制度的内容较少,同时很少注明数据与新闻的来源,也没有关于公司未来发展的法律公告。更重要的是,网站上有许多关于劳模与公司荣誉的新闻,而图表使用的不多。美国网站上则有更多关于管理条例与规章制度的内容。网站会注明数据与新闻的来源,还有关于公司未来发展的法律公告。它们还会设置有关"人"的栏目,并十分看重"投资者关系"这一栏目。网站上的新闻往往是关于荣誉与市场。而图表在美国网站中经常使用。

高语境和低语境这一维度对于网站功能没有影响。

表10 高语境与低语境定位因素对网站设计的影响

		中国	美国
外观	基本元素：无		基本元素：无
	布局：无		布局：无
	色彩：无		色彩：无
	交流互动：无		交流互动：无
	图片： 较多使用具有象征意义的图片，比如握手、地球等		图片： 较少使用具有象征意义的图片
内容	内容选择： 关于管理条例与规章制度的内容较少；标语较多 很少注明数据和新闻的来源 没有有关公司未来发展的法律公告 设置"企业文化"栏目 关于劳模和公司荣誉的新闻		内容选择： 关于管理条例与规章制度的内容较多；标语较少 注明数据和新闻的来源 有关于公司未来发展的法律公告 设置关于"人"的栏目；十分注重"投资者关系"栏目 关于荣誉和市场的新闻
	内容展示： 图表较少 段落相对较长		内容展示： 图表较多 段落相对较短
功能	无		无

6. 柔性倾向与刚性倾向

在我们所选取的样本中，柔性倾向与刚性倾向这一层面对网站设计的影响并未得到体现。这可能是因为中美两国在这一层面上的文化差异还不是特别明显。而这一点也许会对本研究造成一定的限制。

五、结语

（一）主要研究成果的总结

研究证明，通过三步分析法，笔者提出的框架可以运用于公司网站设计的跨文化对比分析。框架的三个组成部分紧密相连，缺一不可。

第一部分，即网站分析，能够指导研究人员发现网站之间的差异。从外观角度看，中国网站更多地运用了动态内容，例如动画，相比之下，关于法律注意事项与隐私声明的内容较少。美国网站运用的动态内容较少，而提供了关于法律注意事项、隐私声明与版权的内容。中国网站选择上下布局的方式，页面较大，分成多个部分，留给主页的空间较小。与之相反，美国网站的页面较小，包含部分不多，但主页空间较大。中国网站更多地使用明亮的色调。中国网站的网页刷新之后没有即时变化，信息每三至四天会更新一次。网站上附有许多外部链接。网站很少会显示所下载文件的格式，也很少提供可选择的格式，基本不使用"常见问题解答"服务。美国网站信息更新速度更快，并且没有外部链接。一般来说，这些网站会显示所下载文件的格式，并提供可选择的格式。美国的四家网站都提供PDF阅读器和媒体播放器的下载，并且更多地使用"常见问题解答"和图表来帮助浏览者更好地理解信息。从功能角度看，根据笔者的观察，中国的四家网站都使用了标语，但四家美国网站中只有两家使用了标语。中国网站经常出现"环境保护"与"企业文化"一栏，而美国网站经常出现关于"投资者关系"与"隐私条款"的内容。中国网站试图通过发布标语口号、国内外一些重要政府官员到访的谈话和图片，将公司打造成一个充满活力的竞争者的形象。为了达到同样的目的，美国钢铁工业的网站会以列举具体数据的方式说明公司的盈利水平以及投资者的收益情况。

第二部分，即文化分析，能够帮助研究者理解基于文化维度理论的文化差异。总体来说，中国文化是高语境文化，强调集体主义，权力距离大，且看重长期取向；而美国文化是低语境文化，强调个人主义，权力差距较小，且看重短期取向。两种文化没有表现出对刚性或柔性的明显倾向。

第三部分，即网站文化分析模型，指导研究者对网页设计进行跨文化分析。作者对中美著名钢铁公司的网站进行了跨文化分析，验证了这种分析框架的可行性。具体结果如下。

外观方面，从个人主义对比集体主义的角度，中国的网站关于隐私保护的内容少，外部链接多。图片内容更多关于自然和钢铁。公司设备的图片中很少有人物出现。美国的网站关于隐私保护的内容多，没有外部链接，这体现了对浏览者个人及公司方面的尊重。网站更多地运用人物图片，特别是单个人的图片。从不确定性规避的角度，中国网站更多运用动画，主页上关于法律注意事项的内容较少，主页空间较小。中国网站色调明亮，图片变化速度快。美国网站动画较少，主页上关于法律注意事项的内容更多，主页空间较大。美国网站色调运用不及中国的网站明亮，图片变化速度慢。从权力差距的角度，基本元素及色调的运用方面并没有受其影响。中国网站运用线条和单元格来区分不同部分，并将菜单选项分开，而美国网站用颜色和线条来区分不同部分，未将菜单选项分开。基本元素、布局、色调和交互作用的运用并没有受到高低语境的影响。但是，中国网站往往更多运用带有象征含义的图片，如握手、地球等，而美国网站运用此类图片较少。

内容方面，从个人主义与集体主义对比的角度，中国网站上的标语口号、企业文化专栏更多，采用正规叙述性文章。美国网站上的口号较少，设有人物专栏，采用非正规的叙述并引用个人言论，表明公司中每个人都有发言权。网站内容方面并没有受到不确定性规避的影响。从权力差距角度，中国网站经常使用"本公司"而非"我们"，而美国则相反。中国网站上的新闻根据内容分类，而美国网站上的新闻根据时间分类。从高低语境角度，中国网站关于管理制度的内容较少，很少说明数据及新闻的来源，没有关于公司发展预测的法律公告，图表使用较少。美国网站关于管理制度的内容较多，说明数据新闻来源，有关于公司发展预测的法律公告，并且经常使用图表。

功能方面，从个人主义与集体主义对比的角度，中国公司经常在网站上刊登环境保护话题的文章，表现公司作为负责任的社会公民的形象。美国公司则更注重为员工提供的福利。不确定性规避并没有对网站的功能方面产生影响。从权力差距角度，中国网站会刊登政府官员到访的新闻，而美国网站更多地刊登财务报告来体现公司的竞争力，这表明中国受权力差距的影响更多。从短期取向对比长期取向角度，美国公司对财务报告的重视与美国人的短期取向密切相关，他们希望看到直接的结果。而中国人习惯于以长远取向思考公司的发展。中国网站上有许多关于官员到访、公司关心公益的信息。网站的功能方面没有受到高低语境的影响。

（二）研究的启示

此新框架的提出基于对大量相关研究的观察以及笔者对所选网站的研究。笔者希望这份新框架能为相关研究者提供一些新的想法，并为那些在设计海外版网页时遇到困难的网站设计人员提供帮助。同时，笔者也希望这份新的框架能为同样尝试将跨文化理论运用到网站设计分析的学者带来一些新的想法，并填补有关中国网站的研究这个空白。例如，中国网站的设计人员可以更快地更新英语版本的网站，增添关于隐私权的条目，更多地运用图表及常见问题解答服务，缩短段落长度，添加一些关于员工或投资者的图文信息，并按照时间顺序排列新闻。

总而言之，在未来阶段，网站设计的跨文化研究仍然任重而道远。笔者坚信，在将来，此论题会吸引更多的关注，并会有更多地人们对其进行研究，以促进其在全球范围内的发展。

国外文学作品中的图书馆员形象探析

游 祎

文学作品源于生活而高于生活。文学作品在刻画某一特定职业的人物形象时,一方面反映了作者对这一职业的认知和评价,另一方面表达了作者及社会大众对从业者性格、行为、素养等多方面的期许。描写图书馆馆藏、读者及图书馆员关系的图书馆文学也是如此。本文将选取以图书馆或图书馆员为主要描写对象的当代国外文学作品,详细分析其中图书馆员的形象特质与象征意义,力图从文学作品的视角审视图书馆员的职能、道德、价值和使命,提供一种全新的思考方式,从而为广大图书馆人自身的完善及图书馆事业的发展给予一定借鉴。

一、国外文学作品中的图书馆员

(一)《图书馆战争》[①]

日本作家有川浩的作品《图书馆战争》将故事的背景设定为未来的公元2019年。为限制言论和出版自由,日本政府制定了《媒体良化法》并成立了"良化特务机关"对书籍进行检阅,制定书籍审

---

① 有川浩:《图书馆战争》,台北:台湾国际角川书店,2008年版。

查制度，目的在于取缔"有碍公序良俗的书籍和音像作品"，遇到"不合要求"的书籍便没收、查禁、毁坏。在这种情况下，一批图书馆员奋起抵抗，以保卫图书、保卫阅读自由、守护书本的未来。

作者笔下的图书馆员除了完成图书馆的一般业务，最重要的工作就是与国家设置的书籍审查组织对抗；图书馆也不再是传统观念中宁静的殿堂，而被赋予了战场的意义。图书馆内各个部门分工十分明确，如图书队负责图书馆警卫及相关任务，业务部负责馆内一般事务，后方支援部负责整备藏书、军备及物流工作等。图书馆基地司令稻岭和市认为，"对一个人来说，言论及其感受的自由是与生俱来的不可或缺的权利"。在这一信条与图书馆法及图书馆自由宣言的共同指导下，图书馆员与良化组织进行了多次斗争，努力保全每一本书籍。与长久以来人们对于图书馆员的安静、严肃、温和、内向等印象不同，本作品中的图书馆员多是热血，乐观，充满活力、激情和勇气的，他们不屈服于外部的压力和斗争的危险，具有坚定的信念，不畏流血和受伤，捍卫书籍的安全与阅读的自由，成为守护人类精神家园的卫士。在他们眼中，书籍是比生命更加重要的东西，以最快的速度满足读者的需求是每个馆员的天职。

值得一提的是，作品中同样强调图书馆员的业务能力，如熟练掌握相关业务知识、及时解答读者的咨询、根据读者需要提供系统的文献资料、进行图书推荐等，这种能力被视为图书馆员的基本功和必备素质，在作品中多次得到体现。

（二）《骆驼移动图书馆》[①]

《骆驼移动图书馆》讲述的故事发生在非洲的肯尼亚。在肯尼亚东北部，由于地形半沙漠化，行车非常困难，为解决当地牧民及孩子们的读书难问题，由骆驼背负和运送书籍的移动图书馆产生了。

[①] 玛莎·汉密尔顿：《骆驼移动图书馆》，姜娴静译，上海：上海人民出版社，2009年版。

来自纽约的菲儿为重新寻找生命的意义，报名成为骆驼移动图书馆的一名馆员。即使对目的地和那里的人们几乎一无所知，怀有莫大的惶恐，她依然勇敢地前往。她从图书馆的书与知识中获得滋养，并深感读书识字的重要意义，因而产生强烈的愿望，要用书籍帮助那些需要知识的人。这份工作可谓困难重重，离开了现代化的工作和生活环境，菲儿除了需要在恶劣气候和危险旅途中长途跋涉，还遇到了来自很多人的不解和阻力，两本书的失踪更是加剧了图书馆与米帝帝玛部落的矛盾。即便如此，菲儿并未迟疑和退缩。她与并不支持骆驼移动图书馆计划的加里萨图书馆馆长阿巴斯先生斗智，并在两本书失踪之后尽力说服馆长宽限还书的时间；她亲自来到部落并住下，为找到失踪的书而想尽办法；她计划带想要成为教师的部落女孩卡尼卡进城学习；即使是对撕书并在书页上画画的疤孩塔邦，她也看重其绘画天赋而试图给予其上课和提高画技的机会。当然，菲儿并不是孤军奋战，部落中视书籍如生命、渴望走出沙漠的14岁女孩，勤劳、勇敢、有主见的外祖母，倡导读书和识字的乡村教师……都热切盼望着骆驼移动图书馆的到来。

最终，故事随着米帝帝玛部落的离开戛然而止。作者也许是要借助移动图书馆这一载体探讨不同文明之间的碰撞与冲突，引发人们深层次的思考；也许对于女图书馆员菲儿颇具理想主义色彩的"送书入万家"的信念和改变部落人民命运的想法抱有莫大的怀疑。但不能否认的是，菲儿面对重重阻力为穷乡僻壤的人们送去书籍、传播知识和开启心智之窗所做的各种努力，被干旱、饥饿和疾病困扰的人们因为骆驼移动图书馆的出现而获得了知识和希望，获得了改善自身生活的可能性。

（三）《小猫杜威》[①]

作品《小猫杜威》的主人公杜威是一位特殊的图书馆员，也许

[①] 薇奇·麦仑、布赖特·维特：《小猫杜威》，马爱农译，上海：上海译文出版社，2009年版。

称之为"图书馆猫"更为恰当。在衣阿华州西北部的小镇斯潘塞的公共图书馆中，杜威并不能像普通图书馆员那样为图书编目、上架、提供借阅或者回答读者的咨询，但它却给予了斯潘塞人民更重要的东西——爱与勇气。

被遗弃的杜威被充满爱的图书馆员们收留并养育，它也以自己独特的方式将爱传递给每一个来到图书馆的人。从使用就业资料库的工人、刚学会走路的女孩，到图书馆的固定读者、在图书馆上课的特殊教育班的残疾儿童，再到从其他地方驱车而来的客人，杜威都能给他们带来喜悦和幸福。这只安静、耐心、热情友好而有智慧的小猫，总能敏锐地发现不顺心的人并帮助调整他们的心情。正是它这种神奇的能力，使得斯潘塞公共图书馆的读者数量不断上升，在馆时间也延长了。人们不仅将愉悦的心情带到生活和工作的地方，也开始借助图书馆交流和表达情感，人际关系得到巨大改善，小镇的凝聚力也大大增强。

杜威传递的勇气也许更为重要。生活并不容易，不仅对作者，同时也是斯潘塞公共图书馆馆长的薇奇·麦仑来说如此，对于小镇的其他居民也是如此。薇奇有着坎坷的经历，自身糟糕的健康状况、亲人的早逝、工作的种种压力……一场场灾难向她袭来。然而，她并未被不幸打垮，即使是在最困难的时候向福利救济办公室寻求帮助，她也没有简单地接受办公室提供的工作，而是提出送她去上大学。这位坚强、有智慧和主见的图书馆员从杜威这只出身卑微、身世悲惨的小猫身上看到了勇气、激情和决心，杜威给予她的是精神的支持、鼓励以及联系她和女儿的纽带。小镇斯潘塞也经历过最艰难的时期，由于农业危机，大量人员失业，面临巨大的经济压力，却没有有效的救助措施。杜威的到来不仅分散了人们的注意力，也引起了他们的共鸣，将人们凝聚得更紧。正如作者所说："不管环境如何，它从不失去信念，从不失去对生命的珍重。"杜威确实给斯潘塞人带来了勇敢面对生活的勇气，它激励了小镇的每一个人，并团结了整个地区。

"一个伟大的图书馆,并不一定很大、很漂亮。并不一定拥有最好的设施、最有效率的馆员或者最多的读者。一个伟大的图书馆是在给予。它深深地与社区生活融为一体,变得必不可少。"这是做了二十多年馆长的作者薇奇发自内心的感触,而正因为杜威和其他图书馆员的共同努力,斯潘塞公共图书馆的确变得无可替代。

二、图书馆员的形象特质

(一) 保卫图书、知识和智慧的勇士

在很多人心中,图书馆员的形象已经成为一种定式,往往与温和、内向、古板、严肃甚至胆怯等特点相联系,[①] 他们也许平凡、普通、默默无闻,日复一日完成固定的工作。但事实上,如果出现了威胁书籍、图书馆以及读者权利的情况,图书馆员也会奋起战斗。

20世纪90年代,旧金山公共图书馆的新主馆引起了巨大争议。该馆建设违背了公共图书馆应有的原则,由于当时的馆长肯尼斯·道林过分注重技术而忽视图书收藏,馆舍设计方案并不利于读者阅读和使用,也没有足够的空间存放图书。结果竟然出现了抛弃图书、缩减图书存放面积的情况。为了保全宝贵的书籍,图书馆员采取各种行动避免图书被填埋,或是拒绝执行抛弃图书的命令,他们中有一些还参加了反对活动并尽自己所能妥善保存被抛弃的书籍。[②] 尽管面临上级的压力和失去工作的危险,图书馆员们依然毫不畏惧。他们坚韧、果敢,不畏强权,对于他们来说,书籍是智慧的结晶,涵盖了很多重要的主题,理应被大家阅读和欣赏,如果有

[①] 张立菊:《电影中的图书馆与图书馆员形象研究》,《图书馆建设》,2008年第6期,第107—111页。

[②] 尼古拉斯·A.巴斯贝恩:《永恒的图书馆:坚忍与刚毅之二》,杨传纬译,上海:上海人民出版社,2010年版。

人破坏书籍,他们就必须与之斗争。

(二)启迪心智的导师、传播文明的使者

信息技术和网络技术的迅猛发展在给人们带来更多便利的同时,也加深了城乡之间、富裕地区与贫困地区之间的数字鸿沟。虽然可以通过援助等方式向落后地区提供计算机和接入网络,但专业人员和技术支持匮乏、相关教育不到位往往成为主要问题。因此,书籍成为落后地区人民尤其是当地儿童获取知识、接受教育、开阔视野的主要途径。曾任纽约公共图书馆馆长的历史学家格雷戈里安博士认为:"图书馆不是奢侈品,而是必需品。特别是在贫困地区,它们是在智能与文化上发挥影响的唯一机构。"[1] 对于贫困地区图书馆的馆员来说,他们面临着更大挑战与责任,一方面需要使当地人民认识到阅读的重要性、提高他们对书籍的接受程度,另一方面还要靠自己的努力给用户获得知识提供便利,这也意味着更大的付出。在乌干达的Kitengesa图书馆,馆员向全体居民开办免费识字教学课程,使当地居民通晓英语而便于阅读捐赠的英文书籍;馆员还以上门走访的方式调查当地人的阅读习惯和喜好,以提供有针对性的服务;馆内还开展了多种形式的活动,吸引人们到馆访问并提高他们对图书馆的认识水平和兴趣。[2] 图书馆自产生之日起就承担了社会教育的使命,因此,图书馆员即使面临恶劣的环境与困乏的物质条件仍义无反顾,尽自己所能将知识传递给需要的人。

(三)播撒爱与勇气的天使

曾任阿根廷国家图书馆馆长并长期从事图书馆工作的阿根廷著名作家博尔赫斯说过:"我心里一直都在暗暗设想,天堂应该是图

---

[1] 尼古拉斯·A.巴斯贝恩:《永恒的图书馆:坚忍与刚毅之二》,杨传纬译,上海:上海人民出版社,2010年版。

[2] 陆和建、张芳源、郑辰:《非洲农村图书馆范例研究及启示》,《图书馆杂志》,2012年第6期,第61、66—69页。

书馆的模样。"① 按照这个美好的假设，图书馆员就是图书馆天堂中的天使。现代社会对图书馆员业务素质提出了越来越高的要求，图书馆员不仅需要掌握图书馆学的基本知识，还需要掌握咨询服务和知识导航服务技术，并积极参与社区文化活动。② 然而，图书馆员的道德素养同样不容忽视。与教师相似，他们也肩负着追求人的发展、促进人的精神成长的使命，因此尊重、善待每一个读者，平等地为读者提供服务和关怀尤为重要。图书馆员的责任意识、服务意识、人文关怀，以及对图书馆事业的忠诚和理想，构筑了他们"天使"的特质。

2003年起，杭州市图书馆开始对所有读者免费开放，这一举措引起了一些读者的不满，他们认为允许乞丐和拾荒者进入是对其他读者的不尊重。而任杭州市图书馆馆长的褚树青回答："我无权拒绝他们入内阅读，但你有权选择离开。"他的回答令很多人感到无比温暖和光明。每个人都享有获取知识的权利，图书馆中没有高低贵贱之分。事实上，很多图书馆员也都是这么做的。他们尊重并善待每一个读者，并为其提供优质的服务。虽然图书馆员只是普通的一群人，却对工作怀有无比的热情，怀有爱与勇气，具有强烈的自我价值认同感和事业归属感。他们从不懈怠，如天使一般，努力使图书馆变得更加美好。

涉及图书馆和图书馆员的文学作品在体裁和数量上都不在少数，但本文只选取了以图书馆员为主要角色的三部国外作品重点进行分析。可以看出，上述作品虽然也强调图书馆员的业务素质，如人际交往能力、信息处理能力、信息技术运用能力以及信息咨询能力等，但更加侧重其人格特质和精神层面的刻画。不可否认，文学作品中的图书馆员形象包含作者的主观意识和夸张成分，甚至具有一定理想主义色彩，但也反映出图书馆员的职业性质和性格特征。

---

① 博尔赫斯：《博尔赫斯全集：诗歌卷上》，林之木译，杭州：浙江文艺出版社，1999版。
② 曲晓玮：《现代公共图书馆馆员的角色定位》，《图书馆论坛》，2000年第6期，第16—18页。

面对信息和网络技术的冲击,各图书馆都采取积极措施应对挑战,但往往将注意力放在各项硬件设施建设、馆员知识结构完善及专业技能提高方面。事实上,知识素养、业务素养和思想素质对于图书馆员这一职业来说同等重要,它们彼此互相支持、互相促进、缺一不可。图书馆的发展离不开优秀的图书馆员,有调查显示,图书馆服务所发挥的作用中,有75%来自图书馆员素质。[①] 可以说,图书馆员是图书馆生存和发展中最首要的因素,也将对于提升图书馆软实力起到至关重要的作用。然而,根据国际图联2010年的世界报告,图书馆员职业道德准则在很多国家存在着制度缺位和重视不足的情况,并未得到广泛的推广和认同。[②] 在面对网络时代的各种挑战以及信息革命对图书馆的深刻影响时,图书馆员除了努力提高自身知识和业务水平,还应当注重思想道德素质和人格修养的完善和提高,以充分扮演好多元化的社会角色。

---

① 何官峰:《图书馆员社会角色研究述评》,《图书情报工作》,2010年第5期,第63—66页。
② 徐志玮、曹文泉:《世界图书馆事业发展现状概述——记国际图联2010年世界报告》,《图书馆建设》,2011年第8期,第25、15—19页。

大萧条中的"哀兵":从讨要津贴游行看20世纪30年代初的美国社会

张 蕾

20世纪30年代初,在享受了十余年空前的经济繁荣之后,美国社会陷入了经济崩溃的深渊。由1929年的股市崩盘所引发的大萧条给美国经济带来了毁灭性打击,众多银行和企业接连倒闭,大批工人纷纷失业;已习惯了"新时代(New Era)"繁荣富庶生活的人们开始发现,贫困变得无处不在。危机之初,人们还满心期望,市场有能力自我修复,而繁荣也会"自动恢复",① 但随着经济危机日益深重,越来越多的人丢了工作,为生计而挣扎,直至变得穷困潦倒、无家可归。不光底层的穷人深受打击,许多曾拥有体面生活的中产阶层人士也未能幸免,眨眼间失去了原有的一切。随着越来越多的人加入穷人的行列,依靠一切可能的手段谋生,卖苹果小贩和排长队领取救济面包的人群可怜的身影,很快成为美国各个城市里随处可见的一道令人心酸的风景。

在大萧条最初的年头里,深陷困境的人们大多认为这一切是由自己的无能所造成的,因而往往会倍感羞愧和自责,许多人就是带着这种羞愧心情去救助机构寻求帮助的。同时,许多人依然将耐心

---

① Frederick Lewis Allen, *Since Yesterday: The Nineteen-Thirties in America September 3,1929—September 3, 1939*, New York: Harper and Brothers Publishers, 1940, p. 83.

视作"一种重要的美德"。① 但在连续几年饱受失业和匮乏之苦后，人们逐渐失去了耐心。幻灭感和由绝望而生的恐惧牢牢攫住了数百万美国人的心，剥夺了他们的信心和希望，而这比贫困本身还更为可怕。据统计，至1932年，有1200万到1700万男性失业；高达3400万成人和儿童没有任何稳定的收入来源；仅有约四分之一失业人员领取到有限的救济；这一年之内，就有约27.3万户家庭被赶出自己的家门或农场；约有200万生活无着人员在全国各地流浪。② 整个国家已完全跌入大萧条的谷底，而人们的精神状态亦是如此。绝望与不满情绪在全美许多地方漫延，在一些城市里甚至还爆发了抢夺食物的骚乱与绝食抗议。这一年夏天，最具典型性的一场骚乱在首都华盛顿爆发。

一、讨要津贴游行事件始末

根据1924年由国会批准的津贴法案的规定，参加过第一次世界大战的每位退伍兵都有权领取一笔1000美元的津贴，作为其参战补偿，不过这笔津贴须等到1945年方能发放。但许多身陷窘境的老兵不愿再等下去，而是要求立即将其应得的津贴兑现。1932年初，得克萨斯州的民主党议员赖特·帕特曼提出一个议案，呼吁立即支付津贴给一战老兵。为向国会请愿要求通过该议案，俄勒冈州约三百名生活困苦的老兵决定远征到华盛顿。1932年5月，在前陆军中士沃尔特·沃特斯———一名失业的罐头厂监工———的带领下，这支被老兵们自嘲为"津贴远征军（Bonus Expeditionary Force）"的半军事化队伍从波特兰出发，开始了挺进首都长达3000英里的

---

① Roberts S. McElvain, *Down & Out in the Great Depression*, Chapel Hill: The University of North Carolina Press, 1983, p. 37.

② 参见 McGoff, p. 29。

漫漫征途。由于无钱坐车，这支队伍一路上想方设法，靠搭乘货运列车、卡车有时甚至仅靠步行，最终于5月29日抵达了华盛顿。一路上他们引起了媒体的广泛关注，有关这次行动的报道使得全国其他许多地方的老兵也纷纷效仿。因此，当"津贴远征军"抵达华盛顿时，他们发现一千名左右来自别处的老兵已先于他们来到了这座城市。挥舞着国旗以及写着"要么给我们津贴要么给我们工作"的横幅，"远征军"在华盛顿驻扎了下来。他们沿波托马克河搭建起一处处窝棚营地，还有些人索性占据了国会山附近的宾夕法尼亚大道两旁一些已拆掉一半的空房。与此同时，不同种族和背景的老兵们不断从全国各地涌入首都，加入到"先头部头"的行列中，最后总人数达到两万左右。① 并且，许多老兵还带来了妻儿。这帮人在城里共搭建起20个大大小小的营地，其中最大的一个是位于安那科斯提亚泥滩上的马柯斯营，光那里就挤满了一千来名男女和孩子。相似的遭遇与共同的目标使这些已人到中年的退伍兵们团结一致，严守纪律，行为检点。这支被人戏称为"津贴部队（Bonus Army）"的队伍，靠着私人捐赠和特区政府提供的有限资源勉强度日，耐心等待议案通过的那一天。

然而，议案虽然在众议院被通过，却似乎并不受参议院的欢迎。6月17日是参议院就议案表决的日子，"远征军"的人马聚集到国会山周围，紧张而平和地等待着投票结果。当参议院最终否决了这一议案时，颇令参议员们感到意外的是，"远征军"排队离去，没有制造任何麻烦。这之后，许多老兵带着政府预支给他们、日后将从其津贴里扣除的那点路费，灰心丧气地离开了华盛顿。但还有大约一万五千人留了下来，这些人称自己反正没有更好的地方可去，因而准备在这里一直待到1945年。依然对参议院在休会前会重新考虑津贴议案抱有一丝希望、留下不走的老兵们，在同情其遭

---

① 关于曾参与讨要津贴游行的老兵的准确数字，没有官方记录，但大多数史料都赞同高峰时曾达到两万人左右这一说法。

遇的市警察局格拉斯福特警长的帮助下，竭力想要挨过华盛顿漫长难熬的炎夏。他们过着一种半军事化的生活，将人员编队，定时出操，组织棒球比赛，甚至还办了份自己的报纸——《津贴远征军新闻》(The B.E.F. News)。在国会最后一次议事那天，他们纷纷拥到国会山前，求见总统胡佛。这一要求被拒后，他们再度秩序井然地返回营地。然而，一直将其视为威胁的当局却决定采取强硬措施来赶走他们。7月26日，政府召开紧急会议，会上胡佛政府的官员们两个月来首次与沃特斯对话，要求他的人马尽速离开首都，并在沃特斯的请求下，答应会让老兵有序地撤离。

然而，政府却并未信守承诺。7月28日，特区警察受命清空宾夕法尼亚大道两旁被老兵们占据的废弃房屋。在与警察的对峙中，几位老兵——据称是共产党人——开始扔砖头，引发了短暂的小冲突，但很快被格拉斯福特制止。然而后来两位被惹恼的警察却突然向人群开枪，导致两名老兵死亡，还有部分人受伤。好在格拉斯福特又一次迅速阻止了局势的恶化。不料这一切却导致当天晚些时候政府调来联邦军队。下午，老兵们与许多当地人一起目睹了装备着机枪与坦克的骑兵和步兵沿宾夕法尼亚大道开进市中心。围观的人群并不知道发生了什么事，"像过狂欢节般"[①]大声欢呼，向部队致意。据华盛顿《星报》报道："人群中似乎没有谁拿这支骑兵部队当真。"[②]孰料，士兵们很快就开始驱逐老兵及其家人。尽管部分老兵也试图以砖头和石块予以还击，但终究难以抵挡刺刀和催泪弹。据当时许多报纸报道，士兵们根本不加区分地使用催泪瓦斯来驱散人群，不管他们是老兵们还是正走在回家路上的当地人。合众国际社记者保罗·安德森详细描述了当时街上的人群被抽出马刀的骑兵无情驱赶的场景："男人、女人和孩子们尖叫着在被挖开的空地上四处奔逃，竭力躲避扬起的马蹄和刀尖，许多人跌进了土坑里。与

[①] John D. Weaver, "Bonus March," *American Heritage*, 14, June 1963, p. 94.
[②] 转引自 Ibid.

此同时，南面的步兵已经戴好防毒面具，向刚被其驱赶的老兵们所汇聚的那个街区投掷催泪弹。"[1] 记者还目睹了一名士兵将一个窝棚点燃，面对一位母亲的苦苦哀求，不仅不让她抢救出自己仅有的一点家当还粗暴地将她撵走。

　　清理完宾夕法尼亚大道周围区域后，部队继续开向安那科斯提亚营地，又一次很快打垮了老兵们并将其居住的窝棚点着。而这一次，一些绝望的老兵在奔逃时自己点燃了剩下的窝棚，帮驱赶者省却了不少麻烦。烈焰吞噬了他们赖以生存了两个月的一点物品，也照亮了华盛顿的夜空。许多当地人目睹了整个过程，度过了一个不眠之夜。现场拍摄的许多照片都真实地记录了当时的混乱场面，尤其是以国会大厦圆顶为背景、熊熊燃烧的营地更是令人印象深刻。这场混乱导致一百多人受伤，还有一名出生在营地中的婴儿因吸入过多催泪瓦斯，抢救无效死亡。被驱散的老兵们在夜色中漫无目的地游荡，竟发现无处可去，因为弗吉尼亚和马里兰两州的边界都有士兵把守，阻止其进入。直到次日清晨，他们才最终被许可进入马里兰，但条件是他们只能过境，随后必须继续前往宾夕法尼亚州。最后宾州约翰斯顿同情其遭遇的市长收留了他们，允许他们在此停留。因无法保持团结，"津贴远征军"的"残部"最终于11月解散，一切不了了之。

　　老兵们讨要津贴的游行最终虽然没能达到目的，但这一事件不光深刻揭示了当时美国社会的现实，也对此后的一段时期产生了重大影响，其背后的重要社会意义值得深入探究。本文将着重分析以下两个问题：一是它作为时代的产物和镜子，反映了当时怎样的社会现实？二是作为美国历史上一个特殊时期的重要事件，它给美国社会带来了何种影响？

---

[1] 转引自 Ibid。

二、讨要津贴游行所反映的美国社会现实

参与讨要津贴游行（Bonus March）的一战老兵们是一个具有典型性的群体，他们的故事在很大程度上反映了那段特殊时期美国大众的生活状态和普遍心态。他们的行为方式和政府对他们所做出的种种反应，不仅很好地说明了美国社会当时所面临的危机的深重，也折射出某些典型的美国思维及行为特征。

（一）事件反映了民众的生存状态与典型心态

从民众层面来看，作为那个时代普通美国人的代表，老兵们的经历至少浓缩了深陷大萧条谷底的美国社会及其民众的四大典型特征。

首先，参与游行者艰难的生活反映出大部分美国人当时所处的苦境。无论曾有过怎样的背景，所有想讨要津贴的老兵都过着由长期失业造成的极度贫困的生活。关于他们在家时的生活窘况和在华盛顿的艰难处境的种种描述，都证实了这一严酷的现实，其中一个故事足以说明一切。在离开波特兰之前，为凑路费，每个人都掏空了自己的口袋，然而，300个人身上所有的钱加在一起还不到30美元！此外，领头的沃特斯本人就是个极好的例子。当他在波特兰将老兵们组织起来的时候，他已失业一年半却找不到任何工作。"眼下他的房子和汽车已被银行收回，积蓄已花光，眼看着妻子和小女儿遭罪，他心如刀绞。他的妻子……体重只剩下93磅"。[1] 一路依靠别人的施舍挺过艰辛的漫长旅程，津贴讨要者们终于在华盛顿开始了一种新的生活，而这种生活即使不比他们在家时的状况更差，

---

[1] Edward Robb Ellis, *A Nation in Torment: The Great American Depression 1929—1939*, New York: Coward-McCann, 1970, p. 158.

也实在好不到哪里去。对于许多造访过其营地的参观者来说,老兵们的居住条件差得简直令人难以置信。用一位记者的话讲,他们用"营地旁小山坡上的大垃圾堆里拖出的每一小块材料"搭起了自己的棚屋:"这些小棚子由五花八门的材料搭成:鸡蛋盒、纸箱、生锈的弹簧、旧军毯、报纸、报废汽车碎片、旧墙纸、铁皮屋顶碎片、生锈的床架、罐头盒子、锈铁丝、稻草、汽车座位,等等。能从垃圾堆中搜寻到一个旧车顶的人,在这座奇特的'城'里就算得上拥有一座大宅子了。"[①]

事实上,那些能找到些破烂来搭个栖身之所的人比起其他许多人已算幸运的了。据报道,有人睡在填满了干草的破酒桶里,另有人甚至睡在一具破棺材里,还有一些人索性就在泥堤上挖个洞住进去了事。一到下雨天,营地里到处都是烂泥;成群的苍蝇和蚊子更是日夜折磨着这帮可怜的人。酷热、潮湿、垃圾加上食物短缺,这一切都威胁着窝棚里人们的健康,他们中的许多人,尤其是妇女和儿童,都病得十分厉害,以至于美国卫生部长警告人们,华盛顿有可能出现一场瘟疫。

其次,这些人的行为在很大程度上揭示了挥之不去的贫困对美国人的心理所造成的伤害。在大萧条初期,与数百万其他美国人一样,这些退伍兵们感到困惑而又失望。他们一直对美国梦深信不疑,坚信勤奋工作就能过上好日子;在一战之后的那些好年头里,政府也承诺会让他们富起来。而现在,他们却眨眼间失去了工作,沦为被遗忘的人,靠着排长队领取救济面包度日。自然,"许多备受尊崇的信仰被动摇,……信心被冲淡,乐观的态度和单纯的信仰不再,[人们]变得愤世嫉俗,对许多事情不再相信"。[②] 随着不确定性与痛苦与日俱增,一种掺杂了羞耻、恐惧和绝望的

[①] Weaver, p. 22.

[②] Walter Johnson, *1600 Pennsylvania Avenue: President and the People, 1929—1959*, Boston: Little, Brown and Company, 1960, p. 24.

复杂感情开始侵蚀人们的精神。这种感受在1932年的一首流行歌曲——"兄弟,能不能匀给我一毛钱?"(Brother, Can You Spare A Dime?)——中得到了充分的表达;这首歌"唱出了那种有过梦想并曾为之努力奋斗,到头来却发现自己出了局并被遗忘的人的心声":①

> 他们曾告诉我,我在搭建一个美好梦想,/因此我紧随众人——/每当有地需要耕有枪需要扛/我总在那里——总坚守在我的岗位上。/他们曾告诉我,我在搭建一个美好梦想/和平和光荣就在前方——/那为何我该站在这长队里/只等着领点面包?/我曾修过条铁路,/让列车在上面飞奔,与时间赛跑。我曾修过条铁路,/现在它已建好——/兄弟,能不能匀给我一毛钱?/……我们曾穿着卡其布军装,/嗬,看起来真帅,/满身昂扬的美国气概。/50万双靴子坚定地踏向地狱,/我是其中击鼓的小兵。/……兄弟,能不能匀给我一毛钱?②

歌词生动地描绘出一副凄凉的景象:许许多多曾为了美国的繁荣而努力打拼的农民、工人、士兵等,在流汗流血之后,却没有盼来应有的回报,只能徘徊在街头,厚着脸皮向过往行人讨要几枚零钱,聊以度日,其中的辛酸与屈辱可想而知。不过,歌中之人虽显得无助而又可怜,却似乎还未达到因绝望而孤注一掷的程度。然而在现实中,至1932年人们的情绪已变得比这更糟糕,许多人已开始失去耐心,毕竟,"不可能指望人们永远静待他们并不理解的经济制度自行回归正轨"。③ 潦倒的退伍兵们也终于"厌倦了看着

---

① Milton Meltzer, Brother, *Can You Spare A Dime? The Great Depression 1929—1933*, New York: Alfred A. Knopf, Inc., 1969, pp. 157-158.

② 这首歌由Jay Gorney和E.Y. Harburg共同创作,近年来被歌手George Michael在专辑"Songs From the Last Century"中翻唱。此处歌词乃本文作者所译。

③ Allen, p. 83.

自己的孩子因只能吃陈炸面圈和黑咖啡而变得日渐苍白，厌倦了社会对自己的忽略，厌倦了政府的敷衍，最重要的是，厌倦了等待……"①因此，他们才决定共赴首都华盛顿。

再次，从老兵们身上可以看到，当时众多失去了饭碗和信心的人们，选择以各自的方式来逃避沉重的现实。讨要津贴固然是老兵们的直接目的，但对于其中的许多人来说，这更是一个很好的借口：他们需要做点事情来逃避严酷的现实，而上路游走不失为一个不错的选择。事实证明，许多出现在华盛顿、身无分文的老兵实际上毫无具体目标，他们甚至都不是冲着津贴本身而来的。就像威弗所说，"似乎没人知道他们为何来到了华盛顿，他们自己就更不知道了。他们大多从一开始就意识到，这笔津贴是要不到的，就算要到了手，也仅够维持几周或几个月的生活而已"。②就连沃特斯自己也承认："20个人里头没有一个真正指望过能得到这笔津贴。"③斯内辛格也指出："抵达了［华盛顿］，多数老兵自己却未必清楚此行的目的。他们仅仅是对家中的状况感到说不出的焦虑，并隐隐地希望他们在首都露面会令政府采取相应措施。"④那么，他们历尽艰辛，一路漂泊到华盛顿并聚集在条件如此恶劣的营地里，究竟是为了什么呢？也许伯恩斯坦的解释给出了部分答案："不妨把这次讨要津贴游行描述为对现实的逃避——逃避饥饿，逃避饥饿的孩子们的哭闹声，逃避从焦虑疲惫、牢骚满腹的女人手里接过钱的屈辱感，也逃避众多雇主对自己求职申请的无情拒绝。"⑤对于许多老兵来说，像这样行动起来，获得一种有事干的感觉，远好过成天无所事事待在家里。尽管只占了全国人口的极小一部分，但他们就像一

---

① Arthur M. Schlesinger Jr., *The Age of Roosevelt Vol.1: The Crisis of the Old Order 1919—1933*, Cambridge: The River Press, 1957, p. 257.

② Weaver, p. 23.

③ Ibid., p. 19.

④ Schlesinger, p. 258.

⑤ Ellis, p. 164.

面镜子,映射出那一年中漂泊在美国各地的两百万左右失业人员的生存状态。一位记者曾问这支漂泊大军中的一名年轻女子要去向何方,她耸耸肩答道:"反正往前走就是了!"[①]这正是当时漂在路上的许多美国人的心态。即便是漫无目的地四处流浪,似乎也强于留在家中无谓地忍受痛苦折磨。

不过津贴讨要者们在这次行动中还比普通人多了一点可以寻求和抓牢的慰藉,那就是他们又成为一支"部队"中的一员,这一点对他们自然颇具诱惑力。讨要津贴游行在为其提供一种归属感,甚或只是"纯粹的人与人之间的温暖"[②]的同时,也给了他们再度体验当初当兵打仗时的荣耀感与安全感的机会。用斯内辛格的话讲,"游行暂时取代了失业状态下的孤独感;它重新激发了15年前美国步兵军中那种同志般的情谊"。[③]失去了直面严酷现实的勇气,老兵们需要抱成团来获取一点情感上的相互支撑。一位社会福利工作人员也评价说:"他们真正的需求是安全感,在迷惘之中,他们似乎又回复到从前在军中时的那种状态——当时吃住不愁,还有统一的领导。"[④]确实,有关其营地生活的一些描述展示给人们一幅有些荒诞却又颇为悲凉的画面,让人们看到老兵们是如何死死抓住当年的风光日子不放,俨然重归军队的:"尽管病饿交加,一身肮脏而又一无所有,但这些中年男人们转而依靠一些依稀还记得的习惯来抵挡混乱的现实。[他们选出自己的指挥官,穿上自己的旧军装],在军号声中入睡和醒来,在参观者面前挺胸收腹地操练,离开营地需出示通行证。"[⑤]也许正是这些被他们抓牢不放的幻觉,支撑老兵们挺过了那个夏天在华盛顿经受的身心的煎熬。毕竟,对于深陷绝望洪流中的人来说,即便是一根稻草也是值得去抓牢的。

---

① Caroline Bird, *The Invisible Scar*, New York: David Mckay Company, Inc., 1966, p. 66.
② Ibid., p. 69.
③ Schlesinger, p. 257.
④ Ellis, pp. 164-165.
⑤ Ibid., p. 167.

最后，津贴讨要者们身上呈现出的第四个显著特征是，普通美国人即使在对现实极度不满的情况下，也并不欢迎激进主义。早在开始踏上漫漫征途之前，"津贴远征军"就已郑重宣告，他们都是真正的美国人，"不搞激进主义那套"是他们的原则之一。为了将可能的捣乱分子排除在外，这支队伍只接纳有光荣退伍证的真正的老兵。除了在最后与军警的对峙中扔过砖石之外，他们在整个过程中都纪律严明、行为规矩。即便是处于失望和愤怒的巅峰状态之中时，他们也没有过失控行为。在参议院投票表决津贴议案那天，一位记者问沃特斯如果议案被否决会发生什么事情，他简单地回答："什么事也不会发生！"他的话很快得到了验证。当得知参议院最终否决了议案，在外焦急等待了数小时的老兵们只是沉默了一阵子，随后沃特斯向他们喊话："同志们，我们要让他们看看，我们是爱国的美国人。我要大家一起唱'亚美利加'。"① 两千名老兵脱帽齐声高歌，然后按自己所属的州站成一个个排。30分钟之后，他们齐步离开国会山前的广场，回到了自己的营地。这一幕情景感动了许多人，次日的《星报》在社论中赞叹道："这些人书写了足以令其同胞为之骄傲的爱国主义新篇章。"②

当胡佛总统在国会休会期间拒绝接见他们的时候，他们的反应也是同样的平和，没有任何反抗甚至宣泄不满的举动。他们来到首都，心中只有一个与津贴相关的模糊念头，没有任何政治野心，也不具备任何能力去怀有野心。首先，"津贴远征军"的领头人们"没有政治背景，没有真正的纲领，也看不出他们具有领导才华"，③他们所能做的也就是"仅仅依靠共同的怨愤这一黏合剂将其衣衫褴褛的队伍团结在一起"④而已。至于其余那些老兵们，他们带到华盛顿来的"不是捏紧了的反抗的拳头，而是无奈的垮塌的肩膀。他

---

① Schlesinger, p. 258.
② 转引自 Weaver, p. 23。
③ Ibid., p. 96.
④ Ibid.

们是那种应该站在领面包的队伍中而不是街垒后的人"。① 尽管共产党曾一度将这次行动视为发动革命的绝好机会，但一小群共产党人在津贴讨要者中进行的鼓动却丝毫未起作用，而且许多老兵还表现得极为反共，他们不光指责有钱人也指责"赤色分子"，认为两者都应为他们潦倒的处境负责。而"向前看——不要向左看"也一直是他们中间的一句流行口号。事实上，许多人甚至"相信唯一真实的暴力威胁来自于共党分子"。② 试图渗入其营地的一小股共产党人基本上都被老兵们自己揪出并撵走了；老兵们甚至还私设公堂，对其中一人进行了审判，并将其鞭打15下后逐出了华盛顿。这帮老兵对待激进主义的态度在很大程度上反映了美国人在这一问题上的基本立场，也在一定程度上有助于解释为何在这样一个充满危机的时代在美国没有爆发革命或大规模的骚乱。尽管由不满甚至愤怒而引发的过激事件也时有发生，但它们都是小规模的互不关联的事件，"其背后并没有像样的革命团体以及社会或政治学说"。③关于为何激进主义不能吸引美国人，华伦似乎给出了一个合理的解释："激进主义在美国未能获得广泛支持，思想的贫瘠是部分原因，但更多的原因在于美国大众对民主理念没有丧失信心。"④

（二）事件折射出政府危机应对能力的不足

检视政府这一方的作为，这一事件不仅暴露了胡佛政府在大萧条冲击下表现出的无能与无奈，同时也反映出胡佛本人作为国家元首的一些致命弱点，尤其是他头脑中那根绷得过紧的意识形态的弦。

---

① 转引自 Weaver, p. 97.

② Donald J. Lisio, *The President and Protest: Hoover, Conspiracy, and the Bonus Riot*, Columbia: University of Missouri Press, 1974, p. 169.

③ Harris Gaylord Warren, *Herbert Hoover and the Great Depression*, New York: W.W. Norton & Company, Inc., 1967, p. 224.

④ Ibid. 当然，造成美国民众普遍警惕激进主义的因素还远不止此，本文限于篇幅，不拟深入探讨。

参议院之所以没有批准议案，不仅仅是因为国民经济糟得一塌糊涂，政府无力支付这笔津贴，更是因为胡佛固执地认为，以自立和坚韧为核心的传统个人主义是解决失业问题的良方。议案呼吁政府立即偿付总额高达25亿美元的津贴，这一要求提出的时机确实很不恰当，因为当时的现实是银行纷纷倒闭，现金被大量囤积，股价一路狂跌，而且全国上下都在要求政府提供失业救助。尽管帕特曼议员声称财政部有能力拨出这笔钱来，但在这样一个深陷严重经济危机的时刻，立即支付津贴，会造成的后果自然令决策者们深为忧虑。即便是时任州长的罗斯福也反对该项议案，认为"对于一个年度财政赤字达20亿美元的政府来说，除非其预算实现了平衡，否则不能考虑这一议案"。① 在大萧条的重压之下，胡佛似乎有充分的理由宣称："当今紧迫的问题是尽快实现预算的平衡。待这一目标实现后，我打算支持采取足够的措施来减少贫困和失业。"② 但胡佛自身的弱点也在一定程度上促使他反对这一提案。他"冷淡而严肃的个性"使他"难以接近那些渴盼来自华盛顿的坚强领导的普通民众"；③ 而他对地方政府的责任及坚韧的个人主义的过分强调，又使其无法体恤民众的疾苦。缺乏亲和力和同情心致使他不能"将自己的班子塑造为急人民所急的政府"。④ 尽管他也曾提出过一些新方案，但给人留下的印象却是：在人们最需要实际的帮助和支持之时，白宫能给大家提供的却似乎只有一句空洞的安抚之辞，即如果人们能坚守美国理想，繁荣很快就会到来。

对讨要津贴游行事件的处置不当，正是胡佛这位国家领导人的种种弱点的集中体现，其反共情结尤其在这一事件中得到了凸显。他压根无法理解那些潦倒的老兵们，只一味认定这些人在搞颠覆阴谋，应该被清除掉。自始至终，他对整个事件都显得漠不关心。连

---

① Ellis, p. 160.

② Ibid.

③ Johnson, p. 25.

④ Ibid.

格拉斯福特都从老兵们抵达华盛顿的第一天起就意识到，摆在他面前的"不单纯是当地警方的工作"，而是一项"全国性的"任务。[①]但胡佛却一味坚持：这只是一个地方性的问题，只需华盛顿特区政府去关注就行了。在他看来，这样一群乌合之众理所当然不值得他去注意。在长达两个月的时间里，他没有采取任何行动去解决这一问题，甚至没有试着对"津贴部队"的领头人们讲讲话，给他们一点点言语上的安抚，然而，其间他却可以花大量的时间在白宫接见各界名流。尽管两万多名老兵期待着能见他一面，"白宫［却］一句话也没有；也没有一名总统府官员给过他们一点同情甚或只是告诉他们为何他们的请求不得不被拒绝"。[②]

随着后来许多老兵无望而又固执地滞留不去，胡佛开始将他们的举动视为对政府的严重威胁，将其夸大为共产党策划的阴谋，并坚称，老兵中有不少人为"赤色分子"。这种将意识形态斗争视为该问题之核心的倾向，令他变得越来越紧张不安。结果，他的冷漠发展为焦虑与敌意；人们开始看到："白宫由重兵把守，道道大门紧闭，周围的街道也不许闲人靠近，似乎里头那个人不敢面对国民中最不幸的一群人的骚动。"[③]白宫如此严密防范这些可能的"敌人"，以至于《纽约时报》的一条新闻标题写道："胡佛将自己锁在了白宫里"。[④] 在这位如临大敌的总统眼里，这帮讨要津贴者不可能像人们所描述的那样不具有危害性。正如沃尔特所说，对白宫里这位"烦恼而疲惫"的总统来说，"'津贴部队'是对于这个国家的种种不满、怨恨以及困苦正在发酵的一个提示"。[⑤]因此不难理解他为何最终不惜动用联邦军队将这些人一劳永逸地赶出城去。他对

---

① Ellis, p. 163.

② Schlesinger, p. 260.

③ Allen, p. 84.

④ Gene Smith, *The Shattered Dream: Herbert Hoover and the Great Depression*, New York: William Morrow & Company, Inc., 1970, p. 148.

⑤ Johnson, p. 4.

待这些人的态度,从战争部长赫尔利在会谈中警告沃特斯时所用的威胁性口吻中即可见一斑:"我们不赞成你们待在这里。我们不会以任何方式协助你们滞留此处。我们只对将你们逐出特区感兴趣。只要一发现你们中间出现混乱局面或流血事件,你们就得走人。我们有充足的部队来将你们撵出城去。"①

更糟糕的是,在"津贴部队"溃退之后,"[胡佛]政府还一直不肯饶人",②所有的政要都对其行为加以辩护。负责指挥驱逐行动的美国陆军参谋长道格拉斯·麦克阿瑟说,那些"暴民"是受到了"革命实质"的煽动,他们准备夺取政权。③司法部长威廉·米切尔指斥他们为"曾在这个城里纠集过的最大的犯罪团伙"。④总统胡佛则以政府不能被"暴民统治"所胁迫、政府被迫直面"公然的无法无天"为借口为自己辩护。⑤这一事件过去很久以后,他依然坚持说,"津贴部队"中仅有少数退伍兵,余下的都是共党分子、流氓以及刑满释放人员,而事后由多家机构进行的调查证实,真实情况恰恰相反,90%以上的游行参与者都是退伍兵,其中70%的人曾奔赴海外战场,五分之一的人还落下了残疾。⑥这样一群始终秉持爱国反共立场的退伍老兵,到头来却被自己的政府如此这般扣上一顶顶莫须有的大帽子,真可谓是莫大的讽刺!

三、讨要津贴游行对美国社会产生的影响

尽管津贴讨要行动以失败告终,但它毫无疑问对整个国家以及

---

① Weaver, p. 93.
② Schlesinger, p. 264.
③ Ibid.
④ McGoff, p. 32.
⑤ Harold U. Faulkner, *From Versailles to the New Deal*, New Haven: Yale University Press, 1950, p. 360.
⑥ George Donelson Moss, *America in the Twentieth Century*, New Jersey: Prentice-Hall, Inc., 2000, p. 176.

随后几年所发生的一切产生了重要影响。

第一，这一事件震动了全国，并进一步加剧了业已普遍存在的恐惧与绝望情绪。"津贴远征军"一踏上前往首都的旅途，即在全国引发了不安与恐慌。当他们走到伊利诺伊州的东圣路易斯时，与拒绝他们搭乘巴尔的摩与俄亥俄州之间货运列车的铁路管理人员发生了一点冲突，该州的几支国民卫队小分队被调去恢复秩序，这很快便引起了全国的关注。公众对支付津贴一事持不同的态度，一些人对老兵们的诉求深表同情和支持，而另外许多人则对此表示反对，毕竟在那个艰难的年头里，退伍老兵们并非是唯一一群失业贫困、无家可归的人。持后种态度的许多人"反感老兵们采取的施压手段，感觉支付津贴会成为一场经济灾难"。① 还有更多的人在报上读到有关津贴讨要行动的报道后，害怕那些老兵们会发动一场革命。不知是出于害怕还是同情，东圣路易斯的居民最终提供了一些卡车，将其一路运送出伊利诺伊州。他们进入印第安纳州后，该州州长也由于十分担心他们会制造麻烦，而立即免费提供卡车将其运走。总之，各地方政府都避之唯恐不及，纷纷将其遣送出各自地界了事。

待他们最终抵达华盛顿，许多当地人也感到很害怕；随着越来越多的老兵不断涌入，这些当兵时"体验过暴力"而现在又"明白了什么叫绝望"② 的人们使市民的恐惧感不断加深，各级官僚、有钱人以及失业的穷人都各有自己的担忧。当时全市48.6万多名居民中，已有1.9万多人失业，③ 为本地人提供就业机会以及缺乏应有的公共设施本来就已经是很棘手的问题，现在老兵们的出现更是给当地政府和民众带来了巨大的压力。许多人都对首都被变成"全国痛苦负担的倾倒场"④ 感到不快。尤其是官僚和富人们，更是视"津

---

① Schlesinger, p. 264.

② Ellis, p. 162.

③ 参见 Ibid., p. 168。

④ Weaver, p. 22.

贴远征军"为"令人不安的失业与贫困的象征",①对其"入侵"深感忧虑。《华盛顿邮报》很快就公开宣称,这次行动是共产党策划的阴谋,其煽动者欺骗了退伍兵们,也"双重违背了"全国人民的意愿。该报并且还报道说,公众已将整个事件与"令人反感的共党活动"联系了起来。②然而,随着时间的推移,越来越多的人逐渐改变了最初的态度,开始同情起老兵们来。记者们纷纷去营地参观采访,然后告诉公众放心,这只不过是些饥饿的失业中年人。一位记者说,他在津贴讨要者们中"没有发现反叛与怒火的痕迹,甚至连那种积聚已久的怨恨都没有",他们只不过是"松散地聚集在一起、有着共同牢骚的一帮沮丧的人"。③不少名流和当地人也前去看望他们,其纪律性和不幸遭遇都给人们留下了深刻印象。并且,自他们来了以后,该市的犯罪率不升反降,这一事实也使那些曾视他们为威胁的人减轻了疑虑。因此,越来越多的人开始帮助他们,要么捐赠生活必需品,要么给予其道义上的支持。很快,"津贴远征军""俘获了全国大部分人的感情"。④然而,正如伯德所指出的那样,真相比先前有关他们要造反的谣言更为可怕:这些人曾为保卫民主而英勇战斗,而今却变得多余而无望,从他们身上,人们更深刻地看到了这个时代带给人的绝望。⑤

"津贴远征军"被无情驱散的事实更进一步激起全国民众的强烈反响。驱逐行动发生的次日,众多报纸都纷纷详细报道了困惑无助的老兵及其家人们被驱赶的情形。《华盛顿邮报》以同情的笔触描述了被驱散的老兵们可怜的境况:"他们惊恐万状、精疲力竭,

---

① Weaver, p. 22.

② 参见 *The Washington Post*, June 7, 1932.

③ Weaver, p. 22.

④ Roger Daniels, *Bonus March: An Episode of the Great Depression*, Westport: Greenwood Publishing Corporation, 1971, p. 112.

⑤ Bird, p. 69.

深感屈辱、愤怒和沮丧，同时还饥饿难耐。"① 华盛顿《新闻报》也在社论中言辞激烈地感叹道："多么令人同情的场面啊！伟大的美国政府——这个全世界最强大的政府——动用军队的坦克来追逐手无寸铁的男女和孩子们……如果非得调动军队来向手无寸铁的公民宣战，那这就不再是美国！"② 如果被驱赶的这群人只是些流浪汉，公众的感觉也许不会有这么糟；然而这些人基本上都是不具威胁性的爱国老兵，他们曾经为这个国家扛过枪、打过仗，理应得到应有的敬重。眼见这样的人被政府背叛，人们深感义愤。据报道，一位目击者在目睹了一位步兵咒骂着将国旗从一位年长得多的老兵手中强行夺走的情景后，忍不住大喊："从此后美国国旗在我心中什么都不是了！"③ 驱逐行动给人们留下了挥之不去的苦涩感以及更深的不确定感。许多民众都对政府居然会用这种方式来对待被大萧条剥夺了一切的美国公民感到震惊，悲观地认为，"看来没有一个够格的政府、也没有哪位政治家有能力来对付这个深陷大萧条之中的工业化国家的种种悲剧"。④ 他们不禁追问："谁会了解我们的疾苦？谁会在我们最需要的时候给予我们帮助？"⑤ 一位合众国际社记者在目睹了驱散行动后，对深为震惊的美国人当时的普遍情绪进行了准确的概括："这也许是我们所认识的这个国家的终结，我告诉自己。美国军队开始对付美国公民了——对付就像我这样时运不济、消沉而无望的普通人。我感到绝望。这种经历不同于我一生中的其他任何经历。所有的痛苦与磨难最终竟发展到了这一步——士兵们大步开进城，枪口对准美国公民。"⑥

第二，胡佛政府的这一错误举动最后成为胡佛本人的灾难，但

---

① *The Washington Post*, July 29, 1932.
② 转引自 Schlesinger, p. 265。
③ Smith, p. 161.
④ Johnson, p. 5.
⑤ McGoff, p. 37.
⑥ 转引自 Ellis, p. 185。

同时也为尽快出现一位改弦更张的新总统做好了民意上的铺垫。胡佛为自己的决定付出了高昂代价，在公众眼里变成了一个典型的坏人，"愤恨的谴责全堆到了他身上"。① 有证据显示，"数百万最初曾反对支付津贴的人，被这政治上愚蠢、怯懦而又疯狂的驱逐行动赶到了相反的一方"。② 人们一致认为，他没有理由对"津贴部队"如此冷漠，没有理由动用军队并以这种可耻的方式将他们驱逐，也没有理由以不得不对付真正的造反为借口来替自己开脱。胡佛一直高唱"坚韧的个人主义（rugged individualism）"，而今却被人与"破败的个人主义（ragged individualism）"联系在了一起，"成为许多尖刻笑话的共同攻击目标"。③ 针对他的公开谴责和含沙射影的抗议，在事件发生后相当长一段时间里层出不穷。例如，著名小说家舍伍德·安德森就曾在一封公开信中这样批评他："总统先生，我想知道，像您一样身居高位的人们……如今是不是有点儿过于脱离生活实际了？在美国，一切都已变得高度有组织、高度集中。也许您已经被组织和集中出我们普通人的生活了。"④

1933年出品的一部名为《白宫上空的天使》的影片，也反映了人们对胡佛，尤其是他对待"津贴部队"的做法，极为负面的印象。影片中那位曾十分腐败的总统对可怜的津贴讨要者也全然是一副漠不关心的态度：他认为他们的游行只是一个地方性问题；他拒绝见他们的领头人；他所能给予大萧条受害者的也只是有关美国理想的一番空谈。不过，与胡佛后来的命运不同，这位虚构的总统最后在天使的感召之下，奇迹般地转变为一位富有美德和同情心的领导人，从而获得了民众的支持。显然，这部影片不仅是对胡佛的影射，同时也表达了民众广泛期待出现一名好总统的共同心声。

毋庸置疑，整个事件对1932年底的大选产生了决定性的直接

---

① Faulkner, p. 360.
② McGoff, p. 37.
③ Meltzer, p. 153.
④ 转引自 Johnson, p. 5.

影响。就在胡佛忙着品尝自己种下的苦果的同时,民主党候选人富兰克林·D. 罗斯福则深感鼓舞,因为他看到自己正将原本支持胡佛的大批选民争取过来。事实上,事件发生后的次日,罗斯福一读到有关报道,就自信能够从胡佛不可原谅的错误中获益。正如其助手所言,"如果说罗斯福先前对选举结果会怎样还心存疑虑的话。从他看到《纽约时报》那刻起,一切疑虑都烟消云散了"。[1] 不出所料,罗斯福最终以压倒性优势战胜了不受欢迎的对手,临危受命,开始了他率领美国人民走出恐惧深渊、共克时艰的艰巨任务。自然,他从这一事件中吸取了不少有益的经验教训,这些经验教训对他将要施行的一系列新政具有不可否认的积极影响。

四、结语

近年来,有部分历史学家指出,长期以来对胡佛的刻板描述是不准确的。实际上,他并不曾打算在讨要津贴事件上做得那般过火,有证据显示,是负责驱逐行动的麦克阿瑟滥用了自己的权力。此外,就拒绝支付津贴而言,对他不应责备过多,因为即便是罗斯福身处他的位置,也一样会否决这一议案。这些观点诚然有一定的道理,但无论怎样,讨要津贴游行本身的重要意义是不容置疑的。这一事件是大萧条时代之美国社会的一个生动缩影,它真切地反映了身处那个艰难时世的普通美国人曾有过的苦痛与挣扎,同时也暴露出当时的美国政府在应对全国性危机时的力不从心。另一方面,它也对即将到来的一个历史阶段产生了重大影响、留下了宝贵遗产,使得美国人民最终能够在罗斯福因时度势的坚强领导下,一步步重拾一度失落的信心和希望。正如"兄弟,能不能匀给我一毛钱?"这首歌一样,讨要津贴游行已成为美国大萧条时期的一个重

---

[1] Smith, p. 170.

要象征；尽管在这幕戏中既没有光荣也没有英雄，有的只是一群令人心酸的"哀兵"，他们没有绝地反击，而是一触即溃，但关于他们的这个故事会长久地鲜活在美国人的集体记忆里，尤其是在当前这样一个经济危机卷土重来的时期，这群"必败的哀兵"凄凉的身影，一定会再度浮现在人们的眼前。

中国网络文化建设与管理现状浅析

——从十七届六中全会谈开来

张明霞

改革开放特别是中共十六大以来，中国共产党始终把文化建设放在党和国家全局工作重要战略地位，坚持物质文明和精神文明两手抓，实行依法治国和以德治国相结合，促进文化事业和文化产业同发展，推动文化建设不断取得新成就，走出了中国特色社会主义文化发展道路。2011年10月，中共十七届六中全会通过了《中共中央关于深化文化体制改革、推动社会主义文化大发展大繁荣若干重大问题的决定》明确指出：坚持中国特色社会主义文化发展道路，深化文化体制改革，推动社会主义文化大发展大繁荣，必须全面贯彻党的十七大精神，高举中国特色社会主义伟大旗帜，以马克思列宁主义、毛泽东思想、邓小平理论和"三个代表"重要思想为指导，深入贯彻落实科学发展观，坚持社会主义先进文化前进方向，以科学发展为主题，以建设社会主义核心价值体系为根本任务，以满足人民精神文化需求为出发点和落脚点，以改革创新为动力，发展面向现代化、面向世界、面向未来的，民族的科学的大众的社会主义文化，培养高度的文化自觉和文化自信，提高全民族文明素质，增强国家文化软实力，弘扬中华文化，努力建设社会主义文化强国。

要深化文化体制改革、推动社会主义文化大发展大繁荣，要坚持中国特色社会主义文化发展道路，建设社会主义文化强国，一个重要内容，就是必须在日益彰显的网络文化之管理方面进行全面的理论、机制和实践创新。

　　改革开放特别是中共十六大以来,中国共产党始终以积极的姿态迎接网络时代的到来,努力发挥网络在中国社会主义文化建设中的重要作用。2002年11月中共十六大明确宣布,互联网站要成为传播先进文化的重要阵地。2004年9月,中共十六届四中全会强调,要高度重视互联网等新型传媒对社会舆论的影响,加快建立法律规范、行政监管、行业自律、技术保障相结合的管理体制,加强互联网宣传队伍建设,形成网上正面舆论的强势。2006年10月,中共十六届六中全会指出,要加强对互联网等的应用和管理,理顺管理体制,倡导文明办网、文明上网,使各类新兴媒体成为促进社会和谐的重要阵地。2007年1月,胡锦涛在中共中央政治局第三十八次集体学习时的讲话中就加强网络文化建设和管理提出五项要求:一是要坚持社会主义先进文化的发展方向,唱响网上思想文化的主旋律。二是要提高网络文化产品和服务的供给能力,提高网络文化产业的规模化、专业化水平。三是要加强网上思想舆论阵地建设,掌握网上舆论主导权。四是要倡导文明办网、文明上网,净化网络环境。五是要坚持依法管理、科学管理、有效管理。2007年10月,中共十七大再次强调,要加强网络文化建设和管理,营造良好网络环境。2008年6月20日胡锦涛在《人民日报》社考察工作时指出,互联网已成为思想文化信息的集散地和社会舆论的放大器,我们要充分认识以互联网为代表的新兴媒体的社会影响力,高度重视互联网的建设、运用、管理,努力使互联网成为传播社会主义先进文化的前沿阵地、提供公共文化服务的有效平台、促进人们精神生活健康发展的广阔空间。2010年7月23日,胡锦涛在中共中央政治局的集体学习中再一次明确强调,要自觉抵制网络"庸俗、低俗、媚俗"之风,树立良好社会风尚。2011年2月,胡锦涛在省部级主要领导干部社会管理及其创新专题研讨班开班式上发表重要讲话,他指出,要进一步加强和完善信息网络管理,提高对虚拟社会的管理水平,健全网上舆论引导机制。2011年10月,中共十七届六中全会再次强调：必须发展健康向上的网络文化。加强网上思想文化阵地建设，是社会主义文化建设的迫切任务。要认真贯彻积极利用、科学发展、依法管理、确保安全的方针，加强和改进网络文化建设和管理，加强网上舆论引导，唱响网上思想文化主旋律。实施网络内容建设工程，推动优秀传统文化瑰宝和当代文化精品网络传播，制作适合互联网和手机等新兴媒体传播的精品佳作，鼓励网民创作格调健康的网络文化作品。支持重点新闻网站加快发展，打造一批在国内外有较强影响力的综合性网站和特色网站，发挥主要商业网站建设性作用，培育一批网络内容生产和服务骨干企业。发展网络新技术新业态，占领网络信息传播制高点。广泛开展文明网站创建，推动文明办网、文明上网，督促网络运营服务企业履行法律义务和社会责任，不为有害信息提供传播渠道。加强网络法制建设，加快形成法律规范、行政监管、行业自律、技术保障、公众监督、社会教育相结合的互联网管理体系。加强对社交网络和即时通信工具等的引导和管理，规范网上信息传播秩序，培育文明理性的网络环境。依法惩处传播有害信息行为，深入推进整治网络淫秽色情和低俗信息专项行动，严厉打击网络违法犯罪。加大网上个人信息保护力度，建立网络安全评估机制，维护公共利益和国家信息安全。

　　加强网络文化建设与管理是构建社会主义和谐社会的需要，是统筹网络虚拟社会与现实社会的需要，是适应社会管理形态变化的需要，是解决新问题迎接新挑战的需要。分析我国网络文化建设与管理的经验教训，探讨我国网络管理的现实路径，形成有中国特色的网络社会管理体系，具有重要意义；研究网络文化建设与管理，对于增强党和政府运用网络技术管理社会的能力，科学应对当前面临的风险和考验，具有实践意义；研究网络文化建设与管理，对于巩固网络思想阵地，深入贯彻社会主义核心价值观，具有现实意义；研究网络文化建设与管理，对于引导网络舆论，规范网络行为，及时化解网络社会矛盾，促进人心和善、家庭和睦、社会和谐，具有社会意义；研究网络文化建设与管理，对于顺应信息时代潮流，提高抵御现代科技风险和治理技术伦理缺失能力，抵御西方国家文化入侵，维护我国网络文化安全，具有重要意义。

网络社会是实践主体在计算机网络技术与虚拟社会融合的基础上，通过虚拟实践创造出来的以光、电、声、色、影为表现形式，以网络交往形成的社会关系为框架。它依托人类文明成果，对现实世界和非现实之物进行数字化编码而建构起来的人文空间，也是人类交流信息、情感释放、知识生产的新型社会空间。它以网络为主体，技术为载体，融视听于一体，铸声色于一炉虚，把发生在社会现实里的事情或网民自制的内容在虚拟世界里表现出来，把现实社会的思想与活动和虚拟世界的思想与活动联系起来。

网络虚拟社会具有如下特性：

1. 虚拟性。网络社会里，"寄形"的方式是虚拟，表达的渠道是网络，网民的交流处于若即若离、虚虚实实的状态。正所谓："网"事如风，带走多少悲欢离合；虚中有实，留下无数酸甜苦辣。

2. 自由性。一方面，可以自由选择虚拟实践的方向，可以寻找适合自己的虚拟实践方式；另一方面，可以按照自己的意愿和别人交往，削减了现实社会中的身份、地位等事实上的不平等，达到精神上的平等。

3. 自控性。网民可以自己决定交流的方式，交流的时间和场所，也可以随时离开感到压迫或强制的群体，真正是"我的地盘我做主"，"万类霜天竞自由"。

4. 社群性。在相互沟通的基础上，网民可以结成相对稳定的虚拟群落，形成网络社区。这种社群性体现了人类交往的多样性，也提供了人的全面发展的又一空间和形式。

网络虚拟社会的双重功效：

1. 披露事实真相与渲染虚假信息并存。
2. 褒扬社会正义与发泄个人怨愤并存。
3. 传播知识信息与制造网络垃圾并存。

4. 弘扬核心价值观念与渲染多元价值并存。

5. 张扬个性与炒作煽情并存。

6. 扩大思想交流与遭受外来文化冲击并存。

对于我国网络虚拟社会管理中的问题，可以从如下几个方面来探讨：

1. 网络虚拟社会安全问题严重。

一是网络公共安全问题不容乐观；二是因争夺利益而形成的网络社会争端增多；三是网络文化安全问题严重。

2. 网络虚拟社会中的知识产权问题严重。

一是软件版权及盗版问题；二是网络抄袭问题严重；三是一些网站侵犯著作权问题严重。

3. 舆论引导机制不健全。

主要表现为对网络行为引导不力，对网络语言引导不力，对网络思想引导不力。

4. 网络管理体制不完善。

一是管理理念滞后，缺乏系统运用公共管理手段对虚拟社会进行有序的约束、管理和引导的思路；二是管理方式滞后，经常性"整治"措施以及各种名目的专项打击活动，实际上是头痛医头、脚痛医脚，临时抱佛脚；三是管理手段滞后，技术含量不足，与发达国家相比有很大差距；四是相关法律法规滞后，现有法律法规过于笼统，覆盖面狭窄，适用性和操作性都有待加强。

5. 互联网的特性对网络文明建设的负面影响。

互联网的虚拟性给文化监督加大了难度，网民的自主性增强了文化行为的随意性，网络的社群性给不少网民以"法不责众"的感觉，网络行为的自控性降低了文化管理的有效性。这些特性使现实社会中的法律法规和伦理道德观念难以在网络文明管理中发挥有效作用。

网络文化建设与管理的基本思路：

1. 加强引导，占领网络社会思想阵地。

一是加强思想引导。坚持正面宣传教育，增强主流网络和版块的吸引力，用马列主义、毛泽东思想和邓小平理论去占领网上思想教育阵地，以先进文化引领网络文化，不断提高优秀网络文化产品和服务的供给能力，不断增强网络阵地的防御能力，为巩固网络阵地提供思想保障、智力支持和精神支撑。二是加强舆论引导。把握网络媒体的特点，讲究引导艺术，探索引导方法，注重引导效果，在进行客观报道的同时，增强引导的有效性。

2. 政府主导，多方参与，构建良性互动机制。

第一，建立良性互动体系，实现政府与网民良性互动、网上与网下良性互动、网民之间良性互动。第二，建立良性的民意表达渠道，畅通民意、回应民意、疏导民意。第三，建立良性的问政措施，健全和完善与科学发展观相适应的考核机制，强化以人为本的社会管理方式，构建政府、社会、公众有序参与的多元治理框架，实现将公众参与社会管理制度化、法制化、常态化。第四，建立良好的网络管理队伍，学网、知网、懂网、用网，利用网络技术，问政于民，问计于民，问需于民，通过网络倾听民声、体察民情、汇聚民智。

3. 重在预防，创新管理机制。

第一，在"防"的基本取向上，促进网络安全教育机制化，实现灌输教育与互动教育有机结合，扶正与压邪有机结合，网络自律和社会监督的有机结合。

第二，在"防"的措施规范上，促进网络社会管理规章机制化。一是建立健全严格的网络管理规章制度，把好网站内容的质量关，防止涉密的或者其他不适当的信息上网；二是采取严厉措施，依法封堵那些危害国家信息安全、色情暴力等内容，以积极的、健康的文化来引导网络社会的发展；三是构筑法律之网、防"渗"之网、安全之网，推动网络安全工作"社会化"；四是完善信息机构，推动网络安全工作"现代化"；五是完善管理措施，构筑网络安全的"防火墙"；引导网络行为，矫正网民的不良"兴奋点"；六是强化网络道德建设,保护网民的平等话语权。

第三,在"防"的方法要求上,促进网络社会关系协调机制化。一是建立网络社会的组织协调机制,为处理网络突发事件提供组织保障。二是对于网民提出的问题,该回答的要及时回答,该澄清的要及时澄清,该解决的要及时解决,该反馈的要及时反馈。三是对于可能出现的网络文化渗透,属于国家行为的,要靠国家来统筹;属于文化内容的,要靠文化的力量来应对;属于思想渗透的,要靠加强意识形态工作来抵御。

第四,在"防"的常规工作上,实现网络虚拟社会问题排查总结机制化。做好网络问题安全排查总结机制,声音要"落地",工作要"切入",效果要"实在"。要立足于"防"字,抓住"早"字,克服"怕"字,注意"活"字,牢记"法"字。

4.形成中国特色的网络虚拟社会管理体系框架。

基本要求:进一步明确网络管理的指导思想,让网民知道举什么旗、走什么路、做什么事;进一步确立网络道德标杆,让网民知道弘扬什么、抑制什么、打击什么;进一步确立正确的价值取向,让网民知道哪些是对的、哪些是错的、哪些是中性的;进一步确立完善的管理规章,让管理者知道为什么管、管什么、如何管。

基本内容:管理理念、管理队伍、管理依据、管理方式、管理目标。

基本目标:思路清晰、旗帜鲜明、管理有序、效果明显。

联合国资料的数字网络化趋势

陈佩蓓

图书馆领域无疑是信息技术发展影响最大的领域之一。通过数字化资源和网络环境而进行的信息传递,深刻冲击和改变了传统的依靠书写载体进行信息记载和传递的方式。[①] 从1990年前后数字图书馆开始萌生,[②] 到2009年联合国教科文组织推出"世界数字图书馆",[③] 20年来的变革巨大。目前图书馆的数字化已成为趋势。[④] 与之同步,联合国资料的数字网络化也在不断前进,并且近来速度明显加快。

2012年12月,联合国总部图书馆(DHL)发送各个联合国托存图书馆的《2012联合国托存图书馆问卷》(《2012问卷》),[⑤] 清

[①] 周莹莹:《数字图书馆与传统图书馆的比较研究》,《文化艺术研究》,2010年第1期,第94—96页。

[②] 1988年,Robert E.Kahn 和 Vinton G.Cerf 在美国"全民创新合作组织"(Corporation for National Research Initiatives)的一份报告(The Digital Library Project Volume1: The World of Knowbots (DRAFT), [2009-12-08])中,提出建立一种称为数字图书馆系统的开放架构,支持分布在不同地点的用户通过该系统方便地访问以机读形式存在的大量分散式的信息资源。参见 http://www.cnri.reston.va.us/kahn-cerf-88.pdf, 2012-12-24。

[③] 《联合国教科文组织正式推出"世界数字图书馆"》,《前沿科学(季刊)》,第3卷第10期2009年2月,第8页。

[④] 姚晓霞、朱强:《〈数字图书馆服务政策指南〉解读》,《中国图书馆学报》,第37卷191期,2011年1月,第24—35页。

[⑤] 《2012问卷》相关表格详见:联合国委托专业调查网 http://www.surveymonkey.com/s/Z7HDMYH, 2012-12-20;以及联合国网址 http://www.un.org/Depts/dhl/docs/deplib/ENG-2012-questionnaire-list.pdf, 2012-12-20。

楚地反映出该领域所取得的决定性进展和趋势。在问卷的全部37项问题中，26个问题与资料的数字化或网络有关。[①] 有消息称，到2015年，联合国总部图书馆与托存图书馆的信息分享形式，将基本以网络化的形式进行，辅以电子化的媒体，而纸质印刷载体形式将整体退出。

《2012问卷》围绕联合国资料的数字网络化展开，该问卷内容反映出总部对托存图书馆的信息传递方式与工具要求，隐含了对于托存馆未来建设和发展方向性指引。我们从中可以发现目前作为联合国信息源头的联合国图书馆总部的一些思路、状态和趋势，认识我们面临的形势和问题。本文拟结合该问卷内容，对联合国资料数据化和网络化的现状进行梳理，在此基础上，对于我们托存图书馆面临的新任务提出一些思考。

一、联合国资料的数字化和网络化现状和趋向

（一）《2012问卷》的方向性引领

《2012联合国托存图书馆问卷》涉及网络使用的26个问题，可以归纳为以下几个方面。

1. 托存图书馆的网络硬件情况和相关技术指标。[②] 这类问题包括：托存馆是否已连接网络，或是否计划连接网络；何种方式连接；带宽与连接状态；文件下载速率；对大文件下载有否困难和原因，是否经历网络中断等。这些问题涉及获取联合国网络文件的必须物理硬件环境，体现了对网络建立和维护情况的关心和提醒。

2. 联合国网络资料的读者服务情况。[③] 问卷涉及问题包括：读

---

① 参见《2012问卷》。未涉及网络事项的9项中，包括涉及回卷者姓名、机构、地址等身份问题4项，主观性问题（列举其他改进托存图书馆的评论）1项，以及其他问题4项。

② 《2012问卷》第4—13项。

③ 《2012问卷》第14—18项。

者使用网络是否免费;用于读者网络的工作站数量;是否提供打印设备和允许对网络来源的文件进行打印;对于打印页数有否限制;是否允许读者下载电子资料到其个人装置中(U盘,DVD,笔记本电脑,智能手机等)等。这类问题是基于对于托存图书馆的读者服务和开放作为合作条件的要求,也是基于联合国资料网络化后能否有效服务于读者的情况了解。

3. 托存馆目前提供数字化阅读的程度和内容水平。[①] 这类问题包括托存馆向读者提供的电子书籍的主要形式(kindle,Sony Reader,Kobo eReader,Nook,或其他);托存馆能否维持自己的数字图书馆及内容;能否向赞助人提供数字图书馆资源远程进入服务;是否订有其他网络资源及对这些资源易用性的评价,如world Bank eLibrary,OECD iLibrary;是否是一般网络交流的积极参与者(如Facebook,linkedin,Twitter,Google+,Orkut,Qzone,Vkontakte,或其他)。上述问题体现出对于托存馆数字化、国际化状况的一般水平和能力,构成其可否充分有效使用联合国系统网络资源的应用背景和基础。

4. 对联合国图书馆(DHL)目前进入到联合国信息和文献的系统运用的掌握程度。[②] 这部分问题采用了表格方式,列举了包括ODS、UN-1-QUE、UNBISnet在内的目前最主要的联合国网络数据库和检索系统,调查托存馆运用这些系统的情况。问题包括对联合国信息资源分布和对主要检索系统的熟悉程度;在此基础上各个托存馆的服务中最常规的主题应用领域;以及对于联合国信息和服务的每月索取数量估计。这是托存馆对联合国网络资源运用最为具体和核心的内容。

5. 问卷涉及对托存馆举行的与联合国事务有关的活动。[③] 包括

---

① 《2012问卷》第19—27项。
② 《2012问卷》第28—30项。
③ 《2012问卷》第31—35项。

常规的举行涉及联合国出版物和文献的介绍、有关出版物研讨会、出版物展览、资料宣传、读者指南以及重要联合国文件的当地语言翻译等形式的活动情况;与所在国的联合国办事处的互动合作和联系以及其他延伸性的活动。特别值得注意的是,问卷特别涉及了托存馆对网络技术的运用和网络活动的参与情况,包括联合国信息的网络发布和发帖;联合国网络搜索和联合国数据库应用的指导培训。对于托存馆的通过培训提升能力建设方面,突出了对联合国信息和文件运用的技能的更新。在培训方式上,强调了在线课程资料和指导以及网络互动培训工具的运用,而面对面的传统形式的集中培训则被置于了次要地位。

总之,《2012联合国托存图书馆问卷》已经全面围绕网络化设计和展开,托存馆网络化的程度和对网络资源的运用,成为联合国信息获取和活动的主体,体现出了联合国图书馆对于托存馆的网络化的现状的关心、要求和趋势。

(二)联合国资料数字化网络化现状

《2012问卷》中所体现的数字网络化的思路,是目前联合国资料领域数字化的现状的反映,也是进一步发展的方向。事实上,自图书馆问世以来,以惊人的速度得到发展。并针对服务内容和对象不同分化出不同的一些类型。[1] 主要表现在数据资源涵盖的内容、网络化程度及互动要求等方面。

---

[1] 联合国图书馆数字化后建成的应是自成一类的数字图书馆。目前各国的数字图书馆大致分为三类:第一类学术型:其数字资源包括:电子图书;电子期刊;数据库;保留资料(课程大纲、讲稿和课件等);联机检索目录;电子辞典、百科全书、指南、手册以及其他各种电子参考工具;各类电子资源的字顺目录及主题索引等。第二类公共型:除了拥有上述各类数字资源之外,还拥有地图、照片、图片、绘画、音乐等电子音像资料以及报纸、剪报等电子文本资源。第三类国家图书馆型:如美国国会图书馆的国家数字图书馆计划,将史实性的绘画、图书、音乐、手稿、照片、视频、音频等载体资源转换成数字资源,目前它已拥有100多个历史资源库,数字作品超过750万件。

参见左少凝、胡燕菘:《国外数字图书馆项目的建设进展研究》,《数字化图书馆技术论坛》,2005年10月第10期,第80—82页;李洪:《国外数字图书馆资源综述》,《图书情报工作》,第49卷第12期,2005年12月,第137—141页。

联合国资料和信息无论内容还是形式都十分繁杂，但从目前托存馆所关注的资料形式看，首先是文字记录类型的资源，包括文件、资料和出版物，之后是相关的图片、音频和视频资源。从内容看，首先集中在联合国官方信息上，并逐渐扩展到学术研究成果的信息，以及其他相关机构和各国的相关信息。联合国图书馆围绕联合国本身的官方的信息的网络化，倾注了大量的工作，取得了决定性的进展。这些数字化的资源构成联合国资料数字网络资源的核心。

进一步对于联合国资料的网络化情况进行考察分类，发现《2012问卷》中列举的联合国资料网络名单，构成了当前联合国网络资源的主体，也是其他难以计数的涉及联合国信息和资料网站和链接的原始数据来源。

1.联合国资料数字化网络资源最基本的体现

（1）联合国资料文号数据库（UN-I-QUE）[①]

联合国资料文号数据库（UN-I-QUE）是联合国哈马舍尔德图书馆（DHL）最早数字化并向网络开放的数据库。它提供了查找自1946年以来联合国文件和出版物的文号。包括：给予各国联合国会员国身份以及确定国际年和国际十年的决议，大会一般性辩论发言（如第一届大会），主要委员会届会报告及其职权范围（如人权委员会），人权和国际法领域特别报告，联合检查组和内部监督事务厅的报告，各国依照人权文书提交的报告，联合国会议报告，有关目前维持和平行动的主要文件。由于联合国文件和出版物书目庞大文号众多，该系统的推出，为联合国资料的查询提供了切实方便的手段，开创了联合国资料数字网络应用的先河。

（2）联合国正式文件系统（ODS）[②]

联合国正式文件系统（United Nations Official Document System）

[①] http://lib-unique.un.org/LIB/unique.nsf?Open, 2012-12-22.

[②] http://documents.un.org/, 2012-12-28.

是联合国文件和正式记录的全文检索系统,是目前联合国官方资料最为系统的网络资源。其内容集中在"联合国文件"和"决议"两个方面。在"联合国文件"领域,可以查寻全部六种正式语文(阿拉伯文、中文、英文、法文、俄文和西班牙文)正式出版的联合国会议文件。"决议"领域可以检索1946年以来所有正式语文印发的主要联合国机关(大会、安全理事会、经济及社会理事会和托管理事会)的决议[①]。

ODS是联合国在之后进行的系统的资料数字化的延伸和最为主要的成果。目标一是对于联合国不同工作地点产生的文件实施同步共享。二是将联合国成立以来的所有文件数字化并提供网络使用。1992年,ODS作为试验项目在纽约和日内瓦两地联合国机构共同启动。之后亚的斯亚贝巴、曼谷、贝鲁特、内罗毕、圣地亚哥和维也纳等地的机构也先后加入。目前第一目标已经基本实现。联合国各主要工作地点已经全部上网,联合国文件无论在哪里一经分发,各地的用户可以使用该系统进行检索。后一个目标正在进行中,自1946年以来联合国分发的所有文件的数字化工作正在推进中,目前,此数字化方案主要针对大会和安理会文件。

(3)联合国书目资料系统(网络版)(UNBISnet)[②]

联合国书目资料系统网络版是联合国文件的目前最主要网上索引资源,由哈马舍尔德图书馆和日内瓦办事处图书馆编制。它包括了联合国文件自1979后出版的文件以及挑选出的1979年以前联合国重要文件;表决记录(大会第38届起和安全理事会1946年起的所有决议的表决);发言索引(大会、安全理事会、经济及社会理事会1983年起的会议发言记录);纽约和日内瓦总部两图书馆馆藏的非联合国出版物的目录。它的最大特点一是时效性,白天被

[①] 所有材料的索引编制都是依据文件第一页提供的有关资料(联合国的有关机构、届会、议程项目号码、文号、语文、日期、标题中的关键词等)。该系统还可以用六种正式语文进行全文检索。

[②] http://unbisnet.un.org/, 2012-12-28.

标引的资料加载到系统上，晚间就可以被全世界的使用者检索到。二是它提供丰富的链接资源，可以链接到近期联合国文件的多种语言的全文，还可链接到联合国主要机构近期发言和表决记录的决议全文。

作为延伸和补充，联合国对该书目资料系统还制作了UNBISPlusonCD-ROM（联合国书目资料系统光盘版）（UNBISPluson CD-ROM）。它集合了多种印刷品工具书，包括：UNDOC（联合国文件索引）、会议记录索引（包括投票表决档案）和发言记录索引、UNBIS叙词表、联合国文件文号系列丛书，以及迄今未发表的参考资料档案（如人名、地名等专有名词档案，决议全文等）。CD-ROM每季度增补一次，可以查寻1979年以来编制索引的文件以及同一时间纽约和日内瓦联合国图书馆获得的联合国之外材料的书目。随着图书馆能力的扩大，更早期的记录也被包括在内。

该系统项目的另一个衍生产品是UNBISThesaurus（联合国书目信息系统叙词表）。UNBISThesaurus检索覆盖了UNBISnet和UNBISplusionCD-ROM的内容。在检索方式及界面方面开发了一些独有的特色功能，比如它提供主题词汇检索，大大方便了不同领域和层次的阅读者。

（4）联合国官方网站（UN website）

联合国的官网是联合国面向大众的最普遍的信息发布平台，也是联合国资料获取的最广泛的渠道。其包括www.un.org;以及http://www.unsystem.org/两个网址，分别主要由纽约和日内瓦总部主办。从资源形式上包括了文字、音频视频等多种形式，涵盖六种工作语言。除了联合国网站主要信息链接、联合国主要职能机构链接，相关议题和资源最新消息之外，主页可以直接访问五个主题页：和平与安全、发展、人权、人道主义事务和国际法，并且就每个领域还设定了和主题有关的联合国办事机构、即将举行的会议和焦点事件的报道以及联合国新闻中心的最新消息等交叉检索工具。

作为该网站下内容的一部分，联合国会议记录索引

(IndexstoProceedsor），①提供了有关大会、安全理事会、经济及社会理事会和托管理事会工作的资料的查阅功能。ITP查找方式分为两类：（1）全面的主题索引，包括有关机构在某届或某年度会议期间分发的所有文件（报告、信件、会议记录、决议等）；（2）发言记录索引，包括会议代表在某届或某年会议期间在讲坛上所发表的讲话。为登录联合国网站的读者提供了方便。

2. 联合国图书馆其他专门领域的数字网络化的资源

（1）联合国统计数据库（UN date）。② 联合国统计数据库是联合国经社事务部（DESA）下的统计处（UNSD）主办，向全球发布工农业、健康、环境、能源、卫生、防疫、人权、发展、国家经济情况、人口、难民、旅游、贸易、犯罪、教育等广泛领域的统计数据，使得联合国统计数据库容易地到达所有读者。

（2）联合国条约汇集（UN treaties Collection）。③ 该网站由联合国条约处提供联合国及会员国在联合国登记发布的所有条约。作为印刷版联合国条约集的网络化资源。

（3）联合国会员记录（UN member states on the Record）。④ 作为联合国网站专门开辟的领域，其提供联合国数据库、网址和其他信息资源的链接。主要集中在会员资格和主要机构的决议草案，由联合国总部图书馆维护和更新。旨在强调联合国有关信息资料与每个会员国的联系。

（4）联合国地图（UN maps）。联合国授权其绘图室发布的相关的地理信息并提供有关链接。⑤

3. 联合国资料数字网络化存在的其他途径

（1）与其他专门领域网络的合作。联合国图书馆还注意到与其

---

① http://www.un.org/Depts/dhl/resguide/itp.htm#itp#itp,2012-12-29.

② http://data.un.org/, 2012-12-28.

③ http://treaties.un.org/Home.aspx?lang=en, 2012-12-26.

④ http://www.un.org/depts/dhl/unms/, 2012-12-26.

⑤ http://www.un.org/Depts/Cartographic/english/about.htm, 2012-12-26.

他专业信息发布和研究网络的合作,促使资料的网络化和专业化阅读。体现在与研究图书馆集团(RLG)合作在RLIN研究图书馆资料网(Reasearch Library Information Network)上的资料发布。[①]可以通过该系统查询哈马舍尔德图书馆编制的书目记录。联合国图书馆每周对RLIN书目数据库加入新记录和增订记录。RLIN可以进行各种查索,可以替代UNDOC、联合国文件索引、联合国书目资料系统网络版和联合国书目资料系统光盘版的一些功能。但该资料网需要申请成为RLIN订户才能使用。

(2)运用公共网络互动平台。联合国还充分利用其他公共网络平台,发布相关信息和资料,增加资料的运用和普及。比较突出的是开通了 UN Pulse("联合国脉搏")博客。[②] 联合国脉搏是联合国总部图书馆的博客,实时发布联合国的文献和出版物。该博客不仅在联合国官网,而且在Twitter、Facebook和YouTube上表现活跃。

从上面的梳理可以看出,联合国启动资料文件的数字化网络化以来,其目前产生的信息基本上实现了数字化和主要内容的网络化;对于历史资料,它也正在进行回溯性的数字化工作,并取得了明显进展。这种变化涉及联合国资料相关的各个机构、地区、领域、事务和国家。其影响是广泛而深刻的。对于联合国托存图书馆,这一趋势的延续和加速,向我们提出了新的任务。

二、联合国托存图书馆面临的新任务

联合国资料的数字网络化,对于托存图书馆建设和管理提出了新的要求和方向,主要体现在网络建设和馆员能力两个方面。

[①] http://www.acronymfinder.com/Research-Libraries-Information-Network-(RLIN).html, 2012-12-29.

[②] http://un-library.tumblr.com/,2012-12-28.

(一)网络硬件建设和系统维护

1. 数字化对于计算机系统和网络有极大的依赖,从传统的对于书籍和相关物理环境的维护到对计算机和网络系统的维护,并且,后者对于维护要求无论是技术含量还是精确性都大大提高,并且一旦出现系统故障将导致阅读活动的中断乃至瘫痪,并可能导致阅读资料的丢失等前所未有的问题。所以,图书馆必须改变对于技术的思考方式,对技术进行战略上的合理部署,把握相关技术之间的有机联系。[①]

由于技术不断发展,文件的数字化格式可能不断变化,对终端和网络的要求也在不断更新,需要随时跟踪快速发展的信息技术,不断提高数字图书馆技术水平,对于网络技术乃至故障,增强研究和预见,有针对性地进行准备,不断完善数字图书馆本身的技术成熟度和功能完备性。

2. 保持终端设备的兼容性和保证网络速度,是进行正常阅读的基础。网络化数据对于网络和终端的硬件有相应的要求,满足文件要求的阅读条件,才能进行正常阅读,包括系统的兼容性,特别是网速的要求。目前从实践看,联合国资料的日常阅读,网速问题是一个比较突出的制约因素。特别是在某些特定时段,往往影响阅读质量,甚至影响到阅读的进行。进而对读者的阅读计划和科研工作产生巨大的影响。因此,加强硬件的保障力度,改善网络的速度和稳定性,是托存图书馆为提供良好联合国网络化文献资料必须的基本工作。

3. 做好重要联合国资料数据的备份和本地的合作分享。即使本地的系统和网络处于正常状态,仍然会出现由于网络出口、上一级网络及数据库主机的故障、干扰等设备物理因素的断网;也不排除某些特定条件下人为的信息控制封锁等因素,造成的阅读和资料

[①] JohnWilkin,《展望未来:数字图书馆技术的挑战和机遇》,何欢欢译,《中国图书馆学报》,2008年第4期,第5—7页。

索取的缺损、限制，乃至不能实现。

这就要求每个图书馆对于本馆的必须的资料文献，尽可能建立专业资料的本地备份或镜像，并及时进行更新，保障基本资料的随时可用性。在此基础上，国内相关托存馆之间，可以借鉴高校图书馆联合采购的某种方法，[①]加强联系和共享，互通信息。如果能够从国家层面进行协调，制定整体的联合国资料的镜像和备份工作规划，统筹分工，共同合作，完成国内的镜像，减少这种数据中断的风险。但无论如何，本地对于必不可少资料的备份和使用，是一项必要的工作，对于应对单一数据源故障寻求替代主机，则也应有预先的协调和安排，联系替代数据库，保障资料的应急使用。

4. 保障运用网络工具，单独或合作开展各项与联合国资料工作相关的活动。发展和开拓丰富多样的服务。联合国资料的网络化，为托存馆开展联合国研究或联合国资料分享提供了新途径。联合国图书馆总部在《2012问卷》的活动调查中，也专门列项。托存馆的活动建设应充分考虑网络的运用，相关的硬件和技术应能为活动提供保障。

（二）馆员的素质教育和专业培养

联合国资料的网络化，对于托存图书馆的图书馆员，提出了更高的更专业的服务要求。"培养经验丰富、训练有素、深刻领会数字图书馆服务政策的员工是数字图书馆服务策略的一个重要内容"。[②]要清醒认识到，馆员自身的"信息素养教育"是网络化下提供信息服务的必修课。[③]具体看，联合国文献的网络化对于相关

[①] 黄胜国、徐文贤：《高校图书馆数字资源联盟采购存在的问题及发展对策研究》，《情报理论与实践》2011年第5期，第67—69页。

[②] "训练有素的人员"被《国际图联数字图书馆宣言》列为五项要素之首。参见张红权：《以优质信息服务做好数字图书馆工作》，《高校图书情报论坛》，2009年第6期，第15—16页。

[③] "信息素质教育"包括信息环境、信息资源结构、信息检索方法、信息组织和处理技术、信息分析方法、信息政策和法律等。参见张晓林：《数字信息环境下的图书情报服务：挑战、应变与再造》，《四川图书馆学报》，2002年第4期，第19—26页。

的信息管理人员的新要求，突出地体现在三个方面。

1. 对网络技术工具的熟悉和使用。管理人员首先应熟悉网络基本知识，熟练运用网络工具；还应对联合国网络的技术服务特点有较好掌握；对于本地托存图书馆的网络特性、带宽、网速、使用限制等有较好掌握；对于常见的网络故障具有敏感性。能够根据本地需要，提出备份建议，提醒相关读者建立备份。

同时，管理人员可以通过较长时间的统计和试用，总结和摸索当地网络工作及与联合国数据连接获取的最佳时间及状态信息，发现方便的网络阅读时间，为读者提供使用网络资源的最佳连接阅读时间，减少读者在运用时间安排上的盲目性。

2. 对联合国文献系统及检索工具的熟悉掌握。联合国文献资料的网络化，带来了其信息量的更加膨胀，同时，由于信息产生及处理机构的不同，目前的数据分别存在于不同的系统中。面对海量信息、同时存在的多个系统，而且在不断整合变化之中。这增加了读者分辨过滤以寻求专门信息的工作量。虽然各系统提供了日益强大的检索工具，但检索系统的快速准确使用，不仅依赖于使用者对专业领域的熟悉，而且依赖对检索系统和工具的熟悉。在读者不能对于联合国各个资料系统的检索工具都熟练掌握的情况下，图书馆员的帮助就显得尤其可贵。[①]

因此，托存图书馆馆员应首先加强自身"信息素养教育"，包括对于联合国目前网络化的资料系统有比较明确的认识，对于各个系统的文献特点、数据重叠情况、服务要求、资料数据更新等情况比较了解；管理人员应该熟悉网络化的联合国文献资料的主要检索工具和途径，特别是对于主要的几个系统的检索工具熟练运用，并知晓其优缺点，才能为读者提供切实有效的专业数字化服务。要达到这种能力，需要比较长期的努力摸索，以及不断的培训学习。

---

① 这是图书馆"知识发现型服务"的重要部分：通过服务对象检索、采集、处理、分析和传递信息，并对信息进行重组，形成服务对象可以利用的知识。参见王知津、侯延香：《我国数字图书馆可持续发展的服务模式》，《大学图书馆学报》，2005年第5期，第2—6页。

3. 具备在联合国托存馆之间以及与总部之间的业务沟通能力

联合国文献资料的网络化，拉近了托存图书馆之间以及与总部之间的距离，可以做实时数据分享，也使得彼此沟通合作变得可能且必要。无论是信息传达、问题处理、故障排除，都更多要求建立直接对话和即时的沟通。这就对托存图书馆人员的沟通能力提出了潜在要求，特别沟通通常以作为托存图书馆之间沟通的工作语言的英语进行，对相关人员的全面的英语水平和沟通能力提出考验。良好的语言和沟通能力成为托存馆之间以及与总部之间沟通信息、处理事务、提升效率、增进合作的一个有益条件。

同时，网络化带来的跨馆、跨国人员间沟通的直接和实时性，使得业务培训和专业研讨的方式也正发生深刻变化，相关人员应积极参加相关培训，协助托存馆开展更多的延展性服务与研究等各项活动，不断提升自身的业务和综合素质。

总之，联合国资料数字网络化的趋势和结果，将促使各托存图书馆围绕信息化服务进行建设和功能拓展，不仅要求硬件得到相应的保障和有效维护，更重要的是，要求托存馆的服务人员必须提高自身的综合素质，成为具有图书馆学知识、胜任计算机网络操作，了解联合国相关领域、具备全面英语沟通能力的综合型人才，只有这样，才能适应联合国相关研究和活动对托存馆的要求，胜任联合国资料网络化带来的新任务，为联合国资料运用、研究和信息传播提供更加有力的服务。

瑜伽体位法应用于女排体能训练的探索性研究

董 娟

在技战术体系日益完善的今天,体能的竞争正成为排球竞赛的新焦点。中国女排虽已挤入世界前列,但与世界水平相比,体能差已经成为中国排球发展的瓶颈。

《体育运动词典》[①]中将"体能"定义为"运动员机体的基本运动能力,运动员竞技能力构成要素的重要组成部分。根据运动员身体各器官、系统的功能结构特点,体能是由身体形态、身体机能、运动素质和健康水平四方面构成"。

由于人们生活水平的提高,余暇时间的增多,使休闲健身运动得到飞速的发展。而其中,瑜伽是发展最快的健身运动之一。瑜伽,[②]是印度六大哲学体系之一。从广义上讲瑜伽是哲学。从狭义上讲:瑜伽是一种精神和肉体结合的运动,现在一般指身体的练习方法。通过瑜伽姿势的拉、伸、挤、拧,帮助人们调理内脏,伸展筋骨,加强人体机能。瑜伽体位法的练习是人们接触瑜伽最简单、最直接的方法,也是人们了解瑜伽最有效的途径。体位法是以坐、卧、跪及站姿为主要手段,对身体基本素质进行练习的一种方法。瑜伽体位法能够提高人体柔韧性、肌肉力量、平衡能力和精神的集中能

---

① 全国体育院校教材委员会:《运动训练学》,北京:人民体育出版社,2000年版。
② 黄彩华、廖建媚:"瑜伽的起源与特点",《辽宁体育科技》,2004年10月。

力，并且对简单的情绪控制以及对正确的呼吸方法等有很大的作用。

一、瑜伽对身体的影响

1. 瑜伽体位法对身体形态的影响

陈丽霞研究健身瑜伽对女性形体和柔韧性方面的锻炼效果，对62名中年女性进行五个月的分组实验，得到的瑜伽组数据如（表1）。[①]

从上表可以看出瑜伽组训练前后腹部、大腿内侧皮脂厚度和体脂百分比、体脂重四项指标呈显著性差异（$P<0.05$）。瑜伽体位法通过对肌肉尽可能地拉伸，使脂肪从细胞周围消减，改善血液循环，促进细胞的分裂与更新，另外，瑜伽动作还能调整身体的新陈代谢，随着年龄的增长，我们体内新陈代谢的速度也将自动地随之减缓。持续练习瑜伽体位法能保持体内新陈代谢的速度，消耗体内多余脂肪，从而减轻体脂重量，降低体重指数，达到了减肥、控制体重的目的。

2. 瑜伽对身体机能的影响

朱瑛等对45名受试者进行了分组实验，为期6个月的瑜伽体位法训练后，对实验组和对照组、实验组实验前和实验后受试者的肺活量、心率、心输出量、心搏出量、最大吸氧量5项指标进行比较，如表2，[②] 发现实验组受试者在实验前和实验后肺活量、心率、心输出量、心搏出量、最大吸氧量5项指标变化均具有显著性（$P\leq 0.05$）。而对照组，在第一次和第二次测试中虽然有些变化，但都不具有显著性（$P>0.05$）。说明瑜伽体位法练习对提高人体的心肺功能具有显著效果。瑜伽体位法练习是配合呼吸的韵律，采用

[①] 陈丽霞：："健身瑜伽对改善中年女性体态和提高柔韧性效应的实验研究"，《解放军体育学院学报》，2004年10月。

[②] 朱瑛、马艳："瑜伽形体练习对女大学生生理指标影响的研究"，《广州体育学院学报》，2004年2月。

表1 瑜伽组训练前后身体成分变化表

	人数	体重（kg）	腹部皮脂（mm）	肩胛皮脂（mm）	大腿内侧皮脂（mm）	上臂皮脂（mm）	体脂百分比（%）	体脂重（kg）
实验前	31	57.51±5.79	32.89±6.57	21.52±4.67	29.70±3.96	22.13±3.86	28.17±3.81	15.96±4.27
实验后	31①	56.73±4.16	30.21±4.35①	19.83±5.72	27.56±4.27①	21.72±4.17	26.54±2.38①	13.43±3.58①

注：① 与同组训练前同指标比较 $P<0.05$，$P<0.01$。

表2 心功能对比分析

指标	对照组			实验组		
	第一次	第二次	p	试验前	试验后	P
肺活量VC(ml)	2646.9±471	2685.6±418	#	2900.67±429	3051.88±401	*
最大吸氧量VO2max(1/min)	1.844±0.22	1.88±0.25	#	2.02±0.31	2.11±0.29	*
心率HR(beat/min)	73.82±9.2	73.72±9.4	#	79.09±10.15	74.33±9.06	*
心搏量SV(ml/beat)	69.71±2.6	63.75±13.1	#	66.27±18.2	56.21±15.2	*
心输出量CO(1/m)	5.05±0.72	4.65±1.02	#	5.12±1.05	4.06±0.85	*

注：# 表示 $p>0.05$，* 表示 $P<0.05$。

腹式呼吸和胸式呼吸相结合,能提高肺通气量,使肺活量增大,瑜伽动作中大量的前屈,后弯等动作,加快了身体的血液循环,身体的氧耗量也明显增加,在一定程度上增加心脏的工作负荷,改变心输出量和心搏量,进而使静息心率下降,安静时心率下降。[①]

3.瑜伽对身体素质的影响

王波在《有氧健身操结合瑜伽练习对青年女性影响的研究》一文中对65名青年女性进行分组实验,其中瑜伽组研究结果显示瑜伽练习10周后受试者坐位体前屈和闭目单足立的成绩较训练前有非常显著的提高（P<0.01）,分别提高了（2.18±0.87）cm、（1.92±0.66）S,而纵跳和立定跳远的成绩也有显著性提高（P<0.05）,分别提高了（0.98±0.81）cm、（1.20±2.05）cm（表3）。[②]由此看出瑜伽体位法练习有效地提高了受试者的柔韧性、平衡能力和弹跳能力。瑜伽练习中的各种姿势大多对身体的肌肉和韧带进行拉伸、扭转,可以有效地促进柔韧性的提高;而且瑜伽体位法的练习中还包含了大量的平衡姿势,促进受试者的平衡能力的提高。例如：半莲花树式,增强髋、膝以及脚踝周围的柔韧性,锻炼大腿前部的肌群,增加肌肉力量,也提高了身体的平衡能力和弹跳能力。

表3 瑜伽组身体素质变化表

	训练前（x±s）	训练后（x±s）	P
体前屈（cm）	13.37±6.12	15.55±6.20	**
单足立（s）	0.61±0.46	2.53±0.75	**
纵跳（cm）	25.43±5.68	26.41±5.61	*
立定跳远（cm）	153.43±19.93	154.63±19.24	*

注：* P<0.05 , ** P<0.01。

[①] 余平、沈仲元等:"气功调息的心率变异",《上海中医药大学学报》,1999第2期,第58—59页。

[②] 王波:"有氧健身操结合瑜伽练习对青年女性体质影响的研究",中国优秀博硕士学位论文全文数据库（硕士）,2006年第12期。

4. 瑜伽对健康水平的影响

瑜伽[①]在最近几年已被公认为最安全、最富有成效的健身运动之一。瑜伽舒缓地伸展身体各部分，简单易学，无需器械，也不容易出现运动损伤，它不同于健美操、形体操那些剧烈运动，身体的伸展比较柔和，不容易受伤，即使是不经常参加其他运动项目的学生，也很容易练习瑜伽。每个人身体伸展的程度不同，瑜伽只需你伸展到舒服位置，尽自身的能力保持，就达到了锻炼的目的。它的动作舒缓，通过对身体和四肢的拉伸，促进血液循环，增强身体免疫力，而且可以减轻一些关节性疼痛，改善脊柱的疾病。例如：瑜伽中的牛面式，对肩、肘、髋、膝等关节都有很强的锻炼效果，同时又是一个可以放松精神、调节情绪的姿势，对于大小臂肌群有很明显的伸展收塑作用。瑜伽是一种既健身又健心的锻炼方式，[②]运动员在艰苦的训练之余，练习一下瑜伽，不仅能够达到塑身和提高身体机能的目的，更能放松心情，调节思绪，改善心理状态。专家研究表明，长期练习瑜伽不但能够减肥、塑身、美容，还能够治疗一些慢性疾病，特别是女性的一些妇科疾病，瑜伽的这些特点是女性选择瑜伽作为健身方式的原因。

二、排球体能特点

1. 排球运动员的身体形态特点

浦钧宗[③]等在《优秀运动员机能评定手册》中，对排球运动员

[①] 范美艳："吉林省高师体育教育专业开设瑜伽课程的可行性研究"，中国优秀博硕士学位论文全文数据库（硕士），2006年第10期。

[②] 王福祥："山东省普通高校女生中开设瑜伽选修课的可行性研究"，中国优秀硕士学位论文全文数据库，2008年第1期。

[③] 浦钧宗、高崇玄、冯炜权：《优秀运动员机能评定手册》，北京：人民体育出版社，1989年版，第206—210页。

的身体形态要求归纳为：身材高而不粗，上肢较长，手掌较宽；小腿长、踝围细、大腿相对较短，足掌宽；体脂少，去脂体重和体密度大。钟秉枢[①]在他编写的《排球》一书中认为在对排球运动员训练水平进行评定时，脂肪的比重是身体形态测试的一个重要内容。

2.排球运动员的身体机能特点

排球运动是竞技类隔网对抗的运动项目，在整个运动过程中，不仅有低强度的无球准备和移动，而且有高强度的有球快速进攻和拦防。整个过程有快有慢，形成复杂的间歇运动，导致整个运动过程的供能系统不断变化。在无球准备时，机体是由有氧系统供能，而在进行激烈的扣球和快速起跳拦网时机体要启动短暂的无氧非乳酸系统供能。因此，排球运动就需要较高的心肺功能，来提高在比赛中的竞争能力。

3.排球运动身体素质的特点

身体素质是运动员在运动中所需的基本体能，主要包括力量、速度、耐力、柔韧和灵敏。而在排球运动中主要是力量素质和速度素质，这两种素质在排球运动中表现为弹跳力和挥臂速度。

4.排球中损伤的特点

排球运动的特点是在空中完成各种动作，身体局部常处在高负荷、高强度的状态下进行运动，腰、肩、膝、踝、肘等部位负荷强度大。如果局部负荷过大、过重会造成局部肌肉、关节和韧带产生疲劳，从而导致运动损伤的发生。尤其是担任主攻和副攻的运动员膝、腰、肩受伤的概率很大。

---

① 钟秉枢:《排球》，北京：北京体育大学出版社，1998年版，第178页。

三、瑜伽应用于排球体能训练的可行性

1.降低体重和体脂，改善排球运动员的身体形态，提高弹跳力

钟秉枢[1]在他编写的《排球》一书写到：据加拿大排球队测试，体重与体脂比关系密切：体脂下降、体重也随之下降，而身体素质随着体重、体脂的下降而上升。一般是体重下降5千克，助跑摸高提高7—8厘米。由（表1）的研究结果证实：训练瑜伽后腹部、大腿内侧皮脂厚度和体脂百分比、体脂重四项指标呈显著性差异（$P<0.05$）。瑜伽对降低运动员体重和体脂是非常有效的。因此，将瑜伽体位法应用到排球体能训练中，降低排球运动员的体重和体脂，使排球运动员的身体形态更加趋向于最佳状态，更有利于排球运动员提高弹跳力，推进排球运动向更高的水平方向发展。

2.提高心肺功能，增强竞争能力

钟秉枢等在《新规则透视》[2]一文中认为："每球得分制新规则的实施，使排球比赛中无氧供能比例有增。"而且目前比赛规则变化越来越频繁，为了提高排球比赛的观赏性，增加收视率，比赛规则也越来越趋向于有利于防守的一方。最近排球规则又提出要将自由人增加为两个，这就给排球运动员提出了一个挑战：要夺取胜利，进攻就要更快、更高、更强。这就要求运动员要具有更好的身体机能，能够适应比赛的变化。由（表2）可知，通过练习瑜伽体位法，受试者在心率、心输出量、心搏出量、最大吸氧量5项指标变化上均具有显著性（$P<0.05$），身体机能有很大的提高。因此，从理论上讲，将瑜伽体位法应用到排球体能训练中，可以提高运动员的心肺功能，从而更好的适应更加激烈的比赛。

---

[1] 钟秉枢：《排球》，北京：北京体育大学出版社，1998年版，第178页。
[2] 钟秉枢、董天姝："新规则透视"，《中国排球》，1999年第3期，第4—7页。

3. 增大肌肉力量，提高身体柔韧性

目前，增大运动员的力量素质的主要途径是增大肌肉横截面，但是在增加运动员肌肉横截面的同时，运动员的体重也会随着增加，就会影响到弹跳力，对一些肌肉已经比较厚实的运动员效果不理想。由（表3）可知：瑜伽可以提高运动员的柔韧性、平衡能力。通过提高身体柔韧性，继而增长肌肉长度。因此，我们可以尝试利用瑜伽体位法，将身体的肌肉拉长，增加肌肉的收缩力，提高弹跳力。

根据转动定律和动量矩定理可知，增大肌肉对环节的拉力矩，可以增大环节绕相应关节的转动角速度或角加速度。瑜伽体位法通过拉长肌肉，增大了肌力矩，有利于加快排球挥臂速度。

游道熔[①]"关于少年排球运动员基础训练的几个问题"一文中，认为各种身体素质之间是相互促进而且又相互制约的。例如，弹跳力是排球选手的专项身体素质，还必须具有较好的速度、灵敏、柔韧等多种素质，否则弹跳力的提高将是缓慢、困难的。而弹跳力的提高又为速度、灵敏、力量素质的发展提供了有利的条件。所以，通过瑜伽体位法提高身体的柔韧性，可以促进弹跳力的提高。

其中值得注意的是，瑜伽是静力性的运动，有人会担心通过练习瑜伽会影响爆发力，在王波的《有氧健身操结合瑜伽练习对青年女性影响的研究》中写道："结合组（即有氧健身操和瑜伽结合组）的受试者在柔韧性、平衡能力和爆发力上都有了非常明显的变化，瑜伽和健身操的结合练习对于改善受试者的身体素质的效果更加显著。"虽然不能说明瑜伽可以提高爆发力，但是至少说明瑜伽不会影响爆发力。至于将瑜伽体位法应用于排球体能训练中是否影响排球运动员的爆发力还需要进一步的研究。

4. 动损伤，改善健康状况

在2008年奥运会上，中国女排夺得了奥运铜牌，为中国人民

---

① 游道熔："关于少年排球运动员基础训练的几个问题"，《北京体育学院学报》，1985年第4期，第48—50页。

争得荣誉,但与此同时,中国女排的伤病问题无不让我们为中国女排的未来感到担心。冯坤手术后忍痛上场,赵蕊蕊现在仍在治疗中……中国女排顽强拼搏的精神是值得赞扬的,但是拖着受伤的身体在球场上,是不可能发挥出自己的最佳水平的。从长远看,这样的队伍在攀登世界高峰时,是不会走太远的。因此,当务之急是减少伤病,提高运动员的健康状况。

针对排球运动损伤的特点,利用瑜伽体位法将身体和四肢尽量的伸展和扭转,促进身体各关节的血液循环,提高身体的柔韧性,减少在运动中的肌肉和韧带拉伤,从而保持健康的身体状态,不再遭受病痛的折磨,在排球比赛中尽情地展示自己的英姿。例如:练习瑜伽中的猫式,可以改善颈椎和肩膀痛,调节血液循环,增进消化;骆驼式是一个梳理肩颈环节减轻腰背疼痛的好姿势,对于驼背有非常好的改善作用,同时,还可以起到修长脖颈、手臂,调节甲状腺的作用。

四、建议

1. 鉴于瑜伽体位法在提高运动员身体体能方面有非常显著的效果,建议在排球体能训练结束前几分钟进行瑜伽体位法练习。
2. 瑜伽体位法练习具有长期性。只有长期坚持瑜伽体位法练习才能取得显著的效果。
3. 本文只是从理论上论证瑜伽对运动员体能的影响,探索性的将瑜伽体位法与排球体能训练相结合,两者之间的内在关系和具体的应用效果,有待于以后进一步研究。

双校区办学模式下的高校图书馆典藏工作

胡 波

图书典藏是图书馆馆藏建设的重要组成部分,是图书馆业务工作的基础环节。典藏工作的好坏直接关系到馆藏布局是否科学、合理,馆藏文献是否得到最有效的利用。从理论上讲图书典藏就是一种藏书的组织与管理,它包括藏书组织和藏书管理两个方面。一方面通过对新书进行验收、分配,形成符合读者需求的藏书布局;另一方面,通过藏书利用中的各类反馈信息有效控制藏书运行的方向、速度和范围,使藏书流与读者流相互沟通、有序结合,形成科学的藏书发展体系,为图书馆的传播服务提供充足的资源保障。[1]

随着外交学院沙河校区投入使用,我馆出现了双校区办馆模式。如何在双校区之间科学、合理地分配图书资料,最大限度地满足读者需要,提高图书的利用率,化解"一校多馆"的不利因素是典藏工作面临的新挑战。

一、双校区办馆给典藏工作带来的困难

双校区办馆使图书馆面临许多问题,尤其是典藏工作遇到了新

---

[1] 钱华:《图书馆典藏功能阐释》,《图书馆学刊》,1999年第4期,第50页。

的难点，主要表现在以下几方面。

1. 文献布局分散

双校区办馆导致原有文献资源布局分散。以我馆为例，受图书购置经费限制，我馆中文图书大部分仅有一个复本，英文图书大部分没有复本。为满足新校区读者的需求，只能将校本部原有的三十余万册图书一分为二，调配一部分到新校区。因为各校区的学生层次不同，需求也不尽相同，容易出现一些读者找不到需要的书而有些书却无人问津的现象发生，造成文献资源的浪费。

2. 典藏部门增多，典藏程序发生了变化

我馆为沙河校区分馆新增了三个典藏位，分别是"沙河校区二层书库、沙河校区新书架、沙河校区工具书"，这样一来，图书的典藏部门达到16个。同时，典藏工作的程序也更加复杂。需要工作人员在文献分配的去向、种类和复本量等各方面把好关，还要将典藏分配的数据及时传递给分校区。同时，由于校区分散而且相距较远，在统一集中的管理模式下，在校本部典藏好的图书存在运输的问题。如果图书的运输工作跟不上，就会存在大量加工好的图书滞留在校本部的现象，影响读者借阅。

3. 新书分配的原则发生了变化

在双校区办馆模式下，图书典藏的原则也要随之发生变化。2012年新校区建成后，我院本科一、二年级分布在新校区，其他年级在老校区。2013年计划本科三年级及研究生一年级也到新校区。各校区学生的分布发生变化，这就要求典藏人员不仅要对分编质量严格把关，更重要的是在图书复本量有限的情况下，依各校区读者层次的不同及对图书需求的侧重进行分析、判别，明确该图书的馆藏地，科学统筹、合理分配图书，满足各个校区教学、科研及重点学科的建设需要。

二、解决图书馆典藏问题的对策

1.加强业务学习,做好调查研究工作

(1)典藏工作是一项技术性较强的工作,要求典藏人员不仅要具备图书分类编目知识,熟悉《中国图书馆分类法》和图书著录规则,还要有较为广博的知识面以及较强的综合判断能力。[①] 因此,典藏工作人员要注重学习,加强对知识的积累,努力提高自身的综合能力。只有这样,才能根据馆藏的总体目标、读者对象、图书的内容等众多因素对图书的典藏部位做出合理判断。

(2)典藏工作离不开深入的调查研究。

首先,典藏人员应详细了解各个校区分馆的馆藏情况,掌握现有图书的数量、种类、质量、复本状况。在摸清家底后,根据本馆馆藏的总体目标制定图书分配规则,使图书在各个校区、各个分馆各有侧重,最大限度地满足各个校区读者的需求。

其次,要注重读者的调查研究工作。高校图书馆的读者主要是教师、科研人员、学生。典藏工作人员应耐心听取不同层面读者的意见,采用开通读者信箱、定期召开读者座谈会、日常询问等形式加强与读者的沟通,了解不同层次读者的阅读兴趣及需求,有针对性地分配图书,避免新图书分配过程中的片面性,以满足各校区读者的需求。

最后,还要对兄弟院校典藏工作的开展情况进行调查了解。目前,大多数高校图书馆都面临多校区办馆的问题。每个学校对典藏的定义和工作内容不尽相同,典藏工作也需要多学习借鉴他山之石,避免走弯路,使馆藏文献保持科学合理的布局,尽可能地为读者借阅图书提供方便。

---

① 董向荣:《论高校图书馆典藏工作及典藏人员素质》,《高校图书馆工作》,2000年第3期,第55页。

2. 把握典藏分配原则

（1）把书分到真正需要的馆里，是典藏工作的首要原则。典藏工作的基本原则是图书定位与读者需求匹配度。应该将图书分配到最需要、最能发挥其作用的地方去。针对各校区的专业设置、课程状况、学科发展走向、办学定位、办学特色等进行综合考虑，由各校区的读者需求情况来决定图书去向和复本量。在目前我馆图书复本量有限的情况下，可以按照需求程度来排序。针对目前我院学生分布情况，典藏的基本原则有：基础知识性图书：如O、H、TP类图书以沙河校区为主；专业类图书，以校本部为主；英文及小语种图书以校本部为主。其他特殊类的图书，如英语四、六级考试图书考虑到我院学生的英语水平普遍较高，以沙河校区为主；公务员考试、研究生考试图书主要为毕业生准备，以校本部为主，等等。

（2）在典藏工作中要树立全局意识。虽然典藏分配面对的是图书个体，是一种零散性质的工作，但是图书个体的布局、组合影响着图书文献布局。典藏工作在文献资源建设、藏书组织与布局上要树立全校一盘棋的思想，宏观上掌握学校的学科结构、专业设置、校区分布、品牌特色，从总体上了解读者结构和需求状况，为用而藏，藏以致用。特别是重点学科、特色专业领域图书典藏分配时，需要特别留意。在完善基本图书、辅助图书的基础上，对于专业的重点图书、经典著作、必备工具书在载体、语种、时间结构上给予重点保障，尽量保持重点专业文献的完备性、系统性，形成系统、全面、层面完备的学科文献群。

3. 加强与图书馆其他部门的合作与沟通

图书馆的业务工作可分为两大块，一为文献工作，一为读者工作。而典藏工作正是联系这两大业务工作的枢纽。典藏的职能辐射到馆内采访、采编、流通各个部门。

一是要加强与采访部门的沟通，采访人员在采购的同时，往往已经对书籍的馆藏地有了初步的构想。了解采访人员的采购意图，有助于对图书的定性分析，确定图书的分配去向。二是要加强与流通部门的配合。对图书借阅率、馆际互借图书内容等信息进行统计、了解，在掌握详细借阅信息的基础上，不违背典藏原则的前提下，灵活调整图书藏与阅的关系、图书复本多与少的关系，使文献资源通过不断调控，保持科学合理的布局。三是要定期分析统计本馆的馆藏建设和文献利用情况，并提供给领导和采访人员等，为图书馆的管理、决策提供可靠资料。

4. 设立新书架，最大限度地发挥新书的效用

目前我馆在三线典藏制馆藏布局的基础上，在沙河校区新馆实行"藏、查、借、阅"一体化管理模式，为读者提供全开架服务，创造了"人在书中，书在人中"的良好阅读氛围。同时，在沙河校区设立了新书架，新书上架借阅一段时间后，再按批次下架，进入二层书库。这样可以提高文献利用率，尽可能满足多数读者的需要，有效缓解读者校区分散、复本量不足的矛盾。同时，我馆还克服校本部馆舍限制，创造条件设立新书展示架，以向读者荐书的形式加强与读者的沟通联系。但是，新书架的设立，导致每一批新书都要做二次典藏，无形中加大了工作量。此外，全开架借阅模式存在的较为突出的问题是文献丢失率增大和图书乱架现象（沙河校区新馆开馆3个月以来，已丢失图书65册）。图书馆应制定相应的规章制度，进一步加强读者教育以及增强工作人员的责任心，解决好出现的问题。

5. 选择合适的通借通还服务模式

双校区格局给高校图书馆带来的主要问题是文献分散，作为相对应的解决方式，通借通还服务能在购书经费有限的情况下，使有限的图书达到利用率的最大化，缓解多校区文献资源采购、典藏与利用之间的矛盾，最大限度地满足读者需求。

多校区模式下的通借通还服务通常分为三种：委托借阅模式、直接借阅模式、混合模式。① 三种通借通还服务模式各有利弊，适

---

① 周庆红、朱光磊：《多校区高校图书馆通借通还服务模式探析》，《图书馆建设》，2010年第11期，第67页。

用范围也不同。从我馆情况来看，委托借阅模式较为合适。委托借阅模式是指由读者通过现场与网络两种服务方式，在任一校区分馆提交"图书委托申请单"，委托该图书馆借阅自己所需要的、而馆藏地为其他校区图书馆的图书的一种方式。其优点是读者无需奔波就能借还任何校区分馆的馆藏文献。其缺点：一是须成立专门的通借通还服务项目小组；二是两地借阅时间易出现真空，容易出现按预约或按委托取书时，该书已被他人借走的情况；三是图书的流通必须要有相应的物流系统来保障。

不论采取哪种模式，开展通借通还服务，都将占用一部分人力、物力，带来管理与经费投入的问题。我馆可联系实际，在妥善解决工作人员的安排问题、图书的运输配送问题的前提下，适时地开展通借通还服务。

6.实行循环动态典藏的运作模式

循环动态典藏是在实行"藏、借、阅、咨一体化"的管理模式下，针对传统典藏模式的弊端而提出的一套全新的典藏机制。循环动态典藏的主要思想是：无论新入馆的文献还是已入藏到各个书库的既有文献，都必须根据利用率进行随时、灵活的动态调整，通过这样的调整，使各个书库内的藏书结构符合读者的借阅需求和阅读倾向，最终达到优化藏书布局的目的。[①] 它不是凭经验定性判断某类书的利用好坏，而是通过观察每一种书甚至是每一本书的利用情况，来进行藏书的布局；不是藏书分配之后就不再调配，而是将典藏权交到读者服务一线部门，根据藏书的利用情况，不断地将藏书进行二次、三次甚至多次的动态调配，避免了以往一次入藏多年不动的局限性，使每一本藏书都在它能够被充分利用的借阅区或书库内，发挥最大效益。

在循环动态典藏的运作过程中，馆藏文献的流动不是单向的，而是一个循环运行的体系，即典藏人员随时可以根据阅读热点和读

---

① 段长云：《图书馆文献典藏工作模式构建研究》，《图书馆》，2008年第6期，第83页。

者阅读需求的变化对各个书库的文献进行必要的调配。此外，图书的动态典藏不仅发生在单个校区内部，各个校区之间也可要动态典藏。各校区的情况不是静止不变的，实行动态典藏机制后，一旦由于业务的需要、学科设置的改变、图书分配不当、读者群借阅倾向发生变化等原因，使原来藏书的布局出现了不合理的现象，典藏人员可随时对藏书布局进行及时调整，保持藏书布局的科学化、合理化，便于读者能够用最短的时间、花最小的精力，迅速查找到所需的资料。

7.做好图书的运输工作

典藏人员要重视新图书的运输工作，保证运输顺畅。一是做好入库前的清点工作，按馆藏地的不同，整理好典藏交接清单并核对准确。二是根据典藏工作的速度、数量、天气变化等因素联系好运输工具。三是要先与其他校区的接收人员联系好，做好收书准备，做到账目清楚，有条不紊。

在双校区办馆模式下，高校图书馆典藏工作面临校区分散、专业分散、馆藏地点多的困难，还涉及运输问题、与其他校区的交接问题等，工作内容和工作量都比以前有了很大的跨越，使得典藏工作更加复杂、多变。典藏人员要不断提高自身素质、工作技能，尽快适应工作需求，在工作中不断摸索、总结经验和规律，努力做到"以人为本"、服务读者，在现有条件下最大限度地满足读者对文献资源的需求，更好地为各校区教学、科研等工作服务。

外交外事特色院校跨文化交际能力培养模式探析

黄文红

党的十八大报告提出了提升国家文化软实力的要求,并进一步阐释了文化强国的战略。文化最终是"以人为本"的,并不在人之外而独立存在,这就需要一批具有优秀跨文化交际能力的人才。而《国家中长期教育改革和发展规划纲要(2010—2020)》已经明确指出,"要培养适应国家经济对外开放的要求,培养大批具有国际视野、通晓国际规则、能够参与国际事务和国际竞争的国际化人才"。随着全球化的日益加深,培养具有国际视野、了解和熟悉国际事务运作规则,能参与国际交流和竞争,跨文化沟通和交际能力强的国际化创新型人才是我国高等学校承担的一项重要任务。

某国际商务学术期刊曾就"什么是在全球市场扩张的最大障碍"这个问题在全球范围内向营销人员进行调查,结果文化差异被列在首位。笔者检索了从2005年到2012年中国学术期刊全文数据库中与跨文化交际能力相关的论文,共有1181篇,其中涉及跨文化交际能力培养的论文为880篇,可见跨文化交际能力的培养已经受到越来越广泛的关注。对外交外事特色院校而言,提升学生的跨文化交际能力尤为重要。这是由于很多学生毕业后将从事对外交流工作,需要与不同国家和地区的人打交道,面临的是不同地域,不同主体交流和碰撞的多元文化环境,会经历很多的文化冲击。另外,他们代表着中国的形象,也是中国文化的传播者。而文化大部分是隐性的（covert culture），如果对目标国或者目标地区的文化没有很好的了解和意识，就有可能犯错误，造成重大的损失。

本文将首先剖析跨文化交际能力的内涵及大学阶段的培养目标，然后指出在跨文化交际能力培养中的误区，第三部分提出外交外事特色院校跨文化交际能力的培养模式，最后指出未来的研究方向。

一、跨文化交际能力的内涵

跨文化交际的相关研究始于20世纪50年代的美国。当时，美国正处于肯尼迪政府时期，美国和平部队（Peace Corps）首次到一些发展中国家，不仅经历了种种文化冲击，而且还没有受到目的国的欢迎，这引起了美国国内一些学者的反思。当时，美国出版了两本书，引起了巨大反响，这也标志着跨文化交际学的兴起。一本是1958年美国南亚问题专家、作家Eugene Burdick和William Lederer所著的短篇小说集《丑陋的美国人》(The Ugly American)，该书描述了美国当时驻东南亚的外交官如何漠视当地的文化和习俗，从而引起当地人的反感，当地人称其为"丑陋的美国人"。美国政府专门把此书发给当时的外交官，让他们反思自己在驻地的行为，提升跨文化交际能力和跨文化交际的意识。另一本是1959年美国人类学家Edward Hall所著的《无声的语言》(The Silent Language)。此书早期的宣传广告曾以这样的提问开始："Why are we Ugly Americans?"[①] 这本书由20世纪50年代美国对外经援人员在海外遭遇的种种挫折开始，进而论证了研究和了解异国文化的种种必要性，并对文化的本质、结构和模式做了系统而富有创造性的探索。

在随后的跨文化交际研究中，为了描述开展成功的跨文化交

[①] 连淑能：《英汉对比研究》，北京：高等教育出版社，2010年版，第15页。

际所需要的能力，学者提出了"跨文化交际能力"（Intercultural Communicative Competence，简称ICC）这个概念。国外对跨文化交际能力内涵的论述颇多，比较有代表性的是Byram于1997年提出的定义。[①]他将跨文化交际能力分为如下五个组成部分：（1）态度：培养对异文化的包容与好奇心，消弭对自身以及其他文化的怀疑；（2）知识：了解自身和其他文化的社会规约和行为方式；（3）理解和整合能力：理解来自异文化的产品和事件，并将它们与自身的文化进行整合；（4）发现和交流能力：在实际交流中获得和运用新知识、技能和态度的能力；（5）批判性文化意识：批判性评估自己和其他文化行为方式和情感态度的能力。

那么在大学阶段培养学生跨文化交际能力的目标是什么呢？笔者认为，主要体现在如下两个方面：一是实用性的目标；二是教育性的目标。

首先，从工具理性的角度而言，注重培养学生的跨文化交际能力有实用性的目标。具体而言，是为了培养学生的实际应用语言的能力，避免误解和冲突。如果不去学习英语国家的文化，则英语学习者可能会把自己文化中的概念转移到目标语中去，这样就会产生冲突或者误解。另外，对于大学阶段的学习者来说，相比于初中或者高中的学习者，他们已经打下了牢固的词汇和语法方面的基础，因此他们学习的重点不应该是语言系统本身，如词汇的记忆和语法知识的传授，而应该是对文化的感知和理解。

其次，在教学中注重跨文化交际能力的培养，符合全人或者人本教育的要求，有利于激发学生的想象力和创造力，提高学生的全面素质。其实，文化的学习也是一个社会化的过程，学生由老师的指引到了另外一个文化中。通过文化的教学和学习，学习者可以反思自己的成长经历和自己国家的文化。这种跨文化交际能力，是对

[①] Byram, M, *Teaching and Assessing Intercultural Communicative Competence*, Philadelphia, PA: Multilingual Matters, 1997.

文化多元性的意识和对差异的宽容态度、对异文化成员的共情能力，以及对自身文化价值观念及行为方式的觉察和反省。换言之，培养跨文化交际能力的最终目标是让学生超越自身世界观的局限，了解他人或者异文化的思维方式与行为方式。胡文仲和高一虹提到1991年对全国26名"最佳外语学习者"的调查与分析结果表明，"调查对象在学习外语和外国文化的过程中逐渐培养了自己突出的扬弃能力。这种能力不仅有助于他们的语言和交际能力，而且对于整个人格的完善也有着积极的作用"。[①] 这里摘录《欧洲语言教学与评估共同纲领》（Common European Framework of Reference）的一段话来做说明："跨文化交际能力培养的目的是通过了解别国的文化，丰富和提升学生的人格。目标语文化与本国文化可能差别比较大，所以需要老师和学生共同努力来将这些不同的部分融合成为一体。"

二、跨文化交际能力培养的误区

应该说，目前很多高校和教师都意识到了培养跨文化交际能力的重要性，也做出了很大的努力，提升学生的跨文化交际能力。但是，在教学实践中，仍然存在如下两个误区：

一是很多研究人员和教师仍倾向于认为跨文化交际能力的培养不过是文化知识的传授。换言之，很多教师都仅仅把文化当做一种外在的物质存在，把文化当做死板的知识来让学生死记硬背。仅仅把文化当做知识来进行灌输，有利于教师在课堂的讲授、测试和评估阶段进行操作，对学生对于英语国家的了解有一定帮助。但是，如果只把跨文化交际能力的培养等同于目的语文化知识的传授，这种做法一方面忽视了文化的多样性，容易造成文化定型；另一方面缺乏启发性，也不利于让学生将知识进行内化，与自身的行为建立

---

① 胡文仲、高一虹：《外语教学与文化》，长沙：湖南教育出版社，1997年版，第45页。

关联。

二是在大学教学实践中,很多教师都忽视了与中国文化的对比,以及对中国历史、文化传统的介绍。此外,我们引进的教材都以灌输英美文化为主要内容,只满足学生了解西方社会文化的需求,却未满足我国外语学习者跨文化交际的需求。这就是为什么很多中国学生不知道怎样表达中国传统节日"端午节""重阳节"等,不知道中国四大名著的英译,不知道蒋介石的英文正统翻译是什么,甚至把Mencius译成"孟修斯"。① 英语教学要达到的目标应该是双向的:一是吸收英语国家先进的技术和文化;二是将中国的国情、历史、文化介绍到国外,使世界更加了解中国文化。换言之,大学英语教学应该不仅仅局限于英语的教学和西方文化知识的传授,向世界传播中国文化也应该是题中之义。正如胡文仲和高一虹指出的那样:"对待母语、母语文化的态度与对待外语、外国文化的态度是互动的;对于母语、母语文化和对于外语、外语文化的掌握是相互促进、相得益彰的。"②

三、跨文化交际能力的培养模式

既然对外交外事院校而言,跨文化交际能力的培养至关重要,那么在实践中应如何利用外交外事院校的优势和特色系统化培养学生的跨文化交际能力呢?

(一)开发跨文化交际能力培养课程体系

要提升学生的跨文化交际能力,相关的专业课程和培训是必不可少的。笔者认为,跨文化交际能力的培养课程体系应包括如下三

---

① 崔刚、罗立胜:《英语教学理论与实践》,北京:对外经济贸易大学出版社,2006年版,第261页。
② 胡文仲、高一虹:《外语教学与文化》,长沙:湖南教育出版社,1997年版,第118页。

个基本模块：

1.中国文化教学模块：2000年10月19日《光明日报》发表题为"中国文化失语：我国英语教学的缺陷"的文章，首次提出中国英语教育中的中国文化失语现象。文章认为，虽然中国外语界早已意识到文化教学的重要性，也已在外语教学中加大了文化教学的比重，但有共同的片面性，即仅仅加强了对英语世界的文化内容介绍，而对于作为交际主体一方的中国文化教学，基本上仍处于忽视状态。因此，我们应加强中国文化的教学，不仅介绍优秀的中国文化传统，还要求学生掌握基本的英语表达方式，这样才能更好地向世界传播中国文化。

2.西方文化教学模块：旨在使学生对英语国家的基本概况有所了解，培养学生的文化认知能力。该模块包括下列课程：英语国家社会与文化、美国总统就职演说之文化分析、西方文明史等。还要注意，在教学中不仅要包括英美等大国的文化，还应包含澳大利亚、新西兰等国家的文化。不仅传授文化知识，还要求学生理解西方的价值观和世界观，并进行批判性思考。

3.跨文化交际教学模块：旨在帮助学生进行中西方文化对比，培养他们的跨文化交际意识和能力。该模块应包括跨文化交际学、中西文化比较、跨文化商务沟通、跨文化电影赏析等课程。

（二）开展丰富的课外活动提升跨文化交际能力

课外活动是课内教学的延伸和提升，形式可以更加多样化，也应充分利用外交外事院校特色的资源，为学生提供各种进行跨文化交际实践的机会，比如：

主题文化周：每学期开展主题文化周活动，包括"欧盟文化节"、"英国文化节"、"美国文化节"等，全面介绍欧盟和英国、美国等的历史、文化习俗以及风土人情。主题文化周以英语为交际语言，活动形式包括专题讲座、知识竞赛、英文歌曲大赛、使馆参观等。

网络化学习实践：鼓励学校和教师采用新的通信方式（如邮件、电视电话会议、多媒体资源等）克服时空的距离，使学生同英语母语者进行接触和沟通，在交流和沟通中分享彼此的生活经历，引发学习者的思考和对比，从而潜移默化地培养跨文化交际能力，这样更容易让学生亲身感受异文化人群的观点、态度以及思维方式，克服关于文化的种种刻板印象。

社会调查：在暑假或者寒假布置社会调查报告或论文，鼓励学生调查各种人群的跨文化交际意识或对文化多样性的认识，调查在华合资、外资独资企业的人力资源构成，近距离采访一些外事人员等。

（三）教师素质的提升及教材和教法的转变

教学是一个复杂的过程，教师要不断解读课堂事件并做出课堂决策，因此教师的素质是影响教学效果的重要因素之一。为了提升教师的跨文化交际能力，学校鼓励教师从事跨文化交际的相关研究，并尽量整合各种资源，制定切实可行的师资培训计划，分批选送专任教师到国内外专业师资培训机构进修，提高教师整体素质。对教师自身而言，应提升自身的跨文化交际素养，尽量能补充一些真实反映英语国家文化背景、社会文化习俗的多媒体资料或者文字资料，启发学生思考，或者能鼓励学生结交英语国家的朋友，从交往中切身体会文化差异。

在教材的选择上，为了避免文化定型的观念，尽量选择那些能够多方位展示英语文化的教材，而不仅仅是有专栏介绍英语文化。另外，教材应含有与中国文化对比的内容，或者含有用英语介绍中国文化的内容。

在教法上，避免仅仅用传授概括性的、一般性的知识的方式体现、教授异文化，可以多举一些例子，尤其是跨文化交际失败的例子，让学生去总结和讨论，避免犯类似的错误，从而培养学生在千变万化的交际场景中灵活应对的能力。

四、未来的研究方向

目前,该领域的研究还有很多问题值得我们进一步探讨,比较重要的有以下两点。

(一)跨文化交际能力的评估和测试

正确的评估和测试方法会对学生的学习产生正向的反拨作用。但是,在测试跨文化交际能力的过程中,存在的问题是如何平衡测试的信度和效度。信度指的是可靠性,即测试结果在不同的被试之间是否一致和稳定。效度指的是测试结果的有效性,即测验得到结果的是不是所要测定的心理行为与行为特征,也就是测验结果是否体现测验所预期的效果。如果采用客观题,仅仅测试与文化相关的事实性知识,可能这种测试的信度较高,但是效度不能保证;如果采用主观题,直接测试受试对异文化的观点、态度和行为方式的看法,可能效度较高,但是信度不能保证,缺乏稳定性。因此,如何能够把主观题和客观题结合起来,平衡二者的权重,保证测试的信度和效度,是一个值得研究的问题。

具体到中国的研究现状而言,我们还没有对国外理论本土化。目前国内没有综合的、可靠的大学生跨文化交际能力测评工具。现有的工具大都是对国外量具的翻译和修订,也有少数自编的量具,但是这些量具一方面缺乏可靠的信度和效度检验,另一方面自编量具较少涉及用外语表达中国文化能力的调查,对跨文化交际能力的考察不全面。

(二)跨文化交际能力习得的实证研究

在跨文化交际能力研究领域,现有的研究还多数仅仅停留在理论模型阶段。与国外的研究相比,国内的很多研究都是基于经验的总结和建议，而很少有基于科学的调查数据进行的实证研究。①

对跨文化交际能力习得的实证研究与二语习得方面的研究相比，仍然在数量上非常少，还需要进一步更加深入的研究。在这一领域，目前特别需要研究的一个问题是通过实证研究和对比研究，发现哪一种教学方法对培养学生的跨文化交际能力最为有效，从而能够形成系统的教学理论和教学方法。这类基于跨文化交际能力习得的实证研究提炼出的研究结果将对现行的外语教学改革和科研提供有说服力的解释和佐证，并为我国的大学英语教学的科学决策提供实证依据。

---

① Hu, Y. & Fan, W, "An Exploratory Study on Intercultural Communication Research Contents and Methods: A survey Based on the International and Domestic Journal Papers Published from 2001 to 2005", *International Journal of Intercultural Relations*, Vol. 35, 2011, p.554-566.

把握先进文化的时代特征，培养传承先进文化的生力军
——谈新时期大学教育在先进文化传承中的功能和定位

姜 琳

面对日益激烈的国际竞争，高校如何深入贯彻"三个代表"重要思想和党的十七届六中全会精神，如何顺应时代要求和现实需要，使培养出来的大学生真正成为传承先进文化的生力军，是值得深思的课题。然而，由于大学教育长期以来存在着某种意义上的价值失范，在传承先进文化方面出现了某些缺陷。为此，从大学教育与先进文化传承的关系做一些探讨，并寻求先进文化在大学得以更好传承的途径是非常有意义的。

一、先进文化及其时代特征

"三个代表"重要思想把文化建设的先进性问题提升到党的性质、宗旨和任务的高度。明确指出建设有中国特色社会主义的文化，就是以马克思主义为指导，以培养"四有"公民为目标，发展"三个面向"的民族的、科学的、大众的社会主义文化。这不仅是党的社会主义初级阶段文化建设的纲领，同时也为正确理解我国先进文化指明了方向。显然，在当代中国，能代表中国前进方向的先进文化就是具有中国特色的社会主义文化。它既是我国社会主义经济、政治在精神观念上的反映，又对我国经济和政治发展有巨大

促进作用;它既是马克思主义普遍真理与中国当代实践相结合的产物,又充分吸收了传统文化与世界文化的优秀成果。其主要特征如下。

1. 科学性

当代中国文化的先进性主要在于它是以马列主义、毛泽东思想、邓小平理论为指导的文化。它以这一科学理论为指导,提倡发展科技教育事业,努力提高科技水平,普及科技知识,引导人们树立科学精神,消除愚昧迷信,使之既能正确反映社会主义本质,又符合人类发展的客观规律。这不仅保证了建设有中国特色社会主义实践方向的正确性,而且保证了先进文化的前瞻性。

2. 时代性

当今世界日新月异的科技进步深刻地改变着社会生活的面貌,这就决定了当代中国的先进文化必须服从和服务于经济建设这个中心,为改革开放和现代化建设服务。要实现我国的经济腾飞,必须将科教兴国作为文化建设的一大战略,这不仅是当代中国先进文化的时代特征,也是文化发展与时俱进的必然要求。

3.民族性

文化是历史的积淀,中国先进文化渊源于中华民族5000年文明历史,也必然植根于有中国特色社会主义的实践中。建设有中国特色社会主义文化离不开对本民族优秀文化的继承发扬,尤其像我国古代的哲学、文学、艺术、历史学等无数文化珍品和宝贵遗产,都值得继承和借鉴。

4. 大众性

有中国特色社会主义文化是亿万人民群众智慧和创造的结晶。人民群众是历史的创造者,是文化建设的主人,是一切文化创造的最深厚的源泉。可见,先进文化来自人民大众,也要服务于人民大众,应该代表最广泛人民群众的利益。它的直接目的是为了提高人民群众的文化素质,满足广大人民群众日益增长的精神文化需要。正因为它充分反映人民群众的疾苦和呼声,就必然能够在人民群众的积极参与下发扬光大。

二、大学教育对先进文化的传承功能

众所周知，大学作为文化的重要衍生、传播基地，其教育功能的发挥在相当程度上直接关系着我国先进文化的继承和发扬。那么，大学的教育在建设有中国特色社会主义文化事业的实践中，如何才能积极推进先进文化的发展，切实代表先进文化的前进方向？这需要我们广大高校教育工作者在大学教育中，坚持以马克思主义为指导，努力掌握文化发展的规律。

1. 大学自身的功能促使大学成为文化传承的重要基地

先进的思想道德和科学文化是人类文明进步的结晶，是一代又一代人实践、创造、积淀、传承的结果。在先进文化的形成和传承的过程中，教育是极其重要的载体。尤其是大学教育，自产生起就一直在传播和创造人类文化。它汇聚、传递着人类的文化特质和文化思想，对文化的保存、传递、选择、整合发挥着独特功能。早在公元452年，君士坦丁堡大学在传授"七艺"基础上讲授哲学、法律、历史、医学等，由此带来了拜占庭教育的兴旺，促进了对古希腊罗马文化的发展。12世纪前后，欧洲的一些学校顺应时代的要求，冲破教会的禁锢，开设医学、法学、逻辑等课程，使得较早的一批现代意义的大学应运而生，并担负起保留和传递已有文化的任务。

人类先进文化的聚合催生了高等学校，而大学从诞生之日开始就担负着整合和传播人类先进文化的重任。在西方的文艺复兴时期，大学教育是批判基督教文化，倡导人文主义的先锋；在我国近代，设立京师大学堂目的是"广育人才，讲求时务"，而"五四"新文化运动时期以北大为代表的高校更是批判封建专制旧文化、提倡民主科学新文化的强大阵地，并直接影响中国近代社会、文化的历史走向。时至21世纪，知识经济已经兴起，由于学科的高度交叉、融合，大学必然成为知识、信息、人才的聚散之所，其文化功能正在衍化为推动社会发展的直接动力。例如，以美国斯坦福大学为依托发展起来的硅谷科学工业园区，分布了3000多家科技产业和众多研发机构，在其方圆仅几十公里的小小谷地，1995年的收入高达850亿美元，其中62%的收入同斯坦福大学有关。此外，像日本的"筑波科学城"、英国的"剑桥工业园"及我国北京的"中关村科技工业园区"等无一不是大学教育与高新技术开发有机结合的成功典范。这些恰恰表明，大学教育在科技发展、经济经营乃至整个文化的传承发展中起着越来越重要的作用。

2. 大学生群体成为先进文化传承的生力军

"三个代表"的重要思想指明，中国共产党要始终代表中国先进文化的前进方向，这说明文化建设不仅有其本身的重要性，而且直接与党的先进性相联系。大学作为思想文化的原生地之一，更应自觉塑造良好的校园文化，着力实施先进文化工程。在传承先进文化的活动中，大学生处于集客体和主体于一身的特殊地位。一方面，他们作为高等教育的对象是文化传承的"接受者"，学习如何选取、储存、掌握和创造文化；同时，作为高等教育的主产品，他们又是文化传承的"施事者"。我们要充分发挥大学教育的文化功能，就必须培养大学生成为传播先进文化、推进科技发展的生力军。具体而言，可以从以下几方面入手：

第一，丰富大学生的文化底蕴。文化是理论对实际的升华，是哲学对现实的思考。因而，它需要依靠扎实的知识底蕴来支撑。遗憾的是，当代大学生往往注重实用知识的积累，却忽略基础理论的研究和拓展，缺乏对文化精华执著追求和传承的历史责任感。不少学生整天忙于应付各种资格证书或学历考试，这无疑与大学教育的初衷相悖。在教育适应社会变革时，首先要保持教育本身的追求，以避免过于轻率地适应眼前需要而放弃长远责任。作为时代的弄潮儿，大学生应高度重视知识的吸收和拓展，努力使自己成为通才，为传承先进文化积蓄足够的资本。

第二，发掘大学生的创新精神。创新是一个民族的灵魂，是一个国家兴旺发达的不竭动力。的确，创新文化也是文化建设的重头戏。身为文化传承者，大学生肩负的不只是继承、传播传统文化的使命，更重要的是学会创造新的文化。然而，创新素质却在当代大学生身上明显不足。据调查表明，我国大学生约有95%的创新力资源未能很好开发。可见，发掘大学生的创新精神已刻不容缓，大学教育要坚持走文化创新之路。众所周知，科学的本质就是创新，先进文化的创新是当前文化建设所面临的重要问题。首先，它需要有巨大的勇气和胆略。先进文化往往孕育于旧文化之中，是在同旧文化激烈的斗争中不断发展壮大，最终"破土而出"的。要扬弃旧义、创立新知并非易事，有时甚至要具备"宁为玉碎，不为瓦全"的献身精神。其次，它需要理论上的明晰和坚定。如今，各种新思潮纷至沓来，民族文化与外来文化的碰撞异常激烈，先进文化同腐败文化的斗争相当复杂。因此，对于众多的新思潮、新文化兼容并蓄，要有敢于面对的勇气；对于本民族的优秀文化传统要有坚持发扬的勇气。只有站在人类社会发展的历史高度，审时度势，高瞻远瞩，才能达到吐故纳新，和而不同。

第三，加强大学生的人文素养。眼下，一些大学生的理想主义色彩黯淡，将对于人本精神的追索束之高阁，这是大学教育不可回避的问题。由于"崇洋"的文化心态导致了"守旧"的本国文化传统被打入冷宫，使得视角单一的大学生群体在精神上无所适从，无形中为他们的人文精神缺失构建了平台，也进一步导致了大学教育的价值失范。加之父权式的启蒙教育和应试式的学校教育模式让大学生的人文心灵从小就蒙上了功利之纱，变异了的物质化的校园文化窒息着人文气息的增长，使得当代大学生们很难担当起传承先进文化的重任。反观当前大学校园出现的网络综合征、厌世自杀等不良现象，无不折射出大学生人文情怀的匮乏。大学教育必须正视大学生的精神现状，加快改革步伐，重塑健康的校园文化，在文化层面上还大学生一个和谐的精神空间。

第四，把握大学生的文化需求。先进文化反映时代前进的方向，主旋律文化是先进文化的集中体现。大学教育要建设先进文化，必须发展主旋律文化，充当唱响主旋律文化的先锋。然而，现实生活中，大学生群体的价值观呈多元化倾向，他们对文化的需求也是多层次、多侧面的。因此，大学教育应注意文化的多元化发展，这既是时代发展的需要，也是大学生成长、成才的需要。当然，这里的多元化指的是文化建设形式的多样性，不是指文化建设指导思想的多元化。我们必须牢牢把握马克思主义的指导思想，否则会使文化发展误入歧途。

三、新时期大学教育的价值定位

当前，"科教兴国"已成为我国推行现代化建设的重要战略。如何使现代化成为"为人的"而不是"唯物的"现代化，是摆在我们面前的世纪难题。当然，现代化建设不可能跨越大学教育，大学教育作为培养高层次人才的活动，是追求理想和面向未来的事业，并在某种程度上引导着人类先进文化的发展。可是我国大学教育的现状并不容乐观，主要表现为对人性的漠视、文化批判意识的丧失和文化创造力的衰竭等。在现代社会，大学教育已由社会生活的边缘走向中心，成为推动社会发展的"轴心机构"。然而，这种表面繁荣的背后，却不时蕴藏着其内部深层的危机。如果不改善它时有褊狭的境况，大学就无法找到真正安身立命之所，对先进文化的传承也将沦为空谈。

大学教育作为一种使人实现自己全面本质的实践活动，其特点是把对象化世界在文化形态上全面复归于人，为人所驾驭。但目前，这种特点还未完成。长期以来，现代高等教育强调科技知识和实用知识教育，受教育个体也只以获得实利和实用的知识为目的。虽然目前人们已经逐步认识到"知识中心主义"的缺陷，也提出了

"培养能力"论,但是它所强调的是一种技术化的能力,是远离人的心智发展的能力,从而导致大学教育在背离人的道德和价值方向上越走越远。与此相应的是,大学教育的文化批判意识与文化创造能力却日益枯萎。不容否认,现代大学教育通过科技教育和开展科学研究,发挥着创造科技文化的重要功能。但正是这种职能的片面强化,导致了大学教育专业化气息越来越浓,加剧了文化的分裂和文化教育的异化现象。失去了本体价值追求和文化整合能力的大学教育,只能任由"科技理性主义"信马由缰,迷失了前行的方向。可见,这种片面的文化创造,由于建立于文化压制的基础之上,是不可能真正创造出一种全新的、能增进宽容、尊重人性的文化,并最终可能滑向其反面,成为奴役和压制人的工具。为此,一方面大学教育与社会生活应保持适当距离,以保留一定时空对社会现实做出慎思;另一方面,在大学内部要确立学校自治和学术自由的原则,从而使大学教育真正归于人的教育,使之成为真正的人、完美的人的教育,并用人类千百年来积累的优秀文化遗产和时代的思想文化精华,造就出千千万万既立足现实,又有超越精神的先进文化的传承者。

总之,大学教育必须有人文精神与科学精神的引导,实现两者的整合,使之回归为一种"完整"的教育,成为培养"完整人"的教育。这不仅是大学教育的价值定位,也是传承先进文化的必然要求。

公私合作视角下的大学学术交流

——以学术讲座为例

郦 莉 陈红娇 范馨元

大学是开展课堂教学、推进学术研究、授予专业学位的高等教育机构,是社会发展的重要组成部分。西方大学最核心的学术价值观,归结起来有两个方面:自治权和学术自由。

一、自治权与学术自由:大学的价值观

欧洲中世纪城市的产生和商人行会(guilds)的出现,为教师行会提供了有利条件。他们得到教皇的特权许可,被集体授予在欧洲任何一所大学中教书的权利。教师的自愿联合组织被称为"universitas"(拉丁文中的"行会"),意为"由教师和学者组成的一群人"。[①] 行会的作用在于保护同行利益、限制内外竞争、规定业务范围、保证经营稳定、解决业主困难。[②] 当教师遭到外来势力

---

① Hastings Rashdall, *The Universities of Europe in the Middle Ages*, Oxford: Clarendon Press, 1985, Vol.I, p.16; Gabriel Compeyré, *Abelard and the Origin and Early History of Universities*, New York: Arm Press, 1969, pp.87-90; Hugh Chisholm, *Encyclopaedia Britannica: A Dictionary of Arts, Sciences, Literature and General Information* (Vol.27), Encyclopaedia Britannica Company, 1911; Charlton T. Lewis, *A Latin Dictionary*, Oxford: Clarendon Press, 1966.

② Marcia L. Colish, *Medieval Foundations of the Western Intellectual Tradition (400-1400)*, New Haven: Yale University Press, 1997, p.267;[俄]克鲁泡特金:《互助论》,李平沤译,北京:商务印书馆,1963年版。

干涉时,教师可以采取举校迁移和停止工作两种抗议方式。更有趣的是,停止工作的不仅是大学教师和学生,还有已获学位、在教会或政府工作的毕业生。① 教师行会与商业行会里的工匠和手艺人一样,知识和学术的标准是自行制定的。12—13世纪,行会势力很大。到16世纪中叶,手工工场出现,行会逐渐瓦解。教师行会转变为以授予学位为标志的大学,教员和毕业生获得教会和政府任职资格的机会增多,在中世纪社会中的影响力也日益壮大,② 但这并没有影响大学学术研究的独立性,欧洲大学的自治权意味着知识创新和学术积累不受教会和政府的控制。

世界上第一所授予学位的大学是1088年建立的意大利博洛尼亚大学(University of Bologna,UNIBO)。1155年,博洛尼亚大学确立了"不能剥夺任何外来学者享受教育优先权"的学术章程,被认为是大学学术自由(academic freedom)精神的最初体现。③ 大学学术自由指的是,大学中的学者有权在其研究领域内按照他们认为正确的传统和法则,自由地进行知识探索和学术研究。不得不承认,从黑暗的中世纪发展到今天的西方社会,之所以能够成就辉煌,与学术自由精神有密不可分的关系,而东方社会曾经辉煌的文明在近代以后遭受重挫,则与其教育文化中学术自由的缺乏是联系在一起的。以中国为代表的儒家文化和以阿拉伯国家为代表的穆斯林文化所构成的东方学术模式有一个共同的弊病:知识是由个人使其权威化的——经典的诠释者、而非经典本身往往成为权威。④

---

① Hastings Rashdall, *The Universities of Europe in the Middle Ages*, pp.189, 401, 421.

② John Baldwin, "The Penetration of University Personnel into French and English Administration at the Turn of the Twelfth and Thirteenth Centuries", in Revuedes Edudes Islamiques, XLIV, Special Issue on "Medieval Education in Islam and the West", 1976, pp.199-211.

③ Hilde de Ridder-Symoens, ed., A History of the University in Europe (Vol.1: Universities in the Middle Ages), Cambridge, U.K.: Cambridge University Press, 2003, pp.4-34; Pearl Kibre, *Scholarly Privileges in the Middle Ages: the Rights, Privileges, and Immunities of Scholars and Universities at Bologna, Padua, Paris, and Oxford*, Boston: Mediaeval Academy of America, 1962.

④ [加]许美德:《中国大学1895—1995:一个文化冲突的世纪》,许洁英译,北京:教育科学出版社,1999年版,第32页。

尽管中国古代的高等学府可以追溯到公元前两千多年前，但与西方国家以行会为雏形发展到大学的脉络不同。中国最早的近代文化教育机构兴起于沿江沿海地区，清末第一所致力于培养翻译和洋务人才的官办外语学校京师同文馆建于1862年（·1902年并入京师大学堂，改名京师译学馆），天津的北洋公学建于1895年，上海的南洋公学建于1896年，北京的京师大学堂建于1898年（1912年更名为北京大学）。现代中国的大学体系格局主要由公立大学、私立大学和教会大学三种类型组成，①在学术研究的思路和方法上，多遵循中学为体、西学为用的办学原则。②在20世纪中叶的国外看来，在中国的传统中既没有自治权之说，也不存在学术自由的思想，学术垄断以对中央权威的效忠和严格恪守儒家经典为前提，③整个中国就像一所巨大的大学，由大学内培养出来的学者管理统治。④

半封建半殖民地的中国经历了枪林弹雨的血雨腥风终于建国后，全国各项事业百废俱兴，教育领域的发展处于方兴未艾之时，"四人帮"又在"知识越多越反动"的论点基础上提出"读书无用论"，使国家发展亟须人才的十年成为"文革"动乱的牺牲品。十一届三中全会后，国家恢复高考。怀揣大学梦想的中青年学子终于又能够走进大学校园。然而，改革开放的"市场机制"驱动使得社会弥漫着浮躁的心态，能够静下心来做研究的学者并不多见，多数学科被国际学术发展的前沿越落越远。1986年、1997年、1998年和1993年，中央分别批准或实施了《高技术研究发展计划（863计划）纲要》、《国家重点基础研究发展规划》（"973计划"）、"面

---

① 成广海：《中国近代大学与民族精神之培育——以北大、清华和南开三所著名大学为中心的研究》，山西大学2006年硕士学位论文，第1页。

② 汤一介主编：《北大校长与中国文化》，北京：北京大学出版社，1998年版，第22页。

③ [加]许美德：《中国大学1895—1995：一个文化冲突的世纪》，许洁英译，第26、28页。

④ Ssu-Yü Têng（邓嗣禹），"Chinese Influence on the Western Examination System", *Harvard Journal of Asiatic Studies*, Vol.7, No.4, 1942, p.290.

向21世纪教育振兴行动计划"中重点支持部分高校创建世界一流大学和高水平大学的"985工程"和《中国教育改革和发展纲要》及国务院《关于〈中国教育改革和发展纲要〉的实施意见》中提出的面向21世纪分期分批重点建设100所左右的高等学校和一批重点学科、专业,力争在21世纪初有一批高校和学科、专业接近或达到国际一流大学水平的"211工程"。随着中央和省级政府向教育领域投资的倾斜,大学的学术创新和交流活动不断增多。"创新"成为校园内的主流文化,如何创新引导着高校教师和研究人员的教学和科研思路和方法。

二、大学创新知识是如何增长的?

大学创新知识是一种公共物品(public goods),一经发表在著作、期刊或网络上,或通过讲座、会议、采访等方式公开交流后,在信息获取渠道畅通的条件下(如拥有数据库免费下载权限的情况下),每个人都能够阅读、保存、引用,此即消费的非竞争性(non-rivalry);某些人对某一大学创新知识的占有不会影响其他人,此即受益的非排他性(non-excludability)。当前,由于各国信息共享条件的差异,很多大学图书馆或公共图书馆对文献搜索权限设定了条件,比如国家图书馆要求持证人员只能在电子阅览室内的电脑上每天享受2小时的电子期刊免费下载权限,多数高校提供的漫游账户每天下载量也设定了10篇的上限,这就使原本非竞争、非排他的纯粹公共物品(pure public goods)具备了相对性,而成为"非纯公共物品"或"准公共物品"(impure public goods)。比如学术讲座,如果举办场所只能容纳20人,那么"先到先得"的原则就会使这一公共物品(简称"公益")成为非排他但需竞争的"公共池塘资源(common pool resources,CPRs)"。有人数限制、针对特定人群或俱乐部、学友会成员的学术交流,则属排他但非竞争的"俱乐部产品（club goods）"。与纯公益或准公益相对的，便是既排他又需竞争的"私有物品（private goods）"，比如享有完全知识产权的学术论文，就属私有物品。[①] 所以，从使用权的角度看，学术论文属于公共物品，而从所有权的角度看，学术论文则属于私有物品；其被规范引用的过程，便是使用权的共享，但引用和转述并不影响学术论文本身作为一项知识创新本身的私人所有权。而论文本身的价值，也因其为人所知、为人所用的程度而累积提升。

学术公益既无法排他、又无需竞争，那么，当有些人提供得多、而另一些人提供得少时，就会存在搭便车（free-riding）的隐患，从而导致追求利益最大化的理性行为体出于自保和不亏的心理，而对学术创新采取消极态度。由于知识的创新源于需求和人的创新本能，即便是国际知名学术权威也不能担当起如政府那样的享有强制约束力的霸权角色，那么，在学术争鸣的无政府状态下，主体间的博弈如果是完全理性的，那么应当会选择各方都不合作、不主动创新的纳什均衡（Nash Equilibrium）。现实中这样的状态是可以找到原型的，但这只是单次博弈时的均衡格局。当行为体有幸进入重复博弈环节时，彼此间的认知就会发生互构，逐渐生成彼此学习对方优点的冲动，而后主动采取合作的态度，然而，很多时候却囿于方法不对路、能力不够强或规则不理解，从而处于"欲向善而力不足"的尴尬境界中。由知识创新利益相关方构成的学术交流活动，类似于欧洲教师行会的组织职能，他们就行业内有探讨价值的问题为导向，定期开展学术交流活动，帮助有创新思考的学者通过彼此间的互动、已有知识的互补、成功方法的分享，各取所需、相得益彰。学术交流活动这种公益活动存在的必要性和重要性即在于此，它们通过寻找能够满足创新公益需求、个体产权激励和资金提供意愿三个条件的公私合作（public-private partnerships，PPPs）均

[①] Inge Kaul, Pedro Conceição, Katell Le Goulven, Ronald U. Mendoza, *Providing Global Public Goods: Managing Globalization*, Oxford, New York, etc.: Oxford University Press, 2003.

衡点，使合作项目框架中的所有利益相关方都能够通过知识分享提高能力，形成一种教学互长的能力建设机制。这种不纠结于人性善恶、而以人类无完全能力应对创新挑战为前提、积极推动公私行为体能力建设的主张，被称为"管理学派（Management School）"。[①] 管理学派主张应当通过公共和私有行为体的相互"拉动"和"推动"，共同致力于在私利的满足和公益的提供之间寻求平衡。这种平衡能够在互动式合作和协调中、[②] 在公平公正的程序和制度下进行，从而形成互惠可持续的战略合作伙伴关系。[③]

三、创新知识增长的对等生产范式

2002年，哈佛大学尤查·本科勒（Yochai Benkler）教授通过对Linux操作系统、亚马逊（Amazon）网站等自愿提供免费软件和互动式界面的商业模式分析发现：Linux所倡导的开放软件源代码（open source）和自愿免费下载操作系统的共享文化、亚马逊网站免费提供以消费者同行评议进行自评和完善的服务的生产方式，是在产品供给与用户需求之间的相关度（relevance）和可靠性（accreditation）基础上进行的"对等生产"或"同侪生产"（peer production）范式。这种生产区别于公司生产和市场生产，它通过激发每个成员的创意灵感，以大量人员协同创新，完成有潜在附

[①] Marco Schäferhoff, Sabine Campe and Christopher Kaan, "Transnational Public-Private Partnerships in International Relations: Making Sense of Concepts, Research Frameworks, and Results", *International Studies Review*, Vol.11, 2009, p.463.

[②] Chris Argyris and Donald A. Schon, *Organizational Learning, Reading*, Massachusetts: Addison-Wesley, 1980, pp.20-26, 此处借用组织学习理论中的双环学习（double-loop learning）模型，说明公共治理规范在国家、次国家、地方层面的传播过程中，经历的是双向互构、而非单向适应（single-loop learning）的进程。单向适应的规范传播方式，被称为"简单学习（simple learning）"，而双向互构的规范传播方式，则被称为"复杂学习"。

[③] Faranak Miraftab, "Public-Private Partnerships: The Trojan Horse of Neoliberal Development?" *Journal of Planning Education and Research*, Vol.24, 2004: p.98.

加价值和先发优势（first mover's advantage）的课题或项目，其能够带来的巨大的规模效益和增值空间，远超过单纯依靠产权界定或价格标签带来的市场价值。本科勒在科斯产权理论基础上，从Linux（商标为南极企鹅Tux）的行为中发现了公益自愿提供的创新动力，认为信息技术为经济学提供了重要灵感，因此为论文命名为"科斯的企鹅"，[①]而这一理论则被称为开源经济学（Open Resource Economics）。[②]

开源经济学最大的贡献，是消除了人们对创新产品共享可能带来的"搭便车"行为的顾虑。像Linux操作系统和亚马逊网站，他们免费提供的下载软件或辅助信息服务，实际上起到的是帮助消费者了解和体验一种全新的操作系统理念，或者当他们在琳琅满目的商品面前不知所措的时候，通过参考网站侧栏中的"喜欢这件商品的顾客还喜欢……"来了解同类商品的性价比，从而解决心中的模糊概念或明确偏好，这样的做法虽然会花费一定的成本，但却能够使消费者认识到商家的用心和信誉，从而带来更大的收益。[③]这也可以用来解释苹果电脑的创意，作为专利发明的全新苹果产品，其创新概念的研发过程是企业内部自主投资进行的，苹果电脑给人的使用愉悦感使人们对这一品牌加深了了解，从而使iPhone、iPad等电子插拔产品的消费量逐年上升。

从管理学的角度讲，对等生产是一种致力于创新的知识管理活动。而知识管理成熟度从1级（无序级）向2级（简单级）、3级（规范级）、4级（优化级）、5级（持续改善级）跨越的"级越"标志或螺旋上升进程的实现，取决于隐性知识（tacit knowledge）向

[①] Yochai Benkler, "Coase's Penguin, or, Linux and the Nature of the Firm", *The Yale Law Journal*, Vol.112.3, Dec. 2002, p.369, Linux是免费使用和自由传播的类Unix操作系统。Linux的企鹅Tux（Torvalds UniX）商标来源于开源操作系统UniX的开发者李纳斯·托瓦兹（Linus Benedict Torvalds），其灵感来自企鹅所代表的极地是全球的公共用地。该商标的含义为：开源的Linux，是为全人类共同所有的，任何公司无权将其私有化。

[②] Yochai Benkler, "Coase's Penguin, or, Linux and the Nature of the Firm", *The Yale Law Journal*, p.372.

[③] Yochai Benkler, "Coase's Penguin, or, Linux and the Nature of the Firm", p.445.

显性知识（explicit knowledge）的转化。[①] 人类的知识总是比语言能表达得更多。隐性知识是个性化的，很多时候是可意会而不可言传的，因此又叫做"默会知识"。手艺、技术、信仰、视角或行为，很多时候体现的是不为人知的思维方式和意识形态，但在它们被描述或公开出来之前，都属于隐性知识。显性知识是对人类未知世界进行补充、修正和深化的文字、声音及其他表达形式，则是知识管理的最终成果形式。学者的创新职责就在于将隐形知识转化为显性知识。

四、作为公益的大学学术交流活动

大学里的学术交流活动正是通过教育管理部门（公共行为体）与教师、学者（私人行为体）的合作，邀请业界认可的代表性人物，介绍其新近著述或阐述其最新观点，通过与听众之间的交流互动，推动默会知识向显性知识转化的知识管理活动。根据形式的不同，大学学术交流活动可以分为论坛、会议、讲座三种形式。根据参与人员的来源地构成，可以分为国际和国内学术交流活动。根据活动目的的不同，可以分为实践导向型和研究导向型两类。实践导向型包括与专业相关的一线工作者的经验分享、研究方法指导等，其组织意图在于将前沿实践与前沿理论相对照，更好地理解理论知识、为理论创新奠定实证基础。研究导向型则以科学研究方法为指导，针对某一专题中有创新潜力的研究议程进行深入挖掘与剖析，通过学术研讨碰撞思想火花、彼此交换观点、互通学术有无，各类专题研讨会、讲座、沙龙即属于这种类型。实践导向型学术活动重在走进真实的生活，窥察大千世界中有助于推进研究的样本，

[①] Ikujiro Nonaka, "The Knowledge-Creating Company", in Peter Drucker, ed., *Harvard Business Review on Knowledge Management*, Boston: Harvard Business School Press, 1998, pp.21-45.

其作用类似于足不出户的"田野调查";而研究导向型学术活动则致力于把脉研究人员的思想世界,将存在于交流者头脑中那些无法言说、但至关重要的默会知识发掘出来,其功能类似于学术论文开题、答辩或导师的指导,旨在针对研究问题的提出、逻辑推理的过程、实证分析的理路、理论贡献及意义进行批判,这是在无形世界中的交锋,而其难度高于实践导向型活动的原因也正在于其"不可见性"。理想的学术交流活动,是能够将实践导向与研究导向巧妙地结合在一起的设计,使抽象的理论创新能够在微观的社会实践中找到抓手,从而使批判和启发更为高效真切。

五、大学学术交流的公私合作模式

大学的学术交流活动承载着挖掘显性知识背后的隐性知识这一重要使命。国内有学者指出:我国教育领域的知识管理目前呈现出显性知识共享做得比较好、隐性知识共享有待加强、更多关注知识交流与共享、没有上升到批判与创新层面的特点。[①] 笔者看来,理想的学术交流活动的促成不是一蹴而就的,而是一个知识管理的螺旋上升进程,其成效体现在公私合作的管理成熟度(management maturity)当中。从无序向简单、规范、优化乃至持续改善级的管理成熟度进化,有赖于大学中教育管理部门与教学、科研人员以及学生多方利益偏好和需求规模的交集在公私部门活动成本—收益设计中的满足程度。

在学术交流活动中,高校职能部门代表的是公共行为体,参与各方则是代表不同偏好和需求的私有行为体。一场好的学术交流活动,应当是能够充分满足公共行为体的组织目标和私有行为体创新

[①] 曾祥霖:《学校知识管理研究》,华东师范大学2006届研究生硕士学位论文,2006年4月,第78页。

动力的互动式平台建设行为。那么,如何将"公"与"私"两方面的供需关系在学术交流活动中充分体现出来呢?

以下将以学术讲座为例,分析大学学术交流中的公私合作关系构建问题。

1. 什么样的讲座是有效的?

根据"塞缪尔森条件(Samuelson condition)",当某一公共治理范围内生产公共物品的边际社会成本(marginal social costs,MSC)与边际社会收益(marginal social benefits,MSB)相等时,即单个个体愿为公益付费的价格与每单位公共物品的生产成本相当时,便是公共物品提供的最有效规模。[1] 由于学术讲座多为公益性的,不需要个体支付费用,因此公式的两端应替换为:当个体对讲座的价值评估与每小时的讲座酬金相当时,学术讲座便是有效的。这有些类似公共政策中的"影子价格"形成原理,[2] 与私有行为体的预期密切相关。基于这一条件,讲座的举办成功与否,不取决于讲座组织者或主讲人,也不取决于受众当中的某一个人,而取决于他们之间预期的契合程度。

2. 行为体的偏好认知何来?

美国教育学家、芝加哥大学荣誉教授本杰明·布卢姆(Benjamin S. Bloom)在参与芝加哥大学考试委员会试卷编制时受到教育目标分类对教育者意义的启发,提出教育的目标应当根据认知领域的水平差异分为知识(knowledge)、领会(comprehension)、应用(application)、分析(analysis)、综合(synthesis)与评价(evaluation)六个层次,其中最高层次便是自我评估。[3] 布卢姆认为,第一层次知识,包含记忆、推理、问题解决、概念形成及程

---

[1] Paul A. Samuelson, "The Pure Theory of Public Expenditure", *The Review of Economics and Statistics*, Vol. 36, No. 4, Nov., 1954, pp.387-389.

[2] "影子价格"指商业活动中,管理者为获取额外一单位既定资源所愿付出的最高价格。

[3] Benjamin S. Bloom, J. Thomas and George S. Madaus, *Handbook on Formative and Summative Evaluation of Student Learning*, New York: McGraw-Hill, 1971.

度有限的创造性思维等理智能力或技能，这并不是教育的终极目标。关注学生最充分的发展、寻求促使个体学习达到可能的最高程度、培养学生的"批判性思维"、"反省思维"或"问题解决"能力，而这些高层次的智力活动或高级心智过程才是独立人格完善的标志。[①]当行为体清楚自身知识的薄弱点、知晓哪些未知领域对人格完善有帮助、应挖掘、多交流并能据此对新知识进行评价的时候，便掌握了对知识的鉴赏能力和真正的学习能力。也就是说，自我评价或同行评价与创新知识之间的落差是一个"自觉"形成的过程，它恰恰是引领讲座举办的原初动力。以布卢姆分类学（Bloom Taxonomy）的视角分析学术交流活动，对于"什么样的讲座是哪些人所需要的"这个问题的回答，行为体的偏好自觉形成于四种情境：第一，知己不知；第二，不知己知；第三，知己已知。

第一，知己不知：弥补知识漏洞

对某一知识内容的学习是从"不知己不知"的状态开始的，也就是说在没有非了解不可的动力和环境的情况下，多数行为体不会盲目进入未知世界，因为缺乏实践中的兴趣切入点和应用落脚点。因此，也就不会有交流的冲动和学习的欲望。而在行为体接受教育的过程中，"知识"和"领会"这两个认知水平的达成，使得行为体开始将自己的知识体系与未知体系划定边界；这个边界的划定完成标志着从"不知己不知"的状态进入"知己不知"。学术讲座的组织者，很多是因为感觉这场讲座能够带给大家从前所不了解的新知识、新视角或新观点，使相对于听众来说的默会知识转化为显性知识。

第二，不知己知：思想头脑风暴

默会知识为人所知，如果只停留在语言文字的层面，则是相对表面化和抽象性，需要通过实践加以"应用"，通过论证或批判

[①] 安德森、索斯尼克主编：《布卢姆教育目标分类学——40年的回顾》，谭晓玉、袁文辉等译，上海：华东师范大学出版社，1998年版，布卢姆："第一章 教育目标分类学编制与运用的回顾"，第1—2、18页。

进行"分析",这个过程是对第一和第二认知层次的咀嚼和消化过程,亲身体验或反复思考,使得对知识的领悟不断沉淀,而这些"沉淀"很多时候行为体并不自知。很多听众在倾听主讲人对某些社会现象或规律进行评论或思考的时候,会产生强烈的共鸣。这种共鸣不同于从完全不了解到初步涉及的知识,而是原本存在于自己知识体系中的默会知识被主讲人的观点表达所唤起,激发出了思想火花,从而使自己先前不知道自己已经掌握了的默会知识有望转换为显性知识。这类讲座的作用就是西方创新思维活动所尊崇的"头脑风暴"(brainstorming),通过围绕一定研究问题开展的交流活动,使涉身其中的行为体将自己忽略了的知识点或先前曾经有过思考但尚未触发的思路自然地流淌出来。

第三,知己已知:分享而得更多

在第一至第四认知层次的不断升华过程中,学术讲座的组织者会逐渐意识到一定范围内的听众对于怎样的问题会是感兴趣和能够激发出灵感思维的,而组织者个人在目前这些问题的研究方面,建立了怎样的学术网络,其中哪些人的创新研究成果是能够满足这些听众的认知需求的,从而承担起针对一定的知识增长点发动大学科研管理部门、主讲人和听众共同参与的学术讲座活动的职责,其动力在于相信这样的交流有益于在此基础上的更多创新活动,并且在资金筹集方面,能够得到对此倡议表示认同的资助。这些资助有的来自科研管理部门,有的来自项目资金,有的则通过筹集获得。讲座组织者在此承担的是知识企业家(knowledge entrepreneur)的角色,因为他们本身对知识有较深的造诣,同时了解这一方面的学术前沿所在,拥有对该领域知识的"综合"和"评价"能力,并引领听众去感受知识融会贯通之后的创新可能性与方向,从而在"知己已知"的情况下通过与人分享思想的盛宴,促成新知识产品的产出。送人玫瑰,手有余香,使创新知识这种公共物品能够在分享的过程中,由已有的显性知识引出潜在的默会知识,从而推进创新的可持续增长。

3. 利益相关者收益分析

一场好的学术讲座意味着更少的投入换得更多的收益，收益可以体现在认识水平从知识、领会、运用、分析、综合到评价的提升过程，也可以体现在讲座内容通过新的成果形式得以发表，讲座参与者之间建立的联系网络以及后续的信息互通等。学术交流活动的魅力也正在于此，其收益往往难以通过一次的货币价格来衡量，很多收益是在未来逐渐显现的。如果一定要对学术讲座进行评价，可以通过讲座酬金成本与直/间接收益之间的比值所得出的收益率表现出来。

讲座成本除了酬金，还有场地、协调、海报、设备、交通、食宿、纪要等诸多方面。在基本相同的酬金标准基础上，讲座给听众带来的启迪，可能处于从"知识"到"评价"的不同认知水平上，而不同的听众所需要的讲座难度和深度不同，因此，好的学术讲座，是能够将听众需求与组织者意图两相契合的，从学术活动管理的角度讲，能够将大学管理部门的知识创新公益需求与组织者力求达到的讲座目的两相契合的讲座，会是更为成功的讲座。这一思路，符合上文所说的致力于能力建设的公私合作关系构建路径。

由此，通过对学术讲座的三类利益相关方进行跟踪评估，观察讲座效果和满意程度，可以为组织者、主讲人和互动方进行星级评价，满分为5颗星★，☆代表半颗★，讲座排列顺序按照货币成本升序排列，成本相同的情况下按日期升序排列，酬金和日期都相同的情况下按收益星级的平均数升序排列。由于主讲人在讲座中起主要作用，因此赋予主讲人60%的权重，赋予组织者和互动方分别为20%的权重。讲座收益率的计算公式即为：讲座收益÷讲座成本=（平均每颗星代表的酬金数×星级数×要素权重）÷酬金标准。比如，对于成本为300元的一场讲座A，组织者4.5颗星、主讲人5颗星、互动方4.5颗星，则收益率=（300元/5颗星×4.5颗星×60%+300元/5颗星×5颗星×20%+300元/5颗星×4.5颗星×20%）÷300元=92%。同样是成本为300元的一场讲座B，主讲人

5颗星，主持人5颗星，现场互动5颗星，则收益率=（300元/5颗星×5颗星×60%+300元/5颗星×5颗星×20%+300元/5颗星×5颗星×20%）÷300元=100%。在相同的成本条件下，讲座B的收益率比讲座A高出8%，体现在组织者和互动方的星级分别高出半颗星。星级的指标体系确定是一项较为繁琐的工作，但对其进行探索有助于学术讲座质量的提升和品牌的塑造。

六、总结与展望

当我们思考身边每一件与知识传承和创造有关的活动时，实际上是在宏观的教育理念和大学价值观中做出行动的选择。正如王正毅教授在《世界体系与国家兴衰》一书的《代序》中所说，与20世纪世界体系在政治和经济上出现的核心区（国家）和边缘区（国家）的结构相对应的，是在知识上也相应出现了核心区（国家）和边缘区（国家）的结构。其表现为：前者是知识的生产者，而后者是知识的消费者。后者的两难在于：要接受前者的知识，又担心失去自己悠久的文明；不接受，又担心自己在知识权力结构中处于劣势。王教授认为，历史上是有"例外"的。19世纪德国远远落后于英国时，黑格尔和康德成为知识的生产者，李斯特和马克思在政治经济学领域作出了卓越贡献；20世纪50年代拉美处于边缘时，普雷维什（Raul Prebisch）和多斯桑托斯（Dos Santos）提出了"依附理论"；20世纪90年代区域化大潮中，东南亚国家创新性地提出了"东盟模式"。他认为，随着中国不断融入世界体系的程度加深，中国学者构建"中国特色"的国际关系理论的研究必将取得成绩，成为知识的真正生产者。①

作为一个国际关系教育的后来者，中国学者的学科、学派和学

---

① 王正毅：《世界体系与国家兴衰》，北京：北京大学出版社，《成为知识的生产者（代序）》，第3页。

术自觉形成于1964年国内建立国际政治系40年之后的而立之年。[①]当学者还在认为基于个别国家的理论不能只回答其与原有的"美国学派"或"欧洲学派"有何不同,而是去挖掘自身独一无二而能为他者借鉴的规律、对国际关系理论的"中国学派"尚存质疑时,[②]构建"中国学派"的努力,正在以强大的学术吸引力和系统的研究体系呈现在国际学术舞台上。欧洲学者认为:中国国际关系学派已不是一个空泛的口号,基于本土特征的"原生态"理论体系正在形成之中。[③]

一个学科知识的理论探索从消费者向生产者的转化,符合波普尔(Karl Popper)的科学知识增长发展公式:$P1—TS—EE—P2$……$P1$是初始问题,TS是尝试性解决方案,EE是对尝试方法进行消错的过程,$P2$是结果状态,即新问题的产生。它不是简单的循环,而是一个反馈循环过程,因为$P2$总是不同于$P1$。本质上,这是科学的哲学认识过程发展模式。"消错"意味着整体或部分被证实或证伪,从而推进理论研究本身的发展。[④]而大学学术交流也在这一过程中为"消错"提供了机会、平台和网络,为学科理论的推进作出了贡献。

[①] 秦亚青:《权力·制度·文化:国际关系理论与方法研究文集》,北京:北京大学出版社,2005年版,《光荣与梦想——中国国际关系学40年(代序)》,第1页。

[②] Patrick Thaddeus Jackson, Personal Interview during Prof. Jennifer Sterling-Folker's Video Lesson on "Philosophy of Science in IR (Post-positivism & Critical Theory)" through Skype, October 24, 2012.

[③] Nene Noesselt, "Is There A 'Chinese School' of IR?" German Institute of Global and Area Studies (GIGA), Working Paper No.188, Research Programme: Power, Norms and Governance in International Relations, March 2012, pp.1-28.

[④] [英]卡尔·波普尔:《猜想与反驳:科学知识的增长》,傅季重等译,上海:上海译文出版社,1986年版。

数字图书馆技术及其发展方向浅析

李艳丽

数字图书馆是未来图书馆的发展方向，数字图书馆在信息存储形式、信息组织形式、信息处理和输出形式、信息传递速度和服务方式等方面与传统图书馆相比有重大的改革。数字图书馆被人们称为未来图书馆发展的模式，这种图书馆的实质是利用计算机网络对分布于各处的各种信息资源进行动态搜寻、利用，是用户获取知识与信息的最快捷方式，是一种信息环境而不是具体的图书馆形态。数字图书馆依靠数字化技术把文字、声音和图像转化为数字形式，采用数字方式进行存储、传输和处理，将图书馆的多种资料信息通过计算机转化为二进制数字存储起来，如电子期刊、电子图书、各种数据库及光盘资料。数字图书馆的主要特征是：（1）信息存储数字化；（2）支持网络多元化；（3）信息共享网络化。

中国科学院计算机所的黄铁军先生认为：建立数字图书馆是一个长期性的工程，它需要从资源的数字化和资源的管理及服务两方面做长期的工作。图书馆应该适应发展模式的变化，根据各自的实际情况加强图书馆数字化和网络化的工作，将图书馆馆藏信息实现数字化，以计算机网络为基础向读者提供全方位的信息服务。

一、数字图书馆在国内外的发展情况

数字图书馆产生的背景是源于互联网上海量的数字化资源，如何合理、有效地对这些资源进行存储、组织、传播和利用，是人们面临的新课题。于是需要探索一种系统技术来管理海量的数字信息资源，并创建一种新的服务模式，而对信息进行整序和利用，正是图书馆学理论和方法的根基。随着数字图书馆的逐步开展，目前很多图书馆都开放了基于互联网络的数据库远程检索和全文下载服务。

1. 国外情况

国外发达国家很早就将数字图书馆技术的开发列为头号国家信息基础结构项目，许多国家成立了专门的组织机构。1994年，美国国会图书馆斥资6000万美元进行国家数字图书馆建设，英国、荷兰等国的高校图书馆在欧洲共同体和各自国家的资助下也纷纷建设数字图书馆。

2. 国内情况

与国外大规模地进行各种数字图书馆的研究和建设相比，我国数字化图书馆的研究起步略晚，但在政府的关怀和帮助下发展速度也很快。

1997年，由文化部组织审报、经国家计委批准立项的国家重点科技项目"中国试验型数字图书馆"已正式立项；1999年完成一个实验系统，中国国家图书馆也迈开数字化步伐；1998年建设完成300万页全文资料及500万条书目数据的基础；1999年即完成3000万页全文和600万条数据的上网规模，清华大学与IBM公司中国研究中心合作推出了"清华大学数字图书馆建设计划"，用计算机完成馆藏资源数字化存储和管理；2000年4月18日，国家图书馆所属中国数字图书馆有限责任公司正式挂牌运营，以国家图书馆加工完成的5300万页丰富精彩的数字化图书储备为基础全面开通,努力为全球读者开辟最广阔、最精彩的网上阅读空间。

二、数字图书馆对传统图书馆的挑战

数字图书馆使用数字技术采集、存储和保存信息并提供存取信息,那么数字图书馆无疑将对传统图书馆的工作内容与程序产生重大影响。

由于操作环境特征的变化,完成这些业务活动的方式也完全不同。数字图书馆发展将不再受制于物理空间,它们所能收藏的文献数量也将没有空间限制。

1. 馆藏内涵的变化

从传统图书馆向数字图书馆的变革是一个复杂过程。传统图书馆以收藏纸质文献为主要内容,而数字化图书馆则是将文字、声音、视频等多媒体资料以数字化的形式在数据存储器上、光盘上进行存储。

数字图书馆所拥有的完整的馆藏含义应该是"物理实体馆藏+虚拟馆藏"。这样一来,就需要对传统馆藏发展的目标——旨在构建一个庞大的本地馆藏进行重新界定;馆藏评价标准需要加以重新考虑,因为实体文献的收集质量不再是决定性因素,而大量的高质量的虚拟文献则会成为评价馆藏优劣的重要方面。另外,图书馆经费的使用情况也将发生变化,越来越多的经费用于购置各种类型信息资源。因此,随着馆藏内涵的发展变化,传统图书馆的馆藏发展政策也应该根据新信息环境的要求和特点相应地调整其内容和方向。

2. 技术服务的变化

传统图书馆的服务方式相对单一,等客上门是最常见的服务方式。相比之下,数字图书馆是开放式的。

数字图书馆的用户可以通过网络连接查到所需的信息，用户不论在什么地方都能查阅相关文献，而不必知道它们存放在何处。信息检索系统的功能也不再局限于纸质文献信息的输入、处理、存储、检索和输出，而是能够加工各种视频、音频资料。这样的检索系统不仅具有灵活的数据组织、管理和检索能力，而且还具有联机信息处理、资源共享、远程登录等多种功能。图书馆的服务方式也随之发生根本性的变革，从单一借阅服务转变为多元、多层次服务，从而增强与用户的紧密联系，加快文献信息的使用频率，有效地提高服务质量。

3.图书发行方式的转变与知识产权保护

如果不改变旧有的图书发行方式，数字图书馆的出现对于出版商及作者不啻于一场灾难。出版商及作者的利益依赖于发行量，而数字图书馆的出现必然使新书出版量萎缩，所以转变旧有的图书发行方式势在必行。比较可行的是按照下载次数收取费用，或者由数字图书馆买断使用权。知识产权问题也是网络上一个全球性问题。解决这一问题不是一朝一夕的事，它有赖于法律的完善及全社会知识产权意识的提高。作为数字图书馆，首先要确保自己不侵权，在没有版权人授权的情况下不得将其作品在网上发布；另一方面，也要积极保护自己合法取得的作品使用权不被侵犯。

4.馆员角色的变化

图书馆馆员角色的变化同社会发展息息相关。文献管理者、文化宣传者和信息传递者是20世纪下半叶图书馆步入自动化发展阶段以来图书馆员所担当的主要社会角色。而现在，随着信息网络技术的急速发展和普及，图书馆馆员的角色也随之发生着重大变化。他们不再是单纯意义上的文献管理者，他们应当成为：①信息资源的管理者；②信息资源的分析与组织者；③信息提供与传播者；④信息利用的导航者。图书馆员要担起如此多的角色，无疑要付出巨大的努力，不仅要在观念和心理上做好充分准备，而且要提高知识和技能。计算机技术、网络知识和信息的鉴别筛选能力对他们来讲是至关重要的。新时代的图书馆员必须勇于接受挑战，敢于承担责任，不怕失败和挫折，敢于面对指责，在越来越激烈的计算机化竞争中努力为图书馆事业开创美好的新天地。

当然，数字图书馆并不会完全替代传统的图书馆，它是传统图书馆的发展和完善。传统图书馆的一些独特的功能，如传统图书馆不仅仅是文献信息的查阅场所，它还是学术交流、人际交往、咨询信息的社会交流场所，传统图书馆纸质文献的收藏也不能被数字图书馆所取代。物理传统图书馆和非物理的数字图书馆将会出现并存的新格局，图书馆保存和再现社会记忆的功能将大大增强。

三、数字图书馆的优缺点

网络和通讯系统是建设数字图书馆的必要条件。与传统图书馆相比，数字图书馆有不可比拟的优点，也存在着不可避免的缺点。

1. 数字图书馆的优点

（1）优化资源配置。原有模式的图书馆存在非常大的资源浪费。由于地理位置因素，各图书馆基本上各自为政，追求"大而全"。出现一本好书，各个图书馆争相购入，去等待未知的读者；为了保证读者借阅，每本书通常要购进几册，还要留出一本存入"样本书库"。经常出现藏书在书库沉睡几年无人问津的情况，造成极大的资源浪费，数字图书馆可以彻底改变这种状况。

（2）便于读者检索。普通图书馆只能提供书名、作者、出版社等有限几种方式检索，且只能在图书馆专用电脑上检索。而数字图书馆可以根据图书的某一章节甚至根据书中的某一段话进行查找，为读者的借阅提供极大的方便。

（3）杜绝破损、遗失、逾期不还等现象。藏书的破损、遗失现象一直是图书馆管理的"老大难"问题。在数字图书馆中，这些问题将不复存在。读者在图书馆中下载的只是该本图书的电子复本，原本永远在网络的服务器中。上述问题迎刃而解。

（4）减少管理费用。现有中等规模图书馆通常需要几十名工作人员，大部分为前台和书籍整理等服务人员。在数字图书馆中，管理人员大量减少，只需几名数据库管理人员、数据录入员及业务人员就可以维持数字图书馆的正常运作。

（5）加强与读者的沟通。虽然数字图书馆改变了与读者面对面借书的操作方式，但通过网络可以增强馆员与读者的沟通。比如读者想借一本新书而馆藏又没有，传统的方式只能通过读者告诉图书管理员，希望图书馆进行采购。图书馆对哪本书需求量最大、读者需求最迫切不能全面统计了解，如果刻意收集，无疑会花费很大的人力、物力。数字图书馆，只需一个留言本或者一个"新书点播"栏即可解决，电脑自动帮助馆员统计出读者的需求。

2. 数字图书馆的缺点

数字图书馆虽然有很多优点，但同时也有不足。比如，数字图书馆存在数据的不安全性。在数字图书馆中，数字化信息的内容和位置极易发生变化，信息的可变性和易丢失性极大。同时数字图书馆是以网络为基础，以网络硬件、软件等高科技产品为支撑。因偶然原因或者恶意原因可能会使数据遭受破坏、更改、泄露，造成系统服务断开。数字图书馆的安全性随着科技发展和数据存储、传输技术的进步而不断提高。

四、数字图书馆的发展方向

随着数字图书馆建设的理念不断更新，未来数字图书馆将往综合性方向发展——打破阅读、咨询、研究和工作的界线；往个性化方面发展——为不同的个体、群体提供多样化的服务和不同功能的空间。

与此同时，图书馆事业的发展要适应不断发展的社会文化需要。未来图书馆的发展方向应该是可动态配置的数字图书馆联盟。它要使用户能够不受实体图书馆所提供服务的限制,无论在任何时间、任何地点通过无线移动网络、互联网、3G手机、手持阅读器、笔记本电脑、数字电视等高科技媒体技术,达到能够为个性化服务的目的。

五、结语

我国数字图书馆建设发展得到了国家领导的高度重视。据悉,未来5年内,文化部将通过"掌上国图"、数字电视等新媒体技术,拓展服务领域,积极推进国家数字图书馆的建设,打造全民共享的"数字图书馆"。数字图书馆的建设是在实践过程中不断完善、不断发展中前行的。我们只有克服各种困难和挑战,才能真正实现图书馆的数字化工程,相信几年后我国的数字图书馆发展建设将进入一个前所未有的新时期。

Web2.0环境下的图书馆服务

李 哲

一、Web2.0的概念

1. Web2.0的含义

2004年O'Reilly Media Inc.副总裁Dale Dougherty在公司的一次筹备会上偶然提出了Web2.0一词,该公司主席兼CEO Tim O'Reilly立刻被这一说法所吸引,并召集公司相关人员用大脑风暴的方式进行探讨,进一步完善之。随后,在欧雷利媒体极力推动下,全球第一次Web2.0大会于2004年10月在美国旧金山召开。从此,Web2.0这一概念以不可思议的速度在全球传播开来。2005年9月,Tim O'Reily发表What is Web2.0——Design Patterns and Business Models for the Next Generation of Software。作为互联网发展的一个历史概念,Web2.0至今还没有一个明确的定义。

Jeff Clavier: web2.0具有三个特征,就是开放的数据和服务,丰富的用户体验以及低成本的发布。

Richard Macmanus: Web2.0 是一个平台,对于企业人员来说,Web2.0 就是一个商务平台;对于市场人员来说,就是一个交流平台;对于记者来说,Web2.0 就是一个新的媒体;对于软件开发人员来说,Web2.0就是一个软件开发平台。

Tim O'Reily: Web2.0是一个作为平台的网络,跨越了所有连接的设备；Web2.0的这些应用构成了这个平台的优势所在：发布软件成为一个持续更新的服务，并使更多的人更好地使用这种服务；获取并重组那些包括其他个人用户在内的各种来源的数据，并对其他人提供自己的数据与服务以便他们以同样的方式使用；通过一种"共享网络架构"的方式高效地创建网络，并提供比Web1.0页面更丰富的用户体验。

维基百科：Web2.0是一个新生术语，它的应用使www从一系列网站到一个成熟的为最终用户提供网络应用的服务平台。Web2.0并不是一个技术标准，它的特点是鼓励信息的最终用户通过共享来使可共享的资源变得更加丰富。

Ian Davis：Web2.0是一种态度而非技术。

百度名片：Web2.0是相对Web1.0的新的一类互联网应用的统称。Web1.0的主要特点在于用户通过浏览器获取信息。Web2.0则更注重用户的交互作用，用户既是网站内容的浏览者，也是网站内容的制造者。所谓网站内容的制造者是说互联网上的每一个用户不再仅仅是互联网的读者，同时也成为互联网的作者；不再仅仅是在互联网上冲浪，同时也成为波浪制造者；在模式上由单纯的"读"向"写"以及"共同建设"发展；由被动地接收互联网信息向主动创造互联网信息发展，从而更加人性化！

表 Web1.0与Web2.0的区别[①]

区别	Web 1.0	Web 2.0
1	DoubleClick	Google AdSense
2	Ofoto	Flickr
3	Akamai	BitTorrent
4	大英百科全书在线（Britannica Online）	维基百科全书（Wikipedia）

① http://baike.baidu.com/view/733.htm.

续表

区别	Web 1.0	Web 2.0
5	个人网站	博客(blogging)
6	Evite	EVDB
7	域名投机	搜索引擎优化
8	屏幕抓取（screen scraping）	网络服务（web services）
9	发布	参与
10	内容管理系统	维基
11	目录（分类）	标签（"分众分类"，folksonomy）
12	黏性	聚合
…	……	……

2.国内Web2.0的发展历程

2002年，博客中国成立，并发展成为博客门户网站。这是Web2.0在国内最早的萌芽。

2006年4月，中国召开首届Web2.0年会，并发布了《Web2.0发展趋势与中国创新》和《中国最具潜力Web2.0新锐100强》。

2007年8月，全球最大的搜索引擎服务商Google宣布与天涯合作，推出"天涯来吧"和"天涯问答"两项社区服务。

迄今为止，Web2.0所提倡的个性化服务和共性服务的相融合服务理念，通过BLOG、TAG、RSS、Wiki、SNS、P2P、DIG、IM、AJAX、Social Bookmark等要素所形成的服务手段和体系，是把互联网操作的聚合性、个性化和社会化的套路与精髓淋漓尽致地彰显出来。

二、Web2.0的特点

Web2.0所凸显的特点并不是孤立存在，其服务手段和技术也并不是单一的，更多时候是多个特点和多项技术的融合。

1. 选择

Web2.0使用户从一个网站内容的浏览者，转变成一个网站内容的选择者，甚至分类工作者，为用户提供了更多参与的机会。用户可以自由的按照自己的爱好或需求选择特定的网站、网页、内容等，并按自己的方式将其进行收藏、整理、分布。网站按照用户选择的特定规则将信息发布给用户。

RSS：是站点用来和其他站点之间共享内容的一种简易方式（也叫聚合内容，Really Simple Syndication）具有强大的聚合和推送功能。最初源自浏览器"新闻频道"的技术，现在一般在时效性较强的内容上使用RSS订阅，按照用户所设定的方式快速传递给用户。

Social Bookmark（网摘）就是在网络上的海量收藏夹，将零散的信息按照用户的需要有目的地进行汇聚整理，然后再展现出来。如果收藏某一主题网页数量很多，就有可能汇集成为这个主题的门户。

TAG（标签）是一种分类系统，或者可以说是一种关键词标记，主要功能就是对信息内容的分类。Tag代表了一种新的组织和管理在线信息的方式，它不同于传统的、针对文件本身的关键词检索，而是一种模糊化、智能化的分类。

2. 发布

Web2.0是"可读可写"的互联网，用户既是内容的浏览者也是制造者，既是读者也是作者。在Web2.0里，每个人都可以是网站内容的供稿者。

BLOG全名Web log（网络日志），是继Email、BBS、IM之后出现的第四种网络交流方式，是网络时代的个人"读者文摘"，它以网络为载体，简易迅速便捷地发布自己的心得，及时有效轻松地与他人进行交流。

3.通讯

Web2.0还让网络上的任何人通讯更便捷、更直接、更及时。IM（Instant Messenger，即时通讯），指能够即时发送和接收互联网消息等的业务，用户之间可以即时的文字、图片、语音、视频等各种方式的交流。现在IM已经发展成集交流、资讯、娱乐、搜索、电子商务、办公协作和企业客户服务等为一体的综合化信息平台。

延时通讯可以说是即时通讯的一个补充，用户可以根据需要定时发送消息。一般可以同短信业务结合起来，提供服务。

4.交互

Web2.0更注重交互性，这不仅体现在网络服务器之间的交互，用户知识的交互，网络资源（信息）的交互，每一个用户都是网络的构成者、智力的提供者、信息的共享者。

P2P全名PeertoPeer（对等网络），也称对等连接，是一种新的通信模式，每个参与者具有相同的能力，无主从之分，任一计算机都可以作为服务器，设定共享资源供网络中其他计算机使用。如BitTorrent。

Wiki（百科全书）是一种多人协作的写作工具。Wiki站点可以有多人（甚至任何访问者）维护，每个人都可以发表自己的意见，或者对共同的主题进行扩展或者探讨，不仅为社群提供简单的交流工具，还可以帮助用户在一个社群内共享某领域的知识。

三、Web2.0环境下的图书馆服务

基于Web2.0网络环境的改变，图书馆服务方式也必将发生改变，而这个改变是在Web2.0环境中产生，并且在Web2.0环境中发展，因Web2.0的特点而展示出新的相应的特点。

1.让读者自由的选择需要的资源

利用RSS进行新闻公告、新书通报、专题信息等信息推送，信

息资源的开发与聚合、特色数据库与自建数据库的推广等。设置RSS用户界面、使用指南、软件下载、应用演示等,为用户提供RSS订阅"一站地"服务,并通过MSN等IM方式进行提醒。用户根据自己关注的领域和兴趣需求,选择特定的信息资源。

利用新书推荐等方式让读者参与到图书、期刊、数据库等重要馆藏资源的采购当中,让整个馆藏资源更加适合读者的需求。

2.让读者方便的发表自己的观点

应用BLOG平台,将馆藏信息、日常工作信息、专题知识、读者问答等很自然的结合起来,实现用户和馆员的互动探讨。读者可以在图书馆的博客系统中申请博客,形成博客社区,任何读者都可以连接到本系统内读者的博客首页,并浏览其内容。还可以设置读友会、绘画小组、摄影小组、文学原创等各个专栏,丰富系统的内容,增强对读者的吸引力。馆员也可以通过BLOG进行检索咨询或培训,通过留言搜集读者的问题并给予回答。

利用SNS创建一个图书馆的互动论坛,除了让读者可以关注图书馆信息、阅读图书馆简报、课题查新等服务外,还创作一个可以聊天交友、虚拟交易的虚拟空间,让读者可以认识新朋友,拓展自己的人脉,建立自己的社交网络。

3.让读者即时的接受图书馆的服务

将IM技术应用在图书馆的服务中,尤其是将MSN、QQ等即时通讯的软件利用到参考咨询服务中,可以随时与读者进行文字、图片、语音、视频等各种方式的交流,针对读者的问题给予解答。有条件的图书馆可以采取联合参考咨询的方式,为读者提供咨询服务,甚至向用户提供文献服务。

4.让读者乐于贡献自己的智力和资源

图书馆可以利用Wiki搭建一个知识共享和交流的网络交流平台,为馆员与馆员之间、馆员与读者之间、读者与读者之间提供一个交流的空间。馆员可以利用Wiki来进行信息导航和知识过滤,然后传递给广大读者,读者也可以将信息传递给更广大的读者,或者反馈给馆员，进而更广泛的实现知识的共建共享。

四、以人为本，开创图书馆服务新篇章

　　Web2.0追求的是开放、平等、互助等理念，利用相应的技术让网络上的每一个用户都成为主人翁。图书馆在Web2.0环境下追求新的服务模式，不仅是在追溯"以用户为中心"这一本源，更是以人为本理念的体现。Web2.0环境下的图书馆服务不仅是要把Web2.0的理念吸收过来，还要增强馆员素质，提高馆员的技术水平，树立读者至上的服务观念，进而形成Web2.0的技术环境和思想认识。在Web2.0环境下开展读者服务真正体现了"以人为本"，也必将给图书馆界带来新的思路和活力。

浅谈中小型高校图书馆知识管理新模式

——以外交学院为例

刘 丹

一、什么是知识管理

从1996年世界经济合作与发展组织（OECD）第一次提出"知识经济"这一术语至今，知识经济和与之相对应的知识管理日益受到社会各界的关注，并成为研究的焦点和热点。在信息化、网络化、全球化浪潮变革生产方式的今天，知识管理能够实现知识积累、交流和共享，促进知识创造和传播，充分发挥知识的价值，是提高核心竞争力、获得持续竞争优势的重要手段。

那么什么是知识管理呢，国内外许多研究者都根据自己的理解对知识管理下了定义，众说纷纭，无法统一，不过笔者比较认同的是知识管理的如下特征：

1. 知识管理是把知识作为有价值的资源进行管理；
2. 知识管理的过程是创造知识和创造价值的过程；
3. 知识管理取决于人的作用和集体的智慧；
4. 知识管理能够提高组织的应变和创新能力并保持组织的竞争优势。

从这几点来说，知识管理是确定、收集、传播和共享组织中的知识，包括知识的管理和运用知识的管理，来创造、获取和使用知识以增强组织的应变与创新能力的活动。[①] 这一定义准确地概括出了知识管理核心功能以及独特的管理特征和目的。知识管理的概念虽然源于企业，但对图书情报机构也产生了深远的影响。

二、图书馆知识管理的重要性

目前，知识管理对于有的图书馆还是个新的概念，但是知识管理在图书馆的应用是一种高效的管理模式，是图书馆服务理念的一次大的进步，从信息到知识，是一次飞跃，也是高校图书馆发展的必然趋势。

图书馆的知识管理是以有形的显性知识库为基础，发扬以人为主体的隐性知识创新服务模式。从有形到无形，即从文献馆藏、电子数据库等显性知识建设，到以知识创新和交流共享为目标的人性化管理、高效的服务新模式。如何建立科学的馆藏资源，如何利用建立的知识库为读者服务，如何通过知识创新来管理整个图书馆，都需要导入知识管理这一概念。所以知识管理是高校图书馆发展的未来趋势，这不仅是社会发展的需要，也是图书馆自身建设发展的需要。

首先，高校作为创新的主体，是创造知识、创新知识的重要场所，同时也肩负着传播知识的重任，而作为高校文献信息保障服务部门，更是这些知识的聚集地和发源地，所以有必要实施知识管理，利用科学的理念和手段，整理这些资源，积极开展高效可行的知识传递服务，以跟上高速的知识更新速度，适应社会的发展。除了做好由信息转变成知识这个工作，更主要的是通过知识管理，激发人们的创新思维，注重知识挖掘和高效服务，以及人性化管理。只有培养开发隐性知识，才能达到事半功倍的效果，提高工作效

---

① 柯平：《知识管理学》，北京：科学出版社，2007年版。

率。知识管理的实施可使高校图书馆及时了解最新知识,掌握知识动态。在当今这个网络化、虚拟化时代,人们通过网络很容易就能得到想要的信息。如何使图书馆这样的传统机构继续发挥不可替代的作用,就要依靠自身的知识库、人性化的服务来为读者提供系统化高效化的情报服务。

其次,知识管理对于高校图书馆自身建设也起到了导向性作用。

1. 为学科建设服务,构建特色馆藏。外交学院是培养外交外事复合型人才的文科外语院校,学院现设有外交学系、英语系、外语系、国际法系、国际经济系、基础教学部、研究生部、成人教育学院、国际法研究所和国际关系研究所等多个教学和研究机构,其主要学科特色是外交、外事和国际问题研究。图书馆是学院的文献信息中心,是为教学和科研服务的学术性机构。它履行搜集、加工、存储和传播文献信息的职能,承担为全校教学、科研提供文献信息服务和文献资源保障的任务。所以要根据学校的学科特色、学科建设,来科学合理的构建我馆的资源,并且把已经存在的信息整合成知识,把庞大无联系的零散信息通过组合整理成一个有序、结构清晰的知识网络,构建知识库,通过分析知识库,最终找到适合我馆的馆藏建设方案。由于学校学科特色鲜明且单一,所以图书馆必须根据我院学科专业特点确定自己的馆藏定位,以专业特色为依据和原始收藏为基础,构建具有学院特色的藏书体系,并在此基础上将其发展为适应教学、科研需要的文献资源体系。目前我馆馆藏以政治、法律、经济、文教、语言、文学、历史为主,体现了学院的专业设置及学科特色,馆内特设的联合国坨村图书馆、欧盟资料中心和中国翻译研究中心,专门收藏联合国出版物及正式文件记录、欧盟文献资料及国内外翻译相关图书资料,如《联合国条约集》、《美国外交文件》、《近代中国史料丛刊》等,成为本馆的一大特色。图书馆另有中外文电子资源及数据库二十多项,联合国资料、欧盟资料以及中国翻译研究中心资料都建立了相关建设系统,馆际外交书目数据库汇集了外交学院、中国社会科学院以及国际问题研究所的相关专业书刊；专题数据库主要涉及中美关系和中日关系。这些数据库是当前本馆具有一定特色的电子资源。虽然本馆在资源建设方面显示出一定特色，但已有资源的开发利用并没有切实开展，一些具有学院特色的资源并未得到有效的收集整理，已有的信息也是分布式的存在，没有统一整合管理起来，因而图书馆在保障教学科研需求方面的作用并未充分发挥。基于本馆特色资源建设现状，有必要对已有资源进行更深入的组织整理，并建立相关的便于使用的特色数据库。

2.创新资源共享，建立高效参考咨询部门。随着信息的不断增加，各式各样的资源包围着我们，图书馆的资源也变得越来越多样化，但毕竟经费和能力有限，馆藏等资源不可能涉及方方面面，又精又全，不能满足读者各种各样的知识需求，所以通过知识管理手段，运用创造知识的思维，利用社会上其他能提供共享途径的情报部门的资源，加入balis、calis等资源保障体系，使现有的资源不受空间时间的限制，被更多需要的人使用，提高资源的利用率，提升核心竞争力。另外读者从庞大的信息中找到自己想要的资源，也变得越来越困难。目前，我馆没有一个独立的参考咨询服务部门来有针对性的帮助读者快速获得所需信息。所以要根据我校读者实际需求情况，成立一个高效的信息咨询中心。这就要运用知识管理，发挥人的创新能动作用，合理安排一些高素质的复合型人才来完成。但由于传统的高校图书馆被定位于教辅部门，因而很难留住有技术有专业的高级人才，而且它的管理方式是以物为中心，以工作任务为中心，都有僵硬的规章制度，这样严重的束缚了馆员们的创新性和主观能动性，再加上人才培训的不完善和不重视，从而导致了一些高素质复合型人才的流失，严重降低了工作效率和为读者服务的能力。面对这样的问题，迫切需要图书馆在知识管理理论的指导下，对其管理机制、组织结构、管理模式和人力资源等方面进行新的调整和创新,以增强图书馆的应变能力和创新能力。[①]

三、结语

图书馆从以前的只注重馆藏数量要发展成为合理利用资源,把知识作为有价值的资源进行管理,并且能够运用知识管理理念创造知识、创造价值,在人员管理上,也要善于创新适合本单位的管理模式,必须充分发挥每个馆员的优势,以人为本,以读者为出发点和归宿。所以知识管理在我馆的应用必将成为下个发展需要。

[①] 赵应:《高校图书馆导入知识管理的迫切性思考》,《浙江高校图书情报工作》,2009年第5期,第23页。

关于大学校园文化建设的构想与建议

刘铁国

大学校园文化建设是大学建设中的重要组成部分,一个大学校园文化建设的成败取决于构建过程中的细节。

一、由校训看大学校园文化的导向

校园文化建设,题目很大,内容涵盖面很广,一般而言,校园文化建设涉及校园精神文化建设、校园制度文化建设、校园物质文化建设等几个方面。

校园制度文化建设和校园物质文化建设主要由学校决策层着手制定,笔者在此不愿越级言事,因此,以上两项文化建设恕不赘述。

校园文化建设的题目很大,目前仅文化的定义就有二百多种,但大家认可度比较高的还是以下两种:

1. 从广义而言:文化是物质财富和精神财富的总和。

2. 文化是人类意识所创造的精神财富,包括信仰、科学技术、宗教、风俗习惯、道德情操、学术思想、文学艺术、各种制度等。

从广义和狭义的文化概念中,我们可以得出一个结论:人类所产生的一切几乎都是文化。

既然一切皆为文化，那么为什么我们常说某人没文化，或某事没文化呢？显而易见，文化应该具有一定的高度和层次。

大学校园文化，顾名思义就是在大学教育理念的引导下在大学所表现出的文化现象。

而一所大学的教育理念，人们往往习惯从其校训中寻找线索。我们比较一下几所知名大学的校训，或许可从中受些启发。

清华大学的校训是：自强不息　厚德载物。

出自《周易》乾卦："天行健，君子以自疆不息"和坤卦："地势坤，君子以厚德载物"。

意思就是说，天（即自然）的运动刚强劲健，相应于此，君子应刚毅不拔，奋发图强；大地的气势厚实和顺，君子应增厚美德，容载万物。

清华大学选取中国传统文化中的经典著作《周易》中的内容作为自己的校训，具有厚重的文化底蕴。

北京大学早期的教学理念为：思想自由　兼容并包。

这是蔡元培先生提出来的，可以说是具有"五四精神"时期的北京大学的教育理念，但这不是今天北大的校训，有人认为北大的校训就是现在刷在食堂的几个字：勤奋　严谨　求实　创新。

可以说这几个当代汉字的口号与北京大学的百年历史很不相称，缺乏厚重的文化意味，但这几个汉字并没有被明确为北大校训。北京大学至今尚无明确的校训。

北京师范大学校训：学为人师　行为世范。

这是启功先生为北师大拟定的校训，启功先生阐释校训的话也言简意赅。

"所学足为后辈之师，所为应为世人之范！学习校训理解如此。"

中国人民大学的校训：实事求是。

这是中国人民大学校庆55周年前夕，经学校党委全体会议讨论通过，"实事求是"被正式确定为学校校训。这个朴实的具有陕北公学特征的校训，可以看作人民大学所追求的目标。

应该说以上大学的校训基本反映了各自的办学理念。

外交学院校训：站稳立场　掌握政策　熟悉业务　严守纪律。

这16字箴言是周恩来总理于建国初期针对我国外交干部所提出的要求。也可以说这是针对外交干部提出的刚性纪律要求。

把这个作为外交部直属院校的校训也并无不妥，但今天，我国的教育体制已经发生了重大变化，外交学院自然也随之发生了巨大的变化。从新时期的要求看，仅有这一个校训已经不够了。因为外交学院各种层次的毕业生所服务的对象已经越来越广，已经不仅仅局限于外交、外事部门。因此，学校应以新校区建设为契机，选择更适合今天外交学院教育理念的适当语句作为校训的补充或者作为针对学生的一种学风要求来提倡。

换句话说，用新的办学理念作为指导学校办学思想、专业布局、人才培养目标的时机已经成熟了。

按中国传统，一所大学的教育理念理应由德高望重的饱学之士或者具有相当职务的人提出方显妥当，起码也要党委班子的成员集体讨论通过。因此，以下观点仅仅是提供一个思路，供相关部门参考。

比如：博学笃志　修辞立诚。

这两句话都出自国学经典，一为《论语》，一为《易经》。

博学笃志，语出《论语》。原文为：博学而笃志，切问而近思，仁在其中矣。

博学，要求学生广泛地学习知识，就外交学院的特色就是学贯中西，或者要求低一点叫中西兼学。简而言之是通才教育。

笃志，志向专一。外交学院的学生，学习的目的也只有一个，就是更好地为祖国、为社会服务。

作为外交部直属院校，为国家培养服务型人才没有什么不当之处。当然，培养外交、外事干部是外交学院的专业特色，但与培养服务型人才这一目标并不矛盾。

修辞立诚，语出《易经》乾卦：君子进德修业，忠信，所以进德也。修辞立其诚，所以居业也。

这里我们取其本意，修饰言辞，应以诚信为本。

"博学笃志"是学习的范围和学习的目的；"修辞立诚"是对学生做人的要求和做人的态度。

以上只是提供一个思路，核心意思就是，我们能不能选择一些合适的词句，以雕刻的形式或是以邀请著名书法家书写的形式，在新校区或者本校区，选择合适的地点，营造一些文化层面的气氛，使大学校园的文化氛围更浓烈一些。

二、如何在校园体现文化特色

外交学院的校园特色是小巧玲珑。面积小、人数少，与外界交叉相对较少，是非常适合封闭培养杰出人才的地方。

这里应该是一个学术思想活跃，课堂互动踊跃，课下同学雀跃的理想的求学书院，是最有条件将浮躁的社会思潮摒弃在校门之外的院校。

但事实却并不遂人心愿，造成这种现状的原因既有制度层面的，也有管理层面的。这里我只谈精神文化层面的原因。

据笔者在教学一线的观察和了解，外交学院近几年来，不快乐的学生比例有逐年上升之势，有些问题甚至很严重，浮躁、孤独、困惑的学生人数比例有逐年增加的态势。这种现象出现的原因首先是社会大环境造成的，也有些是个人和家庭的原因。但作为一所大学，如何缓解同学普遍存在的压力，调整同学郁闷的心情，使学生在快乐中学习成长，在精神文化上能否提供一些可能的帮助，我想学校经过努力是可以办到的。

我们举一个物质文化的例子，比如外交学院的大门和主楼。外交学院的旧大门长期以来残破不堪，与外交部直属院校的身份很不相称，经过改建，形成了目前这样不管在视觉感官还是实用性上都比较舒适的形状。

再谈主办公楼和教学楼，学校的主楼一般是学校的标志性建筑，外交学院的主楼由于过于老旧而显得毫无生气，后来经过改造加了一个前出的遮雨檐，就给主楼注入了有限的生命力。就建筑文化而言，我们简单进行一下新旧对比就不难发现，改造是成功的，因为这提升了它的品味。但长期以来没人想着去改变，看来不是不能，而是为与不为的问题。

以外交学院新校区为例。此次，外交学院新校区在即将入住的几所院校中仍然是面积最小人数最少的。

就周边环境而言，由于几所大学相邻，因此，学校的大氛围比旧校区有优势，校际交往比旧校区更加方便，但此地比邻沙河军用机场，飞机频繁起降产生的噪音对师生会造成一定的影响，再有，周边居民以回迁住户为主，其人文素养与旧校区周边住户相比不可同日而语。加上学校的绿化工作尚在建设之中，在迁入新址的几年中，美化校园环境营造文化氛围将是一项需要统一规划统筹安排的艰巨工作，在未来的两三年内，就要建成一个即生机勃勃又有文化底蕴的美丽校园。

一个学校的校风、学风、教风，是直接影响学校声誉的重要因素，也是校园文化的重要组成部分，但良好的"三风"的养成既需要制度层面和管理层面制定一套行之有效的管理办法，也需要全体师生员工长期努力。需要学校的决策层认真调研、精心谋划、慎重决策。

我们这里仍把重点落实在精神文化建设的层面上来，一个学校要办得生机勃勃，就要办得有声有色。

有声？不错，学校要有朗朗的读书声，在学校任何一个角落，捧着书本信步游走的学子本身就是学校一道亮丽的风景线。课余时间，师生们在操场的比赛中发出的呼喊声和加油声都是学校的组成部分。这里只谈学校的音乐，一个学校播放什么音乐与学校的品味也有很大的关系，而让学生听到悦耳音乐的前提条件就是硬件设施安装到位。从喇叭布放位置的选择，到音乐声音的大小，必须经过认真考虑、反复调试之后才能固定到位。

学校的广播受众是谁，当然是给广大师生员工，但主要受众还是学生，而学生在学校内的行走路线是有规律的。宿舍、教室、食堂、图书馆。其中，非集会而又集中的时候是在食堂。那么，在这个时候如果有一首若有若无的典雅音乐，既能促进师生的食欲，又能为师生带来愉悦的心情。运动场上一首激昂的乐曲也能让前来锻炼的师生抖擞精神。

因此，音乐在一个学校中是常被忽视而又非常重要的。

所谓忽视，就是在诸如乐曲的选择、声音的大小以及喇叭位置的布放上不重视，最后把音乐变成了噪音，北京高校多数学校目前的状况就是如此。音乐问题在校园文化中却是个大问题，万万马虎不得。

再说有声有色之中的色，著名导演张艺谋把大红大绿当成中国元素四处传播，但中国传统特色是典雅和不事张扬，在颜色的偏爱上也是如此。淡雅的青花瓷，北宋东京汴梁非常富有文化韵味的乌瓦白墙建筑都具有中国传统文化韵味。

建筑物格局的设计和墙面外观的颜色，那是基建以及施工设计部门的工作。那么，我们在色彩上能不能动动脑筋，比如，夜晚为我们壮观的装饰性大门或标志性建筑前面增加几盏彩色射灯，可以定时或者在节假日的时候，为学校增加些光彩。在周恩来和陈毅塑像周边布置一些颜色柔和的灯光，使其成为校园特色的标志性塑像，旁边再立一块说明其精神实质的标牌，为学校师生营造一个好的气氛，给他们一个好的心情，这些在技术层面上并不难。

在新校区，有更长的行走路线，在沿线能否装饰布置一些美观大方的橱窗为学生社团的活动留出足够的宣传版面，让更多学生了解丰富多彩的社团活动。

为老干部和各个单位也留出一些地方，让这些单位把本单位的学术活动或业余文化生活,以适当的形式做个布展,定期或不定期地进行更换,这些都需要一个详尽的、注重细节的统一安排。

最后谈谈外交学院的学术活动。毫无疑问,学术活动是大学文化建设中非常重要的组成部分,外交学院的学术活动安排的并不少,有些学术活动,参与者的学术地位和学术水平还很高。为此学校和相关机构都做了大量投入,但未必带来了最大效益。关键是很多学术活动仍局限在一定的小圈子之中。究其原因,缺乏强力部门的整合应该说是问题之所在。

如果有关部门以半年或一年为一周期,把这段时间的学术活动统一整理分类,并把高水平的学术发言整理成文稿,定期或不定期的打印出来,编印成动态学术期刊,发给院内的相关院系,供教师参考。这对提高我院教师学术水平,了解最新学术动态将大有帮助。

总之,以上种种设想都需要细节支撑,可以说细节决定着事情的成败。比如学术动态期刊,如果选择学术成果的标准是名气的大小而不是学术水平,将肯定是个失败的刊物。但如果精心选择,仔细把关,这类参考资料的学术价值本身就是了不起的成就。

以上校园文化建设的构想其实比比皆是,但说起来容易做起来难,没有院领导的支持,没有经费作保障,没有人员使用上的合理搭配,一切的一切都会停留在原点。

美国高等教育输出与国家战略

石 毅

随着强国之间的竞争不断加剧,高等教育输出和国际化发展已成为一个国家进行文化输出和综合国力建设的重要途径。美国凭借着悠久的高等教育发展经验,不但在诸多学科成为学术界的领袖,更已成为将高等教育与政治、经济等其他国家利益和战略发展相结合的佼佼者。高等教育输出和国际化发展既为美国带来了短期的国内利益,也带来了投资于他国未来领导人的长期回馈,成为提升美国综合国力和竞争力,实现国家战略的重要途径。

一、美国高等教育输出与国际化发展

高等教育输出是一个国家战略发展中不可或缺的一部分,它与高等教育的国际化发展息息相关。加拿大学者简·奈特(Jane Knight)将高等教育国际化定义为"从院校和国家层面,在高等教育的目的、功能和供给中融入国际、跨文化或全球化维度的过程"。[①]

[①] Jane Knight, "Internationalization Remodeled: Definition, Approaches, and Rationales", *Journal of Studies in International Education*, No. 8, 2004, pp. 5-33.

其实美国高等教育国际化的发端可追溯到19世纪美国学生较大规模的海外留学和旅居经验,[①] 之后很长一段时间,美国高等教育国际化的发展都是为"和平与共同理解"所驱动。[②] 一战的阴云使人们意识到了不同国家、不同文化以及不同意识形态之间相互理解和沟通的重要性,人们希望通过促进相互理解来实现世界和平。因此在这一阶段,高等教育国际化主要限于学生和学者的国际交流。哈佛大学、哥伦比亚大学等知名院校在20世纪初纷纷建立了与欧洲一些国家的校际交换项目,尤其是与德国这一对美国高等教育影响甚深的国家,学生由此得以到彼此国家相互学习。与此同时,美国各大学的系部和研究机构设置也渐渐体现出更为多元和国际化的特点,国际问题研究、区域研究等成为一些大学国际化发展的核心内容。

然而,高等教育国际化及输出对于美国国家战略的重要意义在二战之后才开始得以凸显。二战之后至20世纪90年代初期,美国社会经历了重大的源自于以苏联为核心的社会主义阵营的"危机感"。联邦政府由是加大了对高等教育的干预力度,将其重要性上升到国家安全的高度,将高等教育机构纳入国家对外权力扩张的框架之中,由此美国的高等教育输出作为公共外交的手段之一,成为美国外交政策的重要组成部分。尽管"9·11事件"之后美国高等教育输出及国际化屈从于反恐战争和国家安全,受到消极的影响,但综观二战之后半个多世纪的发展,美国高等教育输出和国际化进程仍然不可避免地受到政治因素的左右,其在美国国家战略中始终起着不可或缺的作用。

---

① Aaron S. Horn, Darwin D. Hendel & Gerald W. Fry, "Ranking the International Dimension of Top Research Universities in the United States", *Journal of Studies in International Education*, No. 1, 2007, p. 332.

② 金帷、马万华:《20世纪美国高等教育国际化历程——以动因—策略为脉络的历史分析》,《教育学术月刊》,2012年第1期。

二、美国高等教育输出的动因分析

尽管在不同历史时期美国高等教育输出的具体原因有所不同，但总的来说，具有世界一流的教育水平是其前提，而包括理论和现实两个层面的国际形势以及美利坚民族所特有的国民性[①]则是其必要条件。

（一）高等教育国际化的复兴

根据奈特的观点，在全球范围内，高等教育国际化的发展历史可以追溯到古希腊时期。[②]人们相信不同的观点和研究范式可以通过论辩去芜存菁，由此人类最终可以获得真理，正是由于它是"真理"，因之具有普适性。由此看来，高等教育国际化是与西方文明同时诞生和发展起来的，早期的国际化始于"知识无国界"的理念。然而到了16世纪，随着宗教改革的发展，诞生出诸多的宗教派系，西方高等教育由于不同派系之间的嫌隙和争斗而经历了相对封闭的发展阶段，就连当时剑桥和牛津的教授和学生都必须宣誓忠诚于英国教会。直到二战结束，高等教育的国际化才又得以复兴。"世界各地的大学如今满怀希冀，重又回归大学所应遵循的基本理念，即知识的普适性。许多大学纷纷探寻新的途径，让学者们流动起来，能有机会交换思想。这在民族主义势力急速发展，为操不同语言的人们树起难以逾越的障碍之前，曾是大学教育中不可或缺的

[①] 国民性研究源自人类学的心理学派，代表人物也以该学派的领军人物为主，包括本尼迪克特（Ruth Benedict）、米德（Margaret Mead）等。尽管国民性研究在二战之后不久便在学界逐渐失去其吸引力，不同学者之间也存在着许多分歧，但总的来说，它对于探究一个国家或一个民族的性格提供了一个全新的视角，直到今天，它对跨文化比较研究仍有重要的方法论意义。

[②] Jane Knight and & Hans de Wit, "Strategies for Internationalization of Higher Education: Historical and Conceptual Perspectives," in Strategies for the Internationalization of Higher Education: A Comparative Study of Australia, Canada, Europe and the United States of America, EAIE, The Netherlands, 1995.

部分"。①

美国是高等教育国际化发展的先行者。二战确立了美国在全球的霸权地位，之后美国的对外战略历次转变——重建欧洲、对抗苏联、反恐优先、重返亚洲。所有这些都使美国越来越清楚地意识到精通外国语和地区事务的迫切性和重要性。此外，全球化的发展也使美国更为清晰地意识到，全球化不仅仅是经济的全球化，更是文化的全球化，在这一全球化的大概念下取得文化主导权至关重要，尤其是在全球人才和劳动力迅速流动的背景下，谁能够取得文化上的主导权，谁就能更有效地影响他国的文化、社会、政治体制和意识形态。出于对地缘政治、经济和文化价值观渗透作用的考虑，美国政府在二战之后加强了对高等教育，尤其是其国际化发展和输出的介入和推动，如今，它已成为美国软实力建设和对外政策的重要组成部分。正如美国前总统克林顿在2000年《美国国际教育政策备忘录》中所说的："为了成功在全球经济中进行竞争，为了维护我们作为世界领袖的作用，美国需要确保其公民能够广泛地认识世界，熟练掌握其他语言并了解其他文化。美国的领袖地位还有赖于同那些未来将要领导其国家的政治、经济和文化发展的人士建立联系。一贯而协调的国际教育战略将帮助我们应对上述两种挑战，使我们的公民既能为全球发展做好准备，又能继续吸引和教育来自国外的未来领袖。"② 这一备忘录随即为美国高等教育的输出和国际化带来了大规模的财政投入、机构扩展以及相关手续的简化。

"9·11事件"之后，美国重新进行了战略调整，其中也包括高等教育战略的调整。为了维护国家安全，2001年10月布什总统签署了《美国爱国者法案》，其中第四章"边境保护"规定实施和扩

---

① Francis J. Brown, "Universities in World-wide Cultural Cooperation," in M. M. Chambers, Universities of the World Outside USA., American Council on Education, Washington, 1950, p.11.

② William J. Clinton, Memorandum for the Heads of Executive Departments and Agencies, Subject: International Education Policy, April 19, 2000, http://www.presidency.ucsb.edu/ws/index.php?pid=58389, 2012-08-12.

大"外国学生监控项目"(Foreign Student Monitoring Program),对每一位进入美国的外国学生的行踪和状况进行监察。2002年,美国联邦教育部发布了《美国教育部2002—2007年战略规划》(*U.S. Department of Education Strategic Plan 2002—2007*),该规划可以说全面反映了"9·11事件"之后美国高等教育战略的调整,凸现了教育服务于国家利益的战略思想。[1] 尽管该规划仍然提及教育对学生个人发展及对学生未来幸福生活应发挥作用,但它更为强调教育与国家的全球政治、经济、军事竞争及反恐战略之间的联系。由此美国高等教育输出及国际化发展进入了一个低潮。该规划的出台不仅为外国学生和学者进入美国设置了更多的障碍,也极大限制了他们所从事的学术活动和所涉足的研究领域。[2] 然而此后不久,该类政策便开始受到来自学术界和科技界等多方面的尖锐批评,人们也开始认识到要想更好地了解美国眼中的"敌人",就需要让全世界更多、更深入地了解美国的方方面面。边界安全与门户开放咨询委员会(The Secure Borders and Open Doors Advisory Committee)在2008年曾出台名为《维护边境安全与门户开放:恐怖主义时代仍要向世界张开双臂》的报告。该报告明确指出,高等教育国际化是公共外交的重要组成部分,联邦政府应采取措施推动美国高等教育的输出和国际化发展,并由此在美国与其他国家之间建立起沟通与合作的桥梁。[3] 同年,美国国际教育工作者协会(NAFSA)提交了《国际教育——公共外交中被忽略的维度:给下一任总统的建议》,《建议》指出,"国际教育已成为解决美国面临的诸多挑战的基础,

---

[1] 在此前一年,即2001年,美国教育部刚刚发布了《美国教育部2001—2005年战略规划》。这一份原定实施五年的国家战略规划,在仅发布并实施一年之际,却被同一届政府的另一份战略规划所取代,着实反映了美国政府在"9·11事件"之后对教育战略所做的巨大调整。

[2] 李联明:《"9·11事件"之后美国高等教育国际化政策调整及其影响》,《全球教育展望》,2009年第10期。

[3] The Secure Borders and Open Doors Advisory Committee, Secure Borders and Open Doors: Preserving our Welcome to the World in an Age of Terrorism, January, 2008, http://www.voltairenet.org/IMG/pdf/Secure_Borders_and_Open_Doors.pdf.

它也是已然恢复的旨在重建美国全球声誉的公共外交政策中不可缺失的组成部分。然而，如今的美国却缺少能使国际教育的潜能得以实现的政策文件。作为一个国家，现在需要有意识地、有针对性地发展国际教育，部门之间相互协调，将其作为国家发展的重要手段之一，与其他国家和地区一起实现全世界人民共同的目标。正是通过国际教育，我们才能与世界其他国家和地区建立持久的对话基础和伙伴关系，并为形成世界和平、安定、幸福的长久局面创造条件。"[1]

如今，随着软实力理论的流行，教育输出作为一个国家软实力建设的有效手段，受到更多国家政府和社会组织的重视。高等教育的国际化发展及高等教育输出已成为包括美国在内的许多国家现代高等教育发展的方向和目标。正如哈佛大学国际教育政策项目主任雷默斯教授（Fernando Reimers）所说的，全球化使具有不同文化背景的人群之间互动更加频繁，无论其导因是移民流动还是贸易和科技发展，它都给人类带来前所未有的契机以及挑战，这就迫切要求世界各国通过教育国际化发展战略提升国际竞争力，这也是目前绝大多数国家的高等教育所面临的挑战。[2]

（二）"上帝选民"与危机意识

美国进行高等教育输出文化层面的动因源于美国的国民性。早期的清教徒便将自己看作是"上帝的选民"，肩负有到新大陆创建"山巅之城"的"天定命运"，自此之后，宗教信仰、布道精神以及美国梦等思想相互影响，"拯救世界"、"自由灯塔"等信念逐渐扎根于美国民众、政府和各种社会组织，这些思想也不断体现于美国

---

[1] NAFSA, International Education, the Neglected Dimension of Public Diplomacy: Recommendations for the Next President, 2008, http://www.nafsa.org/uploadedFiles/NAFSA_Home/Resource_Library_Assets/Public_Policy/public_diplomacy_2008.pdf.

[2] Fernando Reimers, Educating for Global Competency, http://www.ikedacenter.org/thinkers/reimers_article.htm, 2012-08-16.

的对外关系和外交政策之中。由是诞生的诸多理论,如"历史的终结"、"美国例外论"、"文明的冲突"和"软实力"等都为以高等教育输出为主要手段的文化输出提供了较有说服力的理论依据,美国的价值观也由此相当成功地在世界许多地区得到推广。

与自信和优越感并存的是始终存在的危机感。美国人拓殖新大陆并进而向海外开拓边疆的动力之一便是强烈的危机感,一种对退居第二的恐惧,也正是这种危机感促使美国在政治、经济、文化各个方面保持了强劲的发展势头。体现在高等教育方面,美国自二战以来,对国际教育市场紧密跟踪,出台了一系列调查报告,如自1954年以来每年由国际教育研究所(IIE)发布的《门户开放报告》(*Open Doors Report*)包含国际学生和美国学生出国流动的全面数据与分析,为政府和教育机构提供了决策咨询与参考。一系列的跟踪与调研也让美国更加意识到了新的危机——美国的全球竞争力和领导力正在下降,美国高等教育的吸引力也正在减弱。美国已不再是世界各地学生留学的第一选择,其他国家和地区,如美国高等教育传统的竞争对手欧盟国家以及像中国和韩国这样的新兴教育市场都有自身独特的竞争力。尤其是经济危机之后,国际高等教育市场也受到强烈冲击,在此种情境下,一旦失去市场份额,美国在高等教育输出和国际化过程中所损失的将绝对不仅仅是经济利益。因此,争夺一流的教育资源、获得更高的学术声誉成为美国高等教育国际化发展在近十年的主要目标。

三、美国高等教育输出策略

美国的高等教育输出和国际化发展的组织和实施主体主要包括三个方面:国家(包括联邦政府、联邦政府授权的机构)、组织(包括半政府组织、协会、私人基金会等)和高等院校(包括公立大学、私立大学、学院以及营利性大学等）。① 美国高等教育的输出和国际化发展在不同阶段其实施主体略有不同，实施策略也各有重点，但总的来说，其实施的方式主要包括以下几点。

（一）广泛吸引海外留学生

招收海外留学生是美国高等教育输出的最基本策略。不可否认，让世界了解并接受美国价值观最好的办法便是将世界请进美国。这些学生在归国后常常能将美国的价值观有效地应用于自己的生活和工作之中，他们中的有些人甚至成为本国政坛的重要人物，左右着本国与美国的关系。正如前国务卿鲍威尔所说的："我们与接受过美国教育的未来世界领袖所建立起的友谊是我们最珍贵的财富。"②

"9·11事件"之后，美国出于维护国家安全的考虑，限制留学生规模和所涉足专业，2003至2005年间，海外留学生人数一度下滑，但在2004年，联邦政府便开始尝试在维护国家安全和扩大海外留学生规模之间寻求平衡点。2006年的《美国移民改革综合法案》取消了对临时工作签证的诸多限制，给予包括留学生在内的非移民临时工作的H-1B签证由每年65000个增加到115000个，并以20%的比例逐年增加该签证的数量。该法案还决定给所有在美国大学攻读硕士学位以上、从事科学、技术、工程和数学研究的留学生免除临时工作签证与绿卡配额的限制。③ 此外，美国于2003年重返联合国教科文组织，表明了"9·11事件"之后美国重又重视高等教育输出和国际化的态度。

除政府层面的努力之外，社会组织和高等院校也纷纷设立各种奖学金，尤其是为从事高科技开发的人员提供充足的科研经费、良好的工作环境和高额的薪水，以便保持美国全球最大留学生接收国

---

① Jane Knight, "Internationalization Remodeled: Definition, Approaches, and Rationales", pp. 5-33.

② Joseph Nye, "You Can'T Get Here From There", *The New York Times*, November 29, 2004.

③ US Congress, Comprehensive Immigration Reform Act of 2006, http://www.govtrack.us/congress/bills/109/s2611, 2012-08-08.

的地位。根据2011年国际教育研究所发布的《门户开放报告》,美国大学中的外国留学生数量在过去五年呈递增趋势,2006至2007学年留学生总人数为582984人,而在2010至2011学年该人数就达到了723277人,比上一个学年增加了4.7%。留学生也占到了美国高等教育学生总人数的3.5%之多。中国是输送赴美留学生的大国,尤其是在2009年奥巴马总统访华之后,中国更是掀起了赴美留学的又一轮高潮。该报告称,来自中国大陆的学生数量正在不断增加,同时呈现低龄化的趋势。2011年中国大陆留学生总人数为157558人,占到留学生总人数的21.8%。如果将香港和台湾的留学生包括在内,该人数达到190512人,占留学生总人数的26.3%。[①]来自中国大陆的留学生人数在2010年超过印度,中国于是成为输送赴美留学生的最大输出国。[②]

(二) 鼓励美国学生赴海外留学

美国高等教育输出战略是在美国与世界其他国家之间建构起教育输送的管道,其一端在美国,吸引各地的留学生赴美学习,另一端则是在海外,构建百万美国人留学海外的宏伟蓝图。

2004年,国会拨款25万美元成立了"亚伯拉罕·林肯海外留学奖助委员会"(The Commission on the Abraham Lincoln Study Abroad Fellowship Program),负责制定美国学生赴海外留学的国家发展战略。2005年11月,该委员会向国会及总统提交了名为《全球竞争力与国家需要——百万人海外留学计划》的报告。该报告建议政府于2007年拨款5000万美元启动新的留学资助项目,之后每年追加拨款,到2011年时项目年度金额将达到1.25亿美元。在这样庞大资金的支持下,在2017年之前,每年将有100万美国大学生

[①] The Institute of International Education, Open Doors 2011: Fast Facts, 2011.

[②] 根据2011年的《门户开放报告》,2010至2011学年来自中国大陆的留学生数量最多,位于国际生源排行榜的第一位,台湾位于第五位,总人数为24818人;香港位于第16位,总人数为8136人。

赴其他国家和地区学习，此人数将占美国大学每年研究生学位以下毕业人数的一半。① 此份报告极为高调地表明了美国对高等教育输出和国际化发展战略所进行的调整，并强调了让每个美国大学生面向世界，把自己塑造成为世界公民的设想。

与《林肯计划》相随而至的是2006年被定为"海外学习年"（Year of Study Abroad），之后又通过了《2009年参议员保罗·西蒙留学基金法案》（Senator Paul Simon Study Abroad Foundation Act 2009）。该法案将海外留学教育正式确立为美国大学教育的一个重要组成部分，并要求各高校对资金支持、课程设置等方面存在的障碍予以清除。

正如国际教育研究所所长古德曼（Allan E. Goodman）所说的，"海外学习应该成为每名学生接受教育的一部分"，"为学生提供将来事业发展所需要的语言和文化技能"，并"为每位学生成为世界公民做好准备"。② 然而，做一个世界公民，具有较强的文化自觉意识和跨文化交流能力仅仅是派送美国学生赴海外学习的最基本目的，更深层次的战略意义在于让更多未来美国的领导者能够更为清楚地了解和理解与美国外交政策相关的国家和地区的情况，无论是盟友还是敌人。据估计，美国联邦机构每年需要大约34000名具有各种外语语言应用能力的人才，其中包括波斯语、普什图语等小语种，而目前这样的人选很难找到，这势必会对美国的外交行为带来不便，甚至对国家安全造成威胁。

（三）巩固和拓展国际交换项目

国际交换项目在持续时间方面主要包括长期项目和短期项目，

---

① Commission on the Abraham Lincoln Study Abroad Fellowship Program, Global Competence & National Needs: One Million Americans Studying Abroad, 2005.

② The Institute of International Education, "U.S. Students Abroad Top 200000, Increase by 8 Percent", http://www.iie.org/en/Who-We-Are/News-and-Events/Press-Center/Press-Releases/2006/2006-11-13-US-Students-Abroad-Top-200K, 2012-08-10.

在涉及人员方面主要包括学生和学者,在输送方向方面主要是派出和接收,在实施主体方面主要包括政府资助项目如富布赖特项目、民间组织资助项目如"国际研究与交流协会"(International Research and Exchange Board)项目、企业资助项目以及各高校或院系之间签订的交换计划等。

在过去几年中,美国的国际交换项目呈现出广泛化和多元化的特征。这主要体现在两个方面,首先是国内参与人员的多元化。2000年,联邦政府拨款150万美元用于吉尔曼奖学金项目(Gilman Scholarship),并于次年开始实施。该项目的主要资助对象是非白人学生、来自低收入家庭的学生、社区学院学生和残疾学生等,他们常常是出国留学学生中的弱势群体,参与率较低,该项目为他们提供为期一年的海外学习机会,增强对目的国语言和地区文化的了解。美国国际交换项目的多元化特征还体现在交换对象国的多元化方面。除了欧洲和拉丁美洲这两个较为传统的交换对象地区,其他一些国家和地区也已进入到美国进行高等教育国际交换项目的视线之中。

国际交换项目不仅为学生、教师和科研人员提供了良好的机会,使他们能够到不同的环境中进行学习、科研和交流,更重要的是它为美国的高等教育和文化输出提供了重要渠道。富布赖特计划是美国的旗舰交流项目,国会于1946年通过《富布赖特法案》(*Fulbright Act*),1961年颁布《富布赖特—海斯法》(*Fulbright-Hays Act*),第一次提出为研究生和学者从事海外研究提供固定资金支持。战后20年间,该项目资助的美国学生和学者有17863人,而资助的世界各地赴美从事交流活动的学生和学者则多达40717人。① 自1946年该项目创始至今,共有31万人参与该项目。② 正如历史学

---

① Irwin T. Sanders & Jennifer G. Ward, *Bridges to Understanding: International Programs of American College and Universities*, New York: Megraw-Hill Book Company, 1970, p. 135.

② CIES, "Fulbright Scholar Program", http://www.cies.org/Fulbright/#history, 2012-08-12.

家汤因比所说的,富布赖特项目是"二战以来全球范围内出现的最慷慨大方、最有想象力的事物之一"。[①] 然而,富布赖特项目的实施时时体现着美国的战略意图。首先,该项目以社会科学和人文科学为主,自然科学涉及很少,其选择标准是挑选那些最能代表并呈现美国文化和价值体系的选题,美国政府和政治、美国外交政策、美国历史、美国社会文化、国际关系等领域往往能受到更多的重视。通过对项目涉及学科和专业所体现出的倾向性,美国充分利用该计划实现了其文化和价值观的输出和扩张。此外,富布赖特项目也为美国的意识形态输出和渗透起到了重要作用。美国输送到其他国家和地区的富布赖特学者有意识或无意识地成为美国价值体系的传播者,成为意识形态渗透的工具。美国前国务卿鲍威尔就曾盛赞富布赖特计划在世界各国,尤其是前共产主义国家和最贫困国家中的影响。[②] 美国国务院负责公共外交与公共事务的前次卿卡伦·休斯(Karen P. Hughes)曾明确指出,"公共外交的使命是帮助其他国家和地区熟悉、了解我们的政策、行动和价值观"。"我们的国家,尽管远非完美,但却是谋求全球利益的巨大推动力,它曾解救上百万生命于水火,为无数人带来帮助和希望"。[③] 以富布赖特交换项目为主的诸多美国高等教育国际交换项目正是实现这一目的的有效手段。

(四)发展跨国高等教育

美国高等教育输出和国际化发展的另一途径是加强国际高等教育的合作与交流,具体表现为美国高校与海外高校联合办学(包括授权办学、学分互认、设立海外分校或分支机构等)、跨国公司参

---

① National Humanities Center, "Fulbright at Fifty", 1996, http://nationalhumanitiescenter.org/fbright/fbfifty.htm, 2012-08-05.

② 孙大廷、孙伟忠:《美国高等教育国际化政策的文化输出取向——以"富布赖特计划"为例》,《黑龙江高教研究》,2009年第5期。

③ J. William Fulbright Foreign Scholarship Board, Annual Report 2004, 2005.

与的海外分支机构建设以及科研和学术合作等。面对日益激烈的国际竞争，美国通过这些国际化手段争夺国际高等教育市场更多的份额。

与海外高等院校联合办学是目前发展较为成熟的一种手段。美国已与世界许多国家的大学建立了联合办学机制，联邦政府也十分重视海外办学的质量，为此，中学后教育认证委员会（COPA）于1991年颁布了《对非美国本土教育项目评价原则》（*Principles of Good Practice in Overseas International Education Programs for Non-U.S. Nationals*），为境外开办的分校与合作项目提供测评依据。此外，美国高等教育认证委员会（CHEA）还颁布了《跨国认证准则——对非美国高校和项目的认证》（*Principles for United States Accreditors Working Internationally: Accreditation of Non-United States Institutions and Programs*），以加强美国的认证组织与国际质量保证组织之间的联系，维护美国高等教育的质量和品牌。在中国，一个成功的例子是1986年由南京大学和霍普金斯大学共同创办的南京大学—约翰斯·霍普金斯大学中美文化研究中心。该中心集教学和科研于一身，旨在培养"从事中美双边事务和国际事务的专门人才，同时它也培养有关领域的教学科研人员"。[1] 授课教师来自中美两国，每年招收约100名证书项目和25名硕士学位项目学生，学生来自中国（包括港、澳、台地区）、美国和世界其他国家和地区，课程内容涉及两国政治、经济、文化、历史、外交、法律和国际问题等。

除美国政府行为之外，美国的一些跨国公司近些年来随着海外市场的拓展，也开始参与到美国的高等教育输出和国际化发展之中，它们纷纷在海外建立分支机构，为海外公司的员工提供培训，同时有些公司也参与了官方教育机构认可的学位课程。微软与多

---

[1] 《南京大学—约翰斯·霍普金斯大学中美文化研究中心简介》，南京大学网站，2008年9月9日，http://zmzx.nju.edu.cn/ZhongMei/page/main96/ListInfo.aspx?columnId=206，2012年8月11日登录。

国的大学合作，开设微软课程。在英国有约40所大学开设了微软课程，在中国，微软亚洲研究院与包括北京大学、清华大学在内的几所顶尖院校签署了软件学院合作协议，以在人员、资金、学生实习等方面给予支持，[①] 并于2005年与教育部高教司共同发起"教育部—微软精品课程"建设项目，目前已有多门课程入选"国家级精品课程"。[②]

科研和技术合作所涉及的主体既包括政府部门，也包括各类组织和高等院校，在全球化不断发展的今天，其主要涉及内容常常也与全球化和国际事务息息相关，既有关于超越国家和地区事务的政策与法律方面的课题，也有包括全球信息交流和网络资源建设等科技方面的项目。

与跨国公司的发展类似，跨国高等教育的发展能够充分利用当地的人力、资源、政策及市场。中国已成为美国发展跨国高等教育的巨大市场，美国高校也已看到了投资中国教育市场所能带来的潜在利益。目前纽约大学、杜克大学等已在中国建立起分支机构，许多其他大学也在纷纷仿效。

四、美国高等教育输出与国家战略

美国高等教育输出与国际化发展总的来说包括两个方面，一是培养美国学生从事外国语言学习和区域问题研究，使之成为某一国家或地区问题的专家，从而为美国的国家战略服务，这在"9·11事件"之后体现得更为明显；二是在全球范围内培养亲美势力，使更多人接纳美国的价值体系，由此扩大其在这些国家的影响力。具

[①] 清华大学教育研究所：《OECD教育政策分析》，北京：教育科学出版社，2006年版，第68页。

[②] 中华人民共和国教育部：《教育部—微软精品课程项目介绍》，http://www.msra.cn/UR/TopCourse.aspx，2012年8月18日登录。

体来说,美国高等教育输出与国际化发展的战略目的主要包括以下几个方面。

1. 为美国吸引保持国家经济飞速发展所需要的尖端人才

随着生产方式的转换和世界经济一体化的发展,科技进步和劳动者素质成为一个国家经济发展的关键要素。就美国而言,本土培养的科学技术和工程人员非常匮乏,据统计,美国科学和工程专业的职位需求量年均增长率为4.2%,而全部科学和工程学位授予增长率却不足1.5%。[①] 因此美国需要从世界各地培养、引进国家急需人才。增加留学生比例、提供丰厚的奖学金和实验室等硬件配备并辅以优厚的移民条件,这一系列措施逐渐形成了吸引人才—培养人才—雇佣人才的良性循环。包括中国和印度在内的许多发展中国家都有大批优秀人员流向美国,来自这两个国家攻读理工科博士学位的学生在获得学位后绝大部分留在美国工作。据统计,其中来自中国大陆、在美国获得博士学位四至五年后仍留在美国的比例高达90%,对于印度留学生,这一比例也高达85%。[②] 不仅是发展中国家,发达国家也同样有大量人才流向美国。据估计,欧盟国家每年流失到美国的高技能人才达5000人之多。[③] 美国通过高等教育国际化从世界各地吸纳了所需的高级人才,他们的到来填补了美国本土科技人员的不足,无疑帮助美国保持了在相关领域的国际领先地位。

2. 维护国家安全,强化美国的世界影响力和控制力

如今高等教育已远远超出了知识普世化的阶段,它早已与一个

[①] National Science Board, Science and Engineering Indicators 2008, Volume 2, Arlington, VA: National Science Foundation, 2008.

[②] Michael G. Finn, Stay Rates of Foreign Doctorate Recipients from U.S. Universities, 2005, Science and Engineering Education Oak Ridge Institute for Science and Education, 2007; Michael G. Finn, Stay Rates of Foreign Doctorate Recipients from U.S. Universities, 2007, Science and Engineering Education Oak Ridge Institute for Science and Education, 2010; Michael G. Finn, Stay Rates of Foreign Doctorate Recipients from U.S. Universities, 2009, Science and Engineering Education Oak Ridge Institute for Science and Education, 2012.

[③] 姚锐:《新千年美国高等教育国际化动向及其政策背景》,《高等工程教育研究》,2010年第1期。

国家在全球的地位息息相关。美国政府不遗余力地支持林肯计划、富布赖特项目以及其他一些高等教育输出和国际化项目，其重要出发点便是维护国家安全和国家利益。美国前国防部长佩里（William J. Perry）曾在美国国际教育工作者协会发表的一份名为《美国的利益：欢迎国际学生》的报告中明确指出，美国向海外学生开放门户是"解决恐怖主义问题的方案之一"，因为此项政策和举措"既能维护国家安全，同时又能甄别鉴定出那一小部分对美国心怀敌意的人"。它是"对美国领导力和国家安全所进行的长期投资。它一直是美国对外政策的支柱，也是应对构成目前危机的某些故有偏见、畏惧和无知的有效手段"。[1]

2008年，美国国会通过了《扩大国际开放，提升美国国家竞争力法案》。该法案第二部分第三条明确阐释了高等教育输出和国际化发展对于美国安全、竞争力和影响力的重要作用——"从世界各地吸引高端人才，包括学生和学者，到美国的大学和研究机构，将极大地提高我们的领导力、竞争力和国家安全"。[2]

3. 有助于美国文化和价值观向世界各国输出和渗透

参与美国高等教育输出和国际化发展的三个主体通过战略性手段成功将美国的文化和价值体系输送给其他国家和地区。通过培养海外学生、接纳访问学者等方式，可以使来自其他国家和地区的年轻学子和知识精英逐渐接受甚至传播美国的价值观念，并进而改变对象国的知识传统，最终实现文化输出和渗透。正如美国国际教育工作者协会的一份报告中所说的，他们与美国大学、同学和同事之间结成的紧密关系以及在此期间对美国产生的好感将构成一个巨大的储备库，为美国的对外政策提供源源不断的支持。[3] 与此同时，通过选派美国学生和学者赴海外留学和访学，特别是到对美国具有

---

[1] NAFSA, In America's Interest: Welcoming International Students, 2003.

[2] US Congress, American Competitiveness Through International Openness Now Act of 2008, 110th Congress, 2D Session, S2653, Feb. 24th, 2008.

[3] NAFSA, In America's Interest: Welcoming International Students.

重要战略意义或者美国影响薄弱的国家和地区进行语言、政治、经济等方面的学习和研究，既能使美国获得更多相关方面的人才，更重要的是能够在目的国传播美国文化和美国精神，使更多的人了解、接受并支持美国的价值体系。

4.巨大的经济利益

高等教育的输出和国际化发展也为美国带来了可观的经济回报。尤其是经济危机之后，美国教育经费大幅缩减，而此时招收海外留学生则成为解决教育经费短缺的重要手段。目前教育已成为美国重要的服务出口产业。

美国进行高等教育输出所获得的经济收益主要体现在两个方面。一是留学生的学费、生活费以及其他消费给美国带来的巨额收益，获益部门既包括高等院校也包括相关的其他行业。留学生高额的学费自不必说，在美国生活、娱乐所产生的消费也极大地刺激了相关行业的发展，如餐饮、购物、房屋租赁、交通、旅游等。2011年，海外留学生为美国创造的就业机会多达10.5万个。[1] 而整个留学生群体为美国带来的经济收益更是呈逐年递增的趋势。2003至2004学年全美留学生及其家属对美国经济的总贡献值达到128.7亿美元，[2] 2009至2010学年这一数字增至187.8亿美元，[3] 而在2010至2011学年则达到了202.3亿美元。[4] 近些年来，随着中国经济的快速发展，中国已成为向美国派送留学生的重要输出国，越来越多的家庭已经有足够的经济能力支持孩子赴美国留学。2011年，中国在美留学生对美国经济的贡献值达到46亿美元，占到了全体留

---

[1] 王斌：《2011年中国留学生对美国经济贡献值为46亿美元》，搜狐教育，2011年12月8日，http://learning.sohu.com/20111208/n328385161.shtml，2012年8月18日登录。

[2] NAFSA, The Economic Benefits of International Education to the United States: A Statistical Analysis, Washington, D.C. 2004.

[3] NAFSA, The Economic Benefits of International Education to the United States for the 2009—2010 Academic Year: A Statistical Analysis, Washington, D.C. 2010.

[4] NAFSA, The Economic Benefits of International Education to the United States for the 2010—2011 Academic Year: A Statistical Analysis, Washington, D.C. 2011.

学生贡献总量的五分之一。[①] 美国通过高等教育输出所获经济收益的另一方面来自与招生宣传和咨询相关的行业。大学录取顾问已成为美国一种很成熟的职业，如今相关从业者已开始把中国学生当作新的财富来源。据《华尔街日报》报道，美国的海外招生咨询公司目前已在北京和上海等中国城市广泛开展业务，不少公司凭借自己的母语优势和在美国长期运作的经验，做出了"不成功100%退款"的承诺。[②]

五、结语

冷战结束之后，美国面临诸多全球性问题，如恐怖主义、经济危机、气候变化、民族和宗教冲突等，这些问题逐渐迫使美国意识到"新的威胁无处不在，不分种族、国家和地区。一种新的不安全感正在侵入每个人的内心，无论是富有者还是当权者"。[③] 美国再次产生了强烈的危机意识。与此同时，美国作为世界第一强国掌控全球的愿望仍然十分强烈。这两点构成了美国强化高等教育输出和国际化发展的重要推动力。面对新的挑战，联邦政府、各类组织和高等院校三个层面通过接受留学生、派送本国学生赴海外留学、拓展交流项目和发展跨国高等教育等手段吸纳了全球的优秀人才，将美国的文化、价值体系广泛输送到世界各地，并通过多元化的模式了解了不同文化，这些对于提升美国的软实力、全球竞争力和综合国力无疑具有重要的战略意义。

[①] 王斌：《2011年中国留学生对美国经济贡献值为46亿美元》。

[②] 教育中国：《中国去年近百万人放弃高考，留学低龄化趋势明显》，教育中国，2011年12月12日，http://edu.china.com.cn/liuxue/2011-12/12/content_24129577.htm，2012年8月12日登录。

[③] Kofi Annan, Nobel Peace Prize Acceptance Speech, December 10, 2001.

推进我院校园体育文化发展的研究

王 莉

一、校园体育文化相关概念界定

（一）校园体育文化的概念

校园体育文化是指："在学校这一特定的范围内所呈现的，以校园体育场地设施为空间，以学生、教师为参与主体，以课余体育活动为主要内容，以体育文化的广泛交流及特有的生活节奏为基本形态，在体育教学、健身运动、运动竞赛、体育设施建设等活动中形成和拥有的物质和精神财富。"[①] 校园体育文化是一种有着深刻内涵和丰富外延的独特文化现象，校园体育文化和校园德育、智育、美育文化等一起构成了校园文化群，它又与竞技运动文化、群众体育文化一起组成了广义的体育文化群。

（二）校园体育文化的功能

校园体育文化的宗旨主要是培养学生体育精神、体育意识和体育技能，提高体育文化素养，增进学生身心健康，并在此宗旨指导下开展多种多样的校园体育文化活动。体育运动是体育文化发展的

[①] 《校园体育文化之研究》，新思考中国教育资源服务平台网，2007年11月7日，http://bbs.cersp.com/dispbbs.asp?BoardID=88&ID=76553。

主要载体，它不仅能起到增进健康，增强体质的作用，更重要的是在体育运动中所崇尚的一种公平竞争、团结协作的道德风尚；自强不息、自信不止的道德品质；一种促进相互交流、相互协作的精神，这正是我们所应追求的人文精神。另外，通过一系列的体育活动培养了学生的组织能力，增强了学生的参与意识，促进了学生人格的完善和情感态度价值观的形成，提高了大学生的品德修养。

（三）校园体育文化的内容
1.校园体育物质文化

体育物质文化是人类以体育为目的或在体育中的活动方式及其物质形态，首先是为满足体育需要而创造的各种体育器材和场馆设施，另外还包含体育雕塑、体育宣传设施、体育图书音像资料等，是保证高校开展体育文化活动的重要物质条件和基础设施，是其他文化层面存在和发展的基础和载体。

其次，校园体育物质文化方面还包括以改造人的身心为目的而进行的体育活动方式，包括体育教学课、课外自由锻炼、体育竞赛、体育节、体育讲座、体育理论知识竞赛等。这些活动的开展需要以育人为主要目标，要融思想性、趣味性和竞争性于一体，通过这样高品位的寓教于乐的活动，引导学生认识到体育活动对增强体质、增进健康的作用，从而培养终身进行体育锻炼的意识，在各种体育活动中，潜移默化地培养学生的团队精神和坚忍不拔的意志品质。

2.校园体育精神文化

体育精神文化是指包含体育精神、体育道德、体育知识、体育观念等方面的内容。

通过校园体育精神文化的培养，可以充分发挥高校校园体育文化的育人功能，让学生深刻体会到体育中竞争、意志品质、创新等精神的影响，锻炼自身心理素质，为将来更好的适应现代社会的激烈竞争做好准备。因此，建设和发扬良好的校园体育精神文化，是校园体育文化建设的核心和宗旨。

二、我院校园体育文化发展现状

(一) 我院校园体育物质文化发展现状

1. 我院体育场馆设施现状

表一是我院运动场馆设施细目表，从表中可以看出与教育部规定的高校体育场馆的标准数量相比，我院的数量明显偏少，尤其是室内场地面积小、数量少，不能满足风雨天的正常教学和其他体育活动。

我院体育宣传方面必要的设施仍然处于落后状态，目前仅在操场门口有两块宣传板；体育网站宣传运用频率极低、宣传内容更新速度慢。

表一

场地名称	数量	人均拥有（人/个）	教育部规定（人/个）	备注
田径场（200米）	1	1600	5000（400米标准田径场）	
篮球场	3	550	250	
排球场	2	800	250	
网球场	1	1600	1000	
综合体育馆	0	0	5000	
乒乓球室	1			约200平方米，12张球台
健身房	1			约30平方米
体测室	1			约160平方米

注：我院学生总数为1600人（本科生1074人、研究生586人）；我院没有教育部规定的综合体育馆，只有乒乓球室、健身房、体测室三个独立的小型室内场地。

2.我院校园体育活动的内容及发展现状

结合我院实际情况,目前开展的校园体育活动有体育教学课、有组织的校内体育活动、无组织的课外体育锻炼。其中体育教学课包括实践课和理论课;校内体育活动包括由体育教研室组织的全院性运动会和由学生会体育社团或其他小团体组织的小范围体育活动,无组织的课外体育锻炼指的就是学生在课余时间利用校园场地设施自发进行各种形式的锻炼,我院的体育文化就是通过以上一系列的体育活动来传授及传播的,是在校园内发展体育文化的重要途径。

（1）体育教学课现状

我院的体育教学课性质及具体内容见表二,与其他高校相比,一年级的必修定项课差别不大,基本都是以学习2—3门技术内容和几项身体素质为主要内容;二年级的必修选项课的选项数量与其他高校相比偏少,这主要是受学院体育场地硬件设施及体育教研室教师专业的限制;三、四年级的选修选项课选课人数少,每年只有2—3门课能达到开课人数的标准,这反映出在没有必修要求的压力下,大部分学生对体育课的需求是很小的,对体育表现不积极的态度。

表二

年级	性质	内容
一年级	必修定项	身体素质：立定跳远、实心球、仰卧起坐、800米、50米 技术类：太极拳和乒乓球 理论课：运动生理知识、体质健康知识
二年级	必修选项	身体素质：立定跳远、实心球、仰卧起坐、800米、50米 技术类：乒乓球、篮球、排球、足球、健美操、太极拳、初级剑 理论课：奥林匹克知识、体育法规知识
三、四年级	选修选项	乒乓球、篮球、排球、太极拳、散打、网球、瑜伽

(2) 校内体育竞赛活动现状

我院近些年来开展的全院性质的体育竞赛活动主要有田径、乒乓球、排球、篮球、跳绳、足球等,以上的竞赛活动中除田径是每年2次以外,其余的每年进行1次,下面以本学期开展活动的情况为例来说明我院学生参加体育竞赛活动的现状,见表三。

表三

项目	报名人(队)数	实际参赛人(队)数	实际参赛人数占学生总人数百分比
田径	590人	546人	34%
足球	13队	13队(130人)	8%
跳绳	157人	123人	8%
乒乓球	84人	65人	4%

从上表可以看出,实际参赛人数占总人数的百分比很低,说明我院学生对参加体育竞赛活动的态度不积极。田径项目的比例高是因为其中的集体项目需要更多的人参与,然而这些集体项目中更多的学生是在系部给予的压力下被迫报名参加。通过平时与学生交流,了解到学生不报名参加体育活动的原因主要有:认为体育是自己的弱项;学习时间紧张;不知道报名一事。报名人数和实际参赛人数的巨大差别,主要原因是报名时仅仅是由于系部硬性要求的压力。

这些数据体现的是学生参加体育活动、竞赛的现状,直接反映的是学生参加体育锻炼的态度,然而深层次分析反映的是学生对体育文化理解不深、对体育锻炼的价值把握不足。因此,迫在眉睫需要解决的是如何在全院范围内加强体育文化的传播、加强体育价值观的教育。

(3) 课余自由锻炼现状

课余的自由锻炼最能反映出学生自觉参与体育活动的积极性,通过笔者观察及与各场地值班人员了解情况,在自由的课余时间

（16：30—19：00），我院能积极参加体育锻炼的学生人数并不多，表四为本学期9—11月三个月大概日均人数统计。

表四

项目	日均人次
篮球	< 25
足球	< 6
排球	< 5
网球	< 4
乒乓球	< 5
健身	< 9
田径场	< 30

除了网球场，学院的这些场地都是对学生免费开放的，然而我院学生参加课余自由体育锻炼的现状不容乐观，场地的利用率很低，并且参加体育锻炼的同学基本每天都是相同人群。经过调查，大部分学生认为自己学习压力大，参加体育锻炼占用了学习时间，然而最根本的原因还是学生对体育锻炼理解不深入，没了解体育深层的文化，造成参加体育锻炼的意识差，参加活动不积极。说明针对日益激烈的社会竞争，学生选择把更多的时间和精力投入到直接对就业起作用的科学文化知识学习上，没有认识到体育锻炼在调节学习压力、提高学习效率方面的积极作用。另外，还有部分女同学提出她们希望能进行室内的体育活动，然而目前学校的场地条件受限制。

（二）我院校园体育精神文化现状

1.学生体育观念的现状

体育观念就是人们对体育在健身、娱乐、审美以及心理素质、道德、智力培养等方面所体现出来的价值认识态度,良好的体育观念对人们采取怎样的体育行为起着指导性的作用。[①] 经过与学生交谈,认为我院学生的体育观念在体育功能的表层问题上是正确的,如非常清楚地认识到体育锻炼对人的身体起着不可替代的作用,更重要的是他们对体育深层次功能,即对人的个性、情感影响的认识也给出肯定的结论。

2. 学生体育精神的现状

校园体育精神,是指学校在一定的社会历史条件下,为了实现教育目标,在长期的校园文化建设中逐步积淀、整合、提炼出来的,反映学校广大师生共同的健身目标、理想、信念、体育传统和行为准则的价值观念与群体意识。[②] 可从体育的意志品质、竞争精神、遵规守纪精神和创新精神这几个方面来分析体育精神现状。

由于绝大多数学生所进行的体育锻炼都是根据兴趣爱好,没有竞技比赛的压力,体育的意志品质及竞争精神得不到充分的体现。通过在比赛场上的观察,我院学生都能在比赛中遵守纪律,但是绝大部分同学不具备体育创新精神,即没有摆脱原有的体育活动模式,不能主动地去创造适合自己及周围同学兴趣的项目或活动方式。

3. 学生体育知识的现状

学生体育知识面的拓宽有利于学生更深层次的理解体育,有利于学生养成良好的体育意识和观念。

当前我院体育教师教授的知识类型中技术技能是主导,约占50%,身体基本素质锻炼方法约占40%,理论知识讲解占10%左右,但是大部分学生表示他们最希望学习到的体育知识是娱乐健身方面的,因此体育教师应该了解学生期望学习的体育知识,结合学生兴趣教学,这样能够更好地激发学生对体育课和体育活动的兴

---

① 曲宗湖:《体育隐蔽课程的基本理论与实践》,北京:人民教育出版社,2002年版。
② 刘纯献、崔冬雪:"浅谈校园体育精神",《中国学校体育》,2001年4月,第67页。

趣，并在实践教学中充分的讲解体育知识。

4.学生体育道德的现状

体育道德是学生整体素质状况反映的一个部分，是学生对体育的意识、观念及价值等的具体表现形式。[①] 具体表现为体育活动中场上同伴之间的团结协作，各队员的责任感、公平竞争精神、组织纪律性及场下观众的关注度等都可以反映出学生的体育道德状况。通过观察我院体育活动，发现参赛的大部分学生在体育运动中具有很强的集体主义精神，但是从整个赛场来看，观众很少，这说明不参赛的大部分学生对比赛的关注度很低，这在一定程度上又说明了我院学生整体对体育活动中集体荣誉感表现出不重视的态度。

三、推进我院校园体育文化发展的途径

校园体育文化在一个大学校园的建设中起到重要的作用，在当前"十七届六中全会"提出发展文化的大背景下，对发展校园体育文化是一个契机，通过体育文化的建设能提高我院学生的身体素质和终身锻炼的意识。本人结合我院实际情况，从以下几个方面提出推进我院体育文化发展的途径。

（一）加强软硬件建设，突出以学生为本的校园体育文化活动

1.完善体育场馆设施的建设

以新校园的建设为契机，增加校园体育设施的投资力度，将学校体育设施的建设纳入到学校整体物质文化建设的规划中去，通过良好的体育设施环境，激发学生对体育的兴趣。增加校园里的标志性体育建筑、雕塑、宣传栏等，这能潜移默化地影响师生的体育思

---

① 王秀强："我国百年名校校园体育文化的传承与发展研究"，《上海交通大学体育系学位论文》，2010年1月。

想和体育价值观。

2. 坚持"以人为本"的原则，开展体育文化活动

应坚持"以人为本"的原则，打造"体育文化人"，紧紧围绕文化对人的可塑性特点，在建设校园内体育文化物质环境的同时，采用多种形式进行体育文化的宣传。通过灵活多样的方式，举办体育文化教育活动。在现有的各种教学内容基础上，结合我院特色，增设课程内容，如形体训练、交谊舞等；在目前体育竞赛活动、群体活动的基础上，增加开展体育知识讲座、专题报告、体育学术沙龙等，开阔学生的体育视野，陶冶学生的情操，潜移默化影响学生们的体育意识。

3. 充分发挥体育宣传的导向作用

营造高校体育文化的良好氛围，应充分建设和发挥各种舆论宣传媒体的作用，除了宣传栏、报亭等传统媒体，在现阶段还应该加强学校体育网站、增加学院体育社团网站，提高广大师生对高校体育文化的关注度。

（二）创建体育教研室与学生会体育社团合作机制

1. 合作的必要性及可行性分析

目前，我院的现状是由体育教研室为主来开展全院性学生课外竞赛训练活动、由学生会体育社团来组织相关项目的兴趣爱好者参与小型的社团比赛。作为两个独立的部分，体育教研室和体育社团在组织活动时各有优势与不足：

（1）学生会体育社团：凭借社团的良好群众基础，在学生内部更有影响力，利于动员更多参与者；社团了解学生的时间安排，更能准确掌握进行活动的空余时间；但是，缺乏足够的活动经费和专业技术指导，也很难掌握场地的可利用情况。

（2）体育教研室：有专业的技术指导教师；有经验丰富的竞赛活动组织者和裁判；掌握场地的可利用时间与区域；但是，我院体育教研室教师数量少，既承担教学课又承担各类竞赛活动的组织，

工作任务重。

因此，认为有效地整合现有的资源，充分发挥体育教研室和体育社团的作用，使二者互相补足，共同组织校内的部分体育活动，可以有效提高竞赛活动组织的效率。

2.合作内容的具体建议

（1）由体育教研室教师提供对社团会员的技术指导和裁判等业务方面的培训，使社团活动的技术含量提高；

（2）由体育教研室提供社团活动场地，因为掌握全院运动场的时间安排情况，便于安排；

（3）由各体育社团组织相应比赛项目的报名，由体育教研室老师进行专业编排并进行赛事组织指导；

（4）赛时，体育教研室老师做主要协调者，经过前期裁判培训的学生做裁判，重要赛次可由教师做裁判；

（5）把两个部分的活动经费结合起来利用，提高活动效率。既没有增加额外的开支，还可以统筹合理利用。

通过这样的合作方式，使两个独立体之间的资源互相补足，既增进了体育教研室老师与学生之间的交流，也规范了体育社团的工作，同时扩大了体育社团的影响力，吸引更多的学生参与到体育活动中，是在现有基础上更广泛、更高效地开展各种校园体育文化活动的主要途径之一。

（三）提高体育师资的素质

体育教师所掌握的体育知识、能力、兴趣、爱好、专业特长等都会对学生起到潜移默化的作用。因此，学校一方面应该采取多种激励措施鼓励他们不断加强自身学习，多出成果，另一方面，学校应积极为体育教师创造外出学习培训和交流的机会，不断提高他们的素质，完善他们的知识、能力结构，培养他们的敬业爱岗精神，这对校园体育文化建设具有举足轻重的作用。

国际关系西文原著编目问题初探

王雪

十八大报告提出了建设社会主义文化强国的战略目标和文化产业成为国民经济支柱性产业的具体目标,还提出增强文化整体实力和竞争力,对文化事业和文化产业分别做出定位,提出了"推动文化事业全面繁荣、文化产业快速发展"的新观念。时任北京市长郭金龙同志在2012年人代会上的报告指出,"今年北京将加快国家广告产业园、音乐产业基地、新媒体产业园、出版创意产业园、动漫游戏城等重大项目建设,提升产业集聚发展水平"。可见,文化产业建设已成为国家重点建设产业。针对文化建设,开放与吸收是其重要渠道。在生活中,随着各种语言被我国国民学习使用,人们对西文图书资料的需求也日益加强。作为外交学院,因专职外交领域,关注国际时事,西文图书收藏入编早已是图书馆馆藏建设的重要组成部分。近年来,我馆对西文图书的购入量持续加大,编目流通整体流程改革加快,可使广大读者更加方便地查阅借阅西文相关资料。从而一定程度上满足了本校师生读者的需求。而对西文图书进行更加科学合理的分类与标引成为加强馆藏建设,贴近读者,便捷检索,规范管理的关键性基础工作。

一、西文编目介绍

根据本院特点以及师生的阅读需求，图书馆采编部门搜集采购到相关文献资料之后，如何让读者准确地找到所需资源，就需要编目部门对资料单体给出准确精练的主题词以及相对应的分类号码。编目部门的工作对于图书流通的整个过程起到了上下勾连，传接转化的重要作用。

图书编目工作是图书馆运行的重要部分，如果借鉴生物学的说法，它承担着同化与异化两方面的重要职责。同化是指把采访部门采购到的各种资料单体集中到外交学院图书馆的数据库内，给予它们统一的简要数据写入与编辑，例如给出统一的外交学院馆藏代码。这一步处理就像给这些来自五湖四海的书籍一个统一的身份ID，在西文图书编目MARC中的表现为851字段的"CAFUL"（外交学院图书馆）。另一方面，编目工作的异化可以理解为，这些资料单体的身份信息被提取与集中之后，对它们进行的分类。相对"同化"一步来说，异化的"在统一的身份特征CAFUL之外，呈现资料单体的特殊属性"更为重要，因为这些特性正是识别这些单体的检索点，例如：每个单体具有的不同题名，不同责任者，又或者是不同载体形态等。这些特性被西文编目员通过编目软件转化为特定的语句，被计算机录入数据库，形成资料单体在我馆的基本信息。这样，再通过流通部门的典藏之后，读者在终端靠关键词搜索到这些单体，继而借出或下载阅读成为现实。

回顾历史，西文编目的发展与世界形势息息相关。二战后世界格局初定，国际社会不再动荡不堪，继而教育文化经济等领域也开始了蓬勃的战后复兴与发展。编目理论与技术在战后二三十年取得了长足的发展，标志为机读目录（MARC）的产生与《国际标准书目》（ISBD）和《美国编目条例》（第二版AACR II）的出版与应用。① 随着时代的进步,计算机技术的普及与应用掀起了编目领域革命性的变革。它使庞杂冗繁的书目信息不再受到空间物质载体的限制,而在计算机数据库技术中几近达到"无限"的存储状态。而后出现的互联网更是让信息"飞"了起来,"联"了起来。联机编目节省掉了不断重复浪费的人力物力,使标准著录信息被轻松下载。对外开放的联机编目网络中比较著名的有:OCLC(联机计算机图书馆中心)、RLIN(研究图书馆信息网络)、WLN(华盛顿图书馆网络)、UTLAS(加拿大多伦多大学图书馆自动化系统)。特别是OCLC,目前已覆盖全球70多个国家和地区的成员馆,而根据OCLC编制的联合目录World Cat则是世界上最大的书目记录及馆藏信息数据库。②

而在中国,因为历史原因,我们图书馆的西文编目工作开展的比较晚。回溯历史,1961年由中国科学院图书馆出版《西文普通图书著录条例》基本上给予了建国之后各个图书馆整合统一西文编目规则的参照标准;20世纪七八十年代,由于ISBD与AACR2带给国际编目界的影响,北京图书馆、北大图书馆以及中科院图书馆等参考英美编目条例于1985年出版了《西文文献著录条例》(第一版);2003年,中国图书馆学会编译和修订了最新版本的《西文文献著录条例》(Descriptive Cataloguing Rules for Western Language Materials),这标志着我国西文编目工作进入了新的历史阶段。③此条例综合了一版之后以及90年代西文编目工作出现的各种问题,包罗相关问题更加广泛,规则更加细致入微,也更加标准。

---

① 托雅等:《浅谈网络时代的图书馆西文联机编目的现状、存在的问题及对策》,《现代情报》,2006年3月第3期,第21页。

② 同上书,第21页。

③ 阎立中:《序言》,载中国图书馆学会西文文献著录条例修订组:《西文文献著录条例》,北京:科学技术文献出版社,2003年版,第1页。

二、国际关系西文原著在编目中的常见问题

在西文编目的广义定义来说,所有除汉语言之外的语言文字资料都属于西文编目的编目工作对象范围。但是就目前各高校图书馆的馆藏文献语种份额来说,英文仍旧占据着绝大多数份额,日语、法语、俄语书籍次之。对于本馆,主要西文语种与此相似。因为英文资料的绝对数量优势,本文将着重探讨英文文献国际关系原著的编目问题。截至2012年12月底,本馆馆藏文献470073册,西文图书131558册。因为外交学院的学科特色,国际关系西文原著的藏书量在国内高校首屈一指,且国际关系的历史古籍以及外交文件的收藏一直是我馆的特色馆藏。国际关系方面的著作主要涉及国际政治、外交、国际经济、国际文化等方面,所以在对国际关系西文原著的编目过程中,会遇到很多方面的问题,下面就列举两个比较突出的问题。

(一) 主题词的翻译问题

主题词的翻译对西文图书在中文图书馆中的分类至关重要。首先是专业性主题词的翻译问题。例如geopolitics,既可以被翻译成"地理政治",也可以翻译成"地缘政治"。而编目员在考虑其词义时要综合资料文献的内容进行选择。因为近五十年政治学的发展,在国际关系学的用词中,地缘政治更具代表性,这涉及地理政治向地缘政治过渡的政治学议题。再例如foreign policy,即可被翻译成"外交政策",也可被翻译成"对外政策"。两者的一个范围性的区别就是"对外政策"泛指一个国家除对内政策外的政策,而"外交政策"的范围要小于前者,要有一个特定施与对象以及目的是外交的政策。而根据《中图法》,不同中文意译会被归入不同类别,从

而资料单体的分类号产生了差异。① 综上两例，编目员对国际关系原著专业主题词的翻译需要一定的政治学基础，以及对分类的掌握。如果在主题词的翻译上出现问题，那么会直接导致同类书被排到不同架位，以及读者用主题词无法搜索到该书的情况。

其次，在主题词中有地区性词语，即国外地名。对于地名的翻译很多时候存在差异，例如：贝劳共和国，也译为帕劳。而另外一方面还存在着同名异地现象，即：外文表述形式完全相同，但分别指的是不同的地方，如：York（美国或英国）、Zamora（墨西哥或西班牙）、Zwolle（荷兰或美国）。② 编目员则需要根据资料的内容给出准确的翻译，地区性主题词的正确翻译对国际关系西文原著的分类有着很重要的作用，因为不同的国家与地区有着自己的分类号，例如在《中图法》五版的世界地区复分表中，York（美国）入美洲，代码为7；而York（英国）入欧洲，代码为5。不同的地区代码加入到整个分类号中后，决定了资料单体在馆藏中的位置的不同，以及不同馆藏种类统计量的不同。

另外，在考虑主题词翻译时也会碰到美国英语与英国英语不同拼写形式的问题，例如：gypsy（英）= gipsy（美），harbour（英）=harbor（美）。随着国际文化交流日益加深，从某些方面讲，美国文化对世界各地都产生了广泛的影响，美式英语的使用也越来越广泛，所以熟悉美式英语，同时也要了解英式英语是对编目员的必要要求。

（二）确定主题词之后"偏分"的问题

图书分类，就是按照图书内容的学科属性或其他特征，将图书馆藏书予以一一揭示，并分门别类地把它们系统地组织起来的一种

---

① 国家图书馆《中国图书馆分类法》编辑委员会：《中国图书馆分类法》（第五版），北京：国家图书馆出版社，2010年版，第1页。

② 胡钺芳、陈寅涛：《编目与翻译》，《图书馆建设》，2007年，第59页。

方法（手段）。图书分类包括两个方面的含义：1.对图书馆藏书的整体来说，根据每种图书内容的学科属性，把不同的书加以区分，把相同的放在一起，相近的联系在一起，整理得有条有理，使之成其系统，亦即类集。对藏书的区分和类集是图书分类的本质含义；2.对一种具体的图书来说，根据其内容将它归入到所采用的既定的分类体系中去，亦即归类。——《图书分类》（北京大学图书馆学情报学系）①

以上的引用对图书分类做出了定义，但在实际编目工作中，编目员会碰到"偏分"的问题。"偏分"在编目中指根据本馆特色以及编目具体要求对资料单体进行分类。例如《Climate and Immigration》，此文献属于气候学与政治学的交叉范围，在考虑分类号时就要结合外交学院的学科特色，偏重于政治类类分，入D5大类，再考虑到气候学学科的反应，组配气候学分类号P46，那么此文献的初步分类号为D5, P46就基本能够反应文献内容特性了。这样偏分的更符合馆藏特色，从而更好的充实馆藏。

三、总结以及对未来的展望

本文针对国际关系西文原著的编目问题，首先简要回顾了西文编目的历史以及发展现状，其次根据国际关系西文原著的特点对其在编目中出现的问题进行了简要的分析，具体分析了主题词的翻译问题，以及根据本馆特色进行偏分分类的问题。

我院的国际关系与外交学的学科特色，使编目员在图书的著录分类上更加仔细更加细致地分类，以便于同学们更好地检索到需要的书籍。未来，编目工作还面临着很多问题，例如交叉学科内容书

---

① 北京大学图书馆学情报学系《图书分类》编写组：《图书分类》，书目文献出版社，1990年版，第1页。

籍的分类检索词的给出，如何在不同检索词给出的情境下检索出这本书；另一个问题，也是编目员一直追求的目标，就是如何使给出的主题词能够更准确更突出地表示这本书。要解决这些问题就要求提高西文编目人员业务水平与专业素养。综合我馆工作实际，可以从两个方面实践提高：一方面是对国际时事热点的追踪，工作中主要借助于《参考消息》等各类报纸杂志的阅读积累，以及电视网络等现代传媒媒介的信息收集；另一方面，英语等小语种语言能力的保持与提升，不断积累相关词汇与更深层次的寓意，例如在一个国际关系事件的背景下，一个俗语或者词组变成有特定指向的词语。只有对这些问题的关注、积累以及编目工作实践运用才能使编目工作得到提升。在工作中，我们还将结合深入学习贯彻"十八大"文件精神，努力工作，为实现我院"四个一流"的目标作出自己的贡献。

外语课堂中教师提问行为研究

徐 英

一、引言

课堂教学只有通过师生互动过程才能得以顺利进行,课堂互动(classroom interaction)可以说是课堂教学的最基本事实,因为"课堂上发生的一切都体现为活生生的人与人之间的互动"。①课堂师生的互动活动中,教师提问行为起到了非常重要的中介和桥梁作用:教师通过提问行为有效考查了学生对语言知识的理解和掌握程度情况,而且有效引导了学生积极运用目标语进行交流、参与课堂互动活动。笔者认为,在典型的课堂互动活动中,理想的教师提问行为应该是教师有效提问和适时反馈的有机统一:教师提问为启动步,引发学生作答(应答步);学生作答后,通常教师会适时地做出反馈(反馈步),而教师的反馈则往往引发学生的另一个话轮的开始,由此引来课堂中教师与学生之间不断的互动,从而完成课堂教与学的有效进行。

教师为达到有效实施提问行为的目的,通常会积极采用各种策略。比如,教师在向学生发出提问(启动步)时使用的策略(提问

---

① D. Allright, "Classroom-centered Research on Language Teaching and Learning: A Brief Historical Overview", Vol. 17, No.2, 1983, pp. 191-204.

策略），教师在学生作答后适时使用的各种反馈策略，以及教师在发出提问以及做出反馈时在语音和语篇方面所采用的各种修饰策略（modification techniques）。教师在课堂中根据不同教学目的以及不同学生的语言能力灵活运用各种策略，鼓励学生对课堂互动的参与以及更多的语言输出，最终促进学生的学习。

为了研究教师提问行为中策略的使用情况及各策略对学生语言输出的影响情况，我们在北京几所高校中挑选了八位公认的优秀教师录了音（课型有精读、综合英语、泛读和口译等，共录音450分钟，录音时录音者在场）。

二、调查结果与分析

（一）提问策略

各教师在课堂上的发问方式非常丰富，经常变换使用不同的策略来达到自己提问的目的。为本文之目的，我们采用了当今流行的提问策略的分类方法，即将教师提问策略划分为展示性提问（display questions）、指示性提问（referential questions）和意义协商性（negotiation of meaning）提问进行分析研究。其中，意义协商性提问又分为：核实理解（comprehension checks）、要求清楚阐述（clarification requests）和请求确认（confirmation checks）式提问。教师采用展示性提问时，自己已经掌握了答案，要求学生提供或展示答案。这种提问与现实生活中自然的问话非常不同，提问的目的不是为了获取信息，实现交流，而是为了检查学生对某个已知知识点的掌握程度。这种提问与封闭性提问非常相似，通常有现成的答案。教师提问的目的在于考查学生对某个知识点的理解掌握情况，并且考查学生是否能够将其明确清楚地表达出来。在调查材料中，这种提问非常多：

片段（1）

T: What are the synonyms of the word "ferocity"?

S: fear.

片段（1）的提问中，"ferocity"的同义词是固定的，教师提问的目的是为了考查学生是否掌握了一个已经学过的语言点。

相比较而言，采用指示性提问时，教师无确定答案或不知道答案，而是由学生提供答案。这种提问与现实生活中自然的问话非常相似，是真正意义上的信息询问，被提问者——学生是信息提供者，提问的目的主要在于信息的交流。这种提问与开放性提问很相似，学生回答时可以自由发挥。这种提问方式可以鼓励学生运用目标语进行自然交流，因而非常有利于学生目标语的自然输出。例如：

片段（2）

T: Where is your hometown?

S: Qingdao, Shandong Province.

T: Qingdao? Do you have flood there because of the sea?

片段（2）中教师的两轮提问，都是为了询问实际的信息。所以，该片段中师生间的一问一答，是自然的信息交流。学生在回答中根据实际情况，向教师提供了有关自己家乡的必要信息。

除了展示性和指示性这两种提问外，在材料中，我们还发现教师经常通过提问与学生进行意义协商。比如，在教师讲述某个语言点时，总会停下来问一声"Did you understand?""Did you see what I mean?"或"Ok?"以确定学生是否正确理解了自己的话。有时，学生回答过程中，教师发现学生阐述混乱或表达不清时，会要求学生重新阐述，此时，教师会问："Sorry?""What do you mean?""What?"等。另外，教师不太确定学生的真正意思或搞不清自己的理解是否与学生所言相同时，会采用请求确认策略，如：

片段（3）

S: You can … have to memorize those facts, then you should draw conclusions, em, from these...

T: So you can draw your own conclusions, is this what you mean?

片段（4）

S: I have a math teacher who is a drawing teacher.

T: A drawing teacher?

在所调查的八个班中，教师话轮和学生话轮的次数大致相等，师生交流非常频繁（平均每分钟约有5次话轮交替），课堂内师生间的互动性非常好，学生参与程度很高。教师共提问809次，平均每堂课（45分钟）提问81次，平均一分钟约有2次提问。不过，学生自动提问的次数很少，只有12次。

八个班的教师展示性提问出现的频率很高（共395次），但在

表1　教师与学生话轮转换情况以及提问策略使用情况

课堂类性	话轮			教师提问[1]				学生提问[2]
	总计	教师	学生	总计	展示性	指示性	意义协商性	
1泛读	399	195	204	128	73(2.7)	45(3.7)	10(5.4)	10
2精读	253	128	125	66	12(2.3)	48(7.3)	6(4)	2
3口译	292	146	146	105	77	13	15	3
4精读	76	37	39	42	34	5	3	0
5精读	137	69	68	117	63	49	5	1
6基础英语	403	196	207	156	18	137	1	1
7综合英语	364	191	173	126	49	72	5	0
8精读	209	104	105	77	69	6	2	0
总计	2133	1066	1067	817	395	375	47	12

[1] 包括教师的首次发问、重复、重新措辞及其他需要学生作答的表达形式。
[2] 学生提出的需要教师作答的问题。

各班中出现的频率不一。比如，课型和课时完全相同的2班和5班，5班的教师采用的展示性提问是2班教师的5倍多。教师对指示性提问策略的使用频率（共375次）与对展示性问题的使用频率差不多，不过各个班的差别同样很大。1班、3班、4班、5班和8班的教师更倾向于采用展示性提问，而2班、6班和7班的教师则更倾向于对指示性提问的使用。

在文字录音材料中，教师对全班进行提问时，由于回答问题的人太多，人声嘈杂，没有办法清楚地记录下学生的话，在统计学生的语言输出时遇到了困难。我们以课堂1和2为例，对学生针对教师不同类形提问的回答情况进行了粗略统计。课堂1中，学生对教师指示性问题的回答平均为3.7个单词，而对于展示性问题的回答平均为2.7个单词；课堂2中，学生对教师指示性问题的回答平均长度为7.3个单词，对于展示性问题回答的平均长度是2.3个单词。很明显，与展示性问题相比较，教师的指示性问题鼓励了学生更多的语言输出。

意义协商性提问共47句，其中，针对询问是否理解的提问，学生的回答一般都很简单，如"yes"或"no"。但是，另外两种意义协商性提问，即，要求清楚阐述和请求确认方面的提问，都使得学生及时有效地补充了自己的话或修复了自己的话，从而使得学生有了更多的语言输出或者更加准确的语言输出。

（二）提问修饰策略

教师提问修饰策略的种类很多，本文主要考察教师提问行为在语音和语篇方面采用的修饰策略。语音方面的修饰策略主要包括教师的语速和等候时间［包括（1）教师提问完后等候学生回答的时间以及（2）学生回答与教师做出反馈之间的等候时间］，语篇方面的修饰策略主要指教师对提问的自我重复或重新措辞。

教师的停顿不会减慢课堂的进度，既然教师有时间提问，就应当有时间给学生作答。必要的停顿可以为学生提供一种轻松的课堂气氛，利于学生做出回答。[①]

外语课堂中的学生需要一定的等候时间才能作答，因为相对于讲母语的学生，这些学生回答问题需要有更长的一个过程：理解问题——从自己的知识库中搜寻所需信息——选择适当的用词——说出来，所以理想的等候时间应该是5—10秒。[②]另外，学生回答完问题后，教师最好等上两秒钟再做出反馈，看看学生是否还要再补充什么。在本次录音中，只有等候时间超过5秒时才进行了标记。不过，所调查的八个班中，等候时间超过5秒的次数只有8次。

在录音材料中，我们发现，各个教师都频繁运用重复提问或重新措辞提问，具体情况见表2。

表2　重复提问或重新措辞提问的使用情况

课堂类别	1	2	3	4	5	6	7	8	总计
重复或重新措辞	15	5	34	13	41	54	18	14	180

教师重复自己的提问或重新措辞发问的情况有：（1）无停顿地重复发问或重新措辞；（2）首次发问后未得到学生回应时（发问后有停顿）重复或重新措辞再次提问；（3）首次发问学生回答后，用同一问题发问别的学生。教师重复提问或重新措辞发问，有时是"为了引学生作答，起到强调提问和督促学生迅速作答的作用"，[③]有时也是为了引更多学生参与讨论或进行"语言输出"。另外，教师通过重新措辞，选用更简易的词或句子结构，也给学生提供了更

[①] F. Holley and J.K. King, "Imitation and Correction in Foreign Language Learning", in J. H. Schumann and N. Stenson, eds., *New Frontiers in Second Language Acquisition*, pp.81-89, Rowley, Mass.: Newbury House, 1974.

[②] J. White and P. Lightbown, "Asking and Answering in ESL Classes", *The Canadian Modern Language Review*, Vol. 40, No.2, 1984, pp. 228-244.

[③] M. Bean and G. Pattey-Chavez, "Repetition in Instructional Discourse: A Means for Joint Cognition", in B. Johnstone, ed., *Repetition in Discourse: Interdisciplinary Perspectives*, Volume 1, Norwood, NJ: Ablex, 1994.

多的"可理解输入"。比如：

片段（5）

T: All right, now please tell me what this disaster is.

S: Flood.

T: Flood, em-hem, and...

S: Fire.

T: Fire, yes, but what was the effect? So did the fire cause any damage?

在教师第三个话轮处，教师询问学生火灾造成的后果时，用了两种说法，如果有的学生不理解 effect 的意思，第二个问题"did the fire cause any damage?"对第一个问题进行了重新措辞和解释，使问题简单易懂。

片段（6）

T: How to say "失业"?

S1: Unemployed.

T: What else?

S: Laid off.

T: What else?

S: Having no job.

在片段（6）中，教师用同一个问题，发问不同的学生，让更多的学生参与到讨论中。

不过，重复提问不宜太多，否则会对学生造成压力，或者分散了学生注意力，使学生无法专心思考。比如：

片段（7）

S: The population increases very, very quickly.

T: Since when?

S: Since 1650.

T: Why?

S:(no answer)

377

T: Why?

T: Why? Why?

S: Maybe the development of the agriculture... and industrial ... and industry... the conditions to human beings are becoming...

片段（7）中，教师问了四次"why"，却只得到学生一个不成句的回答。如果教师不去频繁重复，而是将重复的时间留给学生思考，学生的回答可能会更理想一些。很明显，这个学生并没有准备好，但又感到了压力，只好仓促作答。

（三）教师反馈策略

由于课堂以教学为其主要目的，所以，课堂师生互动过程中，教师在学生作答之后，必然会做出相应的反馈，这是课堂区别于其他日常交际环境的特点之一。日常交际中，反馈步可有可无，且不可预见；[①] 而在课堂互动中，教师为了特殊的目的，才有可能不做出任何反馈。[②]

通过对录音材料的分析，我们发现，教师主要进行了两种性质的反馈：评价性反馈（evaluative feedback）和语篇性反馈（discoursal feedback）。评价性的反馈主要是对学生回答的正确性做出评价：比如评价学生提供的词或句子是否正确等，目的在于让学生明确和掌握正确的语言表达或让学生掌握正确的信息，表现为对学生提供的答案进行明确的肯定或否定。

片段（8）

T: What does "features" mean? Features?

S: Characteristics.

T: Characteristics, that's right...

[①] G. Francis and S. Hunston, "Analyzing Everyday Conversation", in M. Couthard, ed., *Advances in Spoken Discourse Analysis*, London: Routledge, 1992.

[②] Sinclair and Coulthard, *Towards an Analysis of Discourse: The English Used by Teachers and Pupils*, Oxford: Oxford University Press, 1975.

相比较而言，语篇性的反馈主要在于收集学生的观点并将其融入课堂正在进行的交流中，目的在于保持师生会话的进行。语篇性反馈主要表现为欣赏学生提供的信息，重复学生提供的信息，或对学生信息加以补充或解释（当然，教师对学生回答进行重复、补充或解释的过程中，也会将学生语言中的错误纠正过来）。

片段（9）

T: Any people killed?

S: About fifty people, people were killed.

T: Fifty were killed（重复学生的信息）.

S: And the bus I

T: Did you see the disaster?

S: Yes.

T：Yes, so actually you saw the bus fall down the hill?

S: The bus is in front of our bus.

T: Oh, really（表现出兴趣，鼓励学生继续往下谈）?（laugh）So you were scared at that time（对学生提供的信息加以补充）.

S: Yes, scared immediately, and I, all the people of my bus keep, em, keep, try to get out... huh...

T: Got down the bus（修正学生语言中的错误）.

S: Got down the bus.

显而易见，评价性反馈的重点是学生回答中语言形式的正确性（acceptability of form），而语篇性反馈的重点是学生提供的内容的相关性（relevance of the contribution）。从录音材料看，教师语篇性反馈之后，学生往往会顺着自己的思路或教师的引导继续发言，师生之间的交流自然流畅。教师评价性反馈带来的效果主要有两种：（1）学生回答正确，教师在做出正确的评价之后，与该学生的交谈也随即结束。（2）学生回答出现错误或不太准确时，尽管教师有时会立即换一个学生发问，但很多情况下，教师会有效地运用各种各样的鼓励性策略（比如，教师对学生进行词语或背景提示），尽可能地引导学生多进行语言输出。

总体而言，录音材料中教师有效的反馈策略主要有以下几种：首先是重复学生的回答的反馈策略。这是所调查的8位教师最经常采用的策略之一。在学生回答完后，教师重复学生的话，有时是为了表示对学生回答的认可或肯定，有时是为了表示质疑或表示自己对学生提供的信息感兴趣（此时，教师一般用升调进行重复）。第二种策略是重新组织学生的回答。在使用这一策略时，教师首先对学生的回答加以肯定，但同时对学生的回答进行了一定情况的修订，使该学生的回答变得更恰当或更为明确。通过这一策略，教师在确保课堂交流正常进行的同时，为全班的学生提供了更多的"可理解输入"。第三种策略是提示。学生回答过程中出现困难或回答不切题或不够满意时，教师会给学生某些提示，如词语提示或有效的背景提示，帮助他们成功地给出所要的答案或表达观点。

三、结论

从上面的调查结果和讨论中，我们可以看出，外语课堂中教师在实施提问行为的过程中如果注意策略的运用，会大大改善课堂互动的效果，进而使学生对目标语的学习产生积极影响，鼓励学生更多的语言输出。具体而言，理想的教师提问行为应当是有效提问、有效反馈策略两者有机的统一，同时辅以有效的语音和语篇方面的提问修饰策略。

首先，不同的教师启动步（提问策略），会引发学生做出不同的应答步。在展示性问题中，教师就固定信息（fixed information）向学生提问，要求其回答，目的在于考查学生对固定信息的掌握情况；而在指示性问题中，学生是信息的提供者或者教师和学生提前都未掌握信息，学生和教师有真正交流的需求：学生提供信息或师生协商讨论出未知信息。在指示性提问及回答的场合，师生互动就如日常生活中的人际互动，真正的目的是想获得信息，双方自然都会给对方足够的等候时间，直到信息被传递。展示性问题和指示性问题各有特点、服务于不同的师生互动目的，具体授课时，教师可以针对学生水平、课堂需要以及不同课性灵活设计提问的类性。

另外，教师反馈步的选择也非常重要。尽管评价性的反馈步往往不容易引导学生做出更多的语言输出，但教师可以通过鼓励性策略使学生增加信心，大胆发言。语篇性的反馈步比较容易引导学生参与讨论、更多地表达自己的意见。教师在实际的教学过程中，应根据学生的不同特点，针对不同课堂需要，对学生的课堂表现灵活反馈。

"采购人—供应人分离"公共服务提供模式的理论、实践及其意义

闫玉英

整个世界都在寻求一种公共部门管理的新方法,即重塑政府的方法。[①] 关于政府与市场关系的长期争论也表明,市场理论已经占了上风,成为自20世纪70年代开始的政府变革的主流理论。研究者认为,对当代公共管理改革实践的考察也表明,当今社会公共服务管理改革的政策以及那些改革者所采用的方法大多基于这种政府市场化理论。[②] 事实上,将市场机制引入到公共服务组织的运行中,即公共服务市场化正是新公共管理理论和实践的一个主要特征。[③]

尽管目前我国学术界关于公共管理市场化的讨论有很多,有关采购人—供应人分离机制的讨论却很少。本文探讨了公共服务市场化中采购人—供应人职能分离模式的理论及其在一些国家的实践,认为促使公共服务采购人与供应人职能分离,建设一个"采购型"政府是公共服务市场化改革的一个基本机制。而这一机制对我国公共服务改革具有重要的相关性。

---

① [美] 戴维·奥斯本、特德·盖布勒著:《改革政府:企业精神如何改革着公营部门》,上海市政协编译组编译,上海:上海译文出版社,1996年版,第86页。

② Kieron Walsh, *Public Services and Market Mechanisms: Competition, Contracting and the New Public Management*, Palgrave Macmillan Press LTD, 1995, p.55.

③ Kieron Walsh, *Public Services and Market Mechanisms: Competition, Contracting and the New Public Management*, Palgrave Macmillan Press LTD, 1995, p.xi.

一、采购人—供应人分离模式的含义

在传统上,公共产品或者服务大都由政府直接提供。但这种传统模式存在诸多弊端。第一,目标冲突。传统模式的一个主要问题就是可能存在的目标冲突。同一批政府管理人员可能既负责政府政策的制定,又负责政府政策的执行,有时还负责商业运作的管理。在这种情形下,管理人员的职责必然存在冲突。第二,低效率。各个服务部门之间不存在竞争压力而导致低效率,往往成为传统模式的通病。第三,"机构俘虏",即服务部门"俘虏"政策制定者和高级管理人员,将自己推荐为服务提供者,同时歪曲政策意图,努力增加自己的预算。

采购人—供应人分离模式正是为改善这种传统模式的缺陷而出现的。该模式旨在将政府在公共服务供应上的采购人角色与供应人角色分离。根据这一模式,政府不再负担公共服务供应的直接责任,而是转而集中于关注履行一个采购人的职责。而公共服务的直接供应职责则由其他组织承担。政府内部的组织或者外部的组织(无论营利性还是非营利性)都可以成为供应人。在这一模式中,作为采购人的政府关注的是公共服务的分配效率,例如,提供的哪种产品或服务最好。而供应人追求的是公共服务的技术效率,例如,如何才能更好地生产或提供指定的产品或服务。采购人的职责是购买相应的产品或者服务,以满足消费者或者相关政府组织的需要。为此,它需要确定产品或者服务的详细规格,并建立适当的采购机制,以寻求最佳的供应人。在多数情形下,采购人选择供应人都采取竞争性招标的方式。另外,采购人还需要对供应人的供应行为实施监督。

采购人—供应人分离模式可以有多种组织形式和合同表现形式。合同关系可以存在于公共机构和私人公司之间,也可以存在于中央政府部门和非政府的公共机构之间,或者不同权限的政府部门之间,甚至可以存在于同一政府内部的独立机构之间。换句话说,在采购人—供应人分离模式中,供应人的法律地位既可以是完全独立的,也可以是政府内部相对独立的单元。但不论哪种表现形式,采购人—供应人分离模式的本质是对这样一种制度的描绘:政府的计划、管理、服务和采购者角色与服务提供者角色的分离。[1]

二、对采购人—供应人分离模式的理论阐释:市场机制、合同与采购型政府

(一) 采购人—供应人分离模式的理论基础

采购人—供应人分离模式与两种理论有关,一个是代理理论和公共选择理论;另一个是竞争理论。

代理理论和公共选择理论认为,政客、官僚和承包人都是自私自利的,他们的目标之间存在着冲突。而采购人和供应人之间的分离能够有效地约束其行为,并迫使他们按照既定的方式进行运作,且这种方式与他们各自不同的目标保持一致。通过合同以及类似机制能够有效地协调这些主体的行为,强化分离的过程。[2]

而竞争理论认为,只要竞争存在,谁提供产品或者服务并不重要,不论提供服务的主体是公共供应人还是私人供应人,只有在充分的市场竞争中才能够提供效率最高的服务。而采购人和供应人的分离是能够有效提高供应的竞争性的。[3]

---

[1] Chris Aulich, "The Purchaser-Provider Model in Act Government", *Canberra Bulletin of Public Administration*, March 2002, Vol.103, p.38-46.

[2] Chris Aulich, "The Purchaser-Provider Model in Act Government", *Canberra Bulletin of Public Administration*, Vol.103, March 2002, p.38-46.

[3] Chris Aulich, "The Purchaser-Provider Model in Act Government", *Canberra Bulletin of Public Administration*, Vol.103, March 2002, p.38-46.

这两种基础理论为采购人—供应人分离模式提供了理论基础，也为实现采购人—供应人分离模式的主要目标：角色清晰、目标明确、促进竞争和提高效率提供了理论上的支撑。

（二）采购人—供应人分离的合同机制与采购型政府

正如前述，将市场机制引入到公共服务组织的运行中，即公共服务市场化正是新公共管理理论和实践的一个主要特征。公共服务市场化为合同机制的发展提供了肥沃的土壤。从形式上看，竞争性招标的结果导致了合同的产生，似乎是市场化产生了合同。但从实质上看，合同机制本身也是公共服务管理变革的一个最根本的机制。[①] 在某种程度上，从整个公共服务管理的变革上看，合同已经成为了公共管理变革特征的指示器。[②]

合同机制对公共管理改革何以如此重要？这是由合同机制本身的特性和功能所决定的。

首先，合同本身就是一种市场机制。合同不仅是市场交易过程的结果，而且也是保证交易结果得以实现的制度保障。因此，合同是市场制度得以运行的基础。

其次，合同改变了公共服务的治理模式，公共服务正在发生从权力型到权利型的转变。传统的公共服务生产和提供模式需要依靠官僚体制的权力来实施和运行，而新公共管理中的公共服务模式依据的是由合同界定的权利义务。换句话说，公共服务的生产和提供模式正在被合同关系进行重新定义。这意味着，公共官员可能在昨天还在通过行政指令来确定公共服务的生产和提供，那么今天，他们必须依据合同所界定的权利和义务。"合同意味着公共服务的组织方式从等级制转向以市场为基础的方式。在这种以市场为基础的

[①] Kieron Walsh, *Public Services and Market Mechanisms: Competition, Contracting and the New Public Management*, Palgrave Macmillan Press LTD, 1995, p.xvii.

[②] Kieron Walsh, *Public Services and Market Mechanisms: Competition, Contracting and the New Public Management*, Palgrave Macmillan Press LTD, 1995, p.110.

方式中，本人和代理的角色得以明确的区分，产权也更加明晰。公共部门作为客户、委托人或是采购人同那些实际的服务提供者或承包商签订合同"。[1]

最后，也许是最重要的，合同机制是促进公共服务职能分离的最好制度安排。根据合同的基本理论，合同关系的前提是存在不同的独立主体。自己与自己不能形成合同关系，主体不分也不能形成真正的合同关系。换句话说，合同主体关系的分离是合同机制的内在要求。因此，如果说主流经济学、政治学和管理学理论的理想是将公共服务的生产与提供相分离，政治决策与管理相分离的话，那么是合同机制使这一理想得以实现——合同关系的内在要求促使了公共服务的采购人与供应人职责的分离。同时，合同不仅存在于独立主体之间，也存在于组织内部。从合同理论上看，组织内部不可能存在独立的主体，因而也不可能存在真正意义上的合同。换句话说，在组织内部创造的合同充其量是一种"准合同"。但是，也正是这种"准合同"机制，比较典型地说明了合同机制之于公共服务市场化改革的独特功能——合同制度安排的真正目的是为了将采购人与供应人的职责分开。也就是说，将公共服务的采购人和提供者分离是公共部门改革的目的所在，而合同只不过是实现这一目标的最好的制度安排。[2]

概言之，合同正在成为公共服务改革的指示器，其基本功能是促使采购人与供应人职能的分离，使现代政府成为一个采购型的政府。根据这一职能分离，政府作为一个公共服务的采购人，其职能责任是确定其需求，授予合同和监督合同履行；私人部门作为公共服务的提供者，其责任是负责服务的实际生产和交付。在极端情况下，公共组织甚至可以几乎不雇佣公务人员，通过合同来获得所有

---

[1] Kieron Walsh, *Public Services and Market Mechanisms: Competition, Contracting and the New Public Management*, Palgrave Macmillan Press LTD, 1995, p.110.

[2] Ian Harden, *The Contracting State*, Open University Press, 1992, p.14-29.

其需要的服务。当然,合同关系既可以存在于公共机构和私人公司之间,也可以存在中央政府部门和非政府的公共机构之间,或者不同权限的政府部门之间,甚至可以存在于同一政府内部的独立机构之间。基于这一"采购"机制的发展,现代社会正在目睹一个采购型政府的形成。昨天,公共组织还在满足于自给自足的公共服务模式,而今天,公共服务改革的旗帜是"采购"。公共部门也正在成为一个"合同关系系列结构",而不是官僚的等级制度。①

三、采购人—供应人分离模式的国外实践

(一)采购人—供应人分离模式的国外实践

1. 澳大利亚采购人—供应人分离模式的实践

从20世纪90年代开始,澳大利亚开始出现将一直由政府提供的公共服务外包的趋势。1996年澳大利亚政府的更迭预示着新一轮深化改革的开始,维多利亚省和首都直辖区都纷纷采纳采购人—供应人分离模式。② 本文以澳大利亚首都直辖区为例来介绍其采购人—供应人分离模式的实施情况。③

采购人—供应人分离模式正式引入澳大利亚首都直辖区的时间是1996年。当时,政府改革顾问小组认为政府投资人和供应人角色的混淆对服务的提供造成了不利影响,而采购人—供应人分离模式为政府创造了一个新的机会,使其能够更加明确地界定要追求的结果。澳大利亚首都直辖区政府引入了合同制度,合同的主体包括

---

① Kieron Walsh, *Public Services and Market Mechanisms: Competition, Contracting and the New Public Management*, Palgrave Macmillan Press LTD, 1995, p.115-117.

② Richard Mulgan, "Public Accountability of Provider Agencies: the Case of the Australian 'Centrelink'", *International Review of Administrative Sciences*, Vol.68, 2002, p.45-59.

③ Chris Aulich, "The Purchaser-Provider Model in Act Government", *Canberra Bulletin of Public Administration*, Vol.103, March 2002, p.38-46.

政府首长、相关政府部门的部长和采购机构的负责人。合同将政府首长、相关政府部门的部长和采购机构的负责人的法律关系固定下来。总体上看，这些合同可以分为三类，即所有权协议（Ownership Agreement）、绩效协议（Performance Agreement）和采购协议（Purchase Agreement），所有这些协议都是以项目成果为基础。其中，所有权协议确认了政府作为采购机构所有人而享有的利益，包括政府对采购人的要求，如采购人应该购买相应的产品或者服务，以履行所有权协议的要求等。绩效协议详细界定了部长对采购机构的业绩期望以及监督履行情况的审查过程。绩效协议本身是对采购协议和所有权协议的高度概括。而采购协议详细的说明预期的成果以及种类、数量、质量和履行期限等事项。

为了保证改革的成功，澳大利亚首都直辖区政府在引入采纳采购人—供应人分离模式的同时，还同时实施预算改革和问责制度改革。所有这些措施的目的就是为了让采购人更加清晰的确定其预期达到的成果，以及实现这些成果所需要的最低数量的产品或者服务。实际上，采购人—供应人分离模式只是澳大利亚首都直辖区政府实施的众多改革措施之一。改革的成果需要采购人—供应人分离模式和其他制度的结合。

在澳大利亚首都直辖区各部门中，城市服务部是实施采购人—供应人分离模式较为成功的典范。城市服务部主要负责提供市政服务，如道路建设和维修、垃圾收集和回收、公园的维护以及市区的交通。城市服务部一直致力于促进采购人—供应人分离模式的实施。因为城市服务部长久以来一直存在着竞争的传统，并经常采用服务外包的形式，因此，城市服务部具有适用采购人—供应人分离模式的基础。而其他的一些部门，如司法和社区安全部适用采购人—供应人分离模式提供服务的范围是有限的。

2. 英国和新西兰采购人—供应人分离模式的实践

在英国，采购人—供应人分离模式是1989年"为病人工作"白皮书最先引入卫生医疗领域的，这份白皮书提出了具有深远意义的改革建议。改革后，英国区域卫生当局（District Health Authorities，简称为DHAs）不再负责地方的医疗供应，而主要负责评估地区人口的医疗需求，并与医院和其他供应人签订医疗服务合同，以满足公众的需求。英国的改革同时允许医院选择是否继续接受DHAs的管理，医院在财务和人事方面拥有更大的自主权。没有选择脱离DHAs管理的医院通过合同接受DHAs的管理。DHAs作为采购人，可以与自治医院、非自治医院、私人医院以及其他合适的供应人签订合同。

根据1991年的一份改革建议，新西兰在卫生医疗领域引入了采购人—供应人分离模式。新西兰新设了四个地区卫生当局（Regional Health Authorities，简称为RHAs）作为卫生医疗服务的采购人。DHAs负责采购医疗服务，包括健康改善服务和疾病预防服务等。DHAs与供应人之间的关系也是通过合同机制来进行协调。

尽管英国和新西兰都实施了公共服务改革，采纳了采购人—供应人分离模式。但是，自改革伊始，对采购人—供应人分离模式的质疑就没有停止过。一方面，学者认为采购人—供应人分离模式有其优越性，但另一方面对这些优越性的实现方式又存有怀疑。从采购人—供应人分离模式在英国和新西兰的实际应用来看，并不是所有的行业都很成功。一般来说，在卫生医疗行业的应用相对难度较大。

（二）采购人—供应人分离模式适用的局限性

采购人—供应人分离模式本身拥有众多的优点，可以解决公共产品或者服务领域存在的诸多难题，也被认为是目前OECD国家最好的改革实践。[①] 它强化了公共服务采购人和供应人的角色，并澄清各自的目标；通过竞争促进了公共服务的效率；并进而通过

---

① Samantha Enfield, Public Sector Restructuring and Community Consultation in the Australian Capital Territory: Can Old and New Public Policy Trends Work Together? Discussion Paper, Australian National University, Graduate Program in Public Policy, No. 67, September 1999.

更加透明的决策机制和清晰的信息披露制度增强了公共服务的可问责性。[①] 但是另一方面这一模式的适用也有其局限性。在适用采购人—供应人分离模式时，首先需要明确可以适用采购人—供应人分离模式的行业特征，并要配合其他改革措施。有研究表明，如果一个行业适用采购人—供应人分离模式，那么这个行业应该具备下列特征：能够清晰地确定项目的成果；这些成果能够量化；供应人通过努力能够实现这些成果；可以通过合同避免出现那些非必要的结果。[②] 同时，在评估适用采购人—供应人分离模式适宜性的时候，还应当至少考虑到服务、市场、机构（采购人）和收益四个方面的要素。服务要素主要包括问责性、保密性、安全性、消费者的保护、可行性、公平性以及其他政策事项，在评估时需要考察这些事项中是否存在不能够通过合同技术规格、合同管理和绩效监督机制解决的方面。在评估市场性要素时，需要考察特定市场的竞争性程度和发展程度。在机构要素方面，主要评估政府机构的缔约能力和合同管理能力，外部供应方式是否降低了管理资源。在成本和收益要素方面，主要考察是否在总体上有利于成本的降低和收益的增加。在实践中，考虑某个行业是否适用采购人—供应人分离模式的时候，如果该行业只是满足其中某几个方面的要求，适用采购人—供应人分离模式通常也具有重要的意义。

四、采购人—供应人分离模式对我国公共服务改革的意义

在我国公共服务改革中，公共服务"采购"政策与实践正在呈

---

① Chris Aulich, "The Purchaser-Provider Model in Act Government", *Canberra Bulletin of Public Administration*, Vol.103, March 2002, pp.38-46.

② Productivity Commission 2002 (Australia), Independent Review of the Job Network: Inquiry Report, Report No. 21, June 2002, AusInfo, Canberra.

现一个趋势性发展。近十年来，国家在公用事业等公共服务领域出台了促进民间参与公共服务的政策和措施，如2001年12月11日，国家计委发出了《关于印发促进和引导民间投资的若干意见的通知》；2002年1月，国家计委公布了《"十五"期间加快发展服务业若干政策措施的意见》；建设部于2002年12月27日出台了《关于加快市政公用行业市场化进程的意见》；之后，建设部又发布了《市政公用事业特许经营管理办法》；2004年7月，国务院发布了《国务院关于投资体制改革的决定》；2005年初，国务院通过了《关于鼓励支持和引导个体私营等非公有制经济发展的若干意见》。北京市、深圳市、新疆维吾尔自治区、湖南省等我国许多地方也出台了公用事业/城市基础设施特许经营的地方性法规或地方政府规章。这些有关民间参与公共服务的法规政策涉及城市公共交通、城市供水、城市环卫、城市园林绿化、城市市政、城市排水污水处理、城市供热、城市燃气等城市公用事业服务领域。近日，浙江省宁波市出台了《宁波市行政机关政府服务外包暂行办法》，[①]成为我国首个公共服务外包地方政府规章。该规章区分了可以进行服务外包事项和不可以进行服务外包的事项。其中可以服务外包的事项包括后勤服务、电子设备、网络、软件开发和维护管理、培训教育、专业技术鉴定、检验、检测等；这意味着，地方政府通过采购来获得其"后勤、社会管理和公共服务等技术性劳务类"服务的明确政策倾向，并且使我国公共服务采购的限度从公用事业服务扩展至更广泛的领域。最近一个深圳街道办事处公共服务市场化改革的实践也提供了一个地方公共服务采购的典型个案。在西乡模式下，形成了由政府—企业—非营利组织三者综合提供的多元供给机制，政府是公共服务的提供者，企业和非营利组织是公共服务的两级生产者。[②]

[①] 邵巧宏：《宁波市政府服务外包暂行办法》，浙江在线—钱江晚报，2009年12月7日，http://news.xinmin.cn/rollnews/2009/12/07/3038438.html，2010年3月5日登录。

[②] 王浦劬：《政府公共服务外包创新研究——以深圳市宝安区西乡改革为例》，《深圳市西乡街道城市社会管理制度创新学术研讨会论文集》，2009年10月，第15页。

西乡实验呈现了政府主导、公私合作和多元共治等特点。[①]

上述的政策和实践都属于公共服务市场化的范畴，然而关于什么是公共服务市场化的内涵，学界有不同的见解。有的学者认为，"市场化又称民营化、公司伙伴关系等"。[②] 也有学者认为，公共服务市场化等同于公共服务民营化加上借鉴企业管理方法。目前在实践中，我国有很多领域都采取了外包等民营化的手段来实现公共服务的改革，但却引发了一系列的问题。例如，目前我国多城市水价上涨，则引发了是否由于政府在将水务市场化的过程中失去了控制力，因而导致失责的讨论。[③] 在水务改革的过程中如何平衡政府与市场的关系再一次成为讨论的焦点。关于前述深圳市宝安区西乡街道的公共服务改革实验也引发了一些质疑。[④] 本文认为，公共服务市场化不一定意味着民营化。公共服务市场化改革的关键要利用好"采购"机制。公共服务采购既可以是从公共部门外部，即公共服务外包进行，也可以在公共部门内部进行，即实现采购—供应职能分离，构建内部准市场和准合同机制。采取何种公共服务模式不仅取决于这种模式本身，而且取决于该模式的运行环境等诸多因素，尤其是民意基础。公共服务市场化改革的关键不在于是民营化，而在于是否能够利用好市场机制的同时，又不失公共部门的价值。就此意义而言，采购人—供应人分离机制对我国公共服务改革理论、政策和实践都有重要的相关性。

---

① 唐娟：《城市街道公共服务社会化：一项个案研究——深圳市宝安区"西乡实验"叙述》，《深圳市西乡街道城市社会管理制度创新学术研讨会论文集》，2009年10月，第35页。

② 周志忍：《认识市场化改革的新视角》，《中国行政管理》，2009年第3期，第11页。

③ 方烨：《水价上涨 一场永远没有胜负的争论》，《经济参考报》，2009年12月2日，http://www.jjckb.cn/gnyw/2009-12/02/content_194723.htm，2010年2月27日登录。

④ 《花钱买编外城管不如给百姓实惠》，《东方早报》，2008年2月24日；网络激战："花园街区"改革是进步还是倒退？南方都市报深圳时评博客：www.shenzhen001.blog.tianya.cn，2009年11月2日登录。

五、结论

从总体上说,采购人—供应人分离模式在很多国家是指导政府服务提供的方式。根据这一模式,采购人和供应人的角色相分离,采购责任和供应责任被分配给不同的组织。采购人负责决定总体目标或者结果,并从供应人那里采购公共产品和服务。采购人与供应人之间的法律关系是由合同确定的。供应人根据合同向采购人提供约定的产品和服务。这种机构分离制度也曾被认为是OECD国家公共服务改革的最佳实践。[1]

这一模式对我国公共服务改革具有重要的理论、政策和实践意义。首先,我们在进行新公共管理理论与经验的讨论时,应该给予采购人—供应人分离机制的意义更加充分的关注。我国当前公共服务市场化改革的政策与实践发展也说明,这一采购人—供应人分离模式对我国公共服务改革也具有重要的相关性。其次,这一模式的意义还在于,公共服务采购不仅在于外包和民营化。利用采购—供应角色分离的机制,仍然可以在公共部门内部构建一个"准市场"和"准合同"关系。这对于消除公众对公共服务市场化改革的疑虑具有重要意义。同时也必须指出,与任何公共服务改革措施一样,这一模式也不是万能的,其适用有其局限性。因此,如何在理论和实践中进一步完善采购人—供应人分离模式,以更好地发挥其优势,实现公共服务改革的目标也许是项长期的任务。

---

[1] Samantha Enfield, Public Sector Restructuring and Community Consultation in the Australian Capital Territory: Can Old and New Public Policy Trends Work Together? Discussion Paper, Australian National University, Graduate Program in Public Policy, No. 67, September 1999.

体验式教学在大班授课的大学心理课程中的应用

宗 敏

大学生心理素质问题受到了社会各界的广泛关注,目前大学生心理健康教育工作成为我国高校教育工作的重要组成部分,心理素质类课程成了高校心理健康工作的基础环节,成为普及心理学知识、提高学生心理素质的主要平台。正是看中了其宣传平台的作用,近些年许多高校设立了心理健康必修课,但是覆盖人数的增多也给课堂的互动带来了不小的挑战。心理素质课的教学宗旨一直非常明确,即不侧重考查学生掌握了多少心理学知识,更重要的是学生能把课上的知识转化为改变自己生活方式的切实行动。而体验式教学正是促进学生心理和行为改变的有效形式,探讨如何在该门课程中用好体验式教学,如何创造性地解决大班教学和促使学生获得深入体验的矛盾无疑具有重要的实践意义[1]和理论意义。本研究根据体验式教学理论的研究成果,分析现有教学特点和问题,针对学生的具体需要探讨促进学生体验的有效模式。

---

[1] 支素华、程玮:"大学生心理教育课程教学模式初探",《广东培正学院学报》,2009(1)。

一、体验式教学及其理论基础

（一）体验式教学的理论基础

建构主义认为，学习不是从外界吸收知识的过程，而是学习者建构知识的过程。每个学生都在以自己原有的知识经验为基础建构自己的理解，每个人不是空着脑袋进课堂的。例如，尽管老师已经准确地讲出了"鸟"这种动物的特征，但是如果没有见过鸟的学生，他们头脑中的形象肯定是五花八门的，大家都是在从自己的角度进行加工和改造，使之更符合自己的认知特点。因此在教学中需要充分考虑学生的先前经验，有针对性地开展教学。另外，心理学有关记忆的研究发现，人们可以保存来自视觉和听觉信息的50%、谈话内容的70%，而由于亲身经历得到的信息能被我们保存90%以上。著名教育家杜威的"做中学"的教育思想中也强调在活动、参与和实践中学习知识和技能。不难发现，亲身体验特别调动了学生的先前经验，更能促进学生对知识技能的掌握。

（二）体验式教学的基本概念

体验式教学从学生的角度就是体验学习（Experiential Learning），是指一个人直接透过体验而建构知识、获得技能和提升自我价值的历程，[①] 其中最具代表性，也最被普遍应用的是Kolb（1984）的四阶段学习圈，是由体验、反思、归纳及应用与实施再回到体验四个部分组成的（图1）。

体验阶段（Experiencing），以活动（activity）来促进学生全情投入，通过发挥自身的能力、团队的分工合作、人际沟通、解决挑战或压力问题等过程达到活动设定的目标；然后进入反思内省阶

---

① 谢智谋："另类学习方式——体验教育"，《教师天地（台湾）》，2004年第127期，第6—13页。

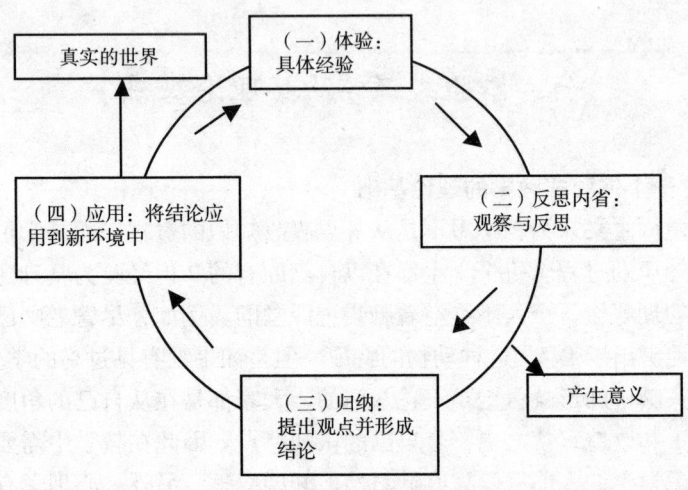

图1　Kolb体验学习圈

段（Reflecting），学生比较过去的活动和经验，思考问题的核心和解决办法，反思自己的表现，建构对问题的理解，这个阶段是产生意义的重要环节；第三个为归纳阶段（Generalizing），学生对自己的收获和想法进行归纳、提炼，使之成为可迁移的知识，以便自己能迁移到新环境的问题解决过程中；最后为应用阶段（Applying），这关乎体验学习的成效，即个人能否把参与的经验应用到实际的生活中。然后再进入体验阶段开始下一个循环。

这四个阶段相互联系，互相影响。每个阶段可能因为环境、学习者之间、教师、设施的互动，产生不同的效果。Kraft & Sakofs（1985）认为体验学习的过程必须包含下列要素：[①]

> 学习者在学习过程中是参与者而非旁观者。
> 学习活动中需要激发出个人的动机，促进学生主动学习、参与，产生责任感。

---

① Kraft, R, J. & Sakofs, M., "The Theory of Experiential Education, Boulder", CO: Association for Experiential Education, 1985.

> 学习活动结合学生的生活实际。
> 学习者的反思是学习过程的关键。
> 情绪变化与学员及团体目前或未来相关。

可见整个教学的主体是学生，教学设计需要调动学生全方位的资源，特别是情绪和氛围。

二、体验式教学应用的必要性和问题

体验式教学的理念作为建构主义的重要教学方式，在许多领域得到了推广。美国的 Project Adventure（PA）探索课程通过提供合作性的历险经验，确实促进学生的个人成长。[①] 国内一些文章也讨论了与体验式教学相关的方法，如户外拓展训练、团体辅导、互动教学等方式在商业学习、体育教育以及心理教育等学科中的效果。[②] 总结起来可以看出体验式学习在实践性学科中表现出比较好的适应性，能提高学生的参与意识和学习动机，一定程度上促进了学生的反思，有助于学生自动把所学应用到实际生活中。

心理素质教育属于比较典型的实践性学科，教学目的上就已经规定了以提高学生的心理素质为最终目的，重实效，密切结合学生的心理特点，帮助学生解决实际问题，而要避免单纯传授心理知识（北京市教工委，2002）。目前有一些研究肯定了体验式教学在心理

[①] M.A. Gass, "Adventure Therapy: Therapeutic Applications of Adventure Programming", Dubuque Iowa：Kendall/Hunt, 1993.

[②] 王滨："互动式心理训练提高大学生心理素质水平的实验研究"，《心理学探新》，2006年第26卷第1期。

邓旭阳、戴兆骏、郭晋林、赵波、伍耀豪："大学生情感心理与性心理健康课程教育成效分析"，《东南大学学报(医学版)》，2003年5月，第22(3)期，第189—191页。

彭移风："大学生心理训练及其效果研究"，《河南职业技术师范学院学报》（职业教育版），2005年第2期，第74—76页。

何少颖、程灵建："团体辅导在心理训练课程中的应用研究"，《福建教育学院学报》，2003年第1期，第109—111页。

安静："体验式教学将成商学院教育主流"，《每日经济新闻》，2005年7月，第23（3）期。

教育中的积极作用,① 但是在实施上还存在一定的问题。

1. 重体验轻反思

当前户外拓展在高校中逐渐兴盛起来,人们已经看到体验学习的作用,但是这种拓展往往更侧重于让学生体验更多的活动项目,反而忽视了更重要的反思环节,学生确实积极参与到新奇的合作探索中去,获得了许多的体验,但是影响力并没有扩散到生活的其他领域。从Kolb的四阶段体验模式中可以看到,没有反思提炼的环节,学生的体验没有上升到意识层面,就很难被直接迁移到实际生活中,自然就难以真正改变学生的心理模式和生活习惯。

2. 现有课堂组织形式与体验教学要求的矛盾

现有的心理素质教学课堂一般都会在教室中进行,拓展活动的一些项目会受到场地等因素的限制,难以推广。体验活动往往需要一个安全的氛围,小班教学的形式可能更加适合,但是目前随着心理健康课程的普及,特别是必修课的设立,班级人数激增,这使很多有效的体验活动无法达到很好的效果,很多教师也无奈回归到讲授为主的传统教学中去。因此体验式教学在学校课程中应用时需要进行一些修改和调整,使之更适合高校的教学形式要求。另外心理素质教学作为一门一学期的课程,还需要思考体验式教学与每个教学单元的关系。

3. 评价方式并没有相应的改变

目前考察体验教学的效果主要是通过一些心理学量表的对比,或者学生对课程的感受。而作为课程评价方式的相应改革很少有相关的研究。因此有必要改革现有单纯考试或者单纯写论文的考核方式,而探索更符合教学目标的形成性评价方式。

---

① 涂宏斌、郭霖:"体验式教学模式的应用",《湖北教育(时政新闻)》,2006年9月,第54—55页。

三、探索体验式教学在心理素质教育中的应用

心理训练实质上是一种特殊的教育过程，它不同于一般的教育是以外在的影响力为主导，而是以投身于心理体验当中的个人的内在力量为主导，因此调动学生的积极性和主动反思才是达到体验教学效果的保证。具体来说就是，课前帮助学生身心做好准备，课中调动学生的参与意识和高水平思维力，课后促进学生进行理性反思，把课堂学习带到自己的实际生活中去。

（一）课前冥想提升学生的觉察水平

学生做好身心准备是体验教学的前提。体验不仅仅是剧烈的活动才能获得的感受，冥想活动与激动激烈的活动相反，但也能给学生带来较深刻的体验。在课堂开始的3—5分钟组织冥想的活动能够让匆匆赶来上课的同学很好地放松下来，帮助学生把匆忙紧张的心境转换成觉察发现的心境，营造有利于学生学习新的知识体验的氛围。如果在其中加入提升学生自我价值感的引导词，那么冥想就是教学本身，能够提高学生的自我接纳水平和觉察水平。此外，冥想活动对人数的限制少，而且不需要很长时间，非常适合大班教学的课堂组织形式。

当然冥想活动的效果实现需要一个过程，如果学生没有相关的经验，在刚开始时很可能会出现难以进入状态，或者真的睡着等问题，但是我们的教学实践发现，通过一段时间的练习，大部分学生都能较快地进入冥想状态，达到预定的效果。为了调动学生的积极性和保证效果，在开始的几次冥想后可以根据教学内容设计简单的热身活动，帮助学生做好学习的准备。

（二）课堂组织调动学生的参与和思考

体验式教学是以学生为主体的教学方式，促进学生在课堂中亲身参与和广泛思考是整个体验式教学的核心。

1. 积极取向打消学生顾虑

在教学取向上要积极向上，重在提升学生的自我价值。心理素质课程不能停留在总结学生心理问题，提出解决方案的层面上，积极心理学的研究表明，识别问题、解决问题的思路，只能帮助有需要的同学从负面情绪转换到正常，但不能帮助正常人过得更加幸福和成功[①]。如果课堂中提出的问题都是暴露自己的问题困扰，肯定会激发学生的防御，难以产生深刻的反思与成长。而从积极的角度来重新审视学生面临的问题，发掘问题和危机背后蕴藏的机会和潜力就能打消学生的顾虑，促进大家更广泛的参与。

2. 多种资源提高学生的学习兴趣

在内容设计上要贴近学生实际，广泛采用多种资源。网络化的深化发展，使得和心理有关的各种资源变得容易获得，而多媒体资源的使用能够激发学生听觉、视觉、触觉等多种感受，例如电梯的从众实验视频、表现移动媒体与现实人际关系矛盾的公益广告都引发了学生的广泛共鸣。此外，学生本身就是资源，让学生表演参与的小活动也能引起学生极大的兴趣，取得不错的效果。例如通过角色扮演的形式来表现人际冲突中的观察、感受、期待、行为的活动带给学生很多的思考。

3. 分组互动促进学生的体验转化

在大班教学的限制下，设计好分组及讨论任务是实现教学效果的关键。人数过多一直是影响深入体验的不利因素，在课堂组织上，采用分组活动的形式能够较好的解决这一问题，使学生通过分享来促进体验的转化。

---

① 马丁·塞利格曼:《真实的幸福》，北方联合出版传媒股份有限公司，2010年版。

小组建设初期要尽可能的规范，在第一次上课时就把学生分成6—8人的小组，花时间进行小组建设，着重增强小组成员间的联系，增强小组的凝聚力；之后每次课堂中设计的任务要符合学生的真实情况，给予小组讨论和分享的机会；课后通过网络任务，让学生积极参与到课程论坛中，保持小组的活力。总之通过改革教学组织和考核形式来保证学生投入在小组活动中，在相互监督中更积极参与，在小组中获得归属感以及积极的体验。

（三）课后反思注重深入与分享

心理素质的教学强调的并不是学生对知识的掌握，更重要的是他们的个人成长和素质提升。课程是否引发了学生的自我暴露与反思本身就是一个重要的衡量标准，这种反思高度个人化，课堂发言和小组分享均不是理想的途径，而每堂课设计相关的反思任务，以及期末的反思论文具有一定的隐私性，能够体现学生思考和改变的深度，这种反思任务成为我们与学生直接进行心理沟通的有效形式。而网络论坛中的分享，不管是参与话题讨论给小组加分，还是发布个人改变宣言都能促进学生的交流分享，都能促进学生在课后的继续投入，把课程带到网络也带到学生的实际生活中。总之心理素质的提高是一个渐进的过程，一次考试或者论文来代表整个教学效果并不科学，这种网络与个人反思相结合的形式能够切实体现出学生心理素质提高的过程，更加真实地反映出学生的变化。

四、研究反思与展望

总之，不管是从理论讨论还是实践表现上看，体验式教学在大班教学的限制下能够激发学生的学习动机，促进学生的反思，给学生现在和将来的生活带来积极的影响。但是不可否认，大班授课给体验式教学带来了一系列的挑战，需要教师对整个课堂及课后各个环节进行精心设置，尤其是在实施初期工作任务繁重，但是随着设计的成熟，真正调动了学生参与的积极性，整个教学活动就能很好的运转，取得良好的效果。

当然，按照体验学习模式来设计整个教学，改造考核方式毕竟是一个全新的尝试，还有许多不足之处，特别是需要就如何在大班的情况保证效果进行更细致的探讨，以及进一步的实证研究。

系级教学单位教学管理模式初探

周彦喆

《国家中长期教育改革和发展规划纲要（2010—2020年）》明确提出"全面提高高等教育质量"的要求，进一步提出了"到2020年，高等教育结构更加合理，特色更加鲜明，人才培养、科学研究和社会服务整体水平全面提升，建成一批国际知名、有特色、高水平的高等学校，若干所大学达到或接近世界一流大学水平，高等教育国际竞争力显著增强"的工作目标和任务。温家宝总理在2010年7月召开的全国教育工作会议上也强调指出："坚持以教学为中心，把培养人才作为高等学校的第一职责。学校和教师都要把主要精力放到搞好教学和培养好学生上。"教学管理主要包括静态管理与动态管理相结合的教学改革、教学建设和日常管理。[①] 全面提高人才培养质量，首先要更新教育观念、创新人才培养体制，同时还要完善教学管理制度，确保教育教学实践的有序进行。

---

① ①闵敏："当前高校二级学院教学管理工作的挑战与对策"，《科教文汇》，2011年3月上旬刊，第173—174页。

一、科学严谨的学科体系建设是教学管理的首要内容

2012年底，外交学专业获评国家重点学科，系里专门召开学科建设研讨会，讨论在未来五到十年内的外交学学科发展规划。

学科体系建设是一个长期工程，为了达到"出一流的成果、培养一流的人才、体现一流的水平"的要求，要从几个方面来统筹进行规划：首先要在高度上确定本学科的理论层次，建立宏观的大学科体系，确定学科的基础原理，这是学科体系建设的核心；其次，在此基础上确定学科的重要理论支柱体系，包括国内外外交理论、外交史、外交制度研究、外交战略及决策理论、外交政策分析方法及研究方法论，加强基础性学术研究；再次，对外交理论进行拓展，在政策应用性领域做相关研究，包括外交谈判、公共外交、外交法、经济外交、能源外交、国防外交、领事保护；最后，针对当前一段时间的热点问题保持一定程度的涉猎，包括中非关系、南海问题、钓鱼岛问题等。要在抓住原有的在国内比较领先的方向，如当代中国外交、中美关系、中日关系、外交学概论等的基础上，积极拓展研究领域，在大国关系研究、非洲研究、东方外交史、外交政策、外交案例研究等方面进一步做深做精。在搭建好外交学学科的基本体系后，按照近期、中期、远期目标，根据我院的定位，确定重点发展方向。

二、扎实的学科梯队建设和优秀的学生是教学管理的重要成果

人才建设是教学管理的重中之重。有了好的学科梯队，才能保

证教学改革能够长期有效的扎实推进。其中，不能忽视的是邀请老教师总结教学科研经验，供中青年教师体会、补救，进行教学法探讨。对中青年教师采取各种激励措施，在以教学为主的基础上，举办各种学术会议、学术沙龙，加强与国内外相关领域学者的交流，鼓励外出访学、多做科研、参与系里的教学管理活动，更好的提高老师的教学科研水平。

人才培养是学科建设的最终目标，能否培养出学有所成的学生是我们教学管理水平的最好检验标准。为此，应加强老师的师德建设，[1]一切为了学生的发展，为不同层次的学生成才创造条件。根据社会的需求和学生的需求，逐步改进完善已有的培养方案和教学计划，重视学生的创新意识、创业意识和实践能力的培养。[2]在我院已有的良好的英语教学的基础上，加快实习基地建设，为本科生、双学位和硕士研究生培养学术型人才和实用型人才相结合打好基础。在博士培养阶段需要丰富博士课程，整合教学资源，探讨创新性培养方式。

三、日常教学管理的规范有效是教学管理的主要内容

建立运行科学、系统、规范的教学管理模式是提高教育教学质量的重要保障。系里的教学管理工作，每学期都有一定的规律和周期性。学期初有学期计划、人才培养方案的制订等，整个学期按照计划、培养方案执行；学期中又有教学秩序检查、期中教学检查等，检查计划执行情况，查找存在的问题；学期末有总结、考核

---

[1] 陈继飞、李晓庆、王华彪："基于教学管理提高教学质量的路径选择"，《教育与职业》，2011年第6期，第181—182页。

[2] 秦丽平、芦坤："高校教学管理创新与创新性人才的培养"，《中国人才》，2012年4月，第145—146页。

等,已形成较为完备的院系教学管理运行体系,但在执行、整改、处理问题方面还是浮于形式,存在的问题整改不彻底,导致这次检查中发现的问题,在下次检查还是同样出现,成功的成绩、经验、方法也没有纳入到教学管理制度中,起不到巩固、发扬光大作用。

院系的教学管理队伍主要由系主任、教学副主任、教学秘书等人员构成。虽人数并不多,但其教学管理水平在很大程度上决定了二级学院的教学质量,对院系教务办公室的教学管理水平提出了更高的要求。双校区管理模式的变化必然导致教务处的工作压力增大,但是教务处的人员又不能无限制的增加,因此,就要探索出适应新形势的新的教务管理模式,以适应新时期的教育教学改革的需要。因此,应该考虑引入流程管理(Process Management)方法对教学管理进行有效规范,提高管理的效率,改善管理效果。

(一)流程管理在教学管理中的内涵和目标

作为基层教学管理单位,系里的教学管理宗旨是面向教学一线和服务对象,科学型管理、透明管理、提高师生的积极性、增强师生对教学管理的参与度。[①]

要达到这个目标,就要让老师和同学们清楚系里各项教学工作的内容。流程管理的出现让确定目标和战略、书面化流程、实施流程、确定责任人并定期评估成为可能。

(二)教学流程管理的内容

1.在日常教学管理中,作为教务管理人员有五大任务,[②]如图1。

---

① 张哗哗:"对改进二级学院教学管理的建议",《合作经济与科技》,2012年第1期,第120—121页。

② 雷婧:"论教学秘书在高校基层教学管理中的职责与作用",《科教导刊》,2011年4月,第181—182页。

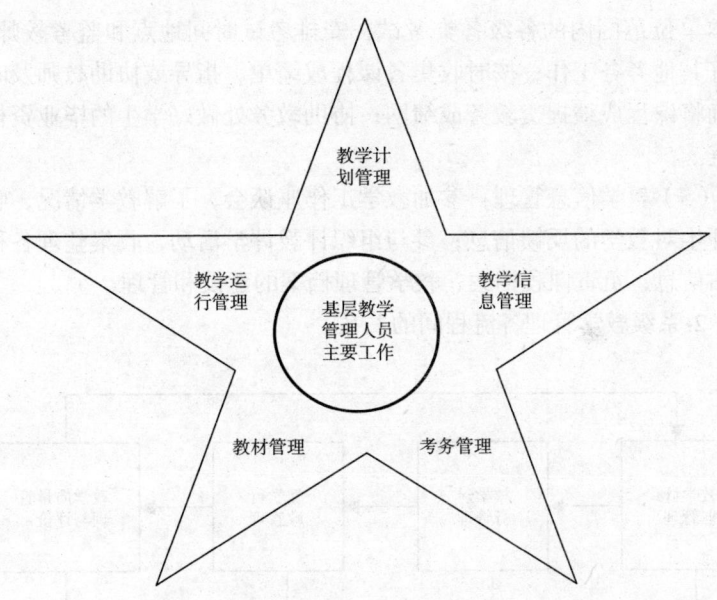

图1 基层教学管理人员的主要工作内容

（1）教学计划管理：包括在系部的领导下，根据学校的要求，协助制订或修订各专业的教学计划；在每学期结束前，根据教学计划，安排下一学期的开课计划（包括课程、实习、毕业论文和其他教学环节）；配合教研室，安排本系教师的教学任务，并落实开课教师。

（2）教学运行管理：包括组织、指导学生选课，落实学生选课结果；向本单位任课教师提供上课学生名单和成绩登记表；负责日常停调课事宜。

（3）教材管理：包括根据开课计划，组织本单位教师预定各门课程的教材和参考书；办理本单位教师讲义、参考材料、试卷印刷的手续；配合教务处教材科核算教材费开支情况。

（4）考务管理：主要负责出具本单位学生的各类学籍证明；组

织本单位范围内的各级各类考试,安排考试时间地点和监考教师,做好其他考务工作;按时收集各课程成绩单,指导或协助教师及时准确将课程成绩提交教务成绩网;协助教务处做好学生的毕业资格审查。

(5)教学信息管理:参加教学工作座谈会,了解教学情况,收集师生对教学的反馈信息;参与组织评教评学活动,收集整理各种评估信息;负责课程档案、教学管理档案的建设和管理。

2.系级教学管理各流程间的关系

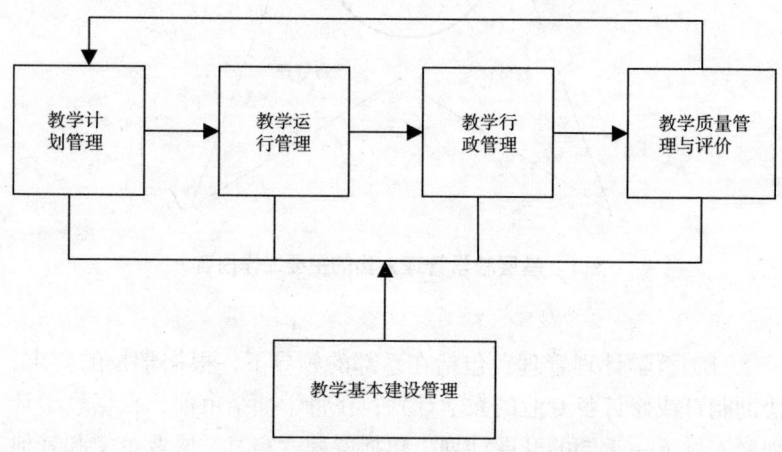

图2 基层教学管理的主要工作内容之间的联系

每学期初按照培养方案要求制订教学计划,按照计划内容确定上课教师、教材,在上课期间处理教师停调课等突发状况,安排查课、听课,平时注意学籍管理、教学文件、教学档案管理和各种教务统计等行政工作,期末安排考试及成绩输入、试卷抽查,组织学生网上评教,评教内容作为教学工作的参考反馈到各位老师,供以后教学中进行改进。在整个过程中,对教学基本建设的管理不能放松,包括教学基本硬件建设:学科专业、课程、教材、实践基地、教学设备，教学软件建设；教风、学风、教学团队和管理队伍建设。[1]

教学管理的各个内容之间不是孤立的，是围绕着整个教学管理系统及其目标发挥作用：通过制定人才培养方案，安排教学任务，组织教学运行，指导专业建设，组织教学评估，对教学质量进行监控，同时对教学活动的各个层面、各个环节进行督促、检查与评估，稳定教学秩序。解决教学中存在的问题，改善教学条件，了解师生需要，为教师和学生提供高质量的服务，提出符合社会需要和本校实际的人才培养目标和模式。这五个环节缺一不可，互相促进，相互制约，才能保证和提高教学质量。

在我院对新校区实施条式管理模式——即管理的重心集中在校本部，新校区管理只是各职能部门向校区实施的延伸，办学资源由校本部统一调控，新校区大都完全依附于校本部的领导和管理的前提下，明确了教学管理的流程，更有利于日常教务教学管理工作的程序化、规范化和标准化，有效地避免了管理人员之间职责不分、相互推诿工作的现象发生，并可以使各管理岗位责任、职责更加完善。

---

[1] 闵敏："当前高校二级学院教学管理工作的挑战与对策"，《科教文汇》，2011年3月上旬刊，第173—174页。

图书在版编目(CIP)数据

外交学院2012年科学周论文集 / 赵进军主编. —北京：世界知识出版社，2013.10
ISBN 978-7-5012-4551-2

Ⅰ.①外… Ⅱ.①赵… Ⅲ.①社会科学—文集 Ⅳ.①C53
中国版本图书馆CIP数据核字（2013）第228581号

责任编辑	袁路明
责任出版	赵 玥
责任校对	张 琨
封面设计	田 林

书　　名	外交学院2012年科学周论文集 Waijiao Xueyuan 2012 Nian Kexuezhou Lunwenji
主　　编	赵进军
副 主 编	熊 炜
出版发行	世界知识出版社
地址邮编	北京市东城区干面胡同51号（100010）
网　　址	www.wap1934.com
印　　刷	北京京晟纪元印刷有限公司
经　　销	新华书店
开本印张	850×1168毫米　1/32　13⅛印张
字　　数	400千字
版次印次	2013年10月第一版　2013年10月第一次印刷
标准书号	ISBN 978-7-5012-4551-2
定　　价	33.00元

版权所有　侵权必究